一代風華成舊夢

民国文化大师们的恩怨纠葛

MINGUOWENHUADASHIMENDEENYUANJIUGE

葛玉民 著

中国文史出版社

图书在版编目（CIP）数据

一代风华成旧梦 / 葛玉民著. -- 北京：中国文史
出版社, 2019.6
ISBN 978-7-5205-0791-2

Ⅰ.①一… Ⅱ.①葛… Ⅲ.①文化—名人—生平事迹
—中国—近现代 Ⅳ.①K825.4

中国版本图书馆CIP数据核字(2019)第198704号

责任编辑：刘　夏
封面设计：欧阳春晓

出版发行：中国文史出版社
网　　址：www.wenshipress.com
社　　址：北京市海淀区西八里庄路69号　　邮编：100811
电　　话：010-81136606　81136602　81136603（发行部）
传　　真：010-81136655
印　　装：北京温林源印刷有限公司
经　　销：全国新华书店
开　　本：1/16
印　　张：23　　字　数：310千字
版　　次：2020年7月北京第1版
印　　次：2020年7月第1次印刷
定　　价：59.80元

目录

第一章

流亡岁月最堪恨

—— 梁启超和章太炎激烈论战

一

1898年9月21日下午2点，日本驻华领事林权助刚刚与日本首相伊藤博文吃完午饭，正在闲谈，仆人进来禀告，梁启超翩然而至公使馆。林权助在一间会客室里接待了梁启超，此时，梁启超已经得知戊戌政变的发生，脸色苍白，说："请给我纸和笔。"随后写道："我三天内将要永远诀别人世，希望您不忘旧交，妥善安置。"翻译进入会客室，林权助很快明白梁启超的意思，皇帝因为变法，思守旧之臣，不足以共事，维新派人士慷慨激昂继续鼓噪，触怒慈禧太后。

梁启超说："谭嗣同、康有为都在通缉当中，光绪皇帝已经被幽闭起来，如果我遭到逮捕，最迟在三天内将被杀头。我的生命早就准备献给祖国，毫不可惜。我有两件事情耿耿于怀，不能释然，一是请您帮忙让光绪皇帝解除幽禁，二是协助营救康有为。"

林权助说："你为什么要去死呢？好好想一想，如果心意改变，什么时候都可以到我这里来，我救你啊！"

在戊戌变法时期，伊藤博文正好访问中国，还受到光绪皇帝的接见。梁启超到日本领事馆寻求驰援，伊藤博文也在那里，林权助将梁启超的情况向伊藤博文详细汇报。伊藤博文考虑到维新人士的亲日、亲英倾向，梁启超这个青年"堪称中国最珍贵的灵魂"，要求林权助想办法让梁启超出逃日本，并承诺，到达日本，伊藤博文将特殊照顾梁启超。

梁启超听完林权助的一番话，暗暗落泪，急忙离开日本领事馆。天色阴晦，梁启超看到密布京城的捕快和官兵，正在沿街盘查过往行人。他回到自己居住的会馆内，收拾行李，带着仆人张顺，疾步前往东交民巷的日本使馆。捕快产生警觉，怀疑梁启超是个维新党人，准备在使馆门口张开罗网。梁启超一个箭步进入日本使馆，门卫将捕快拦在门外，并将此事禀告林权助，林权助决定在官府查明梁启超的身份前，护送其出境。林权助把梁启超交给逗留京城的日本驻天津领事邓永昌，他俩化装成打猎的样子，乘火车去天津。在天津车站月台上行走时，梁启超被人认出，他偕同邓永昌迅速隐藏到人群里。经过日本友人的精心安排和接洽，梁启超乘"快马"号小艇驶入塘沽，转乘"大岛"号军舰，开始长达十四年的流亡生涯。

数小时后，梁启超乘坐的日本军舰越过大沽口，驶进浩瀚无垠的渤海。人生道路骤然拐弯，远渡东瀛列岛的征程埋下梁启超思想转变的种子。梁启超心里稍稍平稳一些。几天来，理想的惨败、逃亡的恐慌、师友的落难、家人的消息未卜，已经弄得梁启超憔悴不堪。他走出船舱，望着眼前的波浪，在大海深厚的内蕴中找到灵感，欣然提笔，写下大气磅礴的《去国行》："吁嗟乎！古人往矣不可见，山高水深闻古踪。潇潇风雨满天地，飘然一身如转蓬，披发长啸览太空。前路蓬山一万重，掉头不顾吾其东。"在这首诗里，他形象深刻地表达了自己面对彼时彼景的心情，激愤、眷恋、惊醒，洋溢着一种败不气馁、奋发进取的精神。

中国一大批有志于改良或者革命的志士都曾经来到日本避难。对"一小撮"流浪阶层，日本政府似乎不闻不问，任由他们创办进步报刊，结社立党，鼓吹各自的理念。日本是辛亥革命的摇篮，这种说法有一定道理。事实上，日本政府对康有为、梁启超、孙中山等仁人志士，给予极为优厚的待遇。康有为率领弟子仓皇离开中国，在海上凭船临风，百感交集，酸楚不能自语。康有为寻求政治庇护，踏上邻邦领土，日本内阁总理大臣大隈重信接见康有为，并为其提供生活资助。比起以前颠沛流离、时时有生命危险的日子，可谓一个在天上、一个在地下，赋闲客所，暂时抛去浓重乡愁，康有为频繁造访亲朋好友。有一次，康有为被邀请参加华侨婚礼，闹洞房时，康有为兴致勃勃地写了八个大字"司月二大旦牛住了"，请新郎和新娘在每个字上增添一笔，组成一句贺词。等他们加完之后，大伙儿"哄"的一下笑出声来。原来正是"同用工夫早生佳子"八个字。

梁启超勤奋学习日文，尽可能利用条件，广泛结交日本朋友，并给自己取了"吉田晋"的日本名字（康有为也化名"夏木森"）。梁启超携带罗孝高到了日本著名风景区箱根，春光明媚，环境幽雅，有温泉、瀑布、火山、雪峰。梁启超度过一段极其愉快的读书生活。汲取知识，填补羁旅的空虚，也带来日文的飞速进步。梁启超找到一种适合自己的日文学习方法，最终与罗孝高合著的《和文汉读法》问世。

二

梁启超与孙中山是中国近代史上两个熠熠耀眼的明星，核心人物，交互作用，开创江山社稷。梁启超在上海主持《时务报》，两次刊登译自外电的《论孙逸仙事》。正在《时务报》担任撰述的章太炎，与梁启超谈起孙中山，问道："孙逸仙怎么样？"梁启超说："此人蓄志倾覆满洲政府。"章太炎说："听君一席言，神往孙逸仙，我感到一股豪迈气息喷涌出来。"梁启超说："孙逸仙主张革命，类似陈胜、吴广之流。"章太炎说："果然主张革命，则不必论人才的优劣。"由此可见，在梁启超的心目中，孙中山有被轻视的一面，这或许源于传统士大夫的优越感；如果考虑到他自诩"新思想界的陈胜"，那么，他把孙中山比作陈胜、吴广，显然又有钦佩的一面。在戊戌变法前，梁启超对清政府的"自身改革"尚未绝望，对孙中山反满兴汉的那套主张，还有所保留。梁启超毕生致力于思想启蒙，通过开启民智，进而实现以"宪政"为标志的政治革命；孙中山更希望用炸弹和烈士的鲜血惊醒国人，完成民族革命，开辟疆土。他们也许会殊途同归。

孙中山为了寻找更多的同盟者，尝试与各种势力携手合作，不可能忽视康有为、梁启超的存在。孙中山越来越意识到宣传、教育对革命事业相当重要，康有为、梁启超最有影响力，代表着新生社会力量的意见领袖。康有为与孙中山打交道时十分谨慎。日本朋友宫崎介绍孙中山与康有为会晤，被康有为拒绝。宫崎感到很惋惜，在《三十三年之梦》中彻底剖析，孙中山古道热肠，一片真诚，并非在主义方针上有相同之处，只是深表同情，意在慰问亡命异乡的康有为。而康有为故意回避也自有理由，在清帝看来，孙中山是大逆不道的叛徒，悬赏缉拿斩首，孙先生把清帝视为不共戴天的仇敌，伺机推翻。康有为中途遭受挫折，依然梦想挽回大局，恢复皇上的统治，幕后操纵，立下大功。因此，顾忌以往的君臣情义，害怕受人怀疑，康有为不愿会见孙中山。

东渡日本，梁启超有一种畅所欲言的感觉，以前约束他、钳制他的旧势力，现在都奈何不了他。谭嗣同等人抛洒的热血，更加激发他的斗志，他不再遮遮掩掩，开始言革命、言破坏、言民权、言自由，他大声疾呼："今日之中国，又积数千年之沉疴，合四百兆之痼疾，盘踞膏肓，命在旦夕者也。一切调摄滋补荣卫之术，皆无所用。故破坏之药，遂成为今日第一要件，遂成为今日第一美德。"（《饮冰室合集》之五，第50页）这正是梁启超倾慕孙中山，并试图与其联合的思想基础。日本宪政党魁犬养毅担心中国新党中两派人产生隔阂，邀请孙中山、陈少白、康有为、梁启超四人，同到寓所会谈。届时，除康有为以外，其他人都赴约。梁启超解释说："康先生有事不能来，特派我为代表。"有犬养毅的殷勤招待，梁启超、孙中山、陈少白契合投缘。犬养毅陪坐到三更后，回房休息，他们三人继续讨论，彻夜长谈，各抒己见，天大亮方散去。陈少白与孙中山商量："康有为既然派了梁启超同我们会面，我们应该回访。"陈少白和日本朋友平山周同往，到了康有为的住处，在门前碰到徐君勉。徐君勉说："很不凑巧，康先生今天有些头痛，不能见客。"陈少白和平山周正要返回，梁启超从后面出来，态度积极，一面招呼他们到客厅，一面又进去敦请康有为。康有为果然出来和陈少白见面接触。

孙中山与日本的黑白两道、官僚财阀都有广泛联系，其中包括在1931年年底到1932年出任日本首相的犬养毅、战前最大的右翼社团玄洋社发起人头山满、黑龙会成员浪人宫崎寅藏等人。他们在日本政坛呼风唤雨，献策出力，帮助孙中山政治避难，宣传革命，发动筹款，成立同盟会，创办同盟会的机关刊物《民报》，为辛亥革命的成功奠定坚实基础。梁启超大力倡导自由、平等、天赋人权，本着"吾爱孔子，吾尤爱真理；吾爱先辈，吾尤爱国家；吾爱故人，吾尤爱自由"的原则，公开发表文章，认为孔教不必保，也不可保，从今以后，只有努力保国而已，表示自己昔日是保教党的骁将，今天是保教党的大敌，被康有为严厉批评。梁启超与部分康门弟子联名致函老师康有为，奉劝其退休。康有为异常生气，责令梁启超离开日本，到檀香山办理保皇会事宜，梁启超谨遵师命。檀香山是兴中会的发祥地，孙中山在华侨中很有影响。于是临行前，梁启超请孙中山写介绍信，孙中山自然非常乐意。利用孙中山的关系，梁启超不但在檀香山募集大笔资金，还将当地的革命团体变成保皇会组织。孙中山得知后非常愤怒，自此，孙中山与梁启超反目成仇。梁启超的政治立场从激进转变为保守，从革命转变为改良。梁启超认为，民智低下，革命结果糟糕，造成徒具共和形式的民主专制国家。有时他承认革命的必要性，有时又把革命描绘成盲目破坏的洪水猛兽，他不接受孙中山"驱除鞑虏"的主张，却只能以《春秋公羊传》中的"三世三统"

"天下大同"来立论。

三

梁启超前往檀香山发展保皇事业的时候，结识一位红颜知己。由于早已名扬海外，所到之处，他无不受到人们的热情欢迎。除了观光和没完没了的集会、讲演外，梁启超还要出席各种各样的宴请。当地有位华侨首富何老先生，系保皇会会友，女儿何蕙珍年方二十，汉语和英文都很好，喜欢谈论国事，有丈夫气概，在校任教四年。一天下午，何老先生宴请梁启超，由于座中有洋人绅士及妇女，席间多讲英语，何老先生叫女儿何蕙珍充当翻译。当梁启超发现来者为一妙龄女郎时，不禁惊讶。何蕙珍虽没有闭月羞花之貌，却端庄清秀，落落大方，全然没有普通女子的矫揉造作。宾主落座，何蕙珍坐在梁启超身旁。按照主人的安排，先由梁启超讲演。梁启超引经据典，纵论古今，侃侃而谈，滔滔不绝。何蕙珍长期生活于华侨社会，对广东话并不陌生，又一直接受西式教育，英语自然娴熟，语言根本不成障碍。梁启超一边讲演，何蕙珍一边翻译，既准确又贴切，那些不懂汉语的外国人听得津津有味。讲演完毕，宴会开始，宾主一边品酒吃菜，一边海阔天空。何蕙珍显得颇为活跃，她学识广博，谈吐不凡，尤其是她对梁启超著述的熟悉程度，让梁启超大感意外。她忽然出示一沓手稿，说："梁先生的文章人品，敝人一向敬重。今日一见，十分契合，故而我不便藏拙。这是我代先生笔战起草的英文中译稿，请先生惠存并予指教！"拿着手稿，梁启超大吃一惊。原来他刚到檀香山时，到处奔走演说，异常活跃，清廷大为恐慌，买通当地一家报纸，大肆攻击梁启超。因是西文报纸，梁启超无可奈何，只好置之不理。不料出现一桩怪事，另一家报纸上连续出现为他辩护的文章，文字清丽，论说透辟。起初，梁启超以为是保皇同志所为，但问遍同人，均无知晓。如今真相大白，她小小年纪，才华蕴积，深明大义，与自己志同道合。梁启超的心中油然生出一种钦佩之情。

宴会结束，梁启超和何蕙珍都有些恋恋不舍。临行时，何蕙珍伸出纤纤玉手与梁启超握别："我万分敬爱梁先生，今日得见，十分荣幸。可惜只能是敬爱而已！今生也许不能再相遇，唯有期盼来生。请先生原谅，敝人有个小小的要求，倘若能得先生一张照片作为纪念，我就心满意足了。"梁启超一时间竟无言以对。回到寓所，梁启超的心情无法平静，想入非非，何蕙珍小姐的影子总是飘浮眼前。几天后，梁启超送给何蕙珍一张照片。何蕙珍投桃报李，回赠梁启超一把小扇，二人即以兄妹相称。

一位朋友来访，与梁启超谈到何蕙。朋友先试探着问："先生准备远游美洲，英语生疏，有诸多不便，是否想带一翻译同往呢？"

梁启超回答："当然想，但到哪里去找合适的人选？"

朋友笑了笑说："先生若有志于西学，必先学西文，应该娶一个既晓英语又懂华语的西方女子，一面做翻译，一面教英语，岂不两全其美？"

梁启超大笑道："哪有不相识的西方女子肯嫁给我？况且我已有妻子儿女。"

朋友意味深长地说："我只问你一句，如果恰逢蕙质兰心的女子，你将怎么对待她？"

梁启超恍然大悟，知道朋友说的是何蕙珍，他极力使自己镇定下来，沉思片刻，说道："昔时我曾与谭嗣同创办'一夫一妻世界会'，声明不纳妾娶小。我不能食言。我如今亡命天涯，清廷悬赏十万大洋要捉拿我，处处凶险，随时性命堪忧，我和妻子聚少散多，不能厮守，怎么能再连累人家一个好女子呢？我声名在外，一举一动令国人瞩目，应尽量避免绯闻。请你转告华侨小姐，我一定珍惜她的纯洁友谊，时时刻刻思念她，仅仅止于这个层面。不过，我倒可以为华侨小姐介绍一个如意郎君。"

朋友急忙阻止："先生既然已经知道对方芳名，我不用言辞闪烁。她对其他男人向来不屑一顾，立誓不嫁。"

朋友怅然而去。梁启超拒绝朋友的好意，感到内疚。终于，梁启超要离开檀香山回日本。又有一个朋友请梁启超参加筵席，由何蕙珍作陪。梁启超心情极为复杂，不敢触及敏感的话题。何蕙珍落落大方，谈吐自如，陈述中国女学不兴的弊端，抒发整顿小学教育的宏愿，劝梁启超加入基督教，长篇大论，使梁启超穷于应付。

梁启超说："贤妹宏愿，令我无比佩服。我正好有一女儿，他日学艺，收下充当贤妹的女弟子吧。"

何蕙珍随即满口答应，说："闻尊夫人为上海女子学堂提调，才学直追先生，不知我与她今生有缘相见吗？请先生代我向家眷问好。"

等到分手的一刻，何蕙珍缠绵伤感，泪光莹莹，说："数年来，我一直想拜一个有思想、有学问的人为师，如今已经无望。我现在做小学教师，这并不是我的志愿。我准备入美国深造，学成后回国效劳。先生维新成功后，不要忘记小妹。如果有创立女子学校的事情，请来电召唤我，我一定前往。我的心里只有先生。"梁启超不忍再看下去，轻轻说了一声"珍重"，连忙告别。

回到寓所，梁启超心潮久久不能平息，愈益思念何蕙珍，暗生情愫，几乎无法控制自己。明月照窗人不寐，心头小鹿，忽上忽落，自顾生平二十八年，从来没有如醉如痴地倾慕一个女子。梁启超熬过一个无眠的夜晚，心中七上八下折腾到五更时分，他下定决心，披衣起床，提笔给妻子李蕙仙写了一封长信，披露隐私，一方面表明他对何蕙珍发乎情，止乎礼，不再往前发展关系；另一方面表明他对妻子的忠诚坦荡。李蕙仙说："你不是女子，大可不必从一而终，如果真的喜欢何蕙珍，我准备禀告父亲大人为你做主，成全你们；如果像你来信中叙述的那样斩断乱麻，暂且把它放过一边，不要牵挂，保重身体要紧。"梁启超连忙加以阻止，说："千万不要惹老父生气！君主忧惧，国家患难，今为公事游历，而无端牵涉女子瓜葛藤蔓，天下之人岂能原谅我？我和何蕙珍已经停止接触。"几番书信来往，梁启超和李蕙仙消除误解，加深感情，双方复归如初。

与何蕙珍的相遇、相知乃至相思，是梁启超人生中一次新奇而深刻的感情经历。何蕙珍的仗义、修养、风度以及20岁少女的青春气息，都令他难以忘怀。他在理智上可以克制自己，但内心深处的感情却不能自我欺骗。越是被压抑的东西，越要千方百计地寻找出路，梁启超抒发胸臆于笔端，写下24首情诗，记叙对何蕙珍的赞美。列举几首："多少壮怀都未了，又添遗恨到蛾眉。青衫红粉讲筵新，言语科中第一人。眼中既已无男子，独有青睐到小生。如此深恩安可负，当筵我几欲卿卿。波澜起落无痕迹，似此奇情古所无。奇情艳福天难妒，红袖添香伴读书。"梁启超在檀香山只待了半年，准备束装前往美国考察共和政治，忽然接到电报，催促速归，他匆匆返回日本。一段感情彻底结束，永远埋藏在他烟花寂寥的记忆里。

梁启超一直惦念家眷的安全，从老师康有为那里得知，家人避难澳门，生活尚能维持。梁启超担心，遭此剧变，父母一定很焦灼、很忧虑，他又不在身边，只能靠夫人代他尽儿子的职责，给父母一些安慰和解脱。次年秋天，父亲梁宝瑛等人乘坐的客轮停靠在长崎港，梁启超等候多时，看到李蕙仙抱着女儿思顺，和父亲一起走上码头，全家人久别重逢，拥抱在一起，喜极而泣。经过几次迁徙，因华侨朋友的慷慨资助，梁启超住进神户郊外的一幢别墅，安居乐业。面对大海，背靠山林，海浪与松涛齐鸣，犹如奏响一曲雄浑的交响乐，环境适合居住。虽然家庭生活并不富裕，甚至捉襟见肘，却幸福和睦，孩子们的欢声笑语使梁启超感到满足。

李蕙仙是个比较严肃的人，甚至性情有点乖戾，主持家政，督促子女学业，苛刻对待用人、打骂罚跪。梁启超、李蕙仙的婚姻令人羡慕，具有互补的特点。梁启超性格温和，总能保持一种天真、忠厚的气质，比较容易相处，需要一个精明强干的生活伴侣。很像一种巧合，李蕙仙正是梁启超可以依赖的贤内助。李蕙仙毕竟出身官宦世家，受过一些教育，自幼熟读古诗，有吟诗作文的才能，而且琴棋书画样样都会，被亲友们誉为才女。特别遗憾,她的作品没有流传下来,梁启超的《饮冰室诗话》中记载其余女性的诗作,为什么对夫人的作品不置一词?最有可能,她确实没有写过。如今我们只能从梁启超写给她的诗词作品中,多少感受一点年轻夫妻的浪漫和风雅。《寄内四首》:"一缕柔情不自支,西风南雁别卿时。年华锦瑟蹉跎甚,又见荼蘼花满枝。月上帘栊院落虚,香罗帐掩旧流苏。东风昨夜无聊赖,故作轻寒逗玉橱。三年两度客京华,纤手扶携上月槎。今日关河怨摇落,千城残照动悲笳。萍絮池塘乳燕飞,蛮笺细展写乌丝。殷勤寄与临安去,陌上花开莫缓归。"

梁启超的第二位夫人叫王桂荃,她是李蕙仙嫁到梁家时带来的丫鬟,一直隐藏在幕后,在各种有关梁启超的历史文献、年谱传略、日记书信中鲜有提及,因为梁启超和谭嗣同建立一夫一妻世界会,所以不能把这个秘密宣扬出去。王桂荃特别出色,弥补了梁启超偷偷娶妾的负面影响。王桂荃虽然出身低微,但品德高尚,坚韧、耐劳、上进,又具有包容性和同情心。她是得力助手,李蕙仙各项意图的忠实执行者,家庭的主要劳动力,并负责外部联系。她负担着一大家人的饮食起居,用慈母的心照顾着孩子们。她每天督促孩子们做作业时,坐在一旁听孩子们读书、写字,耳濡目染,从目不识丁变成粗通文墨的家庭妇女,学会看报纸、记账、写简单的信。她同样理解梁启超的事业,为了使梁启超专心工作,她忍辱负重,委曲求全,维护家庭和睦安定。王桂荃甚至比李蕙仙还会做妻子,还会做母亲。梁思成是李蕙仙的孩子,有一次他考试成绩不好,李蕙仙拿笤帚疙瘩打他,笤帚疙瘩上捆着铁丝,打在小孩身上会皮开肉绽,王桂荃便用身体挡住梁思成。李蕙仙手收不住,笤帚疙瘩打在王桂荃身上,王桂荃忍着疼,事后拉着梁思成,教育他应该怎么做人。王桂荃搂着梁思成,软语温存:"成龙上天,成蛇钻草,你看哪样好?不怕笨,只怕懒。人家学一遍,我学十遍。马马虎虎不刻苦读书,将来一事无成。你爹很有学问,仍然不停地读书。"她的朴素语言让梁思成牢记一辈子。所以梁家的孩子非常喜欢和尊重王桂荃,他们管李蕙仙叫妈,管王桂荃叫娘。他们对"娘"的回忆，总是充满温馨的感情。

四

同属维新变法阵营的章太炎受到清政府迫害，携家眷南渡，登舟去台湾避难。章太炎经日本诗人山根虎雄介绍，被延请聘为《台湾日日新报》特约撰稿人。章太炎目睹日本帝国主义对台湾人民的野蛮行为，撰文抨击"日本官僚，擅作威福，压制台人"。台湾总督得知后，严厉呵斥《台湾日日新报》社长守屋善兵卫。被骂得灰头土脸的守屋回到报社，派人去唤章太炎，章太炎不予理睬，写了一张条子："何不唤守屋来……"守屋无奈，急匆匆赶到章太炎的住处咆哮一场，骂他"傲慢无理"，并下了逐客令。章太炎气愤地说："名曰善兵卫，竟是恶兵卫。礼貌衰，则离开，不用驱逐。"章太炎在台湾基隆登上轮船前往日本，寄宿在由梁启超在横滨创建的清议报馆。经梁启超介绍，章太炎首次会晤孙中山，两人谈论排满方略，中国不经流血斗争，革新无望。由于接触西方文化和自然科学，章太炎在哲学思想上发生一些变化，完成《儒术真论》，对于谭嗣同等唯心主义体系展开批判，反映出章太炎的唯物论和进化论观点。

章太炎秘密回到国内，发表激烈的叛逆文章，又在东吴大学讲台上言论恣肆，引起清政府极大恐慌，先后追捕章太炎的竟然有两名总督、三名巡抚、两名道台……结果，一而再再而三地扑空。章太炎被迫第二次流亡日本，在海上漂流六天之后，抵达横滨，正在崛起的资本主义国家有了很大的变化。章太炎在横滨上岸，日本海关要他签入境登记表。过去中日之间人员来往，不需要任何手续，径直入境。后来留日学生渐多，清廷怕革命党聚集日本，照会日本不许接纳革命党，日本人想出一个入境登记的办法，可以杜绝革命党，凡不签写登记表者拒绝入境。章太炎见状大怒，提笔在登记表上乱写。姓名一栏写"中国人"，出身一栏写"私生子"，年龄一栏写"万寿无疆"，他的字体龙飞凤舞，日本海关的职员中文水平有限，认不出来，挥挥手放他进入关卡。章太炎寄寓新民丛报社，与资产阶级革命先行者孙中山频频接触，讨论开国后的典章制度和建都等问题。1902年4月26日，是明末崇祯皇帝在北京煤山上吊身亡242周年，章太炎和孙中山在东京发起"中夏亡国242年纪念会"，宣读檄文，历数清朝统治的残暴和无能，"愿吾闽人，无忘郑成功；愿吾越人，无忘张煌言；愿吾桂人，无忘瞿式耜；愿吾楚人，无忘何腾蛟；愿吾辽人，无忘李成梁！"号召学生反对清政府，言辞铿锵有力，掷地有声，致使群情振奋。当晚，孙中山情绪极佳，倡言"各敬章先生一杯"，章太炎统统领受同人祝贺，管他日本樱花雨、故国醴泉佳酿、五湖四海的玉液琼浆，一概收拢到哲人肚子中来，章太炎共饮酒70余杯，醉得不省人事。"中夏亡国242年纪念会"是留日学生规模较大的一次政治活动，以反清为宗旨，唤起一大批爱国青年走上革命道路。章太炎本人通过这次活动，进一步扩大了他在留日学生和爱国华侨当中的社会影响。

章太炎在日本发起"纪念支那亡国会"，清朝驻日公使蔡均得知后，大为惊恐，请东京警察部门下令解散叛逆组织。日本警察传讯，章太炎如约偕行，穿着华服，长衣大袖，手摇羽扇，路人注目。日本警察问章太炎是清国何省人。章太炎回答："我是支那人，非清国人。"日本警察吃惊："你在国内属于什么阶层？士族还是平民？"章太炎回答："遗民。"日本警察无奈，只好让章太炎回去。此处章太炎所谓"支那人"，乃故意针对大清国的一种说法，和后来日本对我国的蔑称不是一个意思；他自称"遗民"，指叛逆清朝统治的大汉遗民。

章太炎倔强脾气不改，总想在故国山河弄上几刷子，搅起惊涛骇浪，章太炎从日本秘密潜回上海，短暂停留后，回到老家余杭仓前隐居七八个月，对维新以来的经历进一步反思，修改论文集《訄书》。上海发生震惊中外的苏报案，清政府认为章太炎是苏报案的罪魁祸首，使其身陷囹圄。三年牢狱之灾，刑满释放。一大早，蔡元培、章士钊、于右任、朱少屏、柳亚子、刘道一、张默君、叶瀚、蒋竹庄、熊克武、刘光汉等人，同盟会总部代表，分乘数驾马车，来到四马路工部局巡捕房门前迎候章太炎出狱。百姓纷纷前往，争先恐后想一睹反清志士的风采，热闹非凡。章太炎被大家簇拥着上了马车。由于租界当局在审判时有明确规定，章太炎出来后的停留时间不得超过三天，当晚，章太炎在同盟会总部代表的陪同下，登上日本客轮，去往东京。

在同盟会总部外的街道上，孙中山和一大批留日学生欢迎章太炎，极为隆重。章太炎成为一个备受瞩目的公众人物，革命运动中崛起的偶像。1906年7月15日，下起瓢泼大雨，在东京神田町锦辉馆，会场拥挤，大家站在雨中，有的人爬到屋檐上，想一睹传奇人物的风采。章太炎两眼炯炯有神，侃侃而谈，许多话是他在牢中经过深思熟虑的，如汩汩流水一般倾泻而出，洋洋洒洒六七千字，后来被整理成一篇著名的战斗檄文。章太炎特别指出他心目中的自立之道，惊世骇俗的论调往往出于疯子，只有疯子，才能言行一致，不畏艰险，实践诺言，世间能成大业者，多出自此辈。所谓的"正常人"，在种种阻碍面前，绝难百折不回，孤行己意。他十分愿意别人称他为"疯子""神经病"。"疯子""神经病"不被名利诱惑，意志坚定不屈，传统儒学远不能塑造出这类人物，"儒家痼疾，以富贵利禄为心。我希望用宗教发起信仰，增进国民的道德，勇猛无畏，众志成城，方可干得出事来"。同时章太炎表彰长期被视为儒门异端的《礼记》中的《儒行》篇，发扬近乎侠道的慷慨激越气节，提倡"知耻""重厚""耿介""必信"四种品德。最后，章太炎提出要弘扬"国粹"精神，包括三个方面的内容：语言文字、典章制度、人物事迹。了解中国的长处，爱国的心必定风发泉涌，不可遏抑。

据当时听章太炎演讲的许寿裳回忆说："到者七千余人，座无隙地，至屋檐上皆满，为了来看革命伟人，中国救星。先生即席演说，发狮子吼。其大意首先述自己平生的历史，次以涵养、感情两事勉励大众，庄谐间出，听众耸然。"

五

　　《民报》举行创刊一周年纪念大会，章太炎宣读祝词，孙中山发表关于民族主义、民权主义、民生主义的著名演说。章太炎则着重批判"督抚革命"的问题，"从前的革命，俗称强盗结义；现在的革命，俗称秀才造反。秀才仰攀官府，所以有依赖督抚的心"。古往今来的历史证明，没有平民革命，即使换了帝王，弊政积习，依然照旧。章太炎从实践中认识到，所谓"督抚革命"完全行不通，愚不可及。章太炎担任《民报》总编辑的时候，围绕暴力革命、资产阶级共和国和以土地问题为核心的社会革命三个基本问题，与资产阶级改良派展开激烈的论战，为资产阶级革命派树立方略，进行舆论准备。

　　应留学生和日本汉学界之邀，章太炎在东京设立国学讲习会，力争创造出新型民族文化。讲习会分为两类：预科讲文法、作文、历史；本科讲文史学、制度学、宋明理学、内典学。鲁迅极为仰慕，希望章太炎在《民报》馆内另外开设《说文解字》的小班，章太炎一口答应。鲁迅兄弟、许寿裳、龚未生、钱家治、朱希祖、钱玄同、朱宗莱八人，享受小灶待遇。鲁迅留日学费每年只有400元，常感到生活窘迫，为挣钱，做起校对。恰巧湖北留学生翻译《支那经济全书》，而经办人陈某毕业回国，委托许寿裳代办善后事宜，鲁迅拿了部分稿子去校对，竟帮助章太炎免去一场牢狱之灾。原来，章太炎接手《民报》后，张溥泉在巴黎仍是报纸挂名编辑，章太炎找人代替，《民报》第24期的编辑印上陶焕卿的名字。清廷抓住把柄，说他更换编辑没有呈报违反条例，向日本政府施压。日本政府将《民报》查封，限期令章太炎交罚金150元，或者以服苦役抵款。到缴款最后一天，垂头丧气的学生聚集到章太炎的寓所，许寿裳如梦初醒，忽然想起陈某在委托代办时留下一个存折，里面有两三百元钱，足够交纳罚金，救出章太炎，圆满收场，成为留日学生的一段佳话。

钱玄同提及章太炎必恭书章先生。钱玄同的日记随心所欲，刚刚赌咒发誓，要坚持每天写日记，偷懒打手掌，过两天即中断。当时听课是在章太炎的寓所，钱玄同经常躬身前去询问老师，古字应该怎么写，必须在榻榻米上爬过去，代替"行走"。基于这个原因，鲁迅送给钱玄同一个绰号："爬来爬去"。

在东京求学期间，黄侃与章太炎住在同一个寓所。黄侃占据楼上的高位，章太炎则屈尊楼下。旅居伊始，两人像两条并行不悖的平行线，很久未得相识。一个春夜，应该是日本的樱花散淡了清香的静美时分，黄侃读书上瘾，膀胱间涌起一阵阵尿意，都懒得去处理。后来，内急到了一种箭在弦上、不得不发的紧张时分，黄侃已经来不及跑去厕所。于是，通达洒脱的黄侃爬上书桌旁边的窗口，舒畅肆意地冲下面方便起来。大抵名士夜读自古便是一种风行不衰的嗜好。章太炎钻研学问，正进入曲径通幽、山花烂漫的呵护微妙的痒处。蓦然，窗外静物间自上往下挂了一股瀑布般倾泻的水流，浓郁非凡的臊臭气味扑鼻而来，打断章太炎的雅趣。章太炎烦躁地冲出屋外寻找水流来源。黄侃正骑立于自己的窗台，进行着收敛的程序。章太炎勃然大怒，指着黄侃咬文嚼字地叫骂起来。理亏情形下，一般人都会采取息事宁人的态度。黄侃是正牌的名门贵公子出身，盛气凌人，章太炎有板有节的叫骂陡然激起黄侃好斗的旧时习性。黄侃不甘示弱，报之以詈骂，章大疯子恰巧遇见黄小疯子。他们在清幽的月色下，一个斜倚在楼上窗口，一个叉腰站定在楼下甬道，开始一场引经据典、国际先进水平的口水仗，出口成章，棋逢对手，痛快淋漓。他们疾缓舒纡有致的怒骂，引来许多留学生的围观。他们渐由惬意转向疲倦，心底涌上来一种惺惺相惜的感觉，在骀荡的春风间相对微笑。有人代为通报姓名，他们恍然明白，一个是渊博绝伦的朴学大师，另一个是小成气候的校园霸主，遂将话锋转到探讨学问上，越谈越投机，黄侃折节称弟子。

　　自此，朝夕相处，黄侃师从章太炎问学经年。章太炎清高孤傲，极少嘉许近世文人，唯独对黄侃刮目相待。章太炎的学问博大而散漫，唯黄侃能整理它们；章太炎像苏格拉底一样根本蔑视物美，而黄侃风流能事，正如柏拉图一般关心物美。章太炎说："妇人身上何处最美？"黄侃说："老师您以为呢？"章太炎说："据我观察，妇人之美，实在双目。"黄侃笑道："众人都说先生痴，仅此一点，证明先生有艺术眼光。"

　　章太炎满腹经纶，生活中不修边幅，打扮颇为怪异。他留着两边分梳的头发，春天，长袍外套一件式样特殊的坎肩；夏天，则穿半截长衫，袒胸赤臂。一年四季，无论寒暖，手里总握一把团扇。衣服长年不换洗，两袖积满污垢，油光发亮。包天笑的《钏影楼丛话》中记载，章太炎在东吴大学任教时，住在螺蛳桥头一间小屋中，晚上回家，往往忘记自己的家门，走到邻居家，他自己还不觉得。某日，从学堂回来，进屋时忘记跨门槛，结果被门槛绊倒，摔个大马趴，一只胳膊轻微骨折。伤好痊愈，心血来潮，换上一件日本和尚的衣服出门，戴着草帽，挥舞团扇，儿童们争相堵截，章太炎却神情自若。章太炎几乎没有生活自理能力，在日本时，他将自己的衣服鞋袜弄得杂乱无章，福建人林时爽（黄花岗起义七十二烈士之一）常常为他整理打点，免得他找不到物品。中国人有随地随时吐痰的习惯，章太炎也不例外。日本的房子都铺木地板，干净可鉴，吃饭睡觉图舒适。章太炎一进屋，说不得几句，嘴一撇，"噗"的一声，一口浓痰飞射而出，让旁边的日本人惊诧莫名，也让陪同的中国人尴尬不已。

　　几个弟子到章太炎的寓所听课，闲暇之余，谈笑取乐，赞扬章太炎是保持良好卫生习惯的反面典范，"灵魂出自身体的污泥而不染，吾爱吾师，吾尤爱吾师皮屑脚臭中散发的真理"。

　　章太炎看着地上胡乱仰躺、东倒西歪的几个弟子，盘腿坐在榻榻米上，用痒痒艳不时伸到自己的衣领后背挠一下，又对着几个弟子的额头指指点点，章太炎像花果山的美猴王镇守水帘洞府，威风八面，扬扬得意地说：

"青年才俊都是被我的皮屑脚臭熏出来的。"章太炎谈及自己出了上海租界的监狱时，同盟会派邓家彦、龚练百前去迎接，发现章太炎面白体胖，二人都惊诧毕生所未见，原来章太炎平日最害怕沐浴，入狱后，西洋狱卒每天强迫他洗澡，才使体魄变得强健。

章太炎随手扔掉的几个烟蒂把木质地板烫出一圈圈痕迹，黄侃说："捡学界泰斗的烟屁股也是幸福呀。"

钱玄同说："日本人民看到章先生在木质地板上制造的严重创伤，不知道有多心疼。别说章先生，我也不适应日本拘谨整饬的生活习惯，饮食起居，还是散漫自由一点好。"

鲁迅说："在东京街上走路，我看见店铺招牌上的某文句或某字体，常指点赞叹，犹存唐代遗风，非现今中国所有。"

周作人则引用冈千仞的著作《观光纪游》中的句子，环顾四周建筑布局，描述一番："室皆离地尺许，以木为板，藉以莞席，入室则脱履户外，袜而登席。无门户窗隔，以纸为屏，下承以槽，随意开阖，四面皆然，宜夏而不宜冬。室中必有阁以度物，有床第以列器皿陈书画。楹柱皆以木而不雕漆，昼常掩门而夜不局钥。每日必洒扫拂拭，洁无纤尘。"

黄侃说："日本人的席地而坐参照中国古代礼仪。我考查《三国志·管宁传》，成都所存文翁礼殿刻石诸像，正襟危坐，两跣隐然见于衣裳下面。"

周作人说："我只能胡乱打坐，即不正式的趺跏，像管宁那样屈膝跪伏，坚持不到十分钟，两脚麻痹。我喜欢日本房子的适用，特别便于简易生活。中国公寓住室多在方丈以上，塞满板床桌椅箱架，没有余地，令人感到局促，无安闲趣味。大抵中国房屋与西洋相同，宜于华丽而不宜于简陋，一间房子造成，行百里者半九十，没有相当的器具陈设不能算完成，日本则节省土木，铺席糊窗，即可居住，疏密有致。"

黄侃委婉地嘲讽周作人："你已经有严重的日本情结，卖国不能这么快吧?"周作人面红耳赤，差点和黄侃动手打架，被章太炎及时制止。

随后章太炎抱怨日本的生冷饮食，他们喜欢吃鱼，寻常茶饭，萝卜竹笋而外，别无长物。自天武四年因浮屠教禁止兽肉，非饵病不许食用，屠夫小贩隐去兽肉的名字叫作山鲸，所悬招牌，画牡丹者是猪肉，画丹枫落叶者是鹿肉。章太炎初到日本，第一感到惊奇的事情是兽肉的稀少，模仿欧洲，素食盛行，源于兽肉为秽物的宗教观念。中国学生吃到日本饭菜清淡、枯槁、没有油水，一定大惊大恨，特别是在分租房间的地方。周作人却不以为苦，觉得别有一种风趣，故乡人民努力一日三餐，用腌菜臭豆腐螺蛳填充胃口，不嗜好油水，与日本饮食习惯类似。友好邻邦，食物相通，例如，大德寺纳豆即咸豆豉，泽庵渍即福建的黄土萝卜，药藕即四川的黑豆腐，刺身即广东的鱼生，寿司即古代的鱼鲜，制法见于《齐民要术》。周作人继续引申发挥，故乡绍兴有吃"冷饭头"的习惯，属于俭朴品德，并非迂腐，希望人人都有寿司当晚点心，人人都有小汽车坐，固然是久远的理想，目前似乎刻苦的训练很有必要，抽大烟、娶姨太太、打麻将是中流享乐思想的表现，这种诟病真不知道如何才救得过来。章太炎同意周作人的观点，但孔子说的三月不知肉味，实在难熬，中国人习惯食用火热的东西，有一个海军同学昔日为京官，深恶痛绝日本冷食，偶尔改善伙食，取饭锅置于座位附近，用手捞出大块的红烧肉，狼吞虎咽，迅疾如暴风骤雨，多么快意。

鲁迅、钱玄同、黄侃从地板上一跃而起，大声疾呼："我们去郊外树林弄点山珍野味，孝敬师尊，打打牙祭解解馋，吃饱喝足，才有精力投入国学研究呀。"

黄侃跟章太炎在东京居住三年多，埋头苦读，虚心请教，始终没有"拜师"的形式。黄侃决定回国，向章太炎求临别赠言，章太炎说："你要拜一个好老师常常指教，治学精进，臻于佳境。"黄侃答："你推荐一下。"章太炎说："去北京找刘师培吧。"黄侃答："暂时不想去北京。"章太炎说："去浙江找孙诒让也行。"黄侃答："不想到浙江。"章太炎说："陈伯韬在南京，你可去找他。"黄侃答："恐怕南京不能成行。"章太炎说："怎么办？万不得已，我勉强一点吧!"黄侃认真地磕头行礼，算是拜师。从此黄侃位列章太炎门墙。

六

1907年10月17日，梁启超在日本东京成立政闻社，配合清政府"预备立宪"。梁启超提出四大纲领：实行国会制度，建立责任政府；厘定法律，巩固司法权的独立；确立地方自治，调整中央、地方的权限；慎重外交，保持对等权利。梁启超创办机关刊物《政论》，鼓吹君主立宪，以总务员、常务员主持日常工作。政闻社请梁启超在锦辉楼讲演，坐定后，梁启超上台，说："希望大家赞成立宪国家。国会是监督机关，政府好比小孩子不懂得道理，需要我们监督他的行为。"有一部分人鼓掌，梁启超继续讲演，忽听张继站起来骂道："什么机关，马鹿!"从人缝中冲开一条路，直奔讲坛，一双草鞋擦着讲坛左边，投掷而来，击中梁启超左颊，回头一看，原来是一位戴眼镜的老先生，再往上一瞧，梁启超已经隐去踪迹。马鹿是日语中骂人的话。前来捣乱的同盟会会员和政闻社戴红袖标的招待员互相殴打，政闻社的人明显吃亏，喊道："革命党，革命党!"日本警察进来抓人，结果解释几句，警察离开。张继占据讲坛，接着宋教仁宣布同盟会的宗旨，声称："立宪党是保皇党的变相，他们推崇君主，我们打倒君主，水火相克。如果容许文妖讲君主立宪，我们理想的中华民国就永远不能实现!"同盟会对抗政闻社，取得一次小小胜利。辛亥革命前，在日本无数小的组织支流，全部可归纳到立宪派与革命派两个旗帜鲜明的政治团体，孙中山、梁启超分别为两大阵营的领袖，均各具势力。梁启超碰上孙大炮一派，难免吹鼻子瞪眼继而大打出手。日本宪兵并不允许"火拼"，因此两派斗争，总是一会儿"文斗"，一会儿"武斗"。写文章是梁启超的强项，梁启超先后推出《王安石传》《李鸿章传》，用历史证明现在，昌言己说；章太炎冲在最前面，一面著文批驳，一面组织留学生办刊物，呼吁革命。刊物上的文字，需要有一个过程才能领略主旨，相比之下，讲坛慢慢成为主要阵地，一波波的演讲风潮骤然兴起，你方唱罢我登场，有时在街上碰到，都会口舌攻击，最终，人多势众的革命党人占据上风。

梁启超与章太炎，最初都是晚清思想领域内开创风气的领袖，启蒙主义先驱，他们的文章在舆论界是两面十分耀眼的旗帜，后来插在不同的阵地上，产生了分歧。章太炎曾写一联嘲讽康有为，分别集《左传》中"国之将亡有妖孽"和《论语》中"老而不死是为贼"两句，意指康有为乃"妖孽""贼"。康有为自称教主，号称"不出十年，必有符命"。章太炎嗤之以鼻："康有为配做少正卯、吕惠卿吗？狂言呓语，不过李卓吾一类货色！"

章太炎不仅是保皇党的死对头，也是革命派阵营中的刺头儿。孙中山的三民主义纲领并不被章太炎完全认同。章太炎政治主张的出发点是反对民族压迫，实行所谓"民族复仇"，恢复汉族的统治地位，一再宣称光复而非革命。章太炎与孙中山分道扬镳，联合陶成章等人组成光复会，就是基于这种思想。日本政府应清政府的要求，将孙中山驱逐出境，又不愿完全开罪孙中山，由外务省馈赠程仪（路费）5000元。东京股票商铃木久五郎馈赠孙中山一万元。孙中山正为募集革命经费发愁，欣然笑纳。此事同盟会同人一无所知，而后引起风波。章太炎支撑同盟会机关报《民报》，经费左支右绌，听说孙中山收取大笔黑金，拨给《民报》的经费却只有2000元，顿时气愤不已。章太炎取下总编室所挂的孙中山的肖像，"咣啷"一声掷于地上，写道："卖《民报》的孙文应该立即撕去。"孙中山已到香港，章太炎将撕坏的照片和评语寄给孙中山。章太炎批评孙中山的时候，别人随声附和，章太炎马上给别人一记耳光，说："你是什么东西？总理（孙中山）是中国第一等的伟人，除我之外，谁敢骂他？"同盟会计划从日本运送枪械到钦州防城附近的白龙港，支援起义军。章太炎听信传言，发电报到香港《中国日报》说："枪械陈旧劣质难用，请停止另购。"孙中山深为恼火，觉得购买枪械是秘密行动，章太炎竟用明电直接发过来，真是糊涂。章太炎秉性憨直，稍有感触，一吐为快，所幸孙中山取消购买枪械的计划，没有酿成后患。

七

刘师培在上海结识章太炎，二人皆为古文经学家，推崇对方，又有排除清政府的共同信念，意气相投，视为知交。在章太炎的邀请下，刘师培带着母亲、妻子何震和汪公权东渡日本。刘师培生有异相，尻部有一根长不及寸的无骨肉尾，左足正中有一块龙眼大小的鲜红胎记，故被称为"老猿再世"，此为聪明异常的征兆。刘师培博览群书，内典道藏、西方哲学，无不涉猎，尤精历史掌故，在经学方面打下深厚的功底。何震因对现状目击心伤，创立女子复权会和机关刊物《天义报》，狂热鼓吹。《天义报》宣传介绍无政府主义代表人物蒲鲁东、巴枯宁、克鲁泡特金、托尔斯泰，刘师培撰稿，将克鲁泡特金的思想概括为"互相扶助说"与"无中心说"。何震痛斥中国儒家传统文化对妇女的种种限制和压抑，宣称天下男子都是女子的大敌，女子要复仇，"革尽天下压制妇女之男子，革尽天下甘受压制之女子，女子中甘事多妻之夫者，要共起而诛之"。何震认为，西方社会男女拥有同样职业、选举权和参政权还不是真平等，必须实行根本改革，废除私产和政府。何震将女子解放与无政府主义、马克思主义等理论混杂糅合在一起，写了一系列文章：《论女子当知共产主义》《女子革命与经济革命》《"论妇女问题"按语》《论中国女子所受之惨毒》等。

何震成为极端的女权主义者，自然在自己的婚姻生活中寻求女性解放。何震打着男女平等的大旗，常常对刘师培河东狮吼，施以训斥惩罚，甚至拳脚耳光。刘师培被人戏称为"惧内泰斗"。有一天晚上，刘师培慌慌张张地冲进章太炎的寓所，喘息不定，外头突然传来一阵急促的叩门声。刘师培面色惨白，哆嗦着说："必是我太太来了，怎么办？我非躲起来不可！"刘师培闪电般直冲进卧室，迅速藏到一处隐蔽的旮旯。章太炎开门后，发现是自己的一位朋友来访，走进卧室，说："警报解除，母老虎正在别处觅食，不会下口咬你。你钻出来吧。"刘师培说："你哄骗我，什么时候也叫你尝尝被老婆摧残的滋味。"章太炎无计可施，趴下把刘师培从床底硬给拽了出来。

何震曾向苏曼殊学画，到日本后，苏曼殊寄居在刘家，何震勒令刘师培对其优礼有加，并资助生计艰难的苏曼殊。刘师培说："钱财由我的母亲掌管，实在难办。"何震说："你是没有丈夫气魄的小气鬼。"何震还给刘师培戴上一顶"绿帽子"。刘师培终日埋头著作，患有肺病。何震一面利用刘师培能写文章，替她出名办刊物，一面又对刘师培不满足，行为放荡。表弟汪公权趁机勾引，与何震发生暧昧关系。废除家庭的高调，原本是何震为了名正言顺地红杏出墙，明目张胆地在刘师培眼皮底下，跟情人双入双出，刘师培却一点脾气都没有。

同盟会中发生以章太炎为首的"倒孙风潮"，刘师培是章太炎的支持者之一。刘师培见孙中山受外国贿赂，在同盟会中争权夺利，察觉隐情，失望之余，遂大悟往日参加革命党的是非。刘师培厌恶鄙夷，认为孙中山本来是不学之徒，贪淫成性，不知道德为何物。刘师培派日本人北辉次郎、清藤幸七郎与程家柽商量，想雇佣杀手取孙中山项上人头。程家柽是卧底清廷的革命党人，把这事告诉了宋教仁，刘师培的刺杀计划未成功。刘师培痛恨程家柽坏其好事，指使日本人加藤位夫、吉天三郎把程家柽诱拐到偏僻处痛殴，若不是警察闻讯赶来制止，程家柽恐怕已经命丧黄泉。程家柽因为脑部被击伤，时常疼痛，记忆力锐减。

同时，刘师培与章太炎的关系产生裂痕。章太炎趁何震不在家，故意在刘师培面前逗弄玻璃水缸中的一只小乌龟，摇头叹息："在东方国家，长命百岁是终极价值取向之一，人们努力活着，拖延时光，像乌龟一样窝囊、无趣且缺少尊严。可惜喽，老乌龟游走了，小乌龟夭折了，雌乌龟在外面有艳遇，留下一个现实版的乌龟啃着古籍，皓首穷经。"

刘师培正在旁边椅子上捧着一部线装书，因高度近视，眼睛几乎贴到蓝皮书面上，瘦弱的身体弯成虾米一样，刘师培淡漠地看了章太炎一眼，没有搭话。

章太炎继续说："乌龟又名鳖、王八，蒙在鼓里，懵然不知野鸳鸯正在床上搞得热火朝天。"

刘师培说："你打什么隐语，有话挑明吧。"

章太炎说："老婆和别人有一腿，你竟然耷拉着眼皮视而不见，我替你气愤不平。你真是姑息养奸的千古第一人，发展下去，她会和别人伸上第三腿、第四腿，成为运动专家，你也可以申请乌龟博士学位。圣人教诲虚怀若谷、胸襟开阔，不是用在这方面的吧?"

刘师培说："我是乌龟我快乐，不劳你费心。你居心不良，添油加醋，挑拨我们患难夫妻的关系。"

章太炎气哼哼地甩袖而去，说："我居然结交一个情商白痴，平生恨事啊!"

初到日本，刘师培夫妇与章太炎同租一处房屋合住，亲密得像一家人，但是，不过两个月，便吵得不可开交，章太炎搬到《民报》馆内居住。何震因某些事情对章太炎怀恨在心，便吹吹枕边风，刘师培听信老婆，与章太炎翻脸相悖。接下来，有人在章太炎的茶壶里面投毒，此案轰动一时。经调查发现，投毒者为汪公权，事情败露后，东京留日学生界舆论哗然，强烈谴责刘师培夫妇。在此期间，日本政府应清政府的要求，查禁《民报》《天义报》等报刊。

刘师培倒向清廷有名的改良主义者端方。由何震出面联络，刘师培作《上端方书》，"欲以弭乱为己任，稍为朝廷效力，兼以酬明公之恩"，献上十条计策，谄媚权贵。刘师培背叛革命的原因，许多人猜测与何震花钱无度有关。何震在东京颇有艳名，一个人讨了漂亮老婆，算不得一件好事。漂亮人总不免有些嗜好，修饰和交际，都需要有较多的金钱供她挥霍。由于丈夫怯懦，欲望受阻，她容易受到外界的诱惑。何震首先变节，被两江总督端方收买，随后刘师培踏上同一条黑船，汪公权居间穿针引线。何震不愿再居日本，听小人之言，并符合她的名利思想，以为能与官场联系，自然另有出路，极力怂恿要挟丈夫。刘师培疏于世故，没有自己的立场，身体发软，三魂缥缈，在妻子的香风吹拂下漂游回国。

1908年5月24日，刘师培窃取章太炎的私章，在上海《神州日报》上冒名发表《炳麟启事》："闭门却扫，研精释典，不日即延请高僧剃度，超出凡尘，无论新故诸友，如以此事见问者，概行谢绝。"何震亲自动手，给吴稚晖写信，揭发章太炎为反革命。章太炎在《民报》上刊登《特别广告》，澄清事实，声称刘师培夫妇是清廷密探。刘师培夫妇准备还击，聘请律师，打算和章太炎打官司，被人劝阻。刘师培投靠端方后仍然与革命党人保持联系，充当清廷的卧底。清廷通缉陶成章，刘师培凭着与陶成章关系素来深厚，天天与军队都尉前往各船坞查陶成章的行踪，引诱其上钩，阴谋没有得逞，拿一个替罪羊张恭向端方复命。张恭被捕后，王金发持枪闯入刘师培的寓所，刘师培跪下求饶，愿意以身家性命担保张恭安全，免于一死。汪公权运气不佳，于1909年被王金发击毙。陈其美曾令蒋介石等人暗中除掉刘师培，孙中山怕暗杀行动会暴露起义计划，阻止他们的行动，刘师培又逃过一劫。刘师培公开成为端方幕僚，考订金石，并任教于两江师范学堂。刘师培彻底与革命党人决裂。

章太炎曾想挽救与刘师培的友谊，致函辩解，受人诱惑，走上歧路，希望刘师培重新回归革命阵营，刘师培并未理会。章太炎、刘师培反目成仇还有学术上的原因。章太炎饮誉学林，自视甚高，目无余子；刘师培在古文经学上卓然成家，年少气盛，不肯屈居人下。二人长期频繁交往，可能产生龃龉。

第二章

动荡年代显奇才

——蔡元培教育救国

八

20世纪初，出国留学或考察蔚然成风，大多是公费官派。女儿出生，蔡元培为其取名"威廉"，而后又为出生的儿子取名"柏龄"（柏林），这两个德国式的名字，充分表明蔡元培对赴德求学的向往和决心。在蔡元培看来，德国是当时哲学、教育学最发达的国家，世界学术以德国为尊。蔡元培获悉清廷将公派几名翰林院编修出国，被激起留学德国的梦想，立即从故乡绍兴回到京城。愿意赴欧美留学的人数太少，政府又拙于经费，蔡元培决定放下翰林学士的身段自费赴德国。清政府任命孙宝琦为驻德国公使，为蔡元培赴德国提供了机会。孙宝琦的弟弟孙宝暄与蔡元培是故交。由于孙宝暄的介绍和蔡元培的登门拜访，孙宝琦答应让蔡元培在使馆任职，且每月资助学费30两（合42枚银圆）。同时，蔡元培通过挚友张元济与上海商务印书馆商洽，特约他在德国为该馆著译，每月稿酬100枚银圆。两笔收入远不能解决蔡元培在德国的费用和国内妻儿的家用，但蔡元培还是抛家别子，随孙宝琦一行前往德国，开始首次欧洲之行。

据统计，清末留学德国的学生总计114人，其中官费生87名，自费生27名，多数不到25岁。蔡元培是不依赖国内家庭支持、"半工半读"的第一个留学生，年近四旬，年纪远远超过其他留学生。蔡元培负笈西来，系自费留学，尚有柴米之忧，一边学德语，一边做家庭中文教师，自称"一半用人一半乞丐"。

通过汉学家孔好古的帮助，蔡元培在莱比锡大学注册。蔡元培没有进入德国最有名的柏林大学当然遗憾，但莱比锡大学也属当时的尖子大学，拥有哲学家和实验心理学创始人冯特、历史学家兰普莱西等一批一流的学者。蔡元培来到莱比锡大学，正值500年校庆的前夕，莱比锡大学最为辉煌的时期，学生达到12000人之众。莱比锡大学的核心地带在奥古斯都广场周围，主楼颇为壮观。蔡元培埋头读书，潜心学问，莱比锡大学档案馆的材料显示，蔡元培三年中共选修了大约40门课程，平均每学期6门，内容主要涉及哲学、心理学、德国文化史、文学、艺术等。课余时间，蔡元培喜欢去美术馆，还学习钢琴和小提琴。蔡元培后来主张"以美育代宗教"的观念，显然形成于莱比锡大学。

远隔重洋，飞鸿传情，蔡元培给住在绍兴故居的黄仲玉邮寄书札，汇报自己在欧洲的生活学习情况，蔡元培盼来了黄仲玉的回信，寥寥数语："蔡兄，你安心学习吧，我会好好抚育咱们的两个孩子。"蔡元培一笑："这个黄老弟，太吝惜笔墨，怎不多说几句缠绵的话儿？"蔡元培从信封里抖搂出来一颗南国相思红豆，还有一件尺幅，画着两个憨态可爱的小儿。蔡元培眼泪汪汪，摩挲片刻，喊着两个小儿的名字："威廉，柏龄，恕父亲不能在家照顾你们。"

为了支持丈夫蔡元培的事业，黄仲玉放弃了自己的书画爱好，致力于抚育子女，操持家务。空闲时间，黄仲玉喜欢翻拣阅读蔡元培的几封来信，当作一种消遣。蔡元培的那些来信，或抒情议论，或描写点点滴滴的事物，使黄仲玉仿佛亲临欧洲。

"我选修了兰普莱西的几门课程。兰普莱西是德国史学界独树一帜的革新者，将人类历史划分为五个时期，即符号、雏形、沿习、个性和主观时期，分别对应着五种不同的经济模式。最高的精神功能表现为纯粹的幻想能力，如诗歌、艺术。兰普莱西对艺术史的重视直接影响了我对美育的提倡。

"莱比锡大学礼堂中正面的壁画，有各民族雏形的人物环拱着。柏拉图穿着玄衣一手指天，为富有理想的象征；亚里士多德穿着白衣一手指地，为创设实证科学的象征。音乐大家贝多芬的石像，设在美术馆中。椰园中有一个玻璃房子，专门培养热带植物，星期日及晚间，我常常陪着同学去听音乐演奏，小歌剧轻松清丽。

"我的精力渐渐集中于美学方面，在论文中强调美的超越性和普遍性……"

黄仲玉读着书信瞌睡片刻，恍然觉得蔡元培从天而降，坐在桌子对面与她争论。蔡元培说："我在莱比锡时，听闻友人李石曾说食肉的危害，又读俄国托尔斯泰的著作，描写田猎惨状，就忌讳食肉了。"黄仲玉嫣然一笑："夫君留洋镀金，却又退化为食草家族了。"蔡元培说："这是一个关于杀戮和拯救的严肃问题，少做妇人戏言。蔬菜素食有三种含义：卫生，戒杀，节用。我还没有完全断绝烟酒，至于节用，留学生可以购买外国饭庄长期供应的肉票，改为蔬菜素食特别烹饪，未见便宜。"黄仲玉说："植物未尝没有生命，戒杀含义不能成立。"蔡元培说："这不是伦理学的问题，而是感情问题。感情附着动物，因此不食动物，他日，感情附着植物，同样不食植物。"黄仲玉说："你你你，用神仙标准来要求普通人，行不通。我的表舅在街上摆着一个卖猪肉的摊子，都像你一样奉行蔬菜素食，不沾荤腥，谁来买猪肉？表舅不是赔本赚吆喝吗？"黄仲玉一气之下惊醒了，蔡元培消失在午后的空气中，窗明几净，原来是南柯一梦。

黄仲玉终于盼来一次出国探亲的机会，与蔡元培在异国相见，千百次梦中的呼唤变成喁喁细语，耳鬓厮磨，不胜欢喜。虽然夫妻团聚的时间很短，却留下不可磨灭的印象。黄仲玉说："你在书信中描述的异国景物都变成了现实。"蔡元培说："你是学美术的，一定要参观莱比锡大学礼堂中正面的壁画，受到启发。"黄仲玉说："你一再提到的那个洋教授，到底什么来历？"蔡元培说："我极其崇拜兰普莱西教授，兰氏讲史，最注重造型美术，如雕刻、图画等。我领你去见他吧。"蔡元培偕黄仲玉拜访兰普莱西教授，赠予景泰蓝茶杯两具，并由黄仲玉赠送一幅亲自绘制的《岁寒三友图》。图内松、竹、梅"三友"工笔细腻入微，布局新颖别致。兰氏见到此画激动万分，赞不绝口。

蔡元培身在德国，心系祖国，时常关注国内革命形势。蔡元培从上海友人按期寄来的《中外日报》《神州日报》中，知道国内差不多年年都有惊人的大事发生。旅居法国的吴稚晖、李石曾、张静江在巴黎设立世界社，创办《世界画报》《新世纪》，宣传革命，抨击君主立宪主张，支持孙中山的革命活动。蔡元培经常与他们书信来往，交流思想。由于这段历史，蔡元培后来与他们三人并称国民党"四大元老"。

暑假期间，蔡元培因兰普莱西教授的介绍，前往德国镇上一所中学参观。兰普莱西说："这所中学是私立的，较为革新。"蔡元培说："您评价精当。根据我的观察，制度先进，管理人性。"兰普莱西说："具体表现在哪些方面？"蔡元培说："在课程上，重顿悟不重记诵；在德育上，重感化不重拘束。每天饭前背诵一条世界名人格言，代替宗教祈祷，举行音乐演奏会。我觉得他们的生活合理而且有趣。"蔡元培随手拿起阅览室里最新的一份报纸，上面载有武昌起义爆发的消息。兰普莱西问道："这一次的中国革命能否成功？"蔡元培回答："必定成功，革命党人已预备很久了。"

蔡元培欣喜而夜不成寐，立即终止在德国镇上一所中学的参观考察，回到莱比锡，与诸同学购报纸传阅，或筹资发电报声援革命。同学会中，本有两面小龙旗，插在案上花瓶中，蔡元培扯破了两面小龙旗，用两面五色旗代替它们。使馆的一位秘书来访，满面笑容，扬扬得意地说："袁官保出来了，革命军势力孤单了。"蔡元培打了秘书一个耳光，骂道："放屁！"同学刘庆恩赶紧劝开，秘书只好悄悄地去了。蔡元培获悉刘庆恩是汉阳钢铁厂派来德国调查制炮、用炮技术的人员，对清军布防十分熟悉，这对革命军北上攻打北京城十分有利。于是，蔡元培与刘庆恩一起写信给孙中山，建议筹款10万美元订购德国克虏伯厂生产的八尊新式攻城炮。蔡元培还在给吴稚晖的信中预测，袁世凯出山，意在破坏革命军，借此机会复辟帝制。可见蔡元培政治观察力的敏锐。

蔡元培时刻牵挂着国家的兴衰与民族的前途，为自己身居异邦"不能荷戈行间，稍尽义务"而深感不安。1911年11月中旬，当蔡元培接到上海革命力量主要领导人催促其回国的电报后，立即中断欧洲游学，开始教育学术救国的伟大实践。

九

武昌起义以后，国内形势扑朔迷离，瞬息万变。帝国主义列强从他们在华的利益出发，力图绞杀革命军，扶持袁世凯上台，作为他们新的代理人。清政府看到革命形势迅速发展，清王朝正处于土崩瓦解之中，则显得万分惊恐，为了挽救危局，起用已经被赶下台的袁世凯。革命党人要结束封建帝制，但是外有帝国主义的威胁，内有资产阶级立宪派的压力，速定共和，不是一件容易的事情。立宪派人物和一些清朝官僚眼见清王朝行将灭亡，纷纷转向革命，摇身一变，成为民国功臣、政坛要人。身在海外的梁启超凭借政治智慧，迅速调整斗争策略，改变方针，刷新国家体制，它要保留的君主已不是戊戌变法时期能够主宰一切的封建土皇帝，而是听任国会摆布的新傀儡，立宪派以非暴力的方式达到与革命党同样的目的。梁启超派人四处活动，力图使国内各种政治势力统一认识，共建大业。经过梁启超周密的安排，一批立宪党人纷纷行动，蓝公武至北京联络内阁总理袁世凯，盛先觉到上海动员章太炎，拉拢山东地方势力，游说广东各地。然而，各方面传回的消息使梁启超颇为失望。章太炎认为，如果清廷大势已去，革命党即将掌权，再谈论保守清帝，不合时宜，梁启超的愚蠢论调不足为凭。章太炎比较温和，尚且如此，更不用提其余态度激进的革命党人。梁启超所谓"虚君共和"方案彻底破产，立宪党人在复杂的政局中站稳脚跟并谋求发展，顺应时代潮流，走民主共和、结束封建帝制的道路。

革命风暴席卷全国，形势的发展需要一个统一的领导机构，各省代表商讨成立临时中央政府。蔡元培抵达上海。章太炎在黄浦滩某号屋中，弟子十余人陪伴左右，邀请蔡元培前往寓所。

章太炎说："十七省代表十七人齐聚南京，将开会选举中华民国总统，你认为谁能够当选？"

蔡元培说："当然是孙先生，浙江军队的将领因为和光复会有关系，又自恃攻打南京有功，对于选举问题很有异议。"

章太炎说："你往南京，与各省代表接洽，劝他们暂缓选举。"

蔡元培说："政见不同，从长计议，协商解决，未必发展到水火不容的地步。"

"我看你就是个和事佬。"章太炎疯劲儿上来了，用力把一个陶质茶壶摔碎在地上，"道不同不相与谋，虽然推翻清政府的帝制，但是民主共和伊始，不排除投机者、战争贩子浑水摸鱼，咱们知识精英界能容忍他们吗？"

"章先生，太阳用慈爱的光辉普照大地，恶魔也可以感化的。"在学界泰斗章太炎面前，蔡元培不亢不卑，坚持自己熔铸顽石、海纳百川的观点，默默退出寓所。

蔡元培身后仍传来章太炎声嘶力竭的叫喊："蔡先生，想想当年孔子周游列国、政见不被采纳的孤独惨状吧，别对统治者抱有幻想。但愿民国总统选举不是分赃会议，不是愚弄民众的障眼法。"

孙中山以十六票当选为中华民国总统，他组织临时政府，召见蔡元培。孙中山说："我决意任命你为教育总长。"蔡元培说："我资历尚浅，恐怕不能胜任类似烫手山芋的职位，清政府留下来的教育烂摊子，叫我怎么收拾？"孙中山说："这次组阁，除了你和王亮畴外，各部门均以名流任命总长，同盟会老同志居次长的地位。诸位名流观望不前，你万不可推辞。"蔡元培说："感谢孙先生的举荐和信任，我只有答应下来，勉力而为。"孙中山说："我今日还需要约见陈兰生，让其出任财长，如果你打退堂鼓，陈兰生更加无望。"

蔡元培回寓所取行装，章太炎加以责难："你违背浙江人不入内阁的约定，我要扣留你的行装。"蔡元培说："我当面呈请孙先生收回成命，孙先生不允许，我也无可奈何，只有硬着头皮戴上这一顶官帽。"章太炎说："怎么追究你的私自违约？"蔡元培说："我写一篇广告稿，公开发表，在报纸上宣布我的私自违约，向章先生谢罪。"章太炎的弟子劝老师不要固执，章太炎才允许蔡元培只身前往南京。

在百废待兴的日子里，蔡元培心忧天下，一万年太久，只争朝夕，不能懈怠，不敢独断，召集教育人士，广泛听取他们的意见和建议，颁布了两个重要法令——《普通教育暂行办法》和《普通教育暂行课程标准》。

蔡元培快马加鞭，连续发表文章，明确提出军国民教育、实利主义教育、公民道德教育、世界观教育、美感教育，具有远见卓识。所谓军国民教育，是清末由国外传入的一种教育思想，倡导举国皆兵，一来可以提高国民的身体素质，二来对外实行自卫，对内反对军人强权统治。蔡元培创办爱国女校的时候，早已付诸实践，重视军事教育，自己还有一张穿着军训服装的照片留世。实利主义教育与当今中国最被忽视的劳动技术教育差不多，它提倡科学文化知识要寓于树艺、烹饪、裁缝及金、木、土、工之中，培养全民的基本生活和生存技能。这种理念百年后仍然可以骄傲地站在国际化教育的舞台上。蔡元培在南京一所中学演讲的时候，特别提到实利主义教育，宣布："依照教育部新规定，所有中学生必须选修烹饪、裁缝、理发课程，不然拿不到毕业证！"有的教师感动涕下："我们被封建科举制坑害严重啊，皓首穷经，自视清高，竟然连做饭都不会，失去生活乐趣。"有的中学生捶胸顿足大哭："中国学生苦啊，被沉重的课业负担压得弯腰驼背，目光呆滞，男女近视，学来高端的虚无缥缈的做题技术，既不养人，又不养生，大好年华磨得残缺一半。希望蔡先生解救我们青少年！"蔡元培说："偏偏有些人急功近利，上有政策，下有对策，不按国家的教育方针办事，不能把眼光放得更远一点！以后教育部加强督察，再遇到类似恶劣事件发生，严惩不贷！"蔡元培试图将西方"自由、平等、博爱"的道德观念和中国的优秀传统和谐统一，构建公民道德教育内容。世界观教育是蔡元培的独创，鼓舞人们遵循思想言论自由的原则，勇敢打破几千年专制统治，起到跨时代的作用。美感教育即美育，与蔡元培西方留学的经历分不开，是中华教育一直存在的缺陷。蔡元培的五育并举，相互联系、相互交叉，并且与学科知识融合，奠定了中国现代教育的基本理论框架，影响深远。

✝

中华民国正式诞生，聘任章太炎为总统府枢密顾问。章太炎主张建都北京，"中国版图依旧，没有新辟，良法美俗，应该保留，不能事事更张。政治法律，皆依习惯而成。中央特建都察院，限制元首，地方废省存道"。曾开会商讨国旗一事。孙中山提出用青天白日旗，黄兴主张用井字旗，袁世凯主张用龙旗，章太炎提议用首先光复南京的江浙联军的五色旗。章太炎说："红、黄、蓝、白、黑五色，代表我国汉、满、蒙、回、藏五个民族，寓意五族共和。"于是，五色旗成为中华民国国旗，直至民国十六年改用青天白日旗。梁启超和章太炎两位互为敌友的冤家，终于齐聚在民国旗帜下。

以梁启超为精神领袖的立宪派在辛亥革命中起了关键作用。各方面呼吁梁启超归国的声音更多起来，不仅朋友间的意见渐趋一致，昔日的敌对阵营中也有人通电敦请梁启超归国。在日本对梁启超大打出手的老同盟会员张继，联合刘揆一发出通电："国体更始，党派胥融，乞君回国，共济时艰。"官方反应很积极，副总统黎元洪致电袁大总统及参议院："谓民国用人应勿拘党派，梁启超系有用之才，弃之可惜，保皇党诬说，不应见之民国。"昔日的学生、云南都督蔡锷向各省都督发出通电，欢迎梁启超回国，得到多数人的赞成与响应。梁启超在1912年10月初由神户乘日本"大信丸"号邮船启程归国，结束历时十四年的流亡生活。

梁启超归国，可谓极一时之盛。各党各派、政府民间、各行各界都派出代表来天津迎接，仿佛英雄凯旋一般。按照预定行程，"大信丸"号将于十月初五抵达大沽口，由于梁启超的女儿发电报时错将五日写作三日，先期由北京赶赴天津的欢迎队伍在初二已经聚集数百人，大街小巷的客栈人满为患。海上风大，邮船无法靠岸，都督府派出小火轮，驶出大沽口，准备接引梁启超登岸，仍未成功。大家扫兴而归，数十人因盘费用尽而回京，张謇、黄兴赶到湖北参加开国纪念活动。梁启超在舟中困守三天，直到八日才弃舟登岸，到达天津。各界欢腾，万流辏集前途气象至佳，梁启超得到一种万人瞩目的满足。在种种热闹的背后，梁启超积极策划共和党与民主党的合并，要造成一个可以在议会和国民党抗衡的大党。总统府出于安全的考虑，最初打算以军警公所为行馆招待梁启超，因为听梁启超偶然说起，曾国藩、李鸿章进京都住贤良寺，袁世凯马上派人将贤良寺收拾妥当，做出一种礼贤下士的姿态，梁启超大为感叹："此公联络人，真无所不用其极。"民主党和共和党的一些同志认为，梁启超住在贤良寺仍有不妥，在他们看来，"梁启超以个人资格受社会欢迎，不宜受政府特别招待，授人口实，故别借一宅，作为寓所"。

梁启超抵京之日，袁世凯的代表、政府各部次长、参议院议员、各政党代表一行数百人，在正阳门车站迎接，交通阻滞。仪式隆重，比孙中山、黄兴来京时超过十倍，国人引颈翘望慈父一般。民主党、共和党、统一党、国民党，其他如同学会、同乡会、直隶公民会、八旗会、报界、大学校工、商会、军警俱乐部、佛教会、山西票庄、蒙古王公，都排队等候。梁启超发表长文《中国立国大方针》，希望袁世凯以拿破仑、华盛顿的资格，建立功业，为民族立丰碑，为万世开太平。全体内阁成员陪同，袁世凯在总统府郑重致辞："值用贤之际，高才驾临，实乃国家之福！"梁启超答谢道："今我受此盛名盛情，当摈弃一切杂念，唯临时大总统马首是瞻，以诸位贤达作楷模，为了国民，鞠躬尽瘁，死而后已。"梁启超频繁参加宴会、发表演说，每夜非两点钟客人不散，每天早晨七点钟客人已经麇集，在被窝中被强拉起来，循例应酬，转瞬又不能记得他们的姓名，不知得罪几许人。梁启超最长的一次演说，是在民主党席上，历经三小时，其他场合也口若悬河，每日谈话总在一万句以上，因此，肺气大张，体魄愈加强健。梁启超正在兴头上，尽管一再抱怨应酬之苦，但被人簇拥的感觉，心里还是很受用的。梁启超在给长女的信中春风得意，兴奋不已："此十二日间，吾一身实为北京之中心，个人皆环绕吾旁，如众星之拱北辰。"极尽风光，陶醉憨态，可见一斑。

十一

鲁迅在杭州的浙江两级师范学堂担任生理和化学教员，留下一张照片：短发，西装，雪白的衬衫，系着领带，唇上留着短短的胡髭，很是神气。全校教员奋起抵制蛮横守旧的新学监，鲁迅坚决地冲在前面，被人称为"拼命三郎"，可见鲁迅的锐气是多么旺盛。新式学堂并未从黑暗社会脱胎出来，空气一样浑浊沉重，官僚的压制，小人的倾轧，那些似乎应该童心未泯的学生，有时候也会使鲁迅大吃一惊。有一次上化学课，在教室里试验氢气的燃烧，鲁迅在讲台上放好一个氢气瓶，发现忘了带火柴，对学生们说："我去取火柴，你们别触碰这个瓶子，一旦空气进去，再点火就要爆炸！"等到鲁迅拿火柴回来，一点火，氢气瓶"嘭"地炸开，鲁迅手上的鲜血溅满西装硬袖，溅满讲台上的点名簿。原先靠前的学生早已移坐到安全的后排，他们知道氢气瓶要爆炸！他们中有些人的年龄超过三十岁，存心捉弄教员，鲁迅深受刺激，没有心情继续给他们授课。

鲁迅离开杭州，回到绍兴的府中学堂去当学监。大河糟糕，小沟里怎么会干净？鲁迅任教不到半年，想辞职，向上海的一家书店申请当编辑，翻译一点德文书去应考，结果被拒绝。他又托朋友往其他地方找饭碗，一面是生计的逼迫，一面是"纵横家"的排挤，他夹在缝隙中间，意志消沉。他只有一个好朋友许寿裳，可以发发牢骚："仆荒落殆尽，手不能书，搜采植物，翻阅类书，苔集古逸书数种，此非求学，以代醇酒妇人。"语气间流露出一种凄苦。贫困和闭塞，向来是套在中国文人脖子上的两根绳索，纵有再大的志向，饭碗被砸，立刻会彷徨无措；纵有满腹经纶，融入宵小聚集的角落，也毫无办法，徒然受气。古往今来，多少有才气有抱负的文人，被这两根绳索勒得奄奄一息。鲁迅很明白自己的精神活力，已经被艰难琐碎的生计磨损得伤痕累累，几乎被他深恶的绍兴城吞噬了。

在鲁迅一封连一封向许寿裳写信求援的时候，辛亥革命爆发，几乎一夜之间，中国改换颜色，中华民国临时大总统孙中山取代宣统皇帝，千千万万中国人由清廷的奴隶变为民国的公民。武昌起义后一个月，革命党人王金发带着军队，乘坐一队大木船抵达绍兴，当上都督。以共和代替专制，本是鲁迅在东京奋斗的目标。浙江会党出身的王金发，曾经陶焕卿的介绍，参加光复会，更算得上鲁迅的同志。王金发委任鲁迅为绍兴师范学堂的校长。鲁迅又变成"拼命三郎"，奔走迎接绍兴的光复，挟着指挥刀，带领学生上街游行，维持秩序。鲁迅尽心尽力，从学生的睡眠一直管到他们的伙食、查夜、诊病、代教员批改作业、向王金发索讨经费，事必躬亲。鲁迅支持几个学生创办一张《越锋日报》，替他们拟发刊词，辟杂文栏，换着笔名写短文，针砭绍兴的种种时弊，甚至抨击军政府。王金发很快被原先的绅士们围住，摆起都督的威风，穿布衣来绍兴的随员们纷纷换上皮袍子，腐败的速度一点都不比旧官僚慢。鲁迅受到排挤，回到家里，愤愤地对母亲说："绍兴地方不好住！走衙门、捧官场，这种事我都搞不来！"王金发不给学校经费，却送去500块大洋收买《越锋日报》，几位年轻人居然收下，鲁迅跑去劝阻，竟碰了一鼻子灰。辛亥革命前视绍兴为"棘地"的念头，重新浮上来，危邦不入，既然绍兴不可居留，还是走吧。《越锋日报》馆被王金发的士兵捣毁，更证实鲁迅的判断：从少年时代起，绍兴一直使他蒙受压抑，辛亥革命也不能改变这种状况，他不用抱什么希望，与绍兴城市的缘分已经尽了。

由于许寿裳的推荐，南京临时政府的教育总长蔡元培邀请鲁迅去当部员，开启一扇逃脱绍兴的门。三个月后教育部北迁，鲁迅被任命为北京政府教育部的佥事。相比如日中天、名声煊赫的梁启超和章太炎，鲁迅还是一个"小卒"，陈独秀、周作人、刘师培、黄侃也分散在各处，寻找着自己的人生机遇。

安徽临时议会选举孙毓筠为都督。孙毓筠抵达安庆任职，正式成立安徽军政府，电召陈独秀返皖任都督府秘书长。孙毓筠是少爷出身，不理政事，推翻清王朝万事大吉。陈独秀在都督府里问事最多，推翻清政府是革命的第一步——破坏，今后建设更重要。他过于急躁，常与人发生口角，每逢开会，会场上只听他一人发言，坚持己见。他主张改善人民生活，反对任用旧官僚，要大刀阔斧地进行改革。根据现有的文字资料，陈独秀为安徽人民做的第一件事，是在1912年年初他同卢含章、李光炯来到上海，邀集安徽旅沪军、学、绅、商各界与华洋义赈会接洽，商议募捐、借款两项办法，救济安徽各州县灾民。"全皖工赈办事处"成立，选举陈独秀等14人担任议董，聚集资金，抢修沿江大堤。

十二

临时大总统袁世凯的宣誓就职，迷惑很多人，连革命党和立宪党的两大理论宣传家章太炎和梁启超，都把袁世凯视为"一时雄骏""中国第一大人物"，幻想通过扶持袁世凯使中国走上统一富强的道路。章太炎强烈感受到南京临时政府的软弱无力，他提出的种种主张和方案不被采纳。他更希望尽早结束南北分裂的局面，共御外辱。为了实现自己的政治抱负，权衡对比，他将希望寄托在袁世凯身上，摇旗呐喊，攻击同盟会的革命党人，骂他们是鼠窃狗偷的群盗。袁世凯给章太炎一个总统府高等顾问的空衔。

混合内阁的成立，使各党派放弃原来的奋斗目标，把注意力集中到国会选举上。围绕着所谓议会斗争，各派政治势力异常活跃，政党团体如雨后春笋般地纷纷涌现。一时间，党派林立，名称之多令人眼花缭乱，变化之快使人应接不暇。梁启超对袁世凯馈赠的每月3000大洋没有拒绝，理由是安定反侧，避免猜忌，费用实在浩繁。如果梁启超能成功地组建一个政党，袁世凯许诺将赞助20万元。这一点暴露梁启超以及所有党派、社会政治势力的软肋——经济基础薄弱，怎能祈盼政治上独立呢？经过一番博弈，1913年1月8日，国会选举结果正式公布，国民党共获得众议院、参议院的392个席位，共和党175个席位，统一党24个席位，民主党24个席位。国民党成为名副其实的第一大党，宋教仁笑逐颜开，在南方各省巡回演说，俨然以未来的内阁总理自居。宋教仁主张建立资产阶级共和制度下的责任内阁制，国会掌握一切实权，大总统等于虚设，对野心膨胀的袁世凯构成极大威胁。袁世凯与心腹赵秉钧密谋，派人刺杀宋教仁。国民党方面认为是政敌所为，怀疑的首要目标是袁世凯，第二目标是梁启超，并且国民党声言要报复。处境危险，行动不便，梁启超邀集40余位名流名士、党徒好友休憩于京西万牲园，游宴赋诗，一涤尘襟。梁启超一度打算放弃政治生涯，杜门养晦。然而，梁启超强烈的从政热情岂是小小挫折所能浇灭的？保守派党徒岂能让他们的领袖中途退隐去享清福？面对党徒的哀求、劝驾，梁启超义不容辞，重新卷入政治斗争的旋涡。

袁世凯要想削弱议会和内阁的权力，提高和强化总统的权力，必须控制政党。统一党亲近袁世凯，但能力太差，势力太弱，很难在政治上发挥作用。袁世凯寄希望于梁启超，帮助总统，抵制国民党势力的扩张。梁启超需要袁世凯的经济支持，袁世凯看重梁启超的政治资源，两人一拍即合。问题出在由谁担任将要成立的进步党领袖上。梁启超提出一个方案，以袁世凯为总理，黎元洪和他为协理，遭到众人的反对和抵制，颇费周折。梁启超是个感情胜过理智、意志薄弱的人，顺境中或情绪激动时，往往把事情想得过于简单；遇到挫折或心境不佳时，容易灰心丧气，萎靡不振。他自觉对社会、对国家、对民族负有责任，内心纠结。他回国之初，国会选举正进行得如火如荼，竞争异常激烈，舞弊、贿选的现象很普遍，操纵选举、雇人投票，甚至军警到场百般威胁，违法乱纪行为层出不穷，各地还发生一些暴力事件，梁启超受到很大刺激，深感失望。梁启超骨子里是个文人士大夫，"有道则仕，无道则隐"。最初他以为三党合并大概就绪，落实起来竟然有很多难处。梁启超的性情中常有一些天真烂漫或涉世不深的单纯，作为朋友也许难得，但作为一党领袖、政治家，显得很幼稚，看不到事情和人物的复杂性。袁世凯非常直接，不容梁启超消极、悲观，主动伸出援手，明显加快督促三党合并的步伐，签署协议，政治联盟既成事实。袁世凯决意改组内阁，以熊希龄为国务总理。进步党抓住机会，所有阁员除陆海军两部外，全部由进步党领袖担任。熊希龄却不积极，迟迟不肯来京上任，直到梁启超再三催促，勉强于8月28日接受国会的任命。袁世凯自然不肯把权力全部交给进步党，将重要阁员安排妥当，只留下教育、司法、农商几个闲位，等待熊希龄来配置。熊希龄是梁启超在湖南时务学堂的老搭档，很想让梁启超担任财政总长，袁世凯则不同意。熊希龄抵制袁世凯的干涉，希望梁启超屈居闲位，梁启超不肯接受，借口党内事务繁忙，百般推辞，张謇、汪大燮也不肯出山，一流人才内阁眼看要泡汤。经熊希龄和袁世凯再三劝诱，熊希龄甚至以辞职相威胁，梁启超才勉强接受司法总长的位子。梁启超是进步党的灵魂，精神上的领袖，进步党又是袁世凯在政治上最亲密的盟友，国务总理虽然是熊希龄，但社会舆论都以梁启超为真正掌舵之人。

以司法专家自居的梁启超，本想发挥自己的专长，在任内大干一番，做出一些政绩。然而，民国初年司法界四面楚歌，积重难返，加上经费短缺，袁世凯采取消极的不合作态度，社会旧势力对司法改革又百般刁难。梁启超如虎落平川，根本无法施展自己的才能，实现自己的理想。梁启超在维持现状上下功夫，计划从几个方面整顿司法：励行考试，以杜幸进；严定考绩，以汰不职；回避本籍，以免瞻徇；约束律师，以防朋比；速行编布各种法规，以期完善适用。梁启超在极其困难的情况下任劳任怨，忍辱负重，为维护司法现状而夜以继日地工作着、奋斗着，与袁世凯据理力争。

梁启超和因循守旧的康有为议论时事，总是出现矛盾，很难领会康有为的意思，最后只能表面上答应，回到家后，头痛目眩。因为共和与帝制的政见不同，二人发生冲突，梁启超甚至公开发表文章，批驳老师康有为的学说，师徒关系严重恶化。康有为性情偏执，脾气暴躁，对拂逆意愿的门人弟子火冒三丈。梁启超出任北京政府司法总长后，康有为要求梁启超调拨款项，推荐人员安排职位，梁启超稍微照顾不周，跪下赔罪，康有为毫不理会。何蕙珍从檀香山来到北京，欲与梁启超结秦晋之好。梁启超在司法部客厅公事公办地招待何蕙珍，何蕙珍明显触摸到客客气气的距离，怏怏而返。

袁世凯为了点缀自己的专制统治，优礼有加，任命梁启超为币制局总裁。面对社会各界舆论和日益严重的财政危机，"人才内阁"流产，梁启超主动辞职。梁启超带着女儿梁思顺和女婿周国贤住进北京西郊的清华学校，在那个寒冷而失意的冬天，他完成《欧洲战役史论》一书。恬静优雅的清华与险恶龌龊的官场形成强烈反差，梁启超旺盛的从政热情骤减。他想远离政坛，潜心学术研究，致力文化教育。但是现实不允许他退缩，随着袁世凯称帝活动的猖獗，梁启超挺身而出，挥泪反袁，再造共和，为自己的政治生涯书写光辉的篇章。

袁世凯攫取大总统职位，强行解散国会，紧锣密鼓地筹划恢复帝制的活动。1915年8月，杨度、孙毓筠、严复、刘师培、李燮和、胡瑛六人在京发起筹安会，大规模开展请愿及劝进活动，鼓动变更国体，恢复帝制，推举袁世凯做皇帝。刘师培不遗余力为袁世凯服务，曾任公府咨议、参政院参政等职。黄侃对屈膝变节的刘师培十分鄙夷。刘师培鼓吹帝制，在北京召集学术界知名人士开会，动员黄侃等人拥戴袁世凯称帝。黄侃拂袖而去，说："我严词拒绝，请先生一身担任御前奴隶吧！"

梁启超与冯国璋一起进总统府劝谏。二人联翩至新华宫，袁世凯闻知二人到来，喜动颜色，酒酣，梁启超正欲起立陈述，袁世凯先笑道："我熟稔你们的心思，你们想劝谏我不做皇帝。我反问二公，我究竟是做一代皇帝而绝种，抑或做万代皇帝而无穷？"梁启超和冯国璋愕然未答，袁世凯叹息："除非痴人，自然欲做万代天子！我有豚犬二十余人，尽数呼出，立于二公前面。任公！君最善知人，我即托任公代我选择一子，可以继立为皇帝，可以不败我帝业，不致连累掘我祖坟。待君选出以后，我再决定称帝。"梁启超和冯国璋四目相对，缄默无语，怀中万言书，竟一字不出。袁世凯的诸位儿子环立侍宴，幼小者还被保姆用襁褓裹着，袁世凯忽然变作悲痛的面容，说："我的这些豚犬平庸懦弱纨绔，父亲对待儿子，哪个不疼爱万分？我怒斥此辈不肖，仍不愿因我造孽，他日被别人当作鱼肉烹饪杀害。我百年后，托付二公善待保护他们。"梁启超和冯国璋辞别而出。梁启超写文章，猛烈地抨击袁世凯的复辟企图，袁世凯以立宪为借口恢复帝制，将使中国陷入革命的循环往复之中，给国家和民族带来更大的灾难。袁世凯得知后，大为惊慌，派人送去一张20万元的银票，借口给梁启超的父亲祝寿，要求梁启超不要将文章发表。这个价格是雇人暗杀孙中山的赏金的两倍。梁启超退回银票，并将文章抄录一份让来人带给袁世凯。袁世凯收买不成，派人对梁启超说："梁先生曾经在海外流亡十几年，何必再自寻苦吃？"梁启超回答："我疲于奔命的逃亡经验已经很充足，我宁肯选择逃亡，也不愿意在污浊空气中生存。"

梁启超与学生蔡锷决定出逃北京，起兵反袁，再次缔造共和国体。临行前，二人约定："行动失败，吾辈赴死，决不亡命；事情成功，吾辈引退，决不在朝。"梁启超与夫人李蕙仙告别，说明缘由，李蕙仙说："我早已看出来了，因为你不讲，我当然也不问你。"李蕙仙用英烈的事迹激励梁启超。梁启超每次出门上班，李蕙仙都不拘礼迎合，日常生活中波澜不惊，平淡无痕，如今忽逢丈夫远行，吉凶未卜，李蕙仙心里变得惶恐起来，依依不舍。凌晨3点，李蕙仙送梁启超至大门口，很像有后会无期的感慨。

十三

袁世凯委任章太炎为"东三省筹边使"，调出北京，这也是一个虚职。章太炎踌躇满志，到吉林赴任，发表《筹边使告东北父老书》和《筹边使四策》等文告，拟定《东三省实业计划书》，"设立三省银行，铸造金币，开浚松花江、辽河，去其淤梗，以利交通"。受到冷遇，无人迎接，章太炎召见吉林西南道孟宪彝和长春知府德养源，二人竟不理会。章太炎气愤不已，找到吉林都督陈昭常说："本使是国家堂堂官吏，他们被传不到，目无本使，目无共和国家！"陈昭常知道袁世凯的用心，并不和章太炎计较，恭敬如仪，好吃好喝招待，最终将章太炎礼送出境了事。

章太炎从长春返回上海，思量着袁世凯欺负他，是不是因为他孑然一身、没有子嗣撑腰呀？虽然他有妾王氏生下的三个女儿，但缺少一个须眉男儿驰骋疆场，缺少一个强悍老婆与袁世凯称帝预定的三千后宫佳丽鬫架。章太炎东游日本，认为日本衣冠文物有盛唐遗迹，回到国内，改变自己的装束：秋冬恒服长袍，外罩一件大氅和服；留着四五寸长的头发，左右两股分

成旧梦

梳，下垂额际，不古不今，不中不西。他仿效日本家徽，在自己的和服上绣上一个大大的圆章"汉"字，表示自己是汉人。章太炎借来朋友的一件西服穿上，可惜西服漂亮，终是他人物品，归还原来主人，重拾旧装。响应革命党号召、剪辫明志，他不再想穿大清朝的长袍马褂，越发怪诞。马叙伦回忆，章太炎夏季常常"裸露上体而裹着浅绿纱半截袖衫，用两根绑腿的布条结成腰带，束缚不紧，时时用手提裤子，恐怕松脱坠落下来"。章太炎在张园演讲，众目睽睽之下，裤子照提不误。他有鼻息肉，长年呼吸不畅，鼻涕川流不息，率性而为，每当鼻涕蜿蜒而出时，他大袖一挥，抹去鼻涕，反而嗔怪那些优雅太太绅士惯用手帕、纸巾，擦完扔掉，浪费国家资源。章太炎剪掉辫子后，在租界里可以畅行无阻，出了租界有被清廷抓捕的危险。他心生一计，装上一条长长的假辫子，他不愿效仿别人将假辫子缝在帽子里，而是嵌在帽檐，上街走路，辫子摇摇晃晃，常掉下来，引得路人侧目。一次，街坊邻居戏言："咱们打赌，章太炎从某地到某地如果辫子不掉下来，我愿输一桌酒席。"结果无人敢赌。民国初年，移风易俗，别人都修饰得简洁明朗，章太炎却臃肿不堪、邋遢至极，坚持长期不沐浴、不理发、不洗衣的原则，尘埃惹身，几乎掩盖他国学大师的光辉，蹲在街边，别人还以为他是丐帮第三十二代传人。

黄侃说："老师，你身边没有女人照顾，浆洗衣裳，你干脆不换洗衣服。你的衣服总是油光泛亮，远看似绸缎丝质光鲜，近观方知是陈年污垢。"

章太炎大智若愚的毛病又犯了，说："那怎么办？我可以阐发学问深奥，却对衣服污渍束手无策。总不能让袁世凯派国民卫队铲除我身上的寄生虫吧。"

黄侃说："最简单的方法是娶个夫人。女人是世界上无与伦比的清洁机器，美丽又温柔，专门消灭你的脚臭。老师应该续弦啦！"

黄侃旧事重提，激发了章太炎重新建造婚姻围城的热情。婚姻也是章太炎仕途失意的避风港。章太炎勤力革命，风云气特别浓厚，风月风情的事较少。章太炎早年患癫痫，加上动辄言论反清，被人认为是个不折不扣的疯子，门当户对的人家不愿意将女儿错嫁，母亲只好将自己陪嫁丫头许配给他。因无媒妁之言，故不能算正式结婚，只能算纳妾。他和妾王氏的感情很融洽，从她的生育看来，便是证据。三个女儿的名字奇异生僻，源于章太炎偏好古文字。章太炎36岁时，《自定年谱》中写着："妾王氏殁。"没有一句关于纪念性的文字，也许是寄沉痛于无言吧。章太炎曾说到择偶标准："人之娶妻当饭吃，我之娶妻当药用。两湖人甚佳，安徽人次之，最不适合者为北方女子。广东女子言语不通，外国人最不敢当。"1903年，王氏去世，章太炎在北京《顺天时报》上登出征婚广告。章太炎是我国最早登报征婚的人，条件大致如下：一、以湖北籍女子为限；二、要文理通顺，能作短篇文字；三、要大家闺秀；四、要出身于学校，双方平等自由，互相尊敬，保持美德；五、反对缠足女子，丈夫死后，可以再嫁，夫妇不和，可以离婚。沸沸扬扬，传为奇谈，各地报纸争相转载报道，章太炎的"夫死之后，不令守节，可以再嫁"被许多人认为荒唐透顶。章太炎辗转南北，致力于轰轰烈烈的革命事业，婚事耽搁下来，一直拖了十年，直到夫人汤国梨的出现。

汤国梨自幼聪慧好学，曾入私塾读书两年。汤国梨受革命新思潮影响，谢绝媒妁，入上海务本女校读书，被乡人视为奇女子。汤国梨在校结识张謇之女张敬庄、张通典之女张默君，常一起纵论天下大事，颇有男儿气概。汤国梨以第一名的优异成绩毕业，任教于吴兴女校，能诗善赋，经人介绍，最终与章太炎结为伉俪。

章太炎、汤国梨二人于1913年6月在上海哈同花园举行婚礼，孙中山、黄兴、陈其美都亲往祝贺，因而哈同花园戒备森严。各界要人与知名人士云集一堂，证婚人是蔡元培，证婚书由章太炎自己用典雅深奥的古文书写，今天看来有点文绉绉、酸溜溜，泰山之竹、南国之桃，还有"松柏后凋，贞干无移于寒岁"等句子，国学大师的证婚书毕竟不同一般人。一向糊涂的章太炎闹出不少笑话。婚礼当天，章太炎需要西服革履，章太炎一向穿布鞋，不知如何穿皮鞋，结果左右不分，将鞋穿反，宾客见状狂笑不止。汤国梨穿着礼服，章太炎不知从哪里找来一身奇怪衣裳（黄侃考证为明代服装），戴着一顶高高耸立的大礼帽，走路时，两手乱甩不已，连孙中山都笑到合不拢嘴。司仪喊着三鞠躬，大礼帽落在地上两次，又引起哄堂大笑。

婚礼结束后，英籍犹太富商哈同本来要用汽车送章氏夫妇到"一品香"去摆喜筵，答谢亲友。章太炎推辞，跳上一位朋友的马车，直趋"一品香"。"一品香"有两个部门，旅业部和大餐厅，章太炎下车后，四顾茫茫，不知从哪一个门走进去，幸亏"一品香"的徐老板在门口等候，把他们夫妇俩领入楼堂，一个安排在新娘房，一个迎入餐厅中。马车夫没有拿到雇主封赏的一个红包，磨磨蹭蹭，由徐老板掏钱支付。来宾一百数十人，座位排定左边为新娘及女宾席，右边为新郎及男宾席。一位女士提议要求新郎新娘当众做游戏：其一，新郎即席赋诗一首，以30分钟为限，否则罚酒10杯。男宾们认为，为显公平，新郎吟成后，新娘须唱和，若新娘在短时间内未能吟出，录写旧作一首亦可。其二，在白纸板上书写八个两寸见方的字，请新郎新娘在距离一丈五尺外的地方辨认。其三，请新郎新娘各讲笑话一则，来宾中有三人不笑，罚酒一杯，有五人以上不笑，罚唱歌曲一首。游戏规则提出后，女宾席派出两人，记时监督。章太炎在20分钟内即席成诗："吾生虽稊米，亦知天地宽。振衣涉高岗，招君云之端。"章太炎在诗中把自己比作像稗草一样的小草，却把汤国梨视为天人。汤国梨敬谢不敏，当场挥毫写下一首旧作《隐居诗》："生来淡泊习蓬门，书剑携将隐小村。留有形骸随遇适，更无怀抱向人喧。消磨壮志余肝胆，谢绝尘缘慰梦魂。回首旧游烦恼地，可怜几辈尚生存。"意境高远脱俗，淡泊飘逸，有大家风范。来客争相传看，发出众口一词的赞美声。汤国梨与顶级文化名人结婚后，夫唱妇随，她的"隐居"梦再也做不成，他们将要双双回余杭扫墓、省亲，度蜜月。接着，男女两席各派代表拟定所书字样，"章童、汤炀、国圆、炳柄"八字，请章太炎辨认。因为章太炎近视，故出此题，测试其视力。章太炎本将字看错，不料黄侃上前耳语提示，章太炎侥幸过关。女宾们发觉后，一片哗然，群起攻击，罚酒八觥，章太炎饮到一半，章门弟子黄侃和钱玄同抢着代饮。轮到讲笑话时，章太炎用手指敲敲卡壳的脑袋，勉强凑趣："吾人读《红楼梦》，刘姥姥闯进大观园，仿佛我晕头转向摸不着婚房门。"只有少数人笑了起来。新娘缺乏幽默细胞，由四名女弟子唱歌代替。最后，众人一致让章太炎赋诗一首，答谢月老蔡元培。章太炎随即吟道："龙蛇兴大陆，云雨致江河。极目龟山峻，于今有斧柯。"众人交口称赞。

完成结婚大典，新郎新娘进入简陋的新房，仅有白木方桌一张，长条木凳四只，其他家具和陈设都是从外面租来的。本来要弄出一番缠绵，不料章太炎吃了闭门羹，汤国梨收敛笑靥，撒撒樱桃小嘴，故作一副嫁错情郎委屈的样子，说："关于择配章太炎先生，对一个女青年来说，有几点不合要求，其貌不扬，年龄比我长15岁，不富裕，拿自己的一枚勋章凑满四色聘礼。可是，你在清王朝统治时期剪辫示绝，以后为革命坐牢，办《民报》宣传革命，精神骨气与渊博的学问非庸庸碌碌者所可企及。我同意婚事，方便在学问上随时向你讨教。"

章太炎嬉皮笑脸着说："我不穷呀，老鼠拉木锨，大头在后边，我的润笔费，够你吃香喝辣一辈子，福禄无边，你跟了我撞大运吧。"

汤国梨说："革命党那边有个孙大炮，再加上你这个章吹牛，闹得袁世凯的总统府鸡犬不宁。"

章太炎说："我的私房钱都交给你打理。"

汤国梨听了这个许诺，转怒为喜，将章太炎拥入枕衾睡觉。其实，章太炎的两笔私房钱已在结婚前夕流失殆尽。东三省筹边使任期内积累的薪俸以及北京亲友所赠贺仪共7000元现款，装在破袋子里，由章太炎亲自扛着，登上黄浦江岸，章太炎心里乐翻天，咱做一回土财主，四处炫耀，叫飞禽走兽眼红，叫沾满铜臭的资本家呛个跟头。亲友们闻讯都来探望，有个在上海新闻界工作的苏州人钱某，对章太炎说："7000元现款携带在身边不方便，存入银行为妥。"章太炎欣然同意，将一包钞票交给钱某代理。钱某从中克扣牟利，将一张3500元的存折交给章太炎，说："经银行职员当面点清，只有3500元。"章太炎瞠目结舌，毫无办法，大学者在理财方面是个弱项，甘愿吃哑巴亏。因章太炎对黎元洪表示好感，到处说总统非黎元洪莫属，袁世凯为收买章太炎，下令授勋二等，说："清帝退位，革命成功，参加革命而识时务者，多数居显要，住洋房，子女玉帛，如愿以偿。唯君仍孑然一身。近来南方报纸多有毁谤，谓我将复辟帝制，淆乱人心，现在特授君4万元支票一张，实际上只需向上海各大报，以津贴为由，酌予点缀。所余大部分可由君自行支配。"袁世凯深知章太炎迷糊，特意告诉他自由处置4万元。他拿着赏钱亦惊亦喜、患得患失地回到上海，张謇立即找上门来，说："共和党在上海出版的《大共和报》经费支绌，你将4万元捐献出来吧，既符合袁世凯在沪办报要求，又无须你烦琐劳神。你我同为共和党的发起人，将此款维持《大共和报》，正是用在刀刃上。"章太炎无言以对，将4万元交给张謇，看得一旁的汤国梨心疼不已。

十四

孙中山、黄兴举兵武力讨伐袁世凯，章太炎却不信赖，既骂袁世凯用心阴鸷，正与西太后慈禧相同，又说孙中山和袁世凯是一丘之貉。黎元洪和岑春煊都是清朝旧官僚、民国新军阀，章太炎寄予厚望，彷徨歧途。二次革命失败后，章太炎顾不上度蜜月，扔下新婚妻子汤国梨，从上海跑到北京找袁世凯算账。临行前，妻子朋友均劝阻，章太炎表示不畏强暴，敢临虎穴，"京邑崎岖，吾虽微末，以一身撄暴人刀刃，使天下皆知晓彼之凶戾，何惜此孱形"。章太炎还写了一首七绝以壮行色："时危挺剑入长安，流血先争五步看。谁道江南徐骑省，不容卧榻有人鼾。"

时为冬季，天气异常寒冷，北京大总统府招待室来了一位路人侧目的名士。此人首如飞蓬，衣衫不整，留着长长的指甲，足蹬一双破棉靴，穿一领油油的羊皮袄，手持羽扇，扇柄上摇摇晃晃坠着一枚景泰蓝的大勋章，委实不像善类。他掏出一张一尺五寸长的名片，口口声声要找大总统，请承宣官转达。承宣官一眼认出，那是建立共和时期袁世凯亲自颁发的勋章，看样子此人来头不小。再看名片，原来这位不修边幅的名士，正是民国政坛和学界曝光率极高的大明星——章太炎。翻开大小报刊，关于章太炎的消息层出不穷，桂冠加身，民国早期政坛上呼风唤雨的大将，学界的一代宗师，早年在东京讲学时，囊括十大弟子，后来个个成就功名，如黄侃、钱玄同、鲁迅和周作人等；章太炎号称"民国祢衡"，桀骜狂放，素以百无顾忌地褒贬人物为快事。一部中华民国史，如果缺少章太炎，不知会减色多少。在当时有一个说法，章太炎要是指着谁的鼻子一骂，那人一准声望大跌、身价大减、身体大病，灭谁谁死，屡试不爽。章太炎心中积怨已久，等袁世凯如愿地当上正式大总统，不再需要国会选举机器，自己晾在一边，方如梦初醒，乃至宋教仁遇刺后，追悔莫及，在《民立报》等报纸上发布宣言反袁，对袁世凯恨得直欲寝皮食骨。

　　章太炎直闯总统府，白眼一翻，大声嚷道："谁人不知，哪个不晓，我是在上海坐过三年西牢的'章神经'！"他捺着性子在接待室中踱来踱去，国务总理熊希龄、副部长向瑞琨都召见谈话，袁世凯还不接待他，忽略一边，他骂道："向瑞琨，一个乳臭未干的小孩子受到礼遇，难道我不够资格？"他径直往里闯，警卫阻拦，双方立刻发生冲突。章太炎绰起桌上的花瓶朝大总统画像猛力掷去，结果被卫兵强行捉入马车，在宪兵教练处过夜。他满腔怒火，痛斥袁世凯为包藏祸心的"窃国大盗"和"独夫民贼"，反反复复大骂整夜，看守他的卫兵都心惊胆战，赶紧找来棉花塞住耳朵。章太炎被移往龙泉寺关押，杀人如麻、被人称为"陆屠夫"的陆建章亲自骑马在前开道以示恭敬，人们感到奇怪，从没见过对一名囚徒如此礼遇的情况。陆建章回答说："他日章太炎若能为我起草一篇檄文，则我可少用十万兵马，怎么能不尊重他?"

同盟会的故旧前往总统府为章太炎缓颊，婉言劝解："袁总统有精兵十万，何必畏惧一介书生？恢复他的自由吧。"袁世凯回答道："章太炎的文笔横扫千军，也是可怕的东西!"袁世凯为向舆论交代，不敢给章太炎派罪名，斟酌再三，定下一个"疯子病发违禁"的滑稽名目，将章太炎幽禁。《申报》有过公开的报道：章太炎手拿一柄系着大勋章的团扇，脚上穿了一双破官靴，在总统府院子里疯言疯语，大骂国贼袁世凯。《时报》的题目叫作"章炳麟大闹总统府"。这是他一生中继苏报案拒绝逃走、"风吹枷锁满城香"之后又一个经典镜头，章太炎的形象永远鲜活。

移居龙泉寺的翌日，袁世凯次子袁克文亲自前来送锦缎被褥，但未敢面见章太炎，让人转交。章太炎觉得窗缝外有人窥探，牵帷一看，乃袁克文，章太炎立即入室点燃香烟，将被褥上烧出许多洞穴，累累如贯珠，遥掷户外，说："拿去!"袁世凯给宪兵头子陆建章下达手谕，共八条，很细致：一、饮食起居用款多少不计；二、说经讲学文字，不禁传抄，关于时局文字，不得外传，设法销毁；三、毁物骂人，听其自便，毁后再买；四、出入人等，严禁挑拨之徒；五、哪个人与他关系密切，又不妨碍政府，任其来往；六、早晚必派人巡视，防止出意外；七、求见者必须持许可证；八、保护全权完全交给你。

陆建章说："宪兵队奉袁总统的命令，无论章太炎的性情如何乖僻，都必须尊敬保护他，否则我们连黄巾军都比不上。章太炎是当今的郑康成，当年黄巾军过郑公乡避开。"

幕僚阮忠说："武则天读了骆宾王的檄文还赞叹他是个人才，燕王朱棣挨了方孝孺的骂，也不想杀方孝孺，章太炎的文章学术不可多得，无罪加以杀戮，大总统的智谋难道不如武则天、燕王吗？"袁世凯哈哈一笑，自我解嘲："我不想跟章疯子计较，承担杀士的恶名。"

袁世凯为了收买章太炎，派陆建章的秘书秦某（曾为前清翰林）去给章太炎送钱。秦某刚把怀里的500元钱掏出来放到桌上，章太炎就站起身来，将钱扔到秦某的脸上，并瞪着眼睛斥责道："袁奴速去！"秦某吓得落荒而逃。

章太炎开始并不知道他被软禁。一日，他和随行弟子吴宗慈乘车外出赴宴，宪兵也跳上车，呈前后夹击拱卫状，宴后归来，情形如故。章太炎颇觉奇怪，问吴宗慈，吴宗慈没有如实告知。章太炎去拜访胡培德，胡培德说："他们是袁世凯派来保护你的宪兵。"章太炎闻言大怒，抄起手杖把宪兵打得抱头鼠窜，变得心情大好，说："袁门走狗被我赶走了！"宪兵被章太炎驱赶后，穿着便服和吴宗慈谈判，他们奉上边的命令保护章先生，虽然触怒章先生，但是仍然不敢怠慢，易服而来。吴宗慈不便拒绝，只能同意。

袁世凯要接章太炎的家属来京同住，章太炎以为是"诡术"，汤国梨也怀疑袁世凯有什么阴谋，一概谢绝。她派人到故乡余杭和族人商量营救的办法，结果带回来的消息是："族中已决定将他开除出族。"常常有自称章门人或至友来看望她，询问通信情况，表示愿意代递秘密文件，貌似殷勤。《大共和日报》《神州日报》的几个人找她商量，说："章先生已经得到当局谅解，出任要职，车马洋房准备就绪，先生乐于接受，当局必须要家属到京，才能成事，望夫人早日成行。"袁世凯千方百计诱迫汤国梨北上，用意明显，即切断章太炎南归的念头，而且掩盖自己软禁章太炎的恶名。书信来往，她总是劝章太炎不要惦念家属，寄托相思，安慰丈夫。为了生计，她到湖州陈英士的府邸当家庭教师。汤国梨给袁世凯写了一封信，措辞得体，不亢不卑，要求袁世凯释放章太炎："外子生性孤傲，久蒙总统海涵，留京全属保全盛意。旧仆被摈，通信又难，深居龙泉，殊乏生趣。伏乞曲赐慰谕，量予自由，俾勉加餐，幸保生命。结缡一年，信誓百岁，衔环结草，图报有日。"汤国梨又致信国务卿徐世昌："外子好谈得失，罔知忌讳，语或轻发，心实无他。自古文人积习，好与势逆，处境愈困，发言愈狂，屈子忧愤，乃作离骚，贾生痛哭，卒以夭折。外子若不幸而遭殒，生命诚若鸿毛，特恐道路传闻，人人短气，转为大总统盛德之累耳！相国悲天悯人，乞赐外子早日回籍，俯伏田间，读书养气，以终余年，骨肉相聚，感激大德。我侍奉母亲，益当劝令杜门，无轻交接。万一外子不知惩戒悔改，复归乖戾，刀锯斧钺，我甘愿共担。"章太炎的长女到北京陪伴父亲，获悉此举恰恰无意中落入袁世凯的圈套，不但将致老父于死地，而且自身陷入绝境，自缢身亡。这些接踵而至的家庭变故，使汤国梨心中极为悲苦。

袁世凯在生活上对章太炎极为照顾。章太炎在囚禁期间，每月的费用是500元，当时一个警察每月薪水4元左右，大学里工资最高的教授，每月不过400元。章太炎并不因此感激袁世凯，嬉笑怒骂，拿飞狗走卒开涮。章太炎向来简朴，沦为囚徒，反而奢侈起来，一口气雇了十几个厨子和仆人（其中不少人为警察改扮），而且颁示条约：仆役对主人必须称呼"大人"，对来宾必须称呼"大人"或"老爷"，均不许以"先生"相称；每次见到主人，必须抬头挺胸，双臂下垂；逢农历初一、十五，还要向他磕头，以贺朔望。如敢违例，轻则罚跪，重则罚钱。他甚至强迫仆人们签字画押。来访者问："章先生为什么要订立规矩？"章太炎答："我弄这个名堂，没别的缘故，只因'大人'与'老爷'都是前清的称谓，至于'先生'，是我辈革命党人拼死获得的替代品。如今北京仍是帝制余孽盘踞的地方，岂配有'先生'的称谓？寄身'大人''老爷'的世界，他们叩头，合情合理。"厨师向章太炎请示食谱，章太炎只想得出两道在南方常吃的菜肴：蒸鸡蛋和蒸火腿，其他一律叫不出名字来。顿顿餐饭厨师都如法炮制；此处"蒸火腿"并非南方的蒸火腿，厨师用北京清酱肉切片加上作料，文火慢煮，章太炎勉强认同。为了防止袁世凯下毒，章太炎坚持用银质餐具吃饭。到冬天，他不让人在屋内生火，说怕袁世凯用煤气毒死他。为了御寒，他穿了几层厚厚的衣服。

章太炎以为今生还乡无望，发电报给汤国梨："义不受辱，决志趋死。不必衔悲，亦无须设法。为告蛰仙，于青田刘文成墓旁求一圹地足矣。"章太炎将在日本时穿过的一件旧衣服寄给汤国梨，信中相告："幽居数日，隐忧少寐。知君存念，今寄故衣，以为记志，观之亦如对我耳。吾虽殒毙，魂魄当在斯衣也。亡后尚有书籍遗稿，留在京师，君幸能北来一抚，庶不至于云烟俱散。自度平生，志愿未遂，惟薄宦两年，未尝妄取非分，犹可无疚神明耳。不死于清廷购捕之时，而死于民国告成之后，又何言哉！吾死以后，中夏文化亦亡矣。言尽于斯，临颖悲愤。"汤国梨深为担忧，再次接到章太炎的来信，信中措辞让她忍俊不禁，破涕一笑："饥饿枯槁半月，仅食四餐，而竟不能毙命，盖情丝未断，绝食亦无死法。"

章太炎绝食后，身体一天比一天羸弱，众人束手无策。众弟子均前去规劝，朱希祖说："袁世凯欲杀先生只须命令爪牙举手之劳，畏于先生声望，所以不敢贸然下此毒手，如果先生绝食而死，正投其所好。"章太炎认为朱希祖的话语在理，但仍未进食。吴承仕问道："先生，您比祢衡如何？"章太炎答："祢衡岂能比我？"吴承仕接着说："刘表要杀祢衡，自己不愿戴着杀士的恶名，故假借黄祖之手。如今袁世凯比刘表高明，他不必劳驾什么黄祖，而让先生自己杀自己！"章太炎听罢，大惊，马上停止绝食。

马叙伦去探望章太炎，两人对时局越谈越起劲，到黄昏时分，意犹未尽，马叙伦起身告辞。章太炎说："时间尚不太晚，可以再谈谈。"马叙伦说："中午出来太急，没有吃饭，现在已经饥肠辘辘。"章太炎说："这个问题容易解决，我有厨房，比你回家去吃可以快点。"马叙伦说："我面对一个绝食的人，自己伏案大嚼，试问情何以堪？你为了民国的存亡而绝食斗争，我自己饱餐，简直太残忍了，将招来天下人的鄙视。"章太炎略一思索，说："我同你一起进食吧。"马叙伦非常高兴，与章太炎一起吃了两个水煮鸡蛋。

章太炎绝食是一种策略，想借此闹出点动静，制造一些不利于袁世凯的舆论。大总统工于心计，忌惮革命元老的言论能量，同时知道有不少旁观者拭目以待，看他会不会杀掉名满天下的"民国祢衡"。袁世凯将计就计，让大家慢慢欣赏一下自己超过曹孟德的度量和胸襟。正因如此，章太炎激烈癫狂的种种冒犯举动，才不至于有送命之虞。

章太炎住在一间斗室里，外面日夜都有军警站岗守卫。他每日写"袁贼、袁贼"以泄愤，又喜欢以花生米下酒，吃的时候把花生的蒂去掉，说："杀了袁皇帝的头。"以此为乐。他还从后花园里挖树根，修理成人形，上面写着"袁世凯"三个字，焚烧并挖坑埋掉，他满院子奔跑，喊道："袁贼烧死啦！袁贼烧死啦！"骂人之余百无聊赖，章太炎在龙泉寺里讲课，宣扬革命道理。袁世凯的便衣混在学生中去侦察。章太炎辩才尤佳，几个便衣竟被章太炎慷慨激昂的风度精神所感染，笔记记得不亦乐乎，频频提问。

晚上饮酒独酌，章太炎一个人喝得酩酊大醉，一个熟悉的声音在背后叫"先生"。章太炎回过头，惊喜异常："季刚，是你吗？想不到，想不到！"

黄侃说："弟子上个月接到师母的信，知道先生冒险进京，弟子不放心，特来京探视。"

黄侃进屋后，章太炎说："袁老贼真是下流无比，把我骗进北京软禁起来，他到底要干什么？"

黄侃说："恐怕要诱迫先生就范。先生是民国的一面大旗，士林领袖，老袁想称帝，收买先生，等于堵住全天下人的嘴。"

章太炎说："他痴心妄想！"

黄侃在北京居住一些日子，隔三岔五地来看望章太炎。章太炎决定讲学，大雪纷飞，章氏"国学讲习所"在共和党总部会议厅成立。开学伊始，有一百多人，袁世凯派了私人密探来监听。讲授的科目为经学、史学、玄学、文学，每科都编印讲义，手中参考书不多，章太炎也不令人向外购买借阅，肚子里的学问取之有余。章太炎如数家珍，贯穿经史，融合新旧，阐明义理，剖析精要，多有独到创见，绝无政治感情，纯粹是学术探讨，不但专心问学的青年听得津津有味，连袁世凯的私人密探也心悦诚服，忘记了自己的来意。

黄侃应聘到北京大学任教授，讲授中国文学史和辞章学。章太炎已经被迁到东四牌楼的钱粮胡同，住宅是前清小贵族的遗产，房屋高大宽敞，素有"鬼宅"之称。黄侃乘马车直奔钱粮胡同，章太炎正在书房写字，一见黄侃，丢下笔，喜得眼中泪光闪闪。黄侃闻听老师晚上睡不着觉，当即决定搬进来陪伴侍奉。章太炎把头摇得像拨浪鼓，说："我身处险境，你不要再搭进来。"黄侃说："先生在此受苦，弟子于心何忍？即使是龙潭虎穴，先生能住，弟子也能住。"

黄侃搬进章太炎的寓所后，师生二人讨论各种学术问题。章太炎是举世闻名的国学大师，主要领域都有精到见解，尤其在文字音韵学上功底深厚；黄侃在音韵方面也取得突破性进展。师生二人互相启发，能把问题引到极其深入绝妙的境地。章太炎正在书房写字，黄侃没有去打扰。待章太炎写完后，黄侃凑过去，只见宣纸上用篆书写着"章太炎之墓"五个大字。黄侃惊愕地问："先生，这是什么意思？"章太炎严肃地说："袁贼心狠手辣，说不准哪天会对我下毒手。我想来想去，自己先题写墓碑，如有不测，将来你把这几个字刻在我的墓碑上。"章太炎卷起宣纸，交给黄侃保存。黄侃鼻子一酸，簌簌泪下。

章太炎哈哈大笑，说："男儿流血不流泪，季刚何必作女儿状？来，今晚我们谈谈孔教的问题。"

黄侃取下眼镜，用手绢擦干眼泪，说："自从康有为的门人陈焕章等人在上海成立孔教会以来，孔教运动越闹越厉害，袁世凯又下令各省'尊孔祀孔'，康有为将要回国，到时候有好戏瞧。"

"中国向来无国教，孔子本无教名。孔教之称，始于妄人康有为，实际上是历代今文经师的流毒。"

"孔子不是教主，儒学不是宗教，究竟如何评价孔子的地位呢？"

"孔子本为古代良吏，他的地位，可以从四个方面来看。第一，创制史学。以前的《尚书》，年月阔略，始末无以卒读，自孔子著作《春秋》，纪年有次，事尽首尾，后来左丘明衍传，司马迁、班固承流，史书才开始粲然大备，令晚世能够识古，后人能够知前，人民了解社会渊源，实有功于华夏。第二，整理文籍。以前的政典书籍，掌控于官府，自孔子删定六书，传播民间，蒙昧开启，人伦齐备。第三，振兴学术。孔子研究《周易》，吐《论语》寄托深湛思想，大师接踵，宏儒郁兴，虽所见不同，而孔子的提携功劳，不可埋没。第四，削平阶级。春秋以前，官多世卿，自孔子布文籍，搞教育，养徒三千，驰骋天下诸国，后来世卿制废除，老百姓只要胸怀道术，皆可登卿相之位，阶级荡平，寒士显达，至今不废。"

"先生的话真是言简意赅。弟子还有一事请问，先生一生精研宗教，提倡'用宗教发起信心，增进国民的道德'，儒家有什么作用呢？"

"儒家不是宗教，它不需借助外力，而是依靠自我修养来提升道德境界，与西人耶教很不相同。儒家能够宽容别国宗教在中国的流行，佛教传入中国，很快扎根发芽，得益于此。以无味和五味，以无声君五声，中国两千年来没有宗教战争，正是儒学宽容的功效。"

"儒家道家同样开释，中国传统学术都具有宽容的精神。"

谈兴正浓，月落乌啼霜满天，直到窗口透出一缕微薄的晨曦，师徒二人都累了，各自安歇。章太炎口授《中国文学史》讲义，由黄侃悉心整理，师徒二人常夤夜不辍，章太炎才不觉寂寞。

章太炎找来吴宗慈等人，说明自己欲逃走的想法，众人觉得为难，不置一词。章太炎得意地说："我知道你们都是穷鬼，没钱帮我买票，我有钱，你们看。"章太炎从纸包里掏出80元，众人都强忍笑意，因为这点钱肯定不够回上海的路费。章太炎曾摆脱袁世凯所派便衣的监视，托人买好离京的火车票。临行前，章太炎约共和党本部干事张伯烈、张大昕、吴宗慈前来为自己壮行。吴宗慈早已被袁世凯收买，不好劝阻，为拖延时间，设宴伴为章太炎饯行。席间，众人豪饮，有人倡议以"骂袁"为酒令，章太炎大喜，边喝边骂，结果饮酒过量，耽误上车的时间。

在钱粮胡同的居所，章太炎可读书写作，亲友和弟子也可前来探望，出门的自由受到限制。章太炎以各种方式咒骂袁世凯解气，在八尺见方的宣纸上大书"速死"二字，悬挂于厅堂正中；满屋子遍贴"袁世凯"字样，以杖痛击，叫作"鞭尸"。他一口将汤圆吃下，戏言："汤圆又称元宵，元宵者，袁消也。"引得大家大笑。他在室内涂写"杀、杀、杀、杀、杀、杀、杀，疯、疯、疯、疯、疯、疯、疯"的对联。

袁世凯让章太炎拥护帝制，章太炎挥笔写下《劝进书》："回忆元年四月八日誓词，言犹在耳。公今忽萌野心，妄僭天位，民国叛逆，清室罪人。困处京师，生不如死！希冀公见我书，予以极刑，较当日死于满清恶官僚之手，尤有荣耀！"袁世凯看后，气得七窍生烟。袁世凯又委托章太炎的弟子黄侃写《劝进书》，准备授予黄侃一等金质嘉禾勋章，黄侃鄙视袁世凯的为人，因而拒绝，写诗歌嘲讽此事："二十饼子金真可惜，且招双妓醉春风。"据言当时一枚嘉禾勋章值二十金。黎元洪进京，夜叩袁世凯的卧室求见，值袁世凯已经入睡，不获接见。黎元洪再次为章太炎求情，袁世凯打算给章太炎一个虚职，负责考文苑，章太炎要求袁世凯拨开办费20余万元，聘请海内外名宿担任教授，袁世凯只愿意给15万，最后双方没有谈妥。袁世凯称帝后，欲物色德高望重者撰写元旦草诏，章太炎为独一无二的人选。袁世凯叹道："你们难道忘记他绝食的举动？如果以此事逼迫他，是加速他成就名节啊！我不愿意让章太炎为祢衡，我岂能成为变相的黄祖呢？要是他真的死了，最起码是方孝孺，我可不能成全他的美名。等他日帝国勃兴，再处置章太炎不迟，现在不是动他的时候。"章太炎闻听此言后，轻蔑地说："人家大明的天子姓朱，洪宪天子姓袁，我不是祢衡、方孝孺，袁世凯更不是明成祖朱棣，仅仅是乘乱而起，过一把皇帝瘾的袁术。"

还有一个刺儿头需要袁世凯收拾。学术怪物辜鸿铭特别仇恨欺世盗名的袁世凯。张之洞与袁世凯由封疆外任同入军机，辜鸿铭做了外务部的员外郎。有一次，袁世凯对驻京德国公使说："张中堂（张之洞）是讲学问的，我是不讲学问的，我是办事的。"言下之意是，袁世凯处理公务无须学问帮衬。辜鸿铭以戏谑的语气嘲笑:"如果是老妈子倒马桶,自然用不着学问;除倒马桶外,我不知道天下有何事是无学问的人可以办到的。"有一种说法众人皆知:洋人孰贵孰贱,一到中国就可判别,贵种的洋人在中国多年,身材不会走形变样,贱种的洋人则贪图便宜,吃喝无度,不用多久,脑满肠肥。辜鸿铭借题发挥:"袁世凯甲午以前,本来是乡间的穷困无赖,未几暴发富贵,身至北洋大臣,于是营造洋楼,广纳姬妾,解职闲居,复购甲第,置办苗圃。穷奢极欲,擅人生乐事,类似中国境内放量咀嚼的西人贱种。庄子曰:'其嗜欲深者,其天机浅。'孟子曰:'养其大体为大人,养其小体为小人。'人谓袁世凯为豪杰,我知袁世凯为贱种!"辜鸿铭痛骂袁世凯寡廉鲜耻,连盗跖贼徒都不如。袁世凯阴谋夺取大位,唐绍仪、张謇打算投靠,他们想将辜鸿铭网罗到袁氏麾下,辜鸿铭断然拒绝,出语讽刺唐绍仪为"土芥尚书",张謇为"犬马状元",掷杯不辞而去。袁世凯尝过辜鸿铭嘴皮、笔头的厉害,想缓和关系,托人请辜鸿铭做家庭教师,月薪500大洋,勾销此前一切恩怨。辜鸿铭虽然囊中羞涩,但立即拒绝。

十五

唐继尧、蔡锷联名通电全国,宣布云南独立,组成护国军,四点宗旨:一是取消帝制,维护共和政体;二是划定中央地方权限,给各省自由空间;三是顺应世界潮流,施行宪政;四是以诚意巩固邦交,巩固中国的国际地位。通电檄文锋芒毕露,矛头直指袁贼一人,而不问罪北洋诸臣,有力地打击袁世凯的嚣张气焰,完全孤立,从而加速北洋集团的分化瓦解。

身在上海的梁启超为战事筹划奔波,一方面谋划东南诸镇赞助起义,一方面写信对蔡锷的军事行动给予具体的指导。广东军阀龙济光效忠袁世凯,一再食言,拒不履行协议内容,时有取消独立之心。梁启超认为广东问题有碍于大局,必须想个办法让龙济光彻底明白利害,死心塌地讨袁护国。梁启超决定亲自出马用血诚去感动龙济光，几位朋友和学生大惊失色，甚至跪下来劝阻，梁启超说："形势危在旦夕，我为国家为朋友都有绝大的责任，万万不能躲避。"

梁启超奔赴广州，在观音山与龙济光会晤，苦口婆心，龙济光好像心悦诚服。第二天晚上，龙济光的几十个军官聚集起来，给梁启超开欢迎会。他们个个都拖枪带剑，如狼似虎，分明是鸿门宴。开始客客气气，酒过三巡，动威示武渐渐显露。坐在一旁的一员大将胡令萱大放厥词，辱骂护国军、蔡锷，横眉冷对梁启超。

梁启超毫不畏惧，站起来说："龙都督，我昨夜和你的谈话，你到底向他们传达没有？我在珠海事变发生后来访，清楚营垒会嗜血杀人。我手无寸铁跑到千军万马里头，并不打算带命回去。我为中华民国前途来求你帮忙，我是广东人不愿意广东糜烂。我拼力一搏，换回广州几十万人的安宁，争取全国四万万人的人格。孤胆一身，随意你们处置。"

梁启超声大如雷，敲打桌子，震得满座的玻璃杯叮当作响，和平时判若两人。胡令萱被梁启超的凛然气势吓住，悄悄跑了，其余众人很受感动，散席后都来和梁启超握手道歉。

护国战争爆发时，梁启超的父亲去世，梁启超为了国事，没有回乡丁忧。胡汉民写了一联："诸葛亮七擒七纵，梁启超三保三无。""三保"指梁启超先后保皇、保袁、保段。"三无"则讥笑梁启超无君、无师、无父，梁启超主张的君主立宪不能成功，所以无君；梁启超与老师康有为不和，所以无师；父死不守制，所以无父。时人常批评梁启超多变，梁启超坦然承认自己本性"流质易变"，但绝非投机政治。梁启超解释说："我为什么和南海先生分开？为什么与孙中山合作又对立？为什么拥袁又反袁？绝不是意气用事或争权夺利，而是我的中心思想和一贯主张决定，爱国和救国。"郑振铎写文章辩护："梁启超先生屡屡善变，都有最坚固的理由，最透彻的见解，最不得已的苦衷。如果他顽固不变，早已落伍退化，与一切的遗老遗少同科；

他对于中国的贡献与劳绩也许要等于零。顺应潮流，恰恰表明他光明磊落的人格，博大的胸怀。"

袁世凯在内外攻击、众叛亲离的情况下，绝望地死去，章太炎重获自由。章太炎的弟子王仲荦曾回忆说："老师本是学者，谈起学术来昏昏欲睡。老师本不擅政治，一谈政治则眉飞色舞。"袁世凯丧葬期间，北洋政府下令全国停止娱乐三日，以示哀悼，辜鸿铭特意在家中开堂会，悬灯结彩锣鼓喧天唱大戏。值勤的警察纠结一伙人气势汹汹地找上门来，辜鸿铭府上如过盛大节日一般，高朋满座，戏班子突然偃旗息鼓，鸦雀无声，辜鸿铭正要发火，耳边传来一声吆喝："何人如此大胆？居然敢公开闹法？"辜鸿铭回过神来，对着警察一阵怒骂："他妈的，瞎了狗眼，没有看见我正与各位大人赏戏吗？滚出去！告诉你们总监，什么大总统小总统，死了小人，值得兴师动众吗？"一伙警察看清眼前长辫子绅士的尊容，心下嘀咕，撞上邪神了，集中在东交民巷的洋大人怎么都齐齐聚到这里？警察们赶紧一溜烟跑到警察局，向总监吴炳湘报告。吴炳湘很聪明，当即吩咐手下："由他去吧，切切不可惹他，三天后他自然消停。"禁令一过，辜鸿铭府上果然清静下来，出了一口恶气。

1916年护国战争胜利后，梁启超开出一个祸首名单，包括杨度、孙毓筠、严复、刘师培、段芝贵、梁士诒等13人，要求对他们明正典刑以谢天下。惩办帝制祸首令颁发以后，当事人闻得风声，躲进天津或上海的租界，所以没有拿住一个。民国再造后的第一个国庆日，黎元洪下令援照民国元年进行国庆大典，并对民国创建以来的有功之臣孙中山、黄兴、蔡锷、唐继尧、梁启超等人，授以勋位奖章。

第三章
莘莘学子游欧美
——辜鸿铭和陈寅恪赢得国际声誉

十六

辜鸿铭翻译中国四书中的三部——《论语》《中庸》和《大学》，热衷向西方人宣传东方的文化和精神，产生重大的影响，西方人曾流传一句话："到中国可以不看三大殿，不可不看辜鸿铭。"

辜鸿铭原籍福建同安，生于南洋马来半岛的槟榔屿，具有混血儿的明显特征：黑眼睛泛蓝光，黑头发微发黄，白皮肤高鼻梁。天赋异禀，聪明过人，自幼受东西文化的熏陶和影响。辜鸿铭挟天时地利人和祥风，如虎添翼，终成大器。爱丁堡大学是英国著名学府，哲学家休谟、小说家司各特、历史学家卡莱尔、生物学家达尔文都毕业于此。辜鸿铭求知欲极强，尽情地咀嚼大师们的智慧果实，滋补自己。21岁的辜鸿铭获得爱丁堡大学文学硕士的学位。辜鸿铭辗转德国莱比锡大学、法国巴黎大学，获得13个博士学位，会9种语言。辜鸿铭在德国人举办纪念俾斯麦百年诞辰会上的即席演讲，博得一片喝彩。

原配夫人叫淑姑，是辜鸿铭理想中的妻子：裹足、细眉、婉约、淡雅。辜鸿铭雅好小脚，有一套奇谈怪论：三寸金莲走起路来婀娜多姿，柳腰款款摆动，会产生媚态，撩起男人的遐想，女人的奇绝之处全在小脚。品味小脚七字诀：瘦、小、尖、弯、委、软、正。辜鸿铭作文时总把淑姑唤到身边，脱去鞋袜，赏玩小脚。这是"兴奋剂"，有时文思枯涩，辜鸿铭把淑姑的小脚盈盈握在手中，顿觉思如泉涌，下笔千言。辜鸿铭还完成纳妾的心愿，迎娶东洋女人吉田贞子。贞子漂亮、温柔，只是大脚。辜鸿铭把贞子比作"镇静剂"，陪着睡觉。有一次贞子被辜鸿铭惹恼，紧闭门户，不予理睬。辜鸿铭讨饶、告罪无济于事，三日三夜寝食难安。辜鸿铭找来一根鱼竿，爬上凳子，推开窗户见到贞子躺在床上，煞有其事地钓起桌上鱼缸里的金鱼。金鱼是贞子从日本娘家带来的良种珍品。贞子说："别捣乱了！"辜鸿铭收起鱼竿哈哈大笑，说："我终于把你的话语钓出来了！"爱妾贞子病逝，葬于上海外国人公墓。

辜鸿铭衣锦还乡，回到阔别十多年的槟榔屿，被政府派驻新加坡，偶遇游学的马建忠，两人一见如故，促膝长谈，马建忠劝辜鸿铭回国立业，辜鸿铭顿悟精深博大的中国文化才是自己的归宿。辜鸿铭的人生轨迹彻底改变。辜鸿铭在张之洞麾下做幕僚，联袂出演长达20年的"拯救垂死大清帝国"的悲剧。生逢乱世，很少有人像辜鸿铭愤世嫉俗，推倒一世雄杰，骂遍天下，臧否人物，出语尖酸刻薄，不肯假贷，不留情面。慈禧太后去世后四年，辜鸿铭写过一篇文章，赞扬慈禧太后"胸怀博大，气量宽宏，心灵高尚，是一个趣味高雅、无可挑剔的人"。这并不表明他对慈禧太后没有怨尤。鄂中万寿节时，湖广总督府大排宴席，大放鞭炮，唱新编爱国歌。辜鸿铭对同僚梁星海说，有爱国歌，岂可无爱民歌？梁星海怂恿他试编一首，辜鸿铭稍一沉吟，朗诵道："天子万年，百姓花钱；万寿无疆，百姓遭殃。"话音刚落，满座哗然。辜鸿铭对晚清的中兴人物如曾国藩、李鸿章，也颇有微词。辜鸿铭在西方获得赫赫名声，多半由于他机智有余、火花四溅的英文实在太出色，专搔痒处、专捏痛处、专骂丑处的文化观点实在太精彩，令欧洲学者折服，敬佩有加。辜鸿铭在中国获得"怪物"称号，则是由于他怪诞不经的言行实在太离谱，桀骜不驯的态度实在太刺目，"他的灵魂中没有和蔼，只有烈酒般的讽刺"，令中国人的胃口吃不消，眼睛受不了。他玩弄以诡辩与谬论"震惊白种或黄种庸人"的游戏，乐此不疲，欧洲人能够欣赏他大言不惭、狂放不羁的表演，视为天才，而中国人全然不懂得该如何欣赏其中的妙趣。中国人的性格过于内敛，华夏文化土壤从来不肯容纳异端和叛逆。

十七

陈寅恪从上海复旦公学毕业后，在亲友的资助下，赴德国留学，考入柏林大学学习语言文学。陈寅恪因脚气病复发，需要易地疗养，在挪威旅游二十多天，泛舟北海，将挪威旖旎的风光收于眼底。陈寅恪转入瑞士苏黎世大学，认真钻研德文原版《资本论》，可算得上中国人中阅读德文原版马克思经典著作的第一人。陈寅恪在巴黎学习期间，结识欧洲著名的东方学家伯希和。伯希和为一睹敦煌文书真迹来到中国，是国际汉学巨擘沙畹的高足。陈寅恪第一次有机会大量接触到敦煌文献，学术眼界大为拓宽，伯希和利用广博语言知识处理各种新材料的本领，给陈寅恪留下极其深刻的印象，引发了其探索欲望。陈寅恪敬重伯希和的学识，留心伯希和的研究成果，而且在自己的论著中时常加以引用，伯希和与陈寅恪的交往被中外学界传为美谈。

第一次世界大战爆发，欧洲一片混乱，陈寅恪匆匆回国，担任蔡锷的秘书，主要工作是翻译有关东西方图书资料，探究中国经界的源流。蔡锷反对袁世凯称帝，从北京秘密回到云南，领导护国运动。袁世凯在国内一片强烈的反对声中一命呜呼。继任总统黎元洪任命谭延闿为湖南省省长兼督军。谭延闿则请陈寅恪到省长公署任交涉科长。陈寅恪看不惯官场的尔虞我诈、阿谀奉承，很快离开，此后再也没有涉足官场和参加政治活动。

鉴于中国的科学技术落后于西方的现实，留学生们大多选择医学、物理、化学、农学等理工科专业，或者法律、教育、经济、政治等热门的文科专业，报效祖国，从事一个体面的职业谋生。像陈寅恪这种选择冷门专业的学生，在当时很罕见。陈寅恪执着地学习史学、佛学和语言学，大概有以下几个原因。第一，家学渊源深厚，从小受中国传统文化思想濡染，他博览群书，对经史子集均有涉猎，熟读成诵。中国古代汉唐时期曾有过辉煌的历史，近代以来中国落后，并不代表中国传统文化的终结，未来的中国还将会屹立于世界民族之林。他选择史学来实现人生价值。第二，源于他赤诚的爱国感情。中国西北边疆分裂性的叛乱频频发生，一批倡导和认同经世致用的文人学者心怀天下，研究边疆地理历史，维护中国的主权和领土完整。第三，中国本土文化中没有佛教，汉魏以来，佛教东传。陈寅恪以"中学为体，西学为用"的纲领为观照，下功夫研究佛教和梵文，探讨中外文化交流、融合的途径和规律。

陈寅恪进入美国哈佛大学深造。他爱书成癖，紧缩开支，省下钱来买书，时常光顾波士顿城区的旧书店，满载而归。在美国有2000多中国留学生，镀金敷粉混文凭，刻苦学习的学生凤毛麟角，陈寅恪与吴宓、汤用彤被称为"哈佛三杰"。留美学生非常关心20世纪中国文化的出路和建设问题，形成两大派别。一派以胡适为代表，强调中西文化的差异性和中国传统文化的落后性，主张输入西方学理，再造中华文化。胡适以杜威的实验主义为参照，从改革中国文学的语言文字入手，在国内掀起轰轰烈烈的文学革命运动。另一派则以陈寅恪和白璧德的弟子吴宓、梅光迪为代表。白璧德的新人文主义主张保存人性的优点和文明的精华，高度评价中国传统文化思想的主体——儒家学说，认为儒家文化思想是对抗现代资本主义物化与非理性化风气的重要武器。他们认同白璧德的学说，对胡适、陈独秀等抨击和否定中国传统文化的做法，持反对态度。陈寅恪被誉为中国"最有希望的读书种子"。陈寅恪游学欧美第一流学府，却不拿半个学位。从前读书人学八股，是为了功名富贵；如今留学生一窝蜂地学工程技术，回国后弄个虚浮职衔做幌子，四处招摇，陈寅恪的鄙夷之情，溢于言表。

相比维护国故的辜鸿铭、陈寅恪、王国维、黄侃，学术新秀胡适作为他们的克星而存在，这自然与胡适接受西洋资产阶级风潮洗礼有关。胡适毕业于美国康奈尔大学，又转入哥伦比亚大学哲学系，师从杜威攻读博士学位。胡适回国后，成为新文化运动中的一颗耀眼明星。

第四章

北大惊雷震寰宇
——辜鸿铭、黄侃、刘师培被蔡元培
兼容并包

十八

这是清末民初晦暗岁月中一个难得亮丽的日子，北京车站和东交民巷为蔡元培阵容强大的使团，高高搭起缤纷的彩棚，五色旗悬挂于大街两旁，给倾城而出的市民带来一线憧憬。历史有时真像一幕荒诞剧，洪宪皇帝迅速垮掉，比准备登基后御用的瓷器和袁大洋坍塌得更快。1916 年 12 月 26 日的温暖阳光，投在雪地上，映出淡淡的胭脂红。大总统黎元洪在东厂胡同官邸宣誓就职，正式任命蔡元培为北京大学校长。蔡元培是对中国思想界产生巨大影响的先驱人物，尽管一生担任无数重要职务，但从骨子里透出来一股浓浓的书生气。戊戌变法失败后萦绕心头的教育之梦，一直是蔡元培四处奔波、出洋留学考察的精神动力。蔡元培将要执掌全国最高学府，在军阀盘踞的北京，这一座衙门式旧学堂日趋颓败。

漫长冬季，寒流挟裹着百年不遇的风雪，呼啸云端，掠过森严皇城，朱墙碧瓦，扑向曲里拐弯的旧式建筑群，恍如一位威力无比的天神，肆虐地洗涤着尘世污垢和喧闹。一切的欲念、一切的声响，包括在紫禁城草草收场的洪宪皇帝"登基"的闹剧，都悄无声息地湮没在雪域里。古城久经劫难，像一位疲惫的老人，趁着岁末的静谧打盹。

此刻，晨曦暗淡，白茫茫的前门外大街上，隐约可见一位长者的身影踽踽独行。这是一位肤色发黄、颧骨方正的外乡人，中等身材，在寒风中光着脑袋，穿一身半新不旧的棉布长袍。厚厚的积雪中，他走得很慢，不时地呵口热气搓搓冻红的手，打量一眼两旁略显生疏的街景，人群车辆，川流不息。他面色和蔼，相貌平平，是一位刚从欧洲回来的大学者。一路上，他心意沉沉，眉宇间弥漫出凝重的忧虑。他单枪匹马闯进旧式衙门，能行吗？

他按照朋友说的地址，摸到一家旅社门口，扶起眼镜看了看招牌。他早早踏雪而来，想见一个人。此公虽不是贵胄名宦，却关系到这次出山的成败。他顾不上掸去肩头的寒霜，撩起门帘，兴冲冲地走了进去。茶房见来者气度儒雅，是一位忠厚长者，忙小心地过来侍候。茶房陪他来到一扇紧闭的房门前，说客人夜里看戏睡觉晚了，还没起床呢。茶房有点殷勤，想去敲门，却被他用手势劝住。他只要了一张木板凳，心安理得地在门口坐下来。

九时光景，房门终于开了，两位先生缓缓走出来。陈独秀中等身材，肤色黝黑，嘴唇宽而有力。睡眼惺忪的陈独秀朝蔡元培一瞥，叫嚷起来："啊呀！是蔡先生吧？多年不见，冒昧失礼，快请进。"

蔡元培说："你是……仲甫先生？"

陈独秀正在上海主持一份叫《新青年》的杂志，办得很有起色，陪同一位姓汪的朋友来北京办事，没想到蔡元培雪天造访。陈独秀性格直爽，未等寒暄顾自开口："记得十几年前你在上海参加暗杀团，秘密研制炸药，哈哈哈哈。"

蔡元培受到感染，镜片里闪出兴奋的光芒，大脑洞开，仿佛穿越时光隧道，认出旧时的街道，爱国女校破旧的木楼，法租界的余庆里，充满殖民地风格的小屋。他们出生在清末的文人，从小面临残酷现实，总感到身心特别地压抑，总觉得有一股格格不入的旧势力与自己对峙。他们愤怒，他们愤愤不平，终于义无反顾地起来反抗。

蔡元培说："真是有点奇怪呀，我们当年怎么会那样激动？"

"嗬！加入暗杀团的仪式确实刺激，歃血盟誓。"陈独秀心里掠过一阵暖流，沉浸在回忆中，"我被章士钊叫来，地点好像是设在一条冷僻的里弄，周围空屋贴满招租条子。我们天天跟着杨笃生搞试验，你常来商谈，恐怕没有记住我这安徽小老弟。"

蔡元培说："我心仪已久，多次听刘师培提及先生。你在芜湖办《安徽俗话报》时，发起人都因危险和困苦先后离去，全凭你坚守岗位。我深知一人支撑一份报纸是什么滋味，所以对先生的精神十分佩服。"

陈独秀说："全凭孟邹兄为我撑腰呢。"

陈独秀向蔡元培引荐另一位客人汪孟邹，上海滩的报界闻人，他瘦长的身上套一件银狐皮褂，腰间环佩叮当，举手投足间，显出一股名士派头。江孟邹提起一件趣闻，1903年的夏天，章士钊几经奔波筹办《国民日日报》，替代刚被查封的《苏报》。名义上有几位撰稿人，实际上主要靠陈独秀帮章士钊搞编务。两人蛰居在昌寿里的一间偏楼上，足不出户，起居无常，彻夜工作到次日凌晨才能休息。章士钊闻见一股异味，抬头望去，陈独秀蓬头垢面，从未换洗的黑衣上布满密如繁星的白物，章士钊骇然问道："这是什么东西？"陈独秀浑然不觉，徐徐自视后坦然回答："虱子。"

蔡元培、陈独秀、汪孟邹重温旧事，忍不住畅怀大笑。屋内气氛融洽了许多，汪孟邹谈兴正浓，又接着往下说："讲到办《安徽俗话报》，我最知仲甫的辛苦。因为芜湖没有印刷厂，稿件编好后要先寄到上海，待印好了再寄回。每当报纸来时，够他一人忙碌。从分发、卷封到邮寄，他居然都默默地干了下来。嗨！当时的仲甫，真是日夜梦想革新大业。一次我推门走进他的小屋，只见墙上挂着他书写的巨幅对联：'推倒一时豪杰，扩拓万古心胸。'气吞山河，何惧臭虫？臭虫布满衣被，他自己感觉不到叮咬啊。"

陈独秀说:"孟邹兄对小弟如此厚爱,所以我办《新青年》,自然要请你做后台喽。"

陈独秀摸不清蔡元培的来意,闲聊一会儿,问道:"外边传闻先生将出任北京大学校长,不知何日上任?"

"我正是为此事来求助先生。"话题已经点破,蔡元培眉宇间露出一丝喜悦,"前几天与汤尔和、沈尹默谈起文科学长的人选,汤尔和拿出几本《新青年》向我推荐,仲甫不愧为青年导师,担任此职最合适。我想恳请先生襄助鄙人,屈就北大文科学长的位子。"

由于仓促无备,陈独秀只能委婉地谢绝,说:"十分感谢先生的厚爱,可是,鄙人杂务缠身,上海的杂志又一时无人接手……"

蔡元培说:"干脆把《新青年》搬到北京,放在北大校园里打理。我会全力支持先生。"

陈独秀说:"蔡先生,我向你推荐一个人,胡适博士。此人比我强,马上要从美国回国了,更适合担任这个职务。"

求贤若渴的蔡元培自然喜欢胡适。哥伦比亚大学杜威先生的高足,正热衷于创作白话诗,与留美好友梅觐庄和任鸿隽笔战。蔡元培在《新青年》上拜读《寄陈独秀》的著名长信,对"文学革命"口号赞叹不已。最近,蔡元培又从另一篇文章里听到胡适来自大洋彼岸的呐喊:一个国家与其有海陆空,不如有大学。如果胡适加盟北大,将会给死水一潭的学院很大震动。与旧势力进行一场艰苦较量,蔡元培需要一批类似胡适的急先锋,更需要陈独秀那样叱咤风云的主将。

蔡元培说:"我认为北大改革应该从文科开始,因为文科是最核心的问题,涉及复杂的意识形态,理科相对简单一些,只引进物理、化学方面的东西。所以我瞄准你,锐意进取开时代先河。"

陈独秀说:"一扫以往腐朽沉闷的空气,造就一种新的北大精神,你能够践行吗?告诉你,我上北大不是来为你教书。中国并不是没有名教授,而是缺少思想先驱。待你把办学思路全想明白，我自然会为你摇旗呐喊。"

蔡元培说："集思广益，我将慎重考虑你和各位贤能的意见。另外我透露一点整治北大的双重标准，概括为八个字——菩萨心肠，霹雳手段。"

陈独秀说："蔡先生非常坦诚，容我考虑一下另外答复。"

蔡元培因马上要去参加信教自由会的一次演讲，起身告辞。蔡元培下定三顾茅庐的决心，临别前，意味深长地瞥了陈独秀一眼，说："我会再来看望你。"

十九

沿着景山往东不远，隐约可见一片宽绰的殿堂式建筑群。和嘉公主是乾隆帝的四女儿，以16岁的花龄下嫁给大学士傅恒之子福隆安。皇恩浩荡，赐府第在马神庙路北，和嘉公主红颜薄命，仅23岁便香消玉殒，庭院渐渐荒芜。"百日维新"时，京师大学堂急待开学，清廷下诏，拨空闲府第做了校址。环境幽雅，皇家气派，坐北朝南的清式门庭前，守着两只威猛的石狮子，围墙全用巨型古砖垒成，高达四米，东西四十丈，南北六十丈。上方高悬"大学堂"三字匾额，历年夏天学生投考，录取的红榜总是张贴在门外。进门有一个荷花池，碧波荡漾，锦鳞游泳，石柱刻有篆文的日晷，合人环抱的古槐在风中摇曳出苍凉，五间正殿，藻井依然，明柱朱漆斑驳。西侧耳房，成了许多名教授讲课前的休息处。北房高大考究，做了宴会厅，两层砖木旧房子凑合做了藏书楼。西路后部几进大屋，原为公主居住之所，枝干犹存，已由清爽变为杂乱，成了学校的办公处。自1898年开办至今，校址从四公主府扩展到汉花园、松公府。校方又向比利时仪品公司贷款20万，准备筹建后来成为北大象征的"红楼"。

面对动荡不安的政局，校园呈现出衰相。白天，教师中不少人靠印旧讲义混日子。有钱的学生整夜地喝花酒、捧名角、打麻将，慵懒散漫，对读书兴趣不大。东斋西斋矮小潮湿的学生宿舍，布局令人咂舌，开前后门，书架和帐子成为屏障，纵横交错地挂了许多长短高低的白布幔，将房间隔成一块块互不干涉的独立单元，说话之声相闻，老死不相往来。同一宿舍的人在走廊上相遇，互不招呼。好像各人都有自己的小圈子，意气相投，拒绝与别人交往。

傍晚时分，天上又飘起零零碎碎的雪花，寒潮袭来，针砭肌肤。范文澜从图书馆借书回来，掸去蓝布长衫上的雪花，走进宿舍，被一阵刺耳的喧闹震住。

"张公子，俗话说玩遍'水、陆、空'，做人才不空。昨夜里你把白云庵里的空门女子都做了，真是艳福不浅。"

范文澜眉宇紧锁，像吞进一只苍蝇，觉得一阵恶心。张治秋仗着自己是徐树铮将军的远房外甥，平时十分张狂，与几位臭味相投的富家弟子搞了一个"探艳团"，整夜在八大胡同里与妓女鬼混。社会上流传着"两院一堂为八大胡同主顾"的说法，众议院和参议院的一帮老爷，京师大学堂的一批公子哥，留恋花街柳巷。

白布床单上映出一个瘦猴的嘴脸，耳边又传来细声细气的娘娘腔。"玩一般女子看不出弟兄们的手段，云南的蔡锷将军已死，留下一位绝色美人。""你遥遥暗恋小凤仙吗？哈哈哈！"

范文澜再也待不住了，重重地一摔门板，掉头离去。真是北大建校以来的耻辱，徐佩铣身为英文教员，不能为人师表，被一帮人捧成了"探艳团"的团长，许多丑闻都是由徐佩铣出谋策划的。

范文澜三年前靠叔父资助，考进北大国学门。他出生在古越绍兴，父亲范寿钟，知书达理，通古博今，其诗文在江浙一带名噪一时，并以悬壶济世著称乡里。他迎着风雪走进校园，摩挲刻了"译学馆"三个大字的石碑。学校曾有规定，学生有事想和校长接洽，必须写呈文，由校长批示后，再贴在告示牌上。他几次给胡仁源写过呈文，呼吁从整顿校风开始，清除败类，均石沉大海。

范文澜在寒风中哆嗦着冻僵的手脚，返回宿舍楼，走进同窗好友傅斯年和顾颉刚的房间。傅斯年比范文澜小三岁，长着一张胖胖的娃娃脸，容易激动，爱打抱不平。山东聊城人氏，字孟真，为国学门章太炎大弟子黄侃教授的得意门生，因过从甚密，被别人戏称为"黄门侍郎"。顾颉刚与范文澜同龄，也许是来自苏州的缘故，清癯的脸上架着一副斯文的眼镜，为哲学门硕儒陈汉章的高足。顾颉刚是一位典型的江南才子，平生有两大怪癖，嗜好观看京戏，嗜好著书，闭门谢客，不分昼夜地撰写《清代著述考》，居然成稿洋洋20册。

范文澜吐出积郁心头的怨气。傅斯年今天特别冷静，好像与顾颉刚商量出来对策，稳稳一笑："蔡元培要来当校长了，他好像是绍兴人吧？"范文澜的眼睛倏然一亮。傅斯年说："我们三人联名给蔡先生写一份呈文，谈谈学校的事，先入为主，顺便探探蔡先生的态度。校长大人还没上任，要通过什么门道才能送上去？"范文澜灵机一动，胸有成竹地站了起来，嘴角露出神秘的笑容，说："这事由我包揽，先去喂饱咕咕直叫的肚子，夜里才有力气干活。"傅斯年应声而起，一身肥膘块头大，经不起饥饿。顾颉刚瞟了一眼桌上早已备好的冷馒头，一头钻进故纸堆。

两人朝校门外的小饭铺逶迤而去。自从大学堂开办以来，马神庙附近的沙滩一带，早成了市井酒肆。做了几十年生意的老掌柜们凭着耳濡目染，对学校的逸闻逸事了如指掌。每当夜幕降临，许多名流教授都喜欢贪婪红尘喝几盅，趁兴海阔天空地闲扯一通，讥讽时事，臧否人物，借杯中清波，浇胸中块垒，直至酒酣耳热。学士居是最受师生青睐的一家小饭铺。年轻的堂倌看见两位常客，不用范文澜开口，顾自鸣唱起来："二位爷里边请，拌凉皮一道七寸，双份芥菜，神面两碗……"这是穷学生的吃法，酱油泡面添一道下酒菜。

戴着黑边眼镜、理着平头的钱玄同和刘半农端坐在酒桌旁，热情地招呼范文澜入座。范文澜张开笑脸应声而去，傅斯年却有点讪讪地愣住，屋角昏暗的灯光下，黄侃正与陈汉章在一起喝酒，黄侃脸色冷漠，朝高谈阔论的钱玄同和刘半农瞥去几道鄙视的白眼，傅斯年正在犹豫，听见老师的召唤。黄侃嫌恶钱玄同的故意自我炫耀，同为章门弟子，如果钱玄同不来北大为沈兼士代课，不在《新青年》和讲台上标新立异大放厥词，两人的私谊应该没有问题。黄侃最看不惯刘半农，鸳鸯蝴蝶派风流才子的派头，一身打扮像个上海滩头的花花公子。冷飕飕的冬天，狐皮大衣里居然穿着一件霞色绸缎袍子，来回摆动，熠熠放彩。据说鞋子还是鱼皮做的，人在街上走，鞋面上闪着鳞状的花纹。整天搔首弄姿像个唱戏的优伶，透出一股轻浮气息。当年在上海时，前清秀才陈独秀，曾倚老卖老地在酒后调侃他们一帮后学："沈尹默和苏曼殊的文字不行，刘半农的底气更不行。"一晃十多年，他们三人声名鹊起，但是在黄侃眼里仍然属于根底浅的小字辈，野麻雀，刘半农有什么资格来北大门前摆谱？势利眼的张掌柜，前几个月叫堂倌拿着大红帖子请黄侃喝酒，听黄侃吹嘘"八部书外皆狗屁"的宏论，今天却捧上钱玄同，称其为北大第一有绝学的怪杰，理由是钱玄同上课只管传道授业解惑，一概拒绝为学生阅卷。黄侃憋着闷气，斟满酒杯，仰脖子一口喝了下去。

钱玄同说："近来传闻最盛的事情是蔡元培光临北大。今天我去拜访陈独秀，正碰上三顾茅庐的蔡先生，大谈一通教授治校、学术至上的办学思路，公开表示支持新文学，反对旧道学。陈独秀被蔡先生说服，要我帮助找一些新派朋友。在当今中国，蔡先生执掌北大，一定能让教育界大放异彩。"

刘半农和张掌柜都竖起耳朵，钱玄同举起酒杯，抿了一口，接着叙述："有清一代，视翰林院为'金马玉堂'，从来没有哪一个翰林公开抛弃荣华富贵，走向朝廷的对立面。蔡先生为翰林造反的第一人！蔡先生出任中华民国临时政府教育总长，跃出儒家体系而求知异域，为新政府中科举出身第一人！至于第三点，全凭我的预感。你们想想，蔡先生执掌北大，思想必不立崖岸，汇纳百川，兼收并蓄。大学校长例来由教育部聘任，一锤定音，月薪

600大洋，是个不小的官呢。蔡先生却在报纸上公开声明当校长不是做官，视到手权力如敝屣。蔡先生下一步集百家之言为准绳，开未来民主先河，为中国第一人！"

同桌三人一齐喝彩，声浪震动屋瓦，范文澜觉得暖意融融，由钱玄同转送呈文算是找对了人。黄侃被惹得气恼，拍案而去。傅斯年最为可怜，没吃上一口饭菜、饿着肚皮，慑于老师的火暴脾气，俯首帖耳跟了出去。屋角剩下陈汉章，顾影自怜地喝着酒。钱玄同见黄侃为此撤席，放声大笑。

蔡元培来校视察，把两个学生叫到校长室。雪后初霁，风和日丽，他们心头鹿撞，战战兢兢地挨近门口。门房老刘头领着学士居的小伙计送饭，傅斯年和范文澜壮壮胆子，随后跟了进去。这是他们仰慕已久的蔡先生吗？颧骨突出的脸上戴着一副金丝眼镜，留着短短的山羊胡须，坐在案前注视他们。这是堂堂一校之长的午餐吗？小伙计从提笼里端出一盘木樨肉丝，一盘京葱豆腐和一碗米饭。刚才他们一帮穷学生在饭铺凑份子海吃，比这里多几道荤腥呢。蔡元培准确地报出两人姓名后兴致盎然地和范文澜攀起同乡来，随后，他摸出一把包浆银亮的方形锡壶，用来装开水温酒。蔡元培吃着最简便的午餐，用温煦如风的面容，静静听着他们畅谈学校的弊端和建议。临别时，蔡元培淡淡地问范文澜："你若有意，今年暑期毕业后，做我的校长室秘书如何？"范文澜受宠若惊，发怔片刻。蔡元培笑了，摆摆手说："先不忙，待想好了再说。"

二十

短暂的寒假结束了，在新学年的第一个清晨，一群喜鹊飞到马神庙里参天的古槐上，叽叽喳喳，闹得人心里一片春意。新校长要来就职演讲的消息传遍校园，尽管人们怀着各种复杂的心情，但被好奇心诱惑着早早地来校门口，门房老刘头把大红布告张贴上墙，师生们争相观看，一位戴瓜皮小帽的老先生陈汉章，摇晃脑袋吟诵着："本校为二十世纪全国高等学府，非封建旧式学堂，自今日起取消呈文制度。学生有事向校方反映应用公函，可以直接上校长室面谈。"有人叫喊："新校长不愧是一位革命翰林。要改朝换代了！师生平等了！"陈汉章丢下一个白眼，讪讪地走了，说："师生平等，成何体统？"范文澜和傅斯年会意地一笑，傅斯年冲着那个背影直嚷嚷："让繁缛的冬烘气息见鬼去吧！"

校门口，被围在里面的老刘头急红了脸，叫道："快让我出去，蔡校长要到了！"人们一惊，忙闪出路来。老刘头像个东北人，大脸膛大耳朵，光绪创办京师大学堂时来做校役，待在门房里20年，不知迎送过多少校长。老刘头今天格外清爽，络腮胡修得干干净净，像过年似的穿上狗皮夹袄，喜气洋洋，正吆喝着校役快站好队列。"蔡校长立刻驾临，主子给下人脸面，咱更要懂得规矩。"在他们的眼里，校长大人是老爷和一校的皇帝。每当前任校长的专车进出校门时，他们都谦卑地弯腰赔笑，仰起脖子向那些高贵冷漠的头颅敬礼。在蔡元培来上任的早晨，他们胆怯地摘帽敬礼，奇迹出现了，穿着棉袍的新校长，举止缓缓地走下车，抬头看了一眼过厅正中"国立北京大学"的隶书横匾，摘下礼帽，向弟兄们回鞠了一躬。老刘头十分紧张，连狗皮帽子掉在地上都不敢捡，蔡元培微笑着弯腰拾起帽子还给老刘头。天底下咋会有平易近人、放下架子的老爷？老刘头听说蔡元培点过翰林，当过总长留过洋，更是激动地拉着一帮校役喝了一顿酒，面色酡红，夸下海口："我看大学堂要变了，以后咱一切听蔡校长的安排！"

古色古香的大礼堂里挤满人群，几位洋教师来自北河沿预科，西装革履，用洋文与他们的学生聊天，目不斜视，漫不经心，显得有点高傲和不合群，惹得旁边的师生不太愉快。他们是公使馆介绍的失意政客，把北大当成帝国的殖民地，喝酒吹嘘，泡女人解闷。

"蔡校长来了，快看！"上千名师生一齐抬起脑袋，踮着脚仰望讲台。蔡元培在胡仁源的陪同下，迈着脚步出现在台上，雍容静穆，像一位久经修炼的处士；态度和蔼，没有一点大人物在场面上疾声厉色的腔调。蔡元培在就职演讲中列举办学的艰辛和苦衷，低微的嗓音因为饱含着真情，像一道磁电传遍每一个角落。胡仁源面对凛然正气的蔡元培，心脏深处哆嗦起来。胡仁源眼前闪过民国历任校长的面容，严复、章士钊、马相伯，都因为无法收拾乱糟糟的局面相继辞职。蔡元培大刀阔斧地治理北大，必为段祺瑞的势力不容。胡仁源神思恍惚地叹了口气，被台下无数双如痴如醉的眼神震惊，师生共鸣，擦出心灵火花，挟着风雷，带着弧光，化作希望的彩虹，成为激励人生的精神动力。胡仁源强打精神，注视蔡元培的丰仪。蔡元培正纹丝不动地站着，如一尊威严的塑像，下颏的山羊胡子随着手势的摆动轻晃着，用一种灵魂深处迸发的激情，抒发办学理念。

"诸位来北大求学，必有一定宗旨。要求宗旨正大，必先知大学的性质。我以为大学是研究高深学问的地方。外界讲本校腐败，总是说我们把读书当作升官的阶梯，北大是一所旧日官场养习所。毕业预科的学生都抢着要进法科，因为法科为做官捷径。对于教员也不问学问深浅，只问官阶大小。现在我国精于政治者，多入政界，专任法科教授非常少见，我们聘请兼职的官员，实在是一种迫不得已的举措。诽谤莫如自修，坚定信念，爱憎分明，追求立志、立德、立言的远大目标。平日放荡游玩，考试靠熟读讲义过关，知识粗疏，争夺分数高低，文凭到手，钻营社会，贻误国家，与求学的初衷背道而驰。前辈先烈为什么会去投身辛亥革命？因为清廷的官吏太腐败，今天我对当局仍很不满意，道德沦丧到极点。我再一次呼吁，要像坚守贞操一样坚守宗旨。"

"讲得好！向蔡先生致敬！"张国焘是一位激进分子，方脸盘上鼻隆眉阔，举手喝彩，引来一片掌声。傅斯年瞥了一眼身边的陈汉章，老先生热泪沾襟，感动不已。范文澜摊开本子，"沙沙沙"地速记不停。

蔡元培忠告师生，一共三条：抱定宗旨，砥砺德行，敬爱师友。蔡元培的演讲如故乡蕙兰的芬芳，给混浊的校园带来一阵清新的空气，令人仰之弥高，如沐春风。蔡元培充满魅力的声音在礼堂消失了，但蔡元培的思想和信念，随着上千双脚步流进校园。范文澜跟着马叙伦、沈尹默和钱玄同出来，黄侃教授正指着他们，大声训斥傅斯年："现在是浙人治校了，你跟在后面阿谀奉承个屁？"在场的人很多，傅斯年的脸面上自然有点尴尬。

太阳老高，张治秋乘着一辆洋车来听演讲，被门房老刘头挡住。洋车真够气派，铜铃叮当，装有四只雪亮的干电池电灯。老刘头说："蔡校长上任后，规定学生一律不能乘洋车进校，你违反规定，自认倒霉吧。"张治秋说："我是徐树铮将军的外甥呀，在京城横冲直撞，没人敢管。"老刘头说："我管你是哪根葱，公子哥，北大校园不收留你这废品，赶紧回去！"张治秋扭头走掉，甩下一句狠话："咱们骑驴看唱本，走着瞧！"

二十一

在北大，要想听见一些真议论，得赶往教师休息室。天子脚下，这里是清流们的聚散之地，上苍在最高学府里，容纳许多怪才、辩才和自命不凡的奇才。大约在蔡元培演讲后的第四天，校门口贴出一张告示，上面写着："本校文科学长夏锡棋已辞职，兹奉教育部令，派前安徽师范学校校长陈独秀任文科学长。"一本刊物又在校园里掀起不小的风波。一批刚从上海运来的第一期《新青年》杂志，悄无声息地流进北大。翻开扉页，胡适的《文学改良刍议》赫然在目，引来激烈议论。

"胡适居然要用白话文代替文言文，不用典、不避俗语、不作无病呻吟，简直是一派胡言。"

"你们没听过'胡适体'的诗吧，来！我给你们胡诌几句。"刚从哥伦比亚大学回国的教师，摸摸油亮的分头，拿捏腔调地朗诵起来，"两个黄蝴蝶，双双飞上天。不知为什么，一个忽飞还。剩下那一个，孤单怪可怜；也无心上天，天上太孤单。"

众人发出一阵嘲笑，留洋学者点燃一支雪茄，卖弄起来："胡先生一生有三大优点，爱演讲、爱社交、爱给女人写信。到哥伦比亚大学不到一年，据他自己统计，收信999封，发信874封。其中和任鸿隽的女人陈衡哲通信5个月，发信40余封。还给一位叫韦莲司的洋女人写了100封信。另外，和一位叫瘦鹃的女士通信不少。如此看来，凯约嘉湖畔的蝴蝶诗人在回国前夕，想借文学革命暴得大名。"

其余人议论纷纷："陈独秀一来，咱们文科真要改朝换代了，他可是蔡元培打着灯笼请来的大红人，北大热闹喽！"

"看样子，'黄蝴蝶'快飞来北大，将咱北大变成'卯字号'人物的天下。"

"孤陋寡闻，据兄弟所知，蔡元培、陈独秀和胡适，各相差一属生肖，都是兔子命。"

"哼！兔子尾巴长不了。"

"桐城派的日子不好过。章门弟子也太平不久，若要吃香，必须拜'黄蝴蝶'学白话文。"

"引车卖浆者无师自通的白话，用来骂人挺通畅。今后学生厕所里攻讦的壁报，一定会更直白更痛快淋漓！"

北大因外籍教师多，以往各学科开教务会议，一般都要求用英语发言，一些不懂英文的教授往角落里挤，躲瘟疫似的。蔡元培脸色铁青地站起来，说："从现在起，开教务会议一律改用中文！"

预科学长徐崇钦是一位狂狷之士，针锋相对，说："蔡校长刚来可能不懂规矩，这是学校多年来的制度，不能改！"

几位外籍教授两手一摊，表示抗议："我们不懂中国话，无法交流。"

蔡元培先是一愣，突然，金丝镜片里射出一种凛然不可侵犯的固执，严厉地责问："假如我在贵国大学里教书，因为我是中国人，开会时都说中国话吗？"

对方哑口无言，蔡元培的声音嗡嗡震颤回响，征服众人。实行多年的旧制随着一纸通告烟消云散。

以道德败坏的名义，蔡元培开除引诱学生堕落的徐佩铣，这人搞"探艳团"，咎由自取。两位英国教授是驻华公使朱尔典介绍来的，品行不端，属于不学无术的传教士，常常带学生去逛八大胡同。蔡元培决定不再续聘，要学监主任去找洋人交涉。朱尔典是一位中国通，从大清到中华民国，做过几届政府的座上宾，与主宰海关的总税务司赫特一样神通广大。万一惹出外交纠葛，蔡元培吃得消吗？

与人声鼎沸的教师休息室相比，这里宁静许多。学监主任张思秋低垂着脑袋，与愁容满面的庶务长相对而坐。桌上放着一份手稿，写着蔡元培近日交办的事情。张思秋是何等练达之人，祖上入过张之洞幕府，凭着一身精明和从善如流，处理过很多难题。沙滩的红楼由他经手帮胡仁源谈判，购置下来。今天，他两眼呆滞，不停地吸着闷烟，像面对一局神秘莫测的险棋，无法决断。以往，北大的一切事务都是校长找他和庶务长商定，学长不得染指。蔡元培要搞评议会，指定各科学长和名教授参加，为了从全国延聘一流人才，催着拿方案成立教授聘任委员会。他俩受尽了窝囊气，总觉得被一双无形的手推上一条歧路，越来越无法主宰自己的命运。温文敦厚的宿儒蔡元培，是不懂谋略，还是得了尚方宝剑？在北大没有一丁点儿根基，只顾自己单枪匹马地瞎撞。

张思秋说："落帆正好顺风时，看来老朽只好归隐山林，唉！"

庶务长说："蔡元培是个过于理想化的人。他刚从德国回来，满脑子的新东西都想试一下，但骨子里还是个儒生。待他新鲜劲头过了，再碰些钉子，自然会明白过来。"

正在议论时，校役送来一份电报。庶务长接过一看，电报上署名陈独秀。北京大学蔡孑民先生大鉴：仲甫于1月13日抵京后即去箭杆胡同寓所，不必接站。庶务长冷笑一声扬起电报，意味深长地感叹道："真正的对手来了！"话毕，径直往校长室走去。

蔡元培正静坐在红木书桌前，全神贯注地翻阅范文澜送来的《新青年》，然后情绪亢奋地取下眼镜，站立起来。"好一个胡适，真像一位高举义旗的急先锋，八条主意，句句直逼黄龙府，声称古文是死文学而白话文是活文学，想让白话文取代古文而成正宗。一场新旧文学的论战，看样子要在我这里拉开帷幕。"蔡元培见庶务长送来电报，又笑着说："我刚读完先锋的檄文，主将紧锣密鼓地出场，陈独秀不愧是老革命党，先声夺人。人未进京，先让《新青年》在北大投石问路。他不想要我去接站，我偏偏要去看看他。他校对我的演说词时，弄错了好几处，我还要找他呢。"趁蔡元培来回踱步之际，庶务长知趣地退了出去。

蔡元培请一直恭敬站立的范文澜入座，沏了一杯绍兴珠茶。

"来！说说外界的反应，我特别想听听你们学生的看法。"

"我们总觉得胡适有点浮躁，爱出风头。他可能看康有为、梁启超和章太炎先生过时了，想振臂一呼，来做中国思想界的领袖。其实用白话写小说早在清代已经流行，像《红楼梦》等。民国后鸳鸯蝴蝶派更是用白话大写爱情小说，为市井津津乐道。他的白话诗淡而无味，类同笑话，全凭形式的新奇包装吸引人。"

蔡元培听出弦外之音，学生的见解有些偏颇，他们往往容易被现象所迷惑，而缺乏对一种思想潮流本质上的把握。钱玄同踏进门槛，身材不高，戴着近视眼镜，大大咧咧地把腋下夹着的一个黑皮包放在桌上，拖来一张椅子，坐了下来。

蔡元培说："你是章门弟子，又是音韵训诂大家，我正想听听你的宏论。"

范文澜忙给钱玄同泡了一杯茶，钱玄同几口水入肚，瞪起双眼劈头教训范文澜，击掌拍案："你想想，从辛亥革命到今天，中国的思想文化界有什么起色？末代小皇帝被囚禁在紫禁城里，民国大总统急着黄袍加身，如果不拿起白话文新形式做思想武器，怎样一举清扫八股旧习、选学妖孽和桐城谬种？我给《新青年》写稿前，曾仔细拜读陈独秀在创刊号上的文章。他企图发起一场声讨旧势力的思想革命。今天，我见到胡适的文章，觉得陈独秀又前进一大步，借白话文做钟馗，打击封建思想余孽的恶鬼。我们谈文论人要看趋势，做人处世要讲大义。我们都是从旧营垒中走出来的人，陈独秀的《字义类别》等书，在训诂音韵上的造诣不可谓不高，所以打起旧事物，更懂得要害在何处。听说老兄今日进京，我正想去会会他。"

蔡元培历来主张做人可以恪守传统，但思想一定要跟上潮流。蔡元培说："见了长兄要行跪拜礼节的人，竟有如此新见解。有你保驾，陈独秀来当文科学长，我完全放心。"

钱玄同像被抓到痒处，顿时脸红。钱家为吴兴望族，同父异母的长兄钱恂要大自己30多岁，父亲死后全凭长兄照料调教，对其恩重如山。钱玄同说："我跟您学习看齐。您历来主张'互助论'和中庸调和说，所以翰林公子和革命元勋，法兰西和孔老二，空想社会主义和三民主义，都被您兼容并包进了北大。"

蔡元培继续调侃，学钱玄同平日咬文嚼字的腔调："待会儿一同去见陈独秀，你在我这儿酸酒苦饭随便'雅'一回吧。"

钱玄同平时不归家，又不吃学校的包饭，常称与人相约上馆子找雅座为"雅"一回，没想到又被新校长逮住。范文澜去学士居叫菜，蔡元培摸出方形锡壶，端来一罐夫人黄仲玉烧的霉干菜焖肉。两人共饮醇香的绍兴花雕酒，谈起家乡的旧事，校长室内不时爆出钱玄同爽朗的笑声。范文澜沿着刚才钱玄同的话题，思考一些复杂而又矛盾的问题。作为一代学人，譬如黄侃和钱玄同，在同样的文化背景和学术思想下，为何会产生不同的甚至对抗的政治见解？隐藏在白话和文言之争背后的新旧思潮的较量，是那样神秘和令人费解。范文澜觉得有必要晚上与傅斯年探讨一番。

临行前，蔡元培摸出钱，让范文澜去校门口买回两包梅兰芳牌香烟，轻声关照："陈独秀烟瘾大，今后去看他，别忘了带点香烟。"小憩片刻，三人乘坐孙宝琦送给蔡元培的一辆旧式马车，驶出昔日的皇家府第。

二十二

哭号的老北风，厉鬼般地追逐着行人。这是一年中最冷的日子，灰暗的大街上结满薄冰。远远望去，蔡元培的马车，像一只冻僵的甲虫，艰难地在路上哆嗦着前进。马车驶进东安门的箭杆胡同，陈宅门前一对石狮子似乎冻得缩成一团，失去了昔日的威严。

一位清丽女子打开房门，病恹恹的瓜子脸上露出一丝惊疑。他们的行李刚安顿下来，怎么会有人来拜访？蔡元培自报了名号跟随而进。虽然初次见面，但有关高君曼的绯闻倒是听说了不少。陈独秀与多情的小姨子，七年前在杭州同居结婚。这是个普通的四合院，陈独秀租了三间北房，用雕花木隔扇一分，两边充当卧室，中间用来会客和写作。屋子里没有生火，像个冰窟。陈独秀趴在案前写作，嘴角叼着一根纸烟，任一管狼毫疾如游龙地在纸上挥洒。

蔡元培说："仲甫真是个工作狂啊！"

一声轻轻吭喝唤醒了主人，陈独秀目光如炬地侧过脑袋，先是一惊，见三人眉间沾满晶莹的霜花，突然感动起来，上前拥住蔡元培。"大老冷的天，怎能如此劳您大驾？"陈独秀盯着对方的镜片和山羊胡子，打量好久，爆出一声大笑，"你真像俄国的车尔尼雪夫斯基。"

蔡元培面对着一张棱角分明的脸庞，说："你是大风雪中，我们迎来的普列汉诺夫喽！"

一屋的人，都被幽默而又充满象征的调侃惹笑。陈独秀急切地问道："你看到第一期《新青年》了吗？"

钱玄同故弄玄虚地仰起头，说："你让胡适从美国来放火，咱北大老炕都快被你烧痛了!"

陈独秀快活地大笑,忽然像悟到了什么,又正色地说:"蔡先生,你让我来帮忙,兄弟可能只会给你添乱。"

蔡元培神情严肃地摇摇头:"不怕!"

陈独秀说:"只要你犹豫了,兄弟立马打道回府。我准备先试三个月,北大的旧派人物太多,我脾气倔强寸步不让。"

陈独秀吸着劣质纸烟,蔡元培忙摸出带来的好烟,传递分享。陈独秀历来不拘小节,但见老先生如此真诚,无限感慨。高君曼给客人上完茶,退了下去,正在咯血,受不了满屋子的烟雾。

蔡元培说:"《新青年》吹响号角,旗帜鲜明地标榜白话文。"

陈独秀说:"我对胡适这篇文章并不很满意。小老弟或许是喝多了洋墨水,反而瞻前顾后,吞吞吐吐,不像与梅觐庄、任鸿隽论战的时候痛快。你们看,连标题都不敢提文学革命,一口一个讨论和尝试。为了补救胡适的书生气,我正在赶写一篇声讨檄文,准备抢在第二期发稿,正式在全国亮出'文学革命'的旗号!"

陈独秀拿起案头的手稿,递了过来。蔡元培看到标题上"文学革命论"五个大字,怦然心动,被陈独秀的霸气强悍文风所吸引,一气读下去。文章以磅礴气势,纵横中外,点明了发动文学革命的初衷大义。"今日庄严灿烂之欧洲,何自来乎? 革命之赐也。欧语所谓革命者,为革新更新之义,与中土所谓朝代鼎革,绝不相类;故自文艺复兴以来,政治界有革命,宗教界有革命,伦理道德亦有革命,文学艺术,亦莫不有革命,莫不因革命而新兴而进化。近代欧洲文明史,宜可谓之革命史。我国政治界虽经三次革命,而黑暗未尝消减,大半原因是盘踞吾人精神界根深蒂固之伦理道德文学艺术诸端,莫不黑幕层张,垢污深积。今欲革新政治,势不得不革新文学。"

蔡元培叹服陈独秀狂飙突进、一锤定音的性格。与陈独秀激扬文字相比,胡适确实太温和,蔡元培隐隐觉得,随着以下主张的提出,沉闷的中国将掀起一场精神风暴。"文学革命之酝酿已非一日，其首举义旗之急先锋，则为吾友胡适。余甘冒全国学究之敌，高张'文学革命军'大旗，以为吾友声援。旗上大书特书吾革命军三大主义：推倒雕琢的阿谀的贵族文学，建设平易的抒情的国民文学；推倒陈腐的铺张的古典文学，建设新鲜的立诚的写实文学；推倒迂晦的艰涩的山林文学，建设明了的通俗的社会文学。有不顾迂儒之毁誉，明目张胆与十八妖魔宣战者乎？予愿拖四十二生的大炮，为之前驱！"

蔡元培把文稿递给钱玄同，仿佛又回到上海，回到经办《警钟日报》的日日夜夜。"你始终不忘文学革命是启迪民智、改造社会的利器。我与你站在一起，浑身的血都会燃烧起来。"蔡元培环顾一眼凌乱狭小的房间，啧啧称赞，"栖息陋室，才高八斗，建造大名鼎鼎的文学革命军司令部。哎呀，你拖四十二生大炮宣战的十八妖魔，又是何物？"

陈独秀说："主要指明中叶以后的前七子和后七子，包括桐城派的归有光、方苞、刘大白和姚鼐。前七子以李梦阳和何景明最著名，后七子以李攀龙和王世贞为代表。他们都是文学的拟古主义者，自然列入扫荡范围，用重炮炸得血肉横飞，才肯鸣金收兵。"

钱玄同故意抬杠："你对桐城老乡似乎留着一点面子。我参加论战，干脆直呼为桐城谬种、选学妖孽。"

钱玄同怒目圆睁，气势逼人，使陈独秀有点发怵。陈独秀和胡适发起文学革命，又把《新青年》迁来北京，最担心国学深厚的章门弟子，如果把憨态可掬的钱玄同拉过来，将变得阵容强大。章太炎是古文经学大家，在辛亥革命前痛斥康有为的《新学伪经考》。钱玄同在六年前改弦易辙，拜前辈陈汉章为师，研究今文经学，最近为康有为的文章写了序文，歌颂功德。陈独秀用一种鼓动的口吻说："完全接受批评，咱们一言为定，你马上写一篇重磅文章。"

钱玄同是个爽快人，最喜欢热闹，略一沉思答应了："好！我给胡适写一封信，搞点小批评大帮忙的招式助助威。"

正当陈独秀面露喜色时，钱玄同又冷不丁地捅来一枪，说："要搞文学革命，旧瓶装新酒不行。胡适和你自己的文章，口号叫得震天响，却满嘴的腐儒腔调。我提议，今后《新青年》的文章一律改用白话。孙文老是用文言大谈革命方略，入党还要按手印，搞宣誓效忠，我对那一套很反感。"

陈独秀说："我自认为是个激进派，想不到当今世上唯玄同的思想最激进，又最清晰。"

外面传来敲门声，沈尹默排闼直入，亲切地叫了一声嫂夫人，高君曼忙从里间出来陪客。

陈独秀说："大家都是老熟人，随便一些。"

蔡元培说："这里面有什么来历呀？"

"仲甫在1909年到杭州定居，刘三当时已是江南著名文人，两人同在陆军小学任教。大家正逢年少，诗酒豪情，叫人难忘啊！"沈尹默显然动了感情，轻吟起来，"垂柳飞花村路香，酒旗风暖少年狂；桥头日系青骢马，惆怅当年萧九娘。"

陈独秀仿佛又回到西子湖畔，风趣地说："记得第一次见面，我骂你字体糟糕，现在混成教授级别，是否技艺提高？写个条幅看看。"

沈尹默说："我与仲甫相识可谓文坛趣事。我和刘三饮酒，即兴写了一首五言古诗，张挂于壁间。仲甫找到我的寓所，说昨日在刘三家看到我的墨迹，诗句很佳，字却极俗入骨。我觉得刺耳，转而一想，我的字确实不好呀。也许是受了他当头一棒的刺激，从此我发愤钻研书法。"

蔡元培轻声地开导范文澜，说："这是仲甫的可爱之处，事先没人介绍，第一次造访，敢给主人当头一棒。这种坦率挚诚的性格，已不多见，所以我们看人处世，都要抓住本质。"

沈尹默说："仲甫也有一大缺陷。他工宋诗，每当革命低潮心情苦闷的时候，佳句迭出，常以香草美人自喻，例如'湘娥鼓瑟灵均法，才子佳人共一魂。坎坷复踽踽,慷慨怀汨罗。'他政治活动顺利的时候,只有政论文。我看今日的仲甫,只会议论文学革命,绝对写不出好诗。我对他的评价是,诗第一,文第二,演讲最差。此公一口安庆土话,到北大教书,怕要误人子弟。"

一席话惹出满屋子的笑声,驱散了心头的寒气。陈独秀指着沈尹默的鼻子骂道:"你这人好损啊,人家刚到,你言语尖刻对待我。记得当初我为你写过两首诗。"

沈尹默拱手作揖:"小弟有礼了!你那首'夜雨狂歌'写得瑰丽奇诡。来!笔墨伺候。我将它誊写出来,一则请你指点书法,二来让诸位领略兄长的诗才。"

范文澜上前磨墨、整理纸张,沈尹默略一沉思,一气默写下去。

钱玄同率先喝彩:"好一个'笔底寒潮撼星斗',气势不让古人啊!"

蔡元培说:"仲甫作诗意境绝高,愤世之情,不是时人雅士所能窥探的。"

陈独秀自嘲地摆摆手,说:"我只是个八股秀才,不登大雅之堂。尹默老弟的字倒是大有长进,功力深厚。"

黄昏来临,寒鸦归巢。蔡元培起身告辞,说:"请以我的名义给胡适写一封信,他七月份将通过博士论文,务必来北大任教,待遇尽可能从优。"

陈独秀说:"我一定照办!"

快出门时,钱玄同又嚷嚷着回转身直奔案头,将条幅折好放进了皮包,说:"仲甫的诗,沈二的字,数百年后传给子孙,可能是宝物呢。"

当天晚上,范文澜在日记中写下印象:"《新青年》同人提倡白话文,却用文言文写作;钱玄同见长兄要行跪拜礼节,却是当今中国最激进、最清醒之人;沈尹默当初字极俗入骨,如今仍字外无字;陈独秀革命低潮时诗极好,如今只写政论文,且文风霸道强悍。"范文澜在宿舍里公开自己的日记,等待回应。傅斯年说:"可以加上一条,蔡元培中西合璧,满脑子办学新思想，却是一位好好先生，很容易被人左右。"众人听了一阵哄笑。傅斯年说："我今后要给蔡先生提个建议，北大应办一份日报，把每天的事公布于众，让大家都来关心学校。有可能的话，我们学生再增添一份刊物。北大历来有师生问难质疑、坐而论道的风气，法国的大学很重视培根的'集团研究'。"范文澜说："凭蔡先生的胸襟和气度，一定会答应。"

二十三

寒夜上空，悬挂着一轮硕大的月亮。蔡元培伏案给吴稚晖写信，银色的光辉洒满信笺，蔡元培仿佛又回到巴黎，在午夜的咖啡馆，在寂静的乡间小道，与老友娓娓交谈。如果吴稚晖能来北大，蔡元培将如虎添翼。汤尔和、沈尹默、马叙伦和远在上海的张元济等一帮浙江同乡，都不断地向他荐人。他曾为此排列一份长长的名单，在心里，他更想引进一些精神领袖式的模范人物，一些曾在20世纪中国政坛叱咤风云的大学者，他们中自然闪现着吴稚晖、李石曾和汪精卫的身影。他是多么留恋昨夜的梦境啊，天亮时还在嗔怪唤醒他的黄仲玉。

真是一个令人心醉的大场面，迎着霞光，锣鼓喧天，蔡元培领着上千名师生站在大门口，欢迎应聘到校的学监主任吴稚晖、庶务主任李石曾、新任图书馆主任兼教授章士钊。蔡元培欣喜地发现，鲁迅带着精通希腊文学的二弟周作人，迈着不太合群的外八步走在后面。对于亲密的小同乡，蔡元培一直寄予期望，留学日本时，周氏兄弟编译《域外小说集》，率先向国内沉闷的文坛介绍西方文学。蔡元培曾暗示寄寓北京的鲁迅来北大帮忙，鲁迅一直没有明确表示。瞧！辜鸿铭拖着棕色辫子，孤傲地穿着前清遗老的奇装异服，乘着包车，尽管陈独秀和一些激进教师持有异议，但蔡元培执意坚持，让老古董来教英国诗。

当满嘴呓语的蔡元培被夫人摇醒后，烦闷难眠，惆怅不已。吴稚晖、李石曾依旧在国外奔波，章士钊去了日本，鲁迅仍在教育部混日子。这些天来事务缠身，一是社会活动实在太多，记事牌上排满应付不完的各界集会、演讲和稿约；二是找上门来的人络绎不绝，蔡元培习惯事必躬亲，一一接待答复，自然累得够呛；三是清除积习，改革教育，真要实施起来举步维艰，解除两位不称职的英国人克德莱和燕瑞博的合同，惊动了教育部和外交部，公使馆抗议恫吓，报界跟着沸沸扬扬地瞎凑热闹。蔡元培百无聊赖地搁下笔，起身离开书案，思绪很乱，需要静下心梳理一番。蔡元培突然想起鲁迅，嘴角漾出会意的微笑。蔡元培喜欢鲁迅的深沉和冷峻，更喜欢鲁迅清澄目光里的一份真诚。鲁迅自从年初探亲回京后，来看过蔡元培几次，今夜该去拜访人家。蔡元培知道鲁迅的癖好，从书橱摸出早已备好的汉碑拓片，迈上旧式马车。冬夜的月光下，传来蔡元培一口浓浓的乡音："快！去南半截胡同的绍兴会馆。"

蔡元培看见白墙黑瓦的旧式院落，仿佛揣着乡愁，回到梦中思念的绍兴故居。蔡元培叩响锈迹斑斑的紫铜门环，白底黑字的木匾依旧高悬在门庭上方，老长班因吸食鸦片，更加瘦弱，慢吞吞地举起风雨灯，躬身赔笑，引领入内。这里原是山阴、会稽两县应考举人和候补京官们的公寓。会馆南边的前院为藤花馆。离此一步之遥，是为纪念晚明哲学家刘宗周而设的仰蕺堂，绕过墙壁，穿过月形小门，蔡元培趋近一棵大槐树。树影下响起老长班暗哑的乡音："大先生，客来哉！"

朦胧的青灯，映出花格窗内一个蓬头长发的身影。蔡元培推开门，面色青灰的主人惊愕地瞪直眼睛。"啊，是蔡先生……""豫才，想不到吧？"墙壁下面摊着金石拓本，书架和方桌上，堆满鲁迅抄写的条幅。案头的印纹陶罐内积聚烟蒂。

蔡元培说："你常以抄古碑、辑金石消磨长夜。"

鲁迅缓缓地吸一口劣质的"锡纸包"，淡然一笑："我留学回乡时闲得无聊，养成习惯。唉！一个人处在沉闷的时代，只能看看古书，逛逛厂肆。"

鲁迅轻微叹息，饱含着深深的无奈，因熬夜和吸烟过度，瘦长而不修边幅的脸上布满倦容。杂乱的平头下一双熠熠放光的眼睛，因生活的煎熬而黯淡起来。鲁迅一直单身蜗居在破旧的会馆里，整整五个年头，经历"二次革命"和袁世凯的登基闹剧，从书肆搬来一摞摞古书，且多数为前辈乡贤之作。鲁迅用尖刻而充满疑虑的目光，在青灯冷宅里审视国人古老而多病的灵魂。

蔡元培说："你在教育部不很如意，范源廉应该知道我俩的关系，我再说说他。"

弥漫的烟雾中传来鲁迅冷漠轻蔑的声音，眼缝里迸射出一种寒光："不必了！"

范源廉在教育部善于培植党羽，成立一个"尚志学会"，新派人物屈服于压力，纷纷妥协，刚直不阿的鲁迅逐渐地被孤立。教育部等级森严，派系林立，真正的官僚从来不受约束。每天早上，只消在簿子上画一个"到"字，糊弄过去，案卷堆积如山，部员们依旧可以逍遥混日子，在办公室里下棋、品茶、唱京戏、念佛经。为了麻痹自己，鲁迅迷上佛经，玩起古董。教育部的膳堂办得很糟，鲁迅干脆在"海天春""镒昌"一类小饭馆里包饭，或者和好友许寿裳到"广和居"去吃廉价的豆面炸丸子。时间来不及，鲁迅就买点馒头和饼干充饥。婚姻的失败、精神的折磨、游击式的进餐、熬夜吸烟，使鲁迅身心同时受挫，渐渐颓唐起来，胃痛、牙痛、神经痛、气管炎和神经衰弱纠缠不休。看病和服药成了鲁迅日记中常见的内容。面对着蓬头垢面的主人，蔡元培眼帘潮湿，论年龄和经历，鲁迅只能算是蔡元培的门生，蔡元培确实把鲁迅当作最亲密的朋友百般爱护。

蔡元培不忍心再谈沉重的人生话题，换了一种轻松的口吻，佯作笑颜："启明具有才赋，许寿裳想推荐他来教希腊文学。我看你们兄弟俩，干脆一齐来北大供职。"

"启明喜欢闲适，在乡间教书之余，帮我收集资料，校勘古籍。"鲁迅顺手从书柜里抽出一本书，递给蔡元培，"一部《会稽郡故书杂集》，可以算是我们兄弟合作出版的产物。"

蔡元培轻轻翻开扉页，仿佛从淡淡的墨香里，看见一颗无力抗争而不甘颓废的灵魂，在漫漫长夜里挣扎。如果时间倒退20年，蔡元培出任大清翰林院的编修，也许会欣然投入整理国故的行列。时代毕竟不同了，他们共同经历西方列强用铁船利炮瓜分中国的灾难，目睹东瀛小国日本，自明治维新后因学习西方迅速崛起的事实。在留学生涯中，两人都怀着一腔救亡图存的热情，饥渴地寻求各种思想武器。途经上海时，蔡元培曾特意拜访刚结束囚禁的章太炎，学术大佬，国粹派领袖，终于被严酷的命运折磨得神情黯淡。面对老友，章太炎不无感伤地承认："看来在目前的中国，文化复古还是乌托邦，只会给统治者争夺旧交椅提供口实。"蔡元培呷了一口浓茶，想起前几天宪政讨论会等11个团体为蔡元培和梁启超先后到京，在湖广会馆举行欢迎大会。面对着600多位崇拜者，梁启超鼓吹著名的新民学说。梁启超的讲演稿是预先写好的，整整齐齐地抄在宣纸上面，一手秀丽的书法被宣纸一衬，十分美观。

蔡元培说："豫才，你应该随我去一睹梁启超的风采。风和日丽的上午，这位短小精悍秃头顶宽下巴的广东人，穿着一件肥大的长袍，步履稳健，风度潇洒，左右顾盼，光芒四射。眼光向下面一扫，紧接着是两句简短的开场白，'启超没有什么学问'，眼睛向上一翻，轻轻点一下头，'可是也有一点喽!'谦虚自负的话语引人遐思。他参照西方政体，大声疾呼，要培养富有革新创造精神的'新民'，涤尽国人的奴隶根性，这是20世纪广大爱国志士的共同目标。梁启超感情充沛，演讲到后来成了手舞足蹈的表演，时而顿足，时而狂笑，时而掩面，时而叹息。他背诵讲稿，忽然记不起下文，用手指敲打自己的秃头，一下，两下，三下，伴随着时钟的嘀嗒声，记忆力又畅通起来。每当他敲头时，我们屏息等待，当他舒展眉目，大家都跟着欢笑起来。"

因为激动，面颊渗出红晕，鲁迅发狠地吸了一口烟，喃喃自语："涤尽国人的奴隶根性，口号漂亮，行动迟滞。弯腰曲背，在中国已经成了一种常态……"

蔡元培说："振奋起来吧，我们一起投身到培养'新民'的革命潮流中去。"

鲁迅说："我知道自己的灵魂里有许多毒气和鬼气，我极端憎恶它，想除去它，却又做不到。蔡先生，我一直敬佩您，您是个真正的理想主义者，待人处世总是往好处去想。经历和处境决定我只能是个悲观论者。我的性格里藏着一种师爷气，习性刁钻，看事情太仔细，多疑虑，不肯相信表面现象。在日本时，革命党人命令我去暗杀，我犹豫一下说，我可以参加高尚的事业，冒险死了，丢下母亲，怎么办？革命党人面对我这样的孝子，很失望。"

蔡元培说："你很坦诚和幽默。"

鲁迅说："革命者必须遵命，服从组织安排，不许多问。而我偏偏探究，喜欢估计事情的价值，唱唱反调。"

书屋里弥漫着浓浓的烟雾和欢笑，促膝长谈，鲁迅仔细地听完蔡元培的办学思路，分析利弊和得失。"蔡先生，您单身北上，亮出'囊括大典，网罗众家，思想自由，兼容并包'的办学方针，说明您胸有经纬。教育部一班好事者都在议论，您早年信仰无政府主义，想用德国和法国的自由主义精神来整治北大。有几点我并不敢苟同。一是北京风传汤尔和、沈尹默、马叙伦为首的一批浙人，打着您的牌子，借范源廉之手左右教育界。二是凭您的声望和气度，相信能聚集一批新派人物，但目前中国社会的现状，简直是将几十世纪的黑暗都浓缩在一起，老北京又是一只大酱缸，您动起真格来，北洋政府和一帮达官贵人能容忍吗？许寿裳给了我几本《新青年》，指责里面的许多谬误。中国文人都摆脱不了帮闲的套路，从旧营垒出来，带着名士气息。他们狂热的反叛精神终究能维持多久，会不会呐喊一阵又回到老路上去？我不敢恭维。蔡先生，北京不是真正能做事情的地方，暴殄天物。看！我的坏习气又出来了。"

蔡元培被鲁迅的肺腑之言感动，鲁迅给火炉加炭，拿出回乡时带来的青鱼干、酱鸭肉和一包茴香豆，用锡壶温了一瓶酒，小酌怡情。

蔡元培说："我执掌北大，冥冥中总觉得这是上苍留给我的最后一个舞台，施展抱负。当年随我一起挂冠而去的张謇和张元济，抓住实业和商务印书馆，在民国历史上再度辉煌。从秉性上看，与孙文、黄兴等职业革命家相比，我最多只能算个书生型的政治家。不管前途多么艰险，我拼死一搏，把北大建成一所新型的大学，更希望通过引进《新青年》，创办各种学术团体，扩展氛围，造就自春秋战国以来一直缺失的独立知识分子群体。最后，实现社会变革的理想。"

远处的鸡鸣，送走又一个寂寞长夜，开辟鸿蒙，谁最清醒？鲁迅站在会馆门前，目送着蔡元培乘坐旧马车摇摇晃晃远去，眼帘突然模糊起来。透过弥天的风沙，鲁迅仿佛看见2000多年前的孔子，赶着马车，在列国崎岖的山路上周游、兜售理想。薪火相传，蔡元培继承先贤衣钵，锲而不舍。鲁迅忙回转身，顾不上冲洗一下昏沉沉的头脑，在灯下给远在故乡的二弟周作人写了一封长信，让其速来北大任教。

二十四

陈独秀走进教师休息室与大家见面，由马叙伦、沈尹默和钱玄同保驾，碍于面子，大家彼此还算客套。正在这时，门外闯进一位身穿蓝缎子团花长袍、头戴黑绒瓜皮帽的人物，黄侃以章门众弟子大师兄自诩。凑巧，黄侃为了几句话和车夫争吵，在校门口对骂一阵，带着满脸的怒气。满屋的人都在欢迎新上任的文科学长，黄侃一愣，随后翻翻白眼，怪笑道："哼！区区一个桐城秀才，需要兴师动众吗？"话毕，顾自浪笑而去。

陈独秀本来与黄侃不熟，闻听腔调，记忆中突然闪现出一桩十年前的宿怨。幸亏陈独秀有一种英雄豪气，朗声冲着黄侃的背影叫嚷："季刚兄，快回来！我当年有所冒犯，特来向您道歉。"

黄侃回转身，怔住了，凭陈独秀的声望，敢当众如此坦诚相见，黄侃不得不有所顾忌。

众人不解，陈独秀笑着朝钱玄同拱拱手，说："玄同是见证人，这算是一则文坛佳话，不妨说给大家听听。"

钱玄同生性爱凑热闹，自然乐意。一旁的黄侃却碍于面子，急叫起来："钱疯子，不可造次……"

钱玄同俯下姿态，拖来一把椅子请黄侃入座，打趣道："此时不说，不合玄同秉性。此时不听，则有失师兄的风范哩。"

黄侃无奈，只得听任钱玄同摆布。满屋子人的情绪，随着钱玄同绘声绘色的腔调活跃起来。往事如烟，光绪末年，他们随章太炎先生聚集在东京。一位搞汉学、写隶书的客人登临《民报》馆，名叫陈独秀，前来拜访章太炎。钱玄同和黄侃避让进入隔壁房间，由于只隔着两扇纸的拉门，邻近声音听得清清楚楚。章太炎谈起清朝汉学的发达，列举戴震、段玉裁诸人，多出于安徽、江苏。陈独秀说："湖北那里好像没有出过大学者。"章太炎敷衍着说："是呀，乏善可陈。"黄侃在隔壁大声答道："湖北固然没有学者，区区我算一个，安徽固然多有学者，足下未必凑数。"陈独秀索然扫兴，随即别去。一晃十年，今日在北大萍水相逢，真是一种缘分。

陈独秀向黄侃作了一个大揖，笑意盈盈："季刚兄，改日仲甫做东，专门向您请教'八部书外皆狗屁'的高论。"

黄侃的一句口头禅流传很广。黄侃信奉八部经典，即是毛诗、《左传》《周礼》《说文解字》《广韵》《史记》《汉书》和《文选》，还有一部《文心雕龙》，似乎应该附加上去。黄侃平时攻击异己的方法是完全谩骂，尽管陈独秀给足面子，回敬过来的话语仍然充满嘲讽："听听你的'毁孔子庙罢祭祀'吧!"

陈独秀整顿校纪,闻听傅斯年和黄侃闹点误会,叫来问话。傅斯年本来是黄门侍郎,面对龙吟虎啸的师傅,顶礼膜拜,可是小鸡总有发瘟打鸣的时候,小驴总有炮蹶子的时候,敢于顶撞权威,傅大炮并非浪得虚名。黄侃出了一个《文心雕龙》上的题目,叫学生作文,傅斯年刚刚抒写一百多字,黄侃瞅见傅斯年的新颖笔法,褒奖两句,拿到讲台上念了一遍。有一次下午上课,傅斯年精神有点疲倦,用手捧头而坐,黄侃勃然大怒,说:"我讲书,你困觉?"傅斯年说:"姿势不对,并非睡觉。"随即放下两手,端正姿势。黄侃说:"不愿意听我絮絮叨叨,翻炒古人牙慧,你下去嘛。"傅斯年赌气走了出来。陈独秀听完哈哈大笑,说:"你错过黄先生主讲的中国文学,多么可惜!"傅斯年说:"恐怕黄先生不许我上课。"陈独秀说:"我送你去试试。"陈独秀拉着傅斯年的手前往教室,正好黄侃在讲课,点头默许,陈独秀一直看着傅斯年坐在位子上,才放心地离开教室。

陈独秀出任学长后,开始抓课堂秩序。陈独秀自以为辛亥胜利后曾两度出任安徽都督府秘书长,治理北大文科,应属雕虫小技。没想到处理最近接连发生的两件事时,陈独秀都闹了笑话。有一位学生是黎元洪的侄子,叫许德珩,经常旷课,并叫人代替签到。陈独秀平生最恨一帮纨绔子弟,在警告牌上公布姓名,记大过一次。许德珩当众把警告牌砸了,冲到办公室门前评理,他本是一个穷苦学生,好不容易来北大读书,穿着单薄衣裳挨过冬天,宿舍里又没有炉火,整天泡在教室和图书馆,从来没有缺课,为什么一再欺负他?陈独秀知道搞错了,正在面容尴尬、进退两难的时候,蔡元培赶来,帮陈独秀收回成命,并对学生好言劝慰,此事遂告平息。

蔡元培把陈独秀叫到校长室,看一份由傅斯年和全班同学签名的材料。朱蓬仙满腹经纶,但教《文心雕龙》并非专长,在教室里不免出了纰漏。检举揭发,光靠学生笔记终究难以为凭,傅斯年恰巧通过一位同学借到朱蓬仙的讲义全稿,一夜看完后,摘出三十几条错误,上书校长,请求补救。陈独秀一口咬定有人在背后操纵，要防止教授们互相攻讦的风气。陈独秀提议召见签名的全班同学，当面进行口试，傅斯年答得头头是道，让陈独秀不得不对这些学生的才识刮目相看。考完以后，蔡元培和陈独秀都一声不响，傅斯年调皮地鞠躬退出，门外传来学生们得意的笑声。朱蓬仙教的一门功课，自然很快调整。

汉花园位于东城河畔。记得在上海时，有一天陈独秀接到北大友人的来信，说汉花园宿舍窗外的几株丁香，正在月光下含苞初绽，开着浅紫色的花朵，美艳惊人。来北大不久，陈独秀置身环境幽静的去处，陶冶情操。丁香的秃枝在早春的寒风中抖颤，陈独秀踏着退课的钟声，缓缓地穿过松公府的夹道，看看小河。这是江南文人梦幻中的小河，鹅黄色的柳条在晚霞里随风起舞，河水永远是满满的，亮晶晶的，倒映着岸上的草木房屋。此刻，校园里的钟声还在耳边回响，那是一口黑黝黝沉甸甸的大钟，悬挂在一架朽木座子上。当年大学堂开办时，寻来宝物，一直由一位满面灰白胡子的老工友敲打着，每次敲16响到18响。课余时间，陈独秀在靠东安门桥的石岸上坐了下来，刚才蔡元培想找他商谈学制改革的方案，他提议换个场地，来河畔坐坐。他正想点燃纸烟，一阵狂风卷着塞外的黄沙扑面而来，猛烈劲吹，他双目紧闭差点窒息过去。唉！来北大这些日子里，几乎每一天都在过关斩将，迎受着风沙雨雪的拷打。

晚霞给河水镀上金辉，细嫩的柳枝随晚风轻拂着陈独秀的额头。陈独秀深深地吸了一口草地上春天的气息，觉得轻松起来，渐渐地喜欢弥漫在校园里的学术空气，甚至包括师生中间不可救药的自由散漫。一所真正意义上的高等学府，应该能够容纳和培养思想极端自由而又高尚的人才。更加令人欣慰的是，因为刊登陈独秀的《文学革命论》，《新青年》杂志发行量大增，一炮打响，光靠陈独秀自己唱独角戏，有点忙不过来。

"仲甫呀，我要找你谈正事，你却躲在这里逍遥自在。"河岸上传来蔡元培的声音，凯悦的笑声如春风扑面而来。蔡元培打开手中的布包，掏出几封信，说："周启明即将赴任，去年刚留美回来的马寅初终于应聘。哎！你写给胡适的信发出了吗？"

陈独秀会意地点点头，递过去一纸信笺。"我让内子复了一封，让您过目，如有不妥我再去信。"

蔡元培徐徐展开信笺，迎风诵读。"蔡子民先生已接任北大校长，盼足下早日回国，哲学、文学教授俱乏上选，足下堪称大任。学长月薪300元，重要教授亦有此数。"

"胡适回国，如果能来北大，真是如虎添翼啊！文科学长你还要当下去，我有许多事和你商量呢。"蔡元培掏出几份文字材料，捻动手指，"先看看整顿教员在外兼课的规定。我念给你听，看看还有什么遗漏。一、本校专任教员，不得再兼他校教课。二、本校教员担任教课钟点，以20小时为度。三、教员中有为官吏者，不得为本校专任教员。四、教员请假过多，本校扣除薪金或辞退……"

陈独秀望着老先生吟诵时的认真劲，打心底充满崇敬之情。蔡元培整治北大快到了玩命的境地，不分白天黑夜，不管人事纠葛，如堂吉诃德一般朝认准的目标冲锋。陈独秀打开话匣子："蔡先生，我提议马上召开一次全体班长会议，只说一件事，即如何开创学术研究、思想自由的风气。建议班长们回去发动全校学生创立各种社团，甚至办刊物。学生思想活跃了，一切旧的积习都会迎刃而解。"

蔡元培说："你不怕闹学潮吗？学生捅娄子，最后把你轰下台。"

陈独秀自负地仰面直笑："我生来是弄潮儿的命，只要你老蔡敢吃螃蟹，我随时奉陪。"

蔡元培随即拍板："到时候我来召集，你帮着鼓劲。看来你没闲工夫听我唠唠叨叨，我约了两位重要的客人吃饭，你去不去？"

陈独秀说："他们是谁？"

蔡元培神秘地眨眨眼睛，拍拍陈独秀的肩膀，说："去了自然明白。"

在北京城，六味斋算是老字号的饭庄。傍晚掌灯时分，陈独秀随蔡元培沿着清式木梯走进二楼包厢，两位气宇轩昂的学者静静等候。陈独秀激动地迎上前，拉住两人的手叫嚷起来："行严兄、守常老弟呀，想不到在六味斋碰上。哎哟，逗留北京，我一直惦记着弟兄们，有时都梦到一起在日本办《甲寅》的日子。今晚我们好好痛饮几杯，畅叙一番。"

四个人坐下，堂倌送上四碟冷菜。蔡元培举起酒杯，说："行严马上要来北大共事，先庆贺一下。"

四个人一饮而尽，陈独秀说："蔡先生，凭行严的资历和学问，您必须给他一个封号呀。"

蔡元培故意压低嗓音反问陈独秀："图书馆主任兼文科教授，怎么样?"

陈独秀兴高采烈地给章士钊献茶敬酒。两位客人中章士钊年纪大，湖南善化人，今年36岁。另一位是河北乐亭人，叫李大钊，举止沉稳，要比陈独秀整整小上10岁。翻开民国的历史，章士钊算是一位叱咤政坛和文坛的风云人物，与蔡元培、陈独秀，可为共事多年且情深意笃的老友。章士钊对应聘北大并不是很有兴趣，蔡元培请客，章士钊有意拖来李大钊。今后与北大和《新青年》的许多琐事，李大钊可以帮章士钊分担一些。

几杯酒下肚，陈独秀眼眶有点潮湿，仿佛看见一望无际的海水，想起自己最后一次亡命日本时的情景。陈独秀拉住章士钊的腕子，说："多亏你的《甲寅》收留我，使我找到思想革命救国的道路，受到启发，我才立志去办《新青年》。"

章士钊客气地摆摆手，嘴角露出一丝笑容，说："自从仲甫来后，《甲寅》渐渐成了皖人的清谈馆，弄得我和守常好像成了局外人。"

陈独秀连声应允："是，是。"

李大钊天庭饱满，讲一口半官半土的河北话。"记得仲甫第一次见到我，自称校友，后来谈话内容增多，发现两人都是秋花含笑的十月出生。你当时的调子确实低沉一点。"

章士钊说："都是熟人，说出来也不妨。仲甫发表一篇引发很大非议的奇文，守常为了补救，写了一篇《厌世心与自觉心》。前者是对国家无望，后者是探求救国良策。"

李大钊为人忠厚，看人讲话时喜欢紧紧抿着嘴唇，见陈独秀发窘，忙打起圆场："仲甫只是暂时有些消沉，回国创办了《青年杂志》，令中国思想界刮目相看。"

蔡元培说："你们早有合作，不如把你们同人都请来北大，一边教书一边办杂志。"

众人听了大笑，陈独秀深有感触地说："我们早已像一家人。"

李大钊被屋里的气氛所感染，耳边传来一个慈祥的声音，蔡元培向李大钊发出邀请："守常啊，有空请来北大走走。我真诚地欢迎你加入北大的行列。"李大钊恭敬地起身致谢。李大钊第一次与德高望重的蔡元培在一起用餐，局促不安。

二十五

蔡元培来到西斋的学生宿舍，看见墙上，甚至厕所里，学生互相攻击的匿名壁报很多，果然不假。不堪入目的"校园民间文学"，令蔡元培心情沉重。

北大图书馆设在松公府旧址，前后占有三个大的庭院，雕梁画栋，古柏参天，非常富有一种幽雅的中国庭园气息。松公府第二进和第三进的屋子，有一部分正在装修成宴会厅。蔡元培和陈独秀步入阅报室，发现梁木的深红色髹漆尚未剥落，交织着碧黄色的云彩和玄黄色织锦的图案，上面积满暗色的灰尘。细纹的窗棂上垂挂着几重蛛网，在它下面，是黑压压挤满一屋子的充满好奇心和求知欲的青年。学生班长多数穿着褪色的蓝布大褂，肩上缀着补丁，正静静地注视着蔡元培和陈独秀。在黑暗的世道，每当面对莘莘学子，蔡元培就会燃起新的希望。

"同学们，我来北大已有些日子，但和诸位一起探讨怎样办好大学，还是第一次。你们都是学校的精英，能来北大读书很不容易。关于办学宗旨，概括起来，一是希望学生丢掉读书做官的思想，树立学术信念。二是想仿世界各大学通例，遵循思想自由原则，采取兼容并包主义。今天我和陈学长一起，真心来和大家商量一个问题，究竟高举什么旗帜？大学之大，不是校舍恢宏，而是学术气度广博。我在西方考察教育，发现各国大学风格都有差异，像英国养成人格，德国注重学问和美国兼及实用。我们北大有独特的校风和精神传统吗？同学们，再过五十年、一百年北大校庆时，我们的后人会重新提出这个话题。一流的大学，不仅仅满足为社会提供有知识技术的专门人才，还应该是整个国家最高尚、最纯洁的学术圣地，是培养具有人类优秀品质和完美个性的思想库和实验室。我很苦恼，常问自己，心目中的新北大究竟是什么模样？我比较欣赏洪堡创办柏林大学的人文教育思想，把培养精神斗士和批判者作为奋斗目标。我历来主张教育要完全交给教育家去办，保持独立的资格，丝毫不受各派政党的影响。看来在中国，一所新型大学的诞生，要有一种精神勇气啊，敢于和封建专制、黑暗势力誓不合作！"

阅报室里爆出热烈的掌声，同学们都被蔡元培精彩的演讲震慑，他们千里迢迢来北大求学，从来没有想过这么深沉博大的问题。陈独秀注视着蔡元培温文儒雅的身影，暗自惊叹，他已经上升到前人无可匹敌的高度。将来要是谁忘记蔡先生，不仅是北大的耻辱，也是整个民族的悲哀啊！陈独秀自认为是个天才的鼓动家，原准备登台演讲一番，也果断地打消了念头。

张国焘站出来高声叫嚷："向蔡先生致敬！"

会场潮水般地沸腾起来，蔡元培挥了一下手，继续说道："今天我看到一件不愉快的事，在校园里，在朝夕相处的同学之间，出现许多互相攻讦的匿名帖子。设身处地想一想，我们见了别人的过失，应该用怜爱之情劝告，珍惜友谊。如果以为不可规劝，尽可对学校当局说，这才是人间正道。至于匿名帖子，受害人纵然有过失，决不容易悔改。施主则为丧失品性的开始。我劝流言传播者痛改前非。否则，我们刚才谈论的整顿校风，建设新北大都无从说起。"

会场上鸦雀无声，许多同学垂下脑袋。傅斯年的脸上渗出了羞色，眼前闪现出一个长着一副小官僚面孔的脑袋。此人平时常做些令人讨厌的事，同学某君在西斋贴出一张"讨伐"告示。两天之内，满墙之上出现无穷的匿名文字，把此人骂了个"不亦乐乎"，其中也少不了傅斯年的杰作。傅斯年表面上替此人打抱不平，实际上却在暗处挖苦。这种春秋笔法深为讨伐者赏识，同学们在上面浓密圈点，批评狼藉。此公生了一场大病，神情渐渐痴呆起来。今天听蔡先生一席话，真像经历一次精神洗礼，傅斯年觉得整个灵魂正在向一种全新的境界升华。

蔡元培见大家接受了自己的建议，脸上焕发出一种慈爱的光辉，望着陈独秀，做了一个邀请的姿势。"陈学长建议我召开今天的会议，让大家回去发动全校同学，开展正当的娱乐活动，建立各种学术研究团体，激发兴趣，培养健全人格。这是世界各国大学的惯例。下面我们欢迎他来演讲。"

面对掌声和一双双期待的眼睛，陈独秀按捺不住地站了起来。陈独秀不愧是一位青年领袖，瞳仁里总是闪射着咄咄逼人的豪气。"同学们，在正人君子眼里，我可能是个危险分子，是个乱党。我被蔡先生的精神感召来到北大，办刊物，搞白话文运动，传播新思潮。刚才听蔡先生一席话，真是如沐春风啊！教育指导社会，而不是追随社会。所以我们的北大应该是发源地，创造国家的新文化，建设科学和民主新社会。将来从这里走出的学生，应该有一种气象，有一股敢和黑暗势力抗争的力量和牺牲精神。同学们赶快行动起来吧，创造一种全新的精神生活。去运动场、去结社、去办刊物、去研究室、去雄辩，开展一切有益身心的活动。有什么好主意，今天可以谈谈，因为蔡先生就站在你们面前！"

台下的情绪被陈独秀鼓动起来，年轻人交头接耳，跃跃欲试。一位五大三粗的山东学生跳了出来，说："蔡先生，我们一直想组织北大学生技击会，请您担任名誉会长。更希望能拨出几间房子做活动场所。"

蔡元培会心一笑，眯起眼睛反问道："想要几间房子?"

那人瞪直眼狮子大开口："五间!"

蔡元培说："可以考虑！我打算逐步建台球室、乒乓球室、游艺室、体操场、游泳池。如果有兴趣，我想买几匹马供你们训练马术。论人数北大最多，但历年华北运动会，我们派不出人，真是笑话呀。你们先自发组织，然后改为由学校组织。最迟在明年可由校方组织学生军和体操两部，请富有军事知识的导师任教。将来无论哪个系的学生，都必须认定两部中之一为必修课，每年春季召开全校运动会。"

傅斯年心口突突直跳，忙向顾颉刚、范文澜使眼色，见他俩同意，傅斯年抢先举起右手，说："蔡先生，我以为北大应该有一份刊物，叫作《北京大学日刊》，向师生公布每天的文告和新闻。另外，我们一直想办一份《新青年》式的学生刊物。"

蔡元培看到胖胖的傅斯年，喜上眉梢，爽快答应："行！名字取得很好嘛。要办一份学生刊物可不容易，如经费、稿件、发行、名称。待你们拿出具体措施，再来细谈一次。我倒真想看到几份学生刊物，仲甫正好多几位诤友和同道。"

陈独秀说："我打算从下半年起，把《新青年》办成北大同人刊物，欢迎大家踊跃投稿呀！"

范文澜不甘示弱，从人群前面昂立起来，说："蔡先生一直提倡以美育代替宗教，建议校方多搞些音乐和绘画讲座，并请名家来开几场演奏会。"

蔡元培连声赞扬，顾颉刚提议创办一个"雄辩会"。话音刚落，忽闻门外传来一声吆喝："极为精彩!"

一位穿黄马褂、个头细挑的公子哥，昂首阔步走进会场，朝两位先生作了一个大揖。有人悄声告诉蔡元培："他是李鸿章的嫡孙，理科的高才生。"

公子哥气度不凡地扫视会场，朗声说道："今天我路过此地，想不到里面精彩纷呈。兄弟一直研究洋务运动和中国的前途。我声明办一个'洋务运动研究会'，另外，我个人要求参加你们的雄辩会。真理不辩不明，中国的洋务派与日本同时起步学习西方，日本的明治维新成功了，为什么中国的洋务之梦宣告破灭？听蔡先生一席谈，我觉得您将成为本世纪中国最伟大的教育之父。愚昧而孱弱的中国需要新的孔子，来造就中国式的剑桥和哈佛。"

公子哥缓缓步出会场，蔡元培望着他远去的背影，瞥了一眼陈独秀。

张国焘抱着一鸣惊人的想法，环顾左右，说："我组建一个朝气蓬勃的学生政党，去运动游说国会议员，选蔡校长当大总统。"蔡元培突然变脸，瞪了对方一眼，不悦地说："我回国后从不过问政治，北大不是官僚养成的场所。想做官，趁早走！"张国焘身体僵住，想解释几句，却被一阵嘲笑轰下了台。

周作人风尘仆仆地闯进京城，喊了一辆包租的洋车，赶到马神庙，蔡元培不在校长室。周作人向门房老刘头询问蔡元培的家庭住址，准备造访，因为听错了，走了冤枉路。周作人怏怏不乐地返回绍兴会馆，暂时和鲁迅住在一起。鲁迅为二弟周作人让出西边一间房子。周作人的性格比较脆弱和敏感，萧疏平淡。相传周作人出生的前夜，夜游回来的阿叔曾在周家台门内看见一位白须老和尚，以后周作人常以托钵的僧人自居。周作人自幼身体孱弱，依赖性强，不太喜欢抛头露面，父亲卧病期间，大量繁重的事情比如跑当铺、请医生、抓药，都是由长兄承担的。周作人初来乍到京城，看见鲁迅的凌乱居室，微微蹙眉，拿起笤帚，打扫地面，整理桌子和抽屉里的物品，周作人包裹的东西棱角分明，捆扎有致。鲁迅兴冲冲回来，手上捧着一堆线装古书，后面跟着一位肩扛青布包袱的中年人。

"启明，快来看！高石山房本的《目连戏文》被我弄到了，可惜钱没带足……哈哈！"鲁迅进东房取钱，如数交给书肆老板，关照对方，"哎！有什么好的版本和碑帖，要先来通知我，铜钿不会叫你吃亏的。"

周作人翻阅古书，忘了烦恼。晚饭时，老长班领来一位校役，说有蔡校长的亲笔信函，拆开一看，原来蔡校长已经看到周作人留下的便条，明天要亲自登门拜访，一再表示歉意。

周氏兄弟饮酒取乐，又议论起蔡元培和北大来。鲁迅放下筷子，从布包里翻出一份当天的《大公报》，说："刚才听许寿裳说，报纸上有蔡先生的新闻。我只顾忙着购书，还没看呢。"鲁迅匆匆瞟了几眼，国字脸阴沉下来，将报纸递给二弟，抽起闷烟。一条触目的标题令周作人大吃一惊——《失职人员鼓动反抗蔡元培》。周作人盯着小酒杯，有点沮丧地说："我最怕惹是生非，不如回乡下清静。"两人偶得古籍的好心情荡然无存。窗外的槐树已一片新绿，在夜风中飒飒作响，鲁迅仰天长叹："我独不解中国人对待旧状况心平气和，为什么遇到变革却痛心疾首？在目前的北京，要想搬动一把旧椅子，都会招来祸水。"

英国公使馆里一片肃静，连花园里的一只鹦鹉也竖起脑袋，隐隐传来朱尔典愤怒的训斥声。伍廷芳的电话令朱尔典非常生气，朱尔典异常敏感，与其相信蔡元培的最后态度，不如怀疑中国亲美派政客对朱尔典处境的蔑视。两位不知趣的英国人找上门来打听消息，正好遭受一场倾盆大雨式的唾沫，只好自认倒霉。朱尔典是一位严厉的外交官，管教下属很严格，每天都会要求他们完成大量的工作。朱尔典很清楚两位英国教员的劣迹，碍于帝国的利益和面子，趁机发难。客厅里只剩下朱尔典一人，一个顽强的信念攫住自尊心——大英帝国的落日不能在中国沉沦！墙上仿佛浮现蔡元培的面容，朱尔典仔细研究对手的心思，产生一丝朦胧的好感。朱尔典是一位受过西方文明教育的绅士，他觉得兴许自己亲自上门拜访，动之以情，晓之以理，凭着多年在中国的声望，蔡元培可能会卖个面子。于是朱尔典决定去北大拜访蔡元培，他穿上笔挺的燕尾服，在镜子前精心修饰一番，揣着一线希望上了汽车。

此刻，蔡元培的校长室里气氛和谐，一位青年学者来访。初次见面，梁漱溟有些拘谨。梁漱溟是司法总长张镕西的秘书，承蒙范源廉介绍，想来认识一下蔡元培。蔡元培饶有兴致地注视着额头微秃的年轻人，长脸有点蒙古血统，更有点像印度的僧人。梁漱溟恭敬地递上范源廉的推荐信，蔡元培举手示意："不用介绍了，去年我回国途经上海，拜读过《东方杂志》连载的《究元决疑论》。大作以近世西洋学说阐扬印度佛家理论，功力深厚，立论精辟。我和陈独秀商量，请你来北大讲印度哲学课。哈哈！正好你今天来了，算是一份佛缘吧？"

梁漱溟的脸上掠过一阵惊诧，对于一个完全靠自学的读书人，能进北大求学已很神往，现在居然请他担任讲席，更何况有些学生的年纪都要比他大。梁漱溟慌忙起身向蔡元培鞠躬，连连摇手："感谢知遇之恩，但此事万万不敢答应。我初涉佛典，对此外的印度哲学实无所知呀！"

蔡元培宽厚地笑了，反问道："你教不了印度哲学，好，你知道谁能教吗？"

梁漱溟说："据闻在欧洲和日本，一般所谓的印度哲学并不包括佛学，而是指六派哲学。我对六派哲学素不留意，如何来教书？"

蔡元培用一种慈爱的语调推心置腹地说："既然我们没有找到真正能教印度哲学的人，说明横竖彼此都差不多。我想把许多爱好哲学的朋友聚拢起来，互相切磋。你不要当成老师教人，你当成合作研究，学习进步，心里会轻松一些。"

面对着蔡元培诚挚的眼神，父辈般和蔼可亲的关照，梁漱溟终于被打动了，不好意思再推托，应承下来。梁漱溟说："蔡先生，我进北大后，除了替释迦、孔子发挥外，不做旁边的事情。"

蔡元培机械地点了点头，想起陈独秀对梁漱溟的评价。梁漱溟24岁，比胡适还小，两人来北大任讲师，一个教中国哲学史，一个教印度哲学和佛学，算是兼容互补吧。唯一缺憾的是梁漱溟没有学历，恐怕难以服众。陈独秀微微皱眉说："此人对批判孔子好像有异词，不过，先生连辜鸿铭和刘师培都想聘，还有何人不能聘？"

两人在校长室里谈论佛学，梁漱溟说："有一个人叫张克诚，对佛学很有研究，在西四牌楼的广济寺自愿宣讲，如果先生有兴趣，我可以陪你去听听。"

门外传来朱尔典来访的通报，梁漱溟忙起身告辞，蔡元培说："你在外边接待室稍候，待会儿我想叫陈独秀一起去广济寺。"

朱尔典走进校长接待室，眼前一阵晕眩，陈列柜里几枚炸弹赫然在目。他心脏一阵狂跳，好半天才镇静下来，不是好兆头啊！梁漱溟与朱尔典擦肩而过，校长室的门重重地关上，梁漱溟忐忑不安地坐在木靠椅上，听不清楚里面的动静。职业老外交官不会随便来串门子，究竟有何意图？蔡元培敢于提携后学，将来指引，梁漱溟在学问上很快会登堂入室。

正当梁漱溟胡思乱想时，朱尔典怒气冲冲地推门而出，会谈很不愉快。朱尔典回转身问了一句："如果大学被克德莱控告，阁下愿意作为证人出庭吗？"里面传来一个沉稳的声音："如果按照法律，需要我做证，我也许会出庭。"临上车前，朱尔典环顾校园，狠狠踩了一脚修剪整齐的草坪，仰天叫嚣："蔡元培看来不想当校长了！"

二十六

李石曾和吴玉章陪同蔡元培前去演讲。二人来京后一直忙于华法教育会的具体事务，很快打开局面。火车上，他们向担任会长的蔡元培谈起近况，都是好消息。教育部立案批准华法教育会，一批名流像张元济、范源廉等承诺担任名誉会员，打算创办的留法俭学会预备学校已公布章程，许多人前来报名，秋季可以开学。李石曾谈起勤工俭学，神采飞扬，这是李石曾答应来北大任教的主要目的。蔡元培今天好像心不在焉，似乎有什么心事，眼神不时闪出一丝忧虑。吴玉章是一位细心人，几番相问，蔡元培说出隐情："我去天津，主要想去见一个人。"

李石曾、吴玉章都打起精神，蔡元培嗓音低沉地说："前几天陈独秀去广济寺听人讲学，在破庙遇到穷困潦倒的刘师培，生计没有着落。老友相见，分外伤感。陈独秀劝刘师培出来教学，刘师培苦叹自己名声不好，恐怕天下人耻笑。我和陈独秀等人商量，为了保留身怀绝学的读书种子，想请年少而负盛名的国学大师出山。"

"请刘师培来北大？"李石曾惊诧地张大嘴巴。

吴玉章久闻刘师培两次变节的丑闻。辛亥前入两江总督端方幕府，为革命党不齿，后来刘师培投靠袁世凯，成了"筹安会六君子"。在日本时，刘师培公开反对孙中山的三民主义，并和章太炎失和，发誓永不相见。

"蔡先生，北大刚有些起色，何必……"吴玉章本想说，何必让一粒老鼠屎搅浑一锅粥，话到嘴边，觉得不妥，硬是咽了回去。

蔡元培望着火车窗外，说："对于刘师培，我始终有一种怜惜人才的感情。在外人眼里，我们都是学界中人，平心而论，我蔡元培顶多算个通儒，什么都懂一点，又什么都不精，更谈不上有创新开山的举动。刘师培截然不同，他生于1884年，论年龄，要比康有为、梁启超、章太炎和我整整小一代，却出身扬州经学世家，祖孙三代的名字同时列入清朝的《国史·儒林传》，在清代绝无仅有。他本人16岁中秀才，17岁中举人，到本世纪初年，年仅20岁的他赢得国学大师的称誉。临行前，我请钱玄同算了一下，刘师培今年33岁，已经出版专著70余种，真是神童转世啊！在当今朴学界，只有他可以平视孔子，与章太炎相提并论。"

听了蔡元培一席话，李石曾和吴玉章改变一些成见。吴玉章甚至对刘师培存有好感，想随蔡元培一起去拜见大名鼎鼎的怪杰，却被一口拒绝。

蔡元培说："刘师培旦夕之间落魄，神经敏感。民国初年，端方被部下杀死后，刘师培在四川东躲西藏地度日。我和章太炎完全出于好心，在上海各大报刊登广告，表示不念旧恶，非常想念他，希望他能早日东归上海，共谋大事。他误会了，认为我们在羞辱他。唉！想想可以理解，在他眼里，我们以辛亥革命功臣自居，春风得意，一个是大总统府的枢密顾问，另一个是临时政府的教育总长，而他偏居西南一隅，形单影孤地苦苦煎熬。我想单独去拜访他，袁世凯死后，他隐居在天津。"

清末民初的租界可谓失意政客们的藏身之地，多少清朝贵胄、政界要人候鸟般地进进出出。蔡元培按地址来到一座破旧的石库墙门前，楼道里漆黑潮湿，他闻到一股怪怪的中药味，隐隐传来一阵剧烈的咳嗽声。蔡元培关照校役和车夫等在外边，独自进门。室内一片狼藉，瘦弱的何震正在煎药，听见丈夫的咳嗽又手忙脚乱地赶去捶背。刘师培明显地老了，一张清秀的脸上布满皱纹，低头咳嗽时，人瘦得像一只微微战栗的大虾，两鬓的头发也快变白。蔡元培一阵心酸，当年风流倜傥的扬州才子落拓至此。刘师培和何震听见声响缓缓地抬起头，片刻愣住，苍白的面孔因激动而渗出血色，突然，又痛苦地低垂下去。

刘师培说："蔡先生，我现在是多病之人，戴罪之身，您何苦赶来天津？"

蔡元培说："你应该振作起来！朋友们都没忘记你呀，马叙伦、钱玄同、陈独秀和黄侃都想请你去北大。"

刘师培羞愧难当，脸上滚落几滴清泪："晚了！一切都晚了！当年黄侃曾破口大骂我……"

"临行前，黄侃郑重地告诉我，如果能够请申叔来北大，黄侃愿意拜他为师，执弟子礼节！"

"凭什么理由？"

"因为大学是培养高深学问的地方，依各国大学通例，遵循思想自由原则，不管是谁，无论哪一种学派，只要具有真才实学，理应受到尊重。"

刘师培终于被蔡元培的胸襟感动，把疑惑的目光投向患难与共的妻子，何震会意地点了点头，脸上渗出一丝喜色。刘师培的情绪渐渐平静下来，何震给客人沏茶，围着蔡元培坐了下来。她当年在日本时曾是与何香凝齐名的妇女活动家，整天与丈夫一起办刊物，为宣传各种主义奔走呼号。如今，面对宽厚仁慈的蔡元培，曾经沧海的她很想为以前的过失做些解释。绾青丝，点绛唇，红袖添香，昔日芳华随风而逝，雨打浮萍，她飘零在故国土地上，声音滞涩："申叔走到这一步，完全是我的责任。他因为反对孙中山的三民主义，又和章太炎失和，整天遭人围攻，在日本实在住不下去，恰巧端方派人来游说，以礼相待，我替他答应，往事不堪回首啊！移居天津，申叔整天神思恍惚，有时想写点东西，可一拿起笔又总是伤感起来。眼看学业荒废。"

刘师培因长期的肺病元气大损，形容枯槁，说："我怎么会那样狂妄，居然跳出来逐条批驳三民主义？还常常以中国革命的教父自居，说了许多空头大道理，真是荒唐呀！"

蔡元培坦然一笑，披露心迹："现在看来也不全是你的错，双方都有点意气用事。你的有些观点很有见地，我至今回想起来仍然佩服。"

刘师培惊讶地瞪直眼睛，很久没有听到真诚的肺腑之言，眼角开始潮湿起来。记得初到日本，孙中山指挥的数十次起义全是惨败，弄得同盟会志士死的死，逃的逃，刘师培忍不住站出来说话，认为单纯依靠会党和新军在沿海城市举行暴动，不会有结果，革命要想成功，只有依靠人口占大多数的农民和工人。刘师培进一步在自己的《衡报》上呼吁："现今的中国，欲兴真正的大革命，必须以运动农工为本位。"刘师培提出中国土地革命"两步走"的战略设想，先摆脱地主和国家的剥削，实行个人私有制，革命胜利后，再实行共产制。刘师培在日本看了不少马克思的书籍，对资产阶级彻底失望，甚至在刊物上叫嚷要"杀尽资本家"。听到孙中山的三民主义是想建立资产阶级的共和制，好出风头的刘师培跳出来逐条地批驳。

蔡元培从布包里摸出几本《国粹学报》，递了过去，说："钱玄同叫我把它们送给你，说你看了这些东西一定会来北大。他当年在南洋中学读书，第一次读你的新史学大作，简直震惊，自创刊起，他珍藏着每期刊物。你的好友黄节和弟子刘文典，都已应聘，快要到北大。"

刘师培按捺不住心中的激动，颤巍巍地走上前，一把握住蔡元培的手，低声哽咽起来："谢谢先生的一番苦心。"

二十七

椿树胡同位于朝阳门内，离紫禁城不远。此刻，生在南洋、学在西洋、仕在北洋、终生不改忠君保皇立场，又集真知与怪诞于一身的辜鸿铭正息心篱下，隐居在胡同内的一座小院。门庭紧闭，日影斑驳，稀稀拉拉地长着一些有名无名的花木，一株椿树孤零零地站立着，那些浓密的淡黄的嫩叶，随着初夏的风转青转绿了，暗香浮动盈袖。高达数丈的枝丫仿佛是小院主人倔强的辫子，清奇绝伦地直指蓝天。花园尽处是一排平房。漂泊半生的辜鸿铭，住在天子脚下清静的小园内，整日里坐拥书城，探寻着理想中的世界，和谐伟大，散发出一种经久浓缩的芬芳；堆着东方文明往昔的长卷，温馨的故事，全然没有俗世的味儿。辜鸿铭一页页地翻过去，仿佛看见华裔的荣光、帝王的龙袍和天朝的威严。正是这种余晖吸引他，迷惑他，他对圣贤经典佩服不已，对故国文明的一切都爱护备至。他在俗世里听见先哲的召唤，毅然承担卫道使命，成了传教士，向偏执的西方播撒中国文明。

两位访客来到椿树胡同十八号，举手叩门，门上的窥视孔"嗒"的一声开启，闪现出一双黑黑的眼珠，响起粗重的嗓音："家老爷今天不见客！""告诉辜先生，我们是北大的学生，来送聘书。"也许是最后一句话起了作用，门缝开启，出现了辜鸿铭的仆人兼车夫——刘二，他长得虎背熊腰，一身粗布长袍外套马褂，头上顶着一条又黑又粗的长辫子。真是难为了小院主人，不赶时髦，不稀罕民国的新风尚，偏偏坚守旧制，弄来一位车夫行当中特殊的宝物。辜鸿铭常常向人炫耀："刘二是我的影子，装束一样，我却有大乔小乔的雅好，刘二是皮硝李（李莲英）的把式。"辜鸿铭没有固定职业，民国后曾断断续续地在北大上过课，最近门庭冷落。范文澜和傅斯年向刘二扬了扬手中的大红聘书，穿过花园走进屋子。

书房里陈设稀疏，摆着一张美国式活动顶板书桌，两三把乌木椅子，两张红木小茶几，靠墙的书架上堆满古籍，也有不少英、法、德文版的哲学和文学著作。午休醒来的主人正懒散地靠在椅子上，年近六旬，面色红润，神清气爽，下颏的几缕长须已有些花白，脑门后坠着一根灰里泛黄、用红丝线夹着头发细细编起来的长辫子，五彩夺目，招人惹眼。两位年轻人弯下腰，紧盯着油光闪亮天青色的大袖马褂，衣襟和袖子上斑斑点点尽是鼻涕唾液的痕迹，简直可以照见人影。辜鸿铭用手一抹脸，睁开眼睛，点燃一支埃及香烟，优雅地向空中吐出一个烟圈，说："你们读过我的《春秋大义》。我在书中向西方宣称，中国人有不洁之癖，所以中国人只注重精神而不注重物质。"

辜鸿铭只管自己说话，也不招呼客人，傅斯年只好拖来两把椅子，唤范文澜一齐坐下。傅斯年虽然听过辜鸿铭的课，对辜鸿铭多年练成的一套"金脸罩、铁嘴皮"功夫十分佩服，却从来没有近距离地观察过他混血儿的老脸。为了讨老人欢心，傅斯年恭维对方："辜先生，您可是当今中国我最佩服的大人物。记得民国四年，我在上海愚园游玩，看见走廊的壁上嵌了几块石头，刻着您写的拉丁文诗句，实在了不起呀。北大教书，正值洪宪称帝，您居然在课堂上大骂袁世凯，英雄胆略，冠盖中华。"

辜鸿铭好像被人搔到痒处，舒服地眯着眼睛，脸上又露出不屑的神情："哼！袁世凯，贱种！他配做皇帝吗？"辜鸿铭来了兴致，笑容可掬地把脑袋凑过来，问道："你们身为北大学生，平时还听说过我的什么趣闻？"

辜鸿铭把目光投向范文澜，范文澜不敢造次，拣些不会惹辜鸿铭生气的事叙说。"我们最爱听您调侃和教训洋人。在英国时有一次乘公共汽车，洋人瞧不起您脑门后的辫子，交头接耳地嘲笑起来；您故意将手中的报纸倒过来看。洋人都大笑起来，您不露声色，用纯正的英语回敬道，英文太简单了，不倒过来读简直一点没趣。真光电影院，一个苏格兰人坐在前排，您居然拿着旱烟管，轻轻地敲击苏格兰人的秃顶，孤傲地说：'请点着它！'苏格兰人正在津津有味地看电影，冷不防被人一击，大吃一惊，赶紧连划数根火柴，替您点上旱烟。"

辜鸿铭听得哈哈大笑，十分快活，说："在北京城里，我老辜的名声不坏嘛。"

辜鸿铭对来客产生好感，轻轻哼了一声，里间马上闪出一个倩影，端来茶水。她长得清秀可爱，走路如风摆荷叶，她有一双更加绝妙的三寸金莲，外套一件拖地长裙，摇曳生姿，恰似一只温柔而又逗人心疼的小鸟，浑身透着一股迷人的魅力。她是辜鸿铭晚年的新宠碧云霞。傅斯年的眼神黏着她不放，辜鸿铭得意起来，神气十足地侧转脑袋问傅斯年："你知道外界流传我最有名的理论是什么？"

傅斯年可不像范文澜一般拘束，知道冬烘先生的脾气，抬起头颅，幽默地学着对方的腔调："连老婆都不怕，还有王法吗？"

相传辜鸿铭出奇地怕老婆，有一回他刚给乞丐盛一碗米，结果回头妻子正恼怒地将米碗朝他掷来。当朋友讥笑他时，他骄傲回答："连老婆都不怕，还有王法吗？"见辜鸿铭反响不大，傅斯年开始放肆起来，历数辜鸿铭的逸闻趣事。民国后时人多提倡一夫一妻制，辜鸿铭却振振有词地推销著名的"茶壶和茶杯理论"，男人是茶壶，一把茶壶可以注满四只茶杯，所以娶妾是可行的。古人造字，妾为立女，男子疲倦时身边站立，可做靠手之用。辜鸿铭遭到几位西洋女子的反击，为什么一只茶杯不可以注满四把茶壶？辜鸿铭笑着拿起茶杯，请她们示范一下灌注的方法，她们傻眼了，根本行不通。德国贵妇人慕名拜见辜鸿铭，存心刁难，宣扬女子也可多夫的道理，辜鸿铭问道，府上代步是马车还是汽车？有人回答马车，有人回答汽车。辜鸿铭继续深究，不论马车还是汽车，总有四只轮胎，请问府上备有几副打气筒？众人愕然。名士辜鸿铭的风流与他的语言天才一样，独领风骚，无人可及。辜鸿铭在鼓吹中国文化救世论的英文书中，宣扬"纳妾并非不道德"，像为辫子保驾一样，为纳妾护法：欧洲男人不仅自私，而且是懦夫，开着小轿车，从马路上拾回一个女人消遣一夜后，次日凌晨又推到马路上。中国男人纳妾是光明磊落的，不像欧洲男人搞秘密情妇，偷偷摸摸，见不得人。辜鸿铭喜欢嫖赌，嗜好麻将。有次与人"叉麻雀"，摸得一手好牌，完全可能赢，因少了一张牌做了"相公"。洗牌再战时，众人醒悟的确欠缺一张牌，遍寻不着，最后发现挂在辜鸿铭嘴边。原来辜鸿铭打得太专心，误将麻将当雪茄叼了起来。

辜鸿铭乐不可支，用双手捧住脑瓜子，笑出了眼泪。他拥有一妻一妾，妻名淑姑，是标准的中国女子，三寸金莲长不及掌。妾名贞子，是如花似玉的日本姑娘，可惜前几年死了。正在他伤心不已时，上苍开眼，让他遇见碧云霞。他正在一家妓院闲逛，忽听见隔壁有嘤嘤的哭声，原来是一位刚买来的姑娘不愿接客，遭鸨母怒骂。他怜香惜玉，叫过来询问，天下竟有如此容貌温柔的人儿，心中大喜，付了500大洋的赎身费，带回府中。在寂寞的日子里，每当他望着楚楚可怜、小巧玲珑的人儿，真有一种含在口中怕溶化、捂在手中怕飞跑的感觉。幸好淑姑年近半百，早年不介意他娶贞子，现在更懒得与他计较，他拈花捡便宜，落了一个小鸟依人、怀抱翡翠的境地。辜鸿铭偏爱小脚，竟引出一段荒诞的笑话。在北大执教时，他去一位学生家看藏书，见到开门的丫头小脚，顿生兴趣。本来他专门鉴赏学生所藏的宋版书，此时心意全乱，匆匆浏览，触景生情给学生写了一副古人集句：古董先生谁似我？落花时节又逢君！这位学生悟出先生痴想得到丫头，自然投其所好，送货上门。丫头行前把小脚洗了又洗。到了辜府，辜鸿铭捉起丫头的小脚，嗅不到一丝肉香（臭味），兴味索然，差人把丫头送回去，并附一信，只书四字"完璧归赵"。

辜鸿铭满足嘴皮子上的瘾头，喝茶吸烟打饱嗝，盘问两位北大学生的来意。范文澜递上蔡元培的聘书，长久闲聊，耽搁正事，心中隐隐不安。辜鸿铭接过大红聘书，翻开一看，说："蔡元培请我教英国文学，好吧，肥水不流外人田！我们是莱比锡大学的校友。论资格，我是他的师兄，现在师弟请师兄帮忙，应该赏脸。"

范文澜说："蔡校长一直很敬重先生，您是学界名流，德国大学教材里有您的文章，许多研究会和俱乐部以您的名字命名。"

辜鸿铭说："回去告诉你们蔡校长。现在的中国只有两个好人，一个是蔡元培先生，一个是我。他刚进北大，孤掌难鸣，需要我去帮他。好人都坚守原则，蔡先生点了翰林不肯做官、投身革命，到现在还是革命。我自从跟清朝总督张之洞入仕以后，到现在还是保皇。"

两位年轻人站起来告辞，辜鸿铭挥挥手，说："你们别忙，我要送一件东西给蔡元培。"辜鸿铭回转身，从书堆里翻出一本发黄的英文杂志，递了过来，说："这是十年前俄国列夫·托尔斯泰写给我的长信，你们可以翻翻。"

辜鸿铭坐到桌前，拿起笔在砚上一蘸，挺认真地在封面下角写下一行歪歪扭扭的辜氏书法——孑民方家清赏，学兄辜鸿铭。

傅斯年见到辜鸿铭的毛笔字，忍不住窃笑起来。傅斯年习惯饶舌："辜老，听说您和严复一起，同属末代皇帝册封的进士。"

辜鸿铭突然恼怒起来，拍案骂道："严复能和我相提并论吗？坐下！看我如何教训你们。"

两人吓得面面相觑，老老实实地坐下听辜鸿铭訾议时局，激浊扬清。原来有一次宴会上，严复、林琴南、辜鸿铭三位翻译界前辈同坐一桌，古文学家马其昶穿插中间，彼此都不相识。酒过数巡，辜鸿铭发表高论："如果我操生杀大权，必杀两人以谢天下。"座中宾客戏言："宴席变成屠宰场，哈哈！"辜鸿铭说："贼人严复、林琴南。"严复充耳不闻，林琴南疑惑不解，故意面不改色地问："两人不知什么地方惹恼足下，竟不顾桑梓之情，开刀问罪？"辜鸿铭与严复、林琴南同为福建人，丝毫不买账地说："严复以《天

111

演论》宣扬物竞天择，国人只知竞而不言理，以致灾祸连连，困苦不堪。林琴南译《茶花女》，诲淫诲盗，使一班青年男女不尊礼教。不杀他们，天下不得太平。"马其昶在一旁听得发慌，暗暗问及旁人："此君是谁？"辜鸿铭嗅觉准确，捕捉到空气中可疑的因子，大声回答："我是辜鸿铭，请问足下大名？"马其昶回应道："在下马其昶。"辜鸿铭拍案大骂："马其昶，滚开！袁世凯的参政招摇撞骗丢人现眼，滚开！"

范文澜和傅斯年，同样在一片斥骂中灰溜溜地逃出辜府。

二十八

1917年的初夏，张勋率辫子军北上的消息如瘟疫般传遍京城。策划闹剧的总后台是段祺瑞。段祺瑞指使亲信倪嗣冲在蚌埠宣布独立，奉天、陕西、河南、浙江、山东、黑龙江、直隶、福建、绥远、山西等地的督军们纷纷响应。赳赳武夫们的举动类似一场蓄谋已久的兵变，吓坏手无寸铁的黎元洪。黎元洪电召张勋入京调解"府院之争"，张勋派出一部分辫子兵进京，驻扎在天坛附近，摆开勤王的架势，然后拉下脸咄咄逼人地向黎元洪提出调解的条件，直至逼迫菩萨总统下令解散国会才算罢休。黎元洪举行盛况空前的欢迎仪式，张勋头戴瓜皮小帽，身穿长袍马褂，脚蹬黑缎子粉底鞋，脑后拖着一根小辫子，步入汽车，车站上鼓乐齐鸣，欢声雷动。张勋扬扬得意，以马队为先导，浩浩荡荡地驶过民国首都的大街，军警林立。

与大街上闹哄哄的气氛相反，在北京大学一间简陋的会议室里，正静静地围坐着一群国内一流的学者。他们是各科学长陈独秀、夏元琛、王建祖和一些教授代表。他们忧心忡忡，三三两两地议论着时局。

因路上被军警无理盘查，马叙伦怒气冲天，向章士钊数落辫帅的劣迹："自民国以来，张勋的辫子是复辟的一面旗子。隆裕太后刚死，他和博伟等人阴谋袭取济南宣告复辟，连告示和檄文都已写好，后因联络冯国璋不成，策动兖州镇守使田中玉'反正'。田中玉以共同行动为幌子，获取全部情报，一面急电袁世凯，一面破坏全部铁路，总算断了'辫子军'北上的通道。镇压'二次革命'时，他又想拉冯国璋一齐行动，挟袁世凯实行复辟。袁世凯识破诡计，命令他去啃南京这块硬骨头，他把一肚子怨气发泄到革命党头上，仲甫最清楚这件事。"

讲到血洗南京，陈独秀至今耿耿于怀。陈独秀大口地吸着烟，说："9月1日，南京沦陷，张勋宣布'三天不点名'，可以随意烧杀淫掠。'辫子军'进入六朝金粉之地本来眼花缭乱，辫师放纵，更加猖狂。大小商号店铺和老百姓家被抢掠一空，打伤三个东洋人，酿成轰动一时的'南京交涉案'。日本人抗议，把兵舰停在下关示威，英美也找碴儿，硬要逼他离开南京。他讨了长江巡阅使的空头衔，向袁世凯报销都督开支费65万元，才算走人。黎元洪引狼入室，不知要闹出什么后果。"

章士钊可算消息灵通人士，眉宇间愁云满布，压低嗓音："袁世凯死后，张勋接连召开四次'徐州会议'，主题全是如何复辟清室，俨然以十三省大盟主自居。我总觉得张勋进京，可能隐藏着一个大阴谋。"

满身泥浆的沈尹默叫嚷着进门。他咋会变得这样狼狈？连眼镜架也被摔碎了，高度近视的老兄简直是一步步摸进校门。原来交通中断，他硬要穿过马路，结果反被张勋的马队撞倒，斯文扫地，白白受了一场虚惊。

蔡元培走进会场，面对着骂骂咧咧的沈尹默，好像什么事没有发生似的，脸色镇静地坐下宣布："现在开会！"

沈尹默沮丧透顶，一边用衣袖擦着脸，一边发起牢骚："还开会呢，大街上遗老们都在高呼皇帝万万岁！"

蔡元培瞥了沈尹默一眼，气度凛然，斩钉截铁地说："只要一天没有复辟，我姓蔡的一天不会停止办学。开会！"

他们被蔡元培的气势震住，谁都知道蔡元培心头的压力，面容日渐消瘦，会场上很快安静下来。

蔡元培说:"按我整治北大的设想,首先要改革学科,延聘人才,清除积习,建立一套教授治校的制度。因为北大是全国大学的龙头,改造北大,能为中国的高等教育提供一种模式。今天,主要想请各位学长、各位教授代表研究两件事。教育部同意我们撤销预科,并入各学科之中,打算在暑假后正式实行。原来的预科徐学长如何安置?庶务室主任一职已成空缺,鉴于舒主任近段时间的表现,我免去他的职务。新的人选是内部推举还是外面延聘,我想听听诸位的意见。"

蔡元培语气显得很疲乏,胃部又隐隐发痛,苍白的脸上渗出虚汗。蔡元培因时局突变,失眠好几个晚上,忙从陈独秀的烟盒里抽出一支烟,借吐出的烟雾长吁一声。陈独秀听到徐崇钦的名字,恶从胆边生,火冒三丈。陈独秀一直是北大旧人攻击的靶子,只要是能够泼来的脏水,他们几乎都用上。姓舒的狗头军师整天在校园里煽风点火,居然让"探艳团"的一帮小子放出风声,说在八大胡同里看见陈独秀的包车,搞得舆论沸沸扬扬,连蔡元培都糊涂了,跑来关照陈独秀要注意私德,真是荒唐透顶。

陈独秀气势汹汹地抬起头,一拍桌子,说:"留着这种人有什么用途?开除!"

夏元琛说:"尽管徐崇钦脾气不好,但教学上很有一套,为人正派,姓舒的想拉他参加'倒蔡运动',被臭骂一顿。我以为此公尽量留下任教为好。"

陈独秀不满地瞪了夏元琛一眼,挑起眉毛,弯着唇角,用教训的口吻冷笑道:"你老兄究竟是搞相对论还是中庸论?为什么在关键时候,你的立场总是庇护北大旧人?"

面对陈独秀目空一切的傲慢,教授们的脸色都有点不悦,沈尹默和马叙伦悄悄地嘀咕起来。蔡元培赞同大多数人的意见,决定留用徐崇钦,又提名李辛白为新的庶务主任人选。李辛白本是陈独秀的朋友,陈独秀亲自向蔡元培推荐,也许蔡元培怕说出真相遭人非议,干脆自己承揽下来。蔡元培从皮包里拿出一把铜尺，递给坐在右边的夏元琛，夏元琛款款瞩目，依次传递下去。铜尺上刻着蔡元培在学生毕业典礼上的两句赠言："各勉日新志，共证岁寒心！"想想变幻莫测的时局，又想想蔡校长对北大倾注的一番苦心，教授们禁不住喟然长叹，钦佩不已。

快要散会，陈独秀站起身说："蔡先生，我向你举荐一个人才。此人叫刘半农，虽然只有高中学历，但文采过人，如进入北大，宣传新文化的阵营将多一员骁将。"马叙伦听到刘半农的名字，直摇头，故意讥讽地反问陈独秀："足下说的是脚穿鱼皮鞋的浮夸文人吧？此公给你写稿可能马虎凑合，要进北大任教根基太浅。"蔡元培与刘半农不熟，见有人与陈独秀执拗一端，委婉地说："此事先搁一下，待我摸清了底细再定。"陈独秀恼怒地瞥了马叙伦一眼，夹起皮包悻悻地出门。

蔡元培正和周作人商谈国史编纂处的工作，桌上的电话铃骤然响起，蔡元培拎起话筒，脸色先变，话筒里传来外交总长伍廷芳的声音，伍廷芳好像正在瑟瑟颤抖，断断续续地诉说着一个惊人的消息："张勋穿着前两江总督的官服，进宫去朝见溥仪，局势看来不妙。张勋表面上支持黎元洪，但妄自尊大电召各地复辟分子，外国使馆得到康有为要进京的消息。我打算离京避避，为兄也要早作安排呀……"

蔡元培坐倒在椅子上，眼前仿佛闪现出前清孤臣进宫朝圣的情景。也许在小皇帝的心目中，大英雄道貌岸然，见面肯定大失所望，张勋长得其貌不扬，黑红脸、浓眉毛、短脖子，胖脑袋后面拖着一根稀疏而间杂白毛的小辫子，张勋没有胡子，酷肖御膳房里的一位老太监，如当面得到溥仪的圣宠，肯定横下心干复辟勾当。周作人劝身体虚弱的蔡元培回家休息，蔡元培心潮起伏，湖水一般的眼睛闪着粼粼波光，喃喃自语："只要不复辟，我是不会走的！"

上个月周作人生了一场病，整天高烧不退，开始担心是猩红热，兄弟俩紧张得要命，鲁迅请了一位洋大夫上门诊断，才知是麻疹。"原来你至今还没出过疹子。"鲁迅在调侃中释然大笑，拿起笔为二弟向蔡元培请了病假。周作人在北大上任之初，遭遇紧锣密鼓的复辟事件，心乱如麻，发了几句牢骚，打道回府。

凌晨，新华门前，五色旗在昏暗的夜空中飘荡。突然枪声大作，阴风四起，五色旗连中数弹，从城楼上跌落下来。一位骑马的军官指挥着辫子兵攀上门楼，挂出一面黄龙旗，恶狠狠地用枪托将"新华门"的牌匾砸落在地。辫子兵朝着紫禁城的方向举枪狂笑："哈哈哈，复辟了！大清国又复辟了！"

箭杆胡同里，一位警察正在挨家挨户地敲门。陈独秀昨晚和从上海赶来的刘半农谈稿件，刚睡下不久，敲门的声音震动耳膜，两人很不情愿地前来开门。警察挥舞着警棍大声吆喝："挂旗！挂旗！"陈独秀揉着眼皮不解地问："挂什么旗？"警察不耐烦地将手中的黄龙旗扬了扬，骂道："当然是挂黄龙旗，大清国复辟了！你还敢挂五色旗吗？"陈独秀怒目圆睁地盯着小龙旗，举起双手咆哮着："混账！滚！"跑得气喘吁吁的钱玄同闪进门楣，劝住陈独秀，向警察赔个不是。警察点燃一支烟，瞥了陈独秀一眼，说："幸好碰上老子，你模样像革命党。要是让辫子兵撞上，一准砍脑袋。"

大街布满辫子军，随处可见五色旗让马蹄和军靴任意践踏。各家店铺门前纷纷挂出各式各样的龙旗，长方形，三角形，大小不同，形状不一，多数是用黄纸画的，被风哗啦啦地一吹，破烂不堪。陈独秀说："龙旗像什么？"刘半农说："死鳗鱼！"钱玄同说："它是给一批活僵尸祭灵的鬼旗！"

前门外的生意格外兴隆，成衣铺赶制龙旗，清朝袍褂早被刚刚受封的遗老们抢购一空，戏装道具、用马尾巴编织的假发辫成了畅销货。古老的北京城显得光怪陆离，阴森可怕，赶时髦穿着清朝服饰的人在街上晃来晃去，好像刚从棺材里溜出来。老百姓正用一副惊慌疑惑的面孔，注视着鬼魅世界。

绍兴会馆里，一派死寂。周作人在书案前凝然冷坐。鲁迅仍在抄写碑帖，脸上少了往日的悠闲，多了几分愠色。鲁迅心不在焉地写错了字，烦恼地一摔笔，点燃烟卷。宣纸上一片狼藉，耳边隐隐传来老长班教训儿子的声音："逆子！叫你不要剪辫子，你偏偏赶潮流！真是不听老人言，吃苦在眼前。恢复旧貌，新派人物遭殃，看你如何欺瞒过去。"儿子说："阿爹，辫子成为紧俏货，我买来了，可惜讨了半天价，花费整整一块大洋。"老长班喜笑颜开地捧起一束马尾巴。鲁迅说："头发真是中国人的宝贝和冤家呀，古往今来，让多少人吃了毫无价值的苦头。"周作人扶了扶眼镜回忆道："记得祖母说过，长毛造反时，老百姓左右为难，全部留着头发，官兵要杀；拖着辫子，又被长毛杀。"鲁迅站起身，踱到花格木窗前，透过槐树的浓荫，可见打扫庭院的老长班孱弱的身影，鲁迅心中刺痛，闭上一双深邃的眼睛。

蔡元培随张相文教授在西山休假，上午他们先到颐和园，坐藤轿赴静宜园，引泉成池，游着数百尾金鱼，环境非常幽静。他们吃了午饭，乘兴去附近一所女校看望朋友，正在闲谈时，蔡元培忽然接到内弟黄干城的电话，才知道张勋已经复辟。黄干城再三关照，千万不要回北大，城里正在搜捕革命党，政界要人纷纷往东交民巷躲，黄干城已为蔡元培在北京饭店订好房间。待他们一行匆匆赶到北京饭店，暮色四合，乱鸦飞渡。李石曾正在客厅会客，蔡元培安全抵达，众人都松了一口气。客人忽然起身向蔡元培打起招呼，一副踌躇满志的派头。蔡元培见到康有为的弟子徐勤，简直像吞吃苍蝇一般恶心，推托身体不适，躲进房间。

听说康有为进京的时候，一路上扮成一个怪模怪样的老农，用大蒲扇遮着脸，挤在三等车厢里。康有为下火车，雇了洋车，背着一袋亲自起草的复辟文稿，径直奔向南河沿张勋公馆。

李石曾打发走了徐勤，推门而进，说："徐勤真是瞎了眼，为他的先生来游说我们。这地方确实不能久留，黎元洪躲进日本使馆，我为您安排明晨坐火车去天津，派人去接嫂夫人和孩子。"

蔡元培满脸愁云密布，没心思致谢，一个劲地打听复辟的真相。李石曾知道不少内幕，说："复辟是在今天早上，康有为预先起草十余份诏书，扬扬得意，刘廷琛等人大为不满，康有为'虚君共和制'的主张也令张勋不悦，张勋被封为内阁议政王大臣，而康有为只落得一个弼德院副院长的虚职。康有为想施展平生抱负的雄心顿时灰飞烟灭，又恼又怒。刚才徐勤来访既是游说和试探，也是为老师叫苦和解释。"

蔡元培问道："各地和新闻界反响如何？我不会允许共和制罢休！"

李石曾说："消息倒是不少，北京饭店成了报馆记者的聚散之地。在上海，除张勋的《国是报》外，各家报纸全部登载声讨通电，上海商界一齐悬挂国旗三日，表示拥护共和的决心。在广东，自动发起国民哭灵大会。孙中山和章太炎在今天下午发表《讨逆宣言》。看来这一幕闹剧很快会演不下去。"

"唉！在中国办大学艰难重重。北大好不容易刚有起色，不知会被折腾成啥模样。"蔡元培痛心疾首，肩膀微微颤抖，"我不去天津！身为大学校长，誓与大学同进退，共存亡！"

李石曾理智地劝慰道："子民兄，还是避一下为好。校长乃一校之魂，万一有个三长两短，北大就真的完了。一切要从长计议呀！"

夫人黄仲玉和孩子们赶到北京饭店，蔡元培冷静下来，说："我走后，华法教育会请你费心安排一下。前些日子，巴黎大学的职员曾向我推荐教师，北大下一步要增设法国文学、哲学和美学新课。请你转告欧乐会长，帮助留意数人。条件一是要新党，二是文学博士，三是性情温和，四是要热心教授中国人而不与守旧派接近。"

蔡元培开口北大，闭口北大，在危难时刻，全身心地为北大操劳，李石曾毕竟是一位教育家，感慨万千。时间已晚，明晨又要赶火车，李石曾起身告辞，临走前，蔡元培欲诉还休，好像有许多事不放心，李石曾忍不住笑了："你这北大之父啊，还有完没完？"

蔡元培窘迫地笑了，拉着李石曾的手送出来。"再说一句总可以吧。我走后，请各科学长帮着照顾校务，叫陈独秀注意尊重夏元琛。下一步我想请夏元琛担任工科学长。"

凄迷夜色中，李石曾望着蔡元培目光中焦虑不安的神情，眼眶终于湿润起来。李石曾以铁石心肠著称，第一次被一种精神感动得流出泪水。

梁启超彻夜未眠，双目布满血丝，手捧两份文稿，如雄狮一般端坐在椅上。见到身穿戎装的段祺瑞，梁启超站立起来，递上代段祺瑞起草的讨伐复辟通电。段祺瑞客气地请大家入座，翻着文稿，脸上露出满意的神情，说："写得好！真不愧是梁任公的大手笔。"段祺瑞恢复常态，威严地扫视着众人，说："现在我决定，马上赴河北青田马厂召开紧急军事会议。明天向全国发出讨伐通电，并与冯国璋组成讨逆军，由我担任总司令，同时请梁任公担任总司令参赞。正式在马厂誓师，为再造共和挥师北上！"

梁启超热血沸腾，一双波光闪闪的大眼直视着段祺瑞，全是敬佩之情。梁启超又拿出一份文稿，递了过来，说："总理英明，我将以个人名义发表《反复辟电》。因为首先造成谋逆的康有为曾是在下老师，我要向天下宣称断绝师生关系，我不能与大言不惭的书生共为国家罪人！"

段祺瑞一声赞叹，亲自为梁启超惊世骇俗的举动鼓掌。梁启超满脸通红，越来越激动，微秃的额头上渗出亮晶晶的汗珠，像一只正在发热的灯泡。梁启超清了清嗓子又说："为了筹措军饷，我指示叶恭绰向天津交通银行借款60万元，全部由你调遣使用。"

段祺瑞上前拥住梁启超，许下心愿："还是你了解我啊。待我再造共和后，一定请你出任新内阁的财政总长。"

远离巢穴的辫子军总共三千之众，听说段祺瑞马厂誓师，大军逼境，军心早已动摇。张勋知道被人耍了，在南河沿公馆里破口大骂，紧要关头，忽然想起一块能亮出来降服对方的黄绫子，万万没有料到，这个宝物居然永远找不到。张勋慌张起来，先想"金蝉脱壳"，一面请求辞去议政大臣和直隶总督之职，一面请徐世昌出来调停并组织内阁。法子不灵，张勋决定"走为上计"，逃往蒙古，招兵买马图谋再起，可是沿线铁路又被拆毁，张勋走到交战必败、议和不能、逃跑无路的绝境。讨逆军向张勋发起总攻击。在天安门前的工事上空，忽然出现两架飞机，呼啸着飞过辫子军的阵地，投下决定最后胜利的三枚炸弹。第一枚炸弹落在隆宗门外，炸伤抬"二人肩舆"的轿夫一人。第二枚炸弹落在御花园的水池中，炸坏水池一角。第三枚炸弹落在西长安街隆福门的瓦檐上，没有爆炸，却把聚众赌钱的太监们吓个半死。空中大铁鸟的轰鸣声和三尺长的小炸弹，把刚刚登基的小皇帝吓得浑身发抖，大臣太监个个面无人色，太妃们钻到桌子底下。在一片混乱中，警察总监吴炳湘出面安排，叫了一个德国人，两个荷兰人，乘坐一辆插着荷兰国旗的汽车到达张勋的公馆。在洋人的簇拥下，身材短小的"辫帅"仓皇钻进汽车，逃到荷兰公使馆。折腾十二天的一场噩梦结束。北京城恢复平静，新华门上又飘扬起崭新的五色旗来，唯一的变化是总统府里换了一位新主人。

二十九

辜鸿铭生平最看不惯官场里的蝇营狗苟。以段祺瑞为首的安福系军阀当权时，颁布新的国会选举法，其中有一部分参议员须由中央通儒院票选，凡国立大学著名教授，都有选举权，辜鸿铭成为香饽饽。有一位留学生小政客到辜家买票，辜鸿铭毫不客气，开价500元，当时的市价是200元。小政客只肯加到300元。辜鸿铭优惠一点，降至400元，少一毛钱不行，必须先付现金，不收支票。小政客还想讨价还价，辜鸿铭大吼一声，叫他滚出去。选举的前一天，辜鸿铭果然收到400元钞票和选举入场证，来人再三叮嘱辜鸿铭明天务必到场。等送钱的人前脚一走，辜鸿铭后脚出门，赶下午的快车到达天津，把400块钱悉数报销在名妓"一枝花"身上，尽兴而归。小政客被气歪嘴巴，赶到辜家，大骂辜鸿铭轻诺寡信。辜鸿铭顺手绰起一根粗木棍，指着留学生小政客，厉声斥责："你瞎了眼睛，敢拿几个臭钱来收买我！你配讲信义！你给我滚出去！从今以后，不要再上我这里来！"小政客慑于辜鸿铭手中粗木棍的威力，逃之天天。在京城的一次宴会上，座中都是一些社会名流和政界大腕，一位外国记者逮住空当乘机采访辜鸿铭，提出的问题很刁钻："中国国内政局如此纷乱，有什么法子可以补救？"辜鸿铭不假思索，立刻开出一剂猛药："有，法子很简单，把现在所有在座的政客和官僚，统统拉出去枪毙，中国政局将会安定些！"

梁启超进入段祺瑞的内阁，担任财政总长。段祺瑞以再造民国的英雄自居，操纵着北洋政府的实权，拒不恢复国会和《中华民国临时约法》。这种行径立刻在国内掀起轩然大波，孙中山等革命志士清楚地认识到北洋军阀独裁者的险恶用心。孙中山毅然南下广州，联合西南军阀发起护法运动。政局动荡，扼住梁启超自由理想的驰骋，但并没有完全浇灭其激情火焰，他依然尽职尽责地当好财政总长，依然力求扮好段祺瑞内阁谋士的角色，结果事与愿违，只能辞职。梁启超的财政专家梦濒临破灭，美妙宏伟的计划付诸东流。梁启超感到一种窒息，一种无奈，一颗不甘寂寞的心酝酿着下一步行动。

1917年，章太炎应孙中山邀请去云南游说唐继尧参加护法军。章太炎平日不拘小节，蓬头垢面，衣冠不整，在任何庄重的场合，他都是抠鼻渣、挖耳朵，吃饭时用衣袖擦嘴。离开广州前夕，他却收拾得干干净净、整整齐齐，特制两面大红旗，旗帜上大书"中华民国护法军政府特命全权总代表"字样，挑选两名高大的随员扛着大旗，另一名使者则双手捧着用红缎子包着的准备授予唐继尧的帅印和元帅服。浩浩荡荡，队伍从军政府驻地出发，穿过闹市，最后来到码头。孙中山临别饯行，说："章先生此举真是大壮军政府的声威呀，必定马到成功。"章太炎回答："孙先生，我以红旗为先导，既壮行色，又示隆重，到了昆明，唐继尧必受帅印，纵使他不能亲自来粤就职，也要发电报来表示接受元帅之职！"

唐继尧没有出兵诚意，而且唐继尧治下秩序混乱，乌烟瘴气，章太炎颇为失望。他在白昼手提灯笼，漫步街市，灯笼上书"大元帅府秘书长"的字样，引起围观如堵。有人问他为何，他说道："此地种鸦片，漆黑一片，不照明怎么举步?"唐继尧出兵后,章太炎俨然一威武大帅,对几位跟班打骂无常,尽日向他们索要美酒白兰地和大炮台香烟,几位跟班苦不堪言。章太炎趾高气扬,命人做一杆大旗,上书"大元帅府秘书长"。随军出发的时候,此旗高举,招摇在大军之中,十分抢眼,居然比唐继尧的帅旗还要高大许多。一路上撒欢似的人欢马叫尽情驰骋,过足乱世枭雄的瘾。唐继尧的副官将此事告诉唐继尧后,唐继尧只是一笑了之,命令副官好好照料章太炎。

完成对唐继尧任命元帅职位的任务,章太炎在昆明有时间会见李仲镜等好友,李仲镜正忙于创建"五洲大药房",章太炎大加赞赏,认为李仲镜做实事,有利民生,欣然命笔,为"五洲大药房"题写"春满寰球"的巨幅匾额。章太炎对金石碑帖有相当深厚的造诣,书写的篆文均有出处,可以指出出处、渊源,再加上他的笔势舒展,苍劲有力,古朴蕴藉,很多人都慕名求他写字。唐继尧请李仲镜陪同章太炎温泉沐浴,赠送一套新的行头,章太炎心情特别好,欣然接受礼物,亲自把他穿得邋里邋遢的衣服一把火焚毁了。

章太炎去参加护法运动时,汤国梨带着孩子独自在家,夜间常听见有人来家中翻箱倒柜,很是惶恐。护法运动结束,章太炎返回上海,听汤国梨诉说家中失窃之事。几日后,有一个仪表轩昂、衣冠楚楚的人前来拜访章太炎,自称龙在田,住在章家晒台对面,是贴邻。龙在田坦率直言:"以前你家楼上失窃,是我所为,当时不知是你的府上,现在知道后,觉得非常抱歉,因为大家知道你太炎先生靠写文章过活,一心为国,所积的钱来之不易,我不应该来窃取。但窃去的东西早已变卖,目下手头拮据,现以公债票200元和文房四宝作为赔偿,聊表歉意。"章太炎见龙在田不是寻常的窃贼,高兴地接受一批退赔的东西,并嘱咐不必介意。

三十

暑假里,北大预科单身宿舍里陆续住进一些新教师。校园里很快流传一则笑话，北河沿里尽是一群"卯字号"的奇怪人物。

刘文典是刘师培的弟子，主张旧学，以中古文学和庄学独步海内。刘文典做过孙中山的大秘书，扮演革命党，曾经吸食鸦片，面目黧黑，走起路来仙躯飘飘，有弱不禁风之相。刘文典来北大后，头发胡子总是留得很长，不爱洗涤修整，首如飞蓬，面似黄蜡，简直能与辜鸿铭齐名。刘文典的长衫最有趣，好像辛亥革命前旧式妇女所穿的裙子，不准看到脚，走路不能踩到裙边，只得轻轻慢移莲步。刘文典偶尔也穿穿皮鞋，又破又脏，从不擦油，反正长衫拖曳扫地而行，不怕学生笑话。刘文典说一口安徽江北口音，每当牵连到段祺瑞时，口多微词，开头先来一句："我们的老中堂啊……"以下开始极不雅致驯服，一直要扯到"老中堂的太夫人"头上才肯罢休。刘文典号叔雅，常喜欢用文字学上变例改为"狸头鸟"，友人则戏称为"刘格拉玛"，用代称号。

刘半农在上海时卖文为生，在鸳鸯蝴蝶派杂志《礼拜六》上写过《卖花女侠》《髯使复仇记》《催租夫》等作品，身上难免沾染一些红袖添香的才子气，因给《新青年》写稿，成了文学革命的战士。再加上相貌堂堂，脑袋特别大，眼有芒角，初进校园时，人们还以为文曲星下凡哩！刘半农的好处一是真，从不装假，敢说话，不怕骂。二是天真烂漫，待人绝无恶意。瞧！人家笑他穿鱼皮鞋，爱出风头，犹存上海少年滑头气，他却毫不在意。他被陈独秀约去吃饭谈《新青年》，故技重演，照样穿着鱼皮鞋，手里拿着一根长二尺的文明棍，装起缙绅的派头。

午餐定在学士居，刘半农踏进门槛，看见陈独秀、钱玄同的身影。也许是大名鼎鼎的陈独秀头一回光临，张掌柜端着康熙酒杯陪着说话："平时学生来都是点'张先生豆腐'，吃完走人。今日三位大教授光临，是否改吃'马先生汤'？"陈独秀头一回听说这些稀罕菜名，牛眼瞪得老大，钱玄同忍不住击案大笑起来："你有所不知，前一道汤是一位张姓同学所为，后一道汤则是正宗的教授发明，何人有此雅兴？杭州人马叙伦。材料有笋片、雪菜、豆腐等几十种，反正在北京永远凑不齐，你凑合一点品尝吧。"陈独秀食欲大增，连声催促："快上！快上！"三人有正事要谈，张掌柜安排好后知趣地走开。

《新青年》靠陈独秀和胡适的文章打出旗号，反响不错，最近稿件好像有点接不上，发行量开始回跌。明年的刊物究竟该如何办？陈独秀显得有点急躁，举起酒盅与钱玄同、刘半农干了一杯，说："《新青年》的战斗锋芒丝毫不能变，需要扩大作者群，二位帮着想想办法呀。"

钱玄同说："我倒想起启明的兄长周树人，此人文风属龚自珍一路，笔锋犀利，尖刻过人！"

陈独秀说："我对经常来校长室的教育部佥事，有一些肤浅印象。蔡先生对他挺看重，前几天我提出请人设计校徽，老蔡立马交给他。"

钱玄同说："启明的文笔也不错，属张宗子一路。在日本时，兄弟俩合作翻译了一部域外小说集。至于学生当中，我觉得傅斯年、范文澜应该可以约稿。对了，还有一位德清小同乡俞平伯，是俞曲园的玄孙辈，作新诗挺有才气。以上诸位，都由我去试试看！"

见钱玄同一副大包大揽的样子，陈独秀乐得合不拢嘴，把目光投向刘半农。刘半农因给《礼拜六》一类杂志写稿，自然熟谙海派的套路。刘半农说："办杂志不能太老实，要设法让它热闹，要不断地制造新闻。比如假戏真做，真戏假做，比如小批评大帮忙，等等。哎！玄同！我想出一个绝妙点子，咱俩来唱一回双簧戏。一个化名扮旧派遗老，写长信大骂《新青年》，一定要凶，一个洋洋洒洒地正面反驳。只要捅到复辟势力的痛处，北京城马上就会热闹起来。"

陈独秀大喜，钱玄同也跃跃欲试，三个人顿时举杯痛饮。门外传来蔡元培的声音："你们果然都在这里，独扔下我老蔡不管，哈哈哈。"原来蔡元培有事要找陈独秀，却见学长室里空空荡荡关着门，经过学士居送饭的小伙计提醒，蔡元培一路找上门来。蔡元培显得很高兴，双颊微红，好像喝过了酒。蔡元培入座，摸出一个纸袋，从里面抽出一张八行信笺，递给陈独秀，说："豫才寄来校徽，他是研究美术的，我看不错。"陈独秀摊开信笺，只见一个圆形图案中隐着两个用篆书写的字——"北大"。陈独秀看不出什么名堂，微微皱眉，说："我总觉得这两个字，有点愁眉苦脸的滋味呀。"钱玄同说："真是字如其人，豫才整天显出一副愁眉苦脸的样子。设计不错，在军阀专制的年头我们只能愁眉苦脸地办北大。但是我们的心渴望着光明，这是一种象征，更是一种抗议！"陈独秀见蔡元培赞许地点头，不再吭声。

胡适终于像一阵飓风穿越茫茫大海，怀着热烈的期盼，扑进北大校园。初秋的下午，白桦树散发出迷人的气息。一位身穿竹布长衫的青年学者忐忑不安地走进校门。他剪一头乌黑油亮的学生发，稍长的脸上留着短髭，隆直的鼻梁上架着一副黑边眼镜。他微微地咧开嘴，有点惊讶地打量弥漫着皇家气派的全国最高学府。这里流行着与哥伦比亚大学完全不同的学术气氛，隐藏着一大群令人生畏、性情古怪的"余杭派"学者以及他们思想守旧的学生。他站住脚，忍不住倒吸了一口凉气。他是个非常爱惜羽毛的人，虽然因为提倡白话文而在社会上暴得大名，但他清醒地认识到，真想成为全国思想界的领袖，首先必须在北大取得众人认可的领先学术地位。为了一份小小的野心，他换去西装革履，悄然进校。他一再告诫自己不可任性，注意与人的第一次交往，注意第一次讲演以及第一次亮相的效果和影响。

他经人指点来到一座古色古香的庭院门前，里面是蔡校长的办公室。他整理一下衣衫想去敲门，刚举起手却慌乱起来。蔡校长是名震当代中国学界的宿儒，又是学过德国哲学、极能接受新思想的领袖，未经通报地冒昧见面恐怕不合适。他彷徨多时，决定先去拜访陈独秀，打算从另一渠道摸清北大的底细。

陈独秀在学长室安排课程，想让胡适教哲学史和英国诗，小老弟至今杳无音信。正在犯愁时，敲门声响，打开一看，陈独秀发现一位二十六七岁、风尘仆仆的陌生人。陈独秀眼睛突然一亮，大声叫嚷起来："哈哈，总算把北大的第一位洋博士盼来了！"

陈独秀爽朗的笑声感染了初来乍到的胡适，胡适真想给同乡的大师兄磕个响头。陈独秀借《新青年》让胡适一夜之间成为国内思想界的明星，白话文运动的主将和先驱，留学回国的关键时刻，胡适非常体面地走进常人梦寐以求的北大。胡适从此将在一个很高的起点上治学、与中国思想界对话。

陈独秀忙着给胡适倒茶让座，亲热地说："我来北大后平时和玄同谈论最多，现在好了，又有了一个知音。哎！你路上走了多久呀？真把我急死了。"

胡适有点歉意地解释起来："我在6月9日离开纽约，经过加拿大、日本东京和神户，抵达上海。正值北京闹复辟，我就回绩溪看望一下母亲和未婚妻。"

"家里为洋博士找了一位小脚女人，你在美国很受几位女士青睐，平均每天要向外发三封信。"

陈独秀毫无顾忌地开玩笑，胡适的脸红了起来，口袋里贴身带着韦莲司温情脉脉的信。

"我三岁的时候死了父亲，母亲为我操尽了心。只要母亲高兴，我无所谓。"

"看来你将来能有大出息，在中国要想成为圣人和国人导师，首先要在婚姻上完美无缺，没有绯闻。"

"听说北大校风不太好呀。"

"这话不假，学生不好学，逛妓院、打麻将，教师因循守旧，抱残守缺。像拖着辫子的辜鸿铭，至今有一位仆人在课堂上为他装烟倒茶。他坐在靠椅上，慢吞吞地讲课，一会儿吸水烟，一会儿喝茶，学生只好干着急。"

"蔡校长难道不管吗？"

"有的学生对延聘辜鸿铭和刘师培存在不满，但蔡先生讲究兼容并蓄，冰炭同炉，'道并行而不相悖'。蔡先生骨子里向着新潮，把你我等人请进北大就是一例。按他的办学思路，一流的大学必须有一流的学问大家。我现在觉得他这样做有些道理。正是自由主义的大旗，保护了我们一批纠集在《新青年》周围的异端分子。"

"我不主张教授间的新旧对立，蔡老先生欲兼容并蓄，宗旨似乎错了。北大的学生旧学根基很深，不太好对付。"

"你前三脚一定要踢好。我和蔡先生商量，想请你担任哲学系主任，再教英国诗和英文。你的中国哲学史准备得如何？"

"没有问题！"

"好！我陪你去见见蔡先生，他对你真是一往情深呢。"

陈独秀陪胡适走进校长室，蔡元培正在安排新学年的开学典礼和评议会的选举时间。见到胡适，蔡元培松了口气，仰天长嘘了一声，向陈独秀索要一支烟，说："你总算到了！凤凰栖息梧桐树，正是时候！"

陈独秀说："蔡校长对你特别偏心，评议会每学科只选两名教授做评议员，老蔡一直压着等你到了才选举。"

胡适起身向蔡元培鞠躬，说："实在太感谢先生的知遇之恩，我一定不负您的厚望！"

蔡元培说："我安排你在开学典礼上演讲，给大家留下好的印象。你研究墨家学派，开学后可以和章士钊的逻辑学、马叙伦的老庄，一起搞一次讲座，让师生们都来见见世面，把你哲学系主任的牌子亮出去。你有信心吗？"

胡适爽快地点点头，蔡元培收拾好桌子上的公文，幽默地说："今天咱北大'卯字号'的三只兔子全齐了，走！老兔子请客，去六味斋庆贺一番。顺便叫来钱玄同，让章门弟子今后多给胡适保驾护航。"

胡适风驰电掣般闯进北大，成了新旧各派最关注的人物。胡适和蔡元培很快发现，双方的教育思想有许多相似之处。两人都是狂热的大学主义者，以创办一流大学为终生志向。晚上吃饭时，胡适递过来一份报纸，蔡元培看了连声赞叹："你真不愧是旧学深邃、新知宽广的人。当一般的留学生沾沾自喜时，你忧患地大声疾呼：'留学者，吾国之大耻也！'你发表的大学是文化学术中心的观点，也和我见解相同。"

北大新学年开学典礼上，蔡元培特地安排胡适做一场《大学与中国高等学问之关系》的讲演。场面是够气派了，大礼堂里挤满黑压压的人，其中有许多是刚考进北大充满好奇的新生。蔡元培辞退一批不称职者以后，对所有留任和新来的教师都重新发了一份大红聘书。学界宿儒和名流兴高采烈地在前排入座，谈笑风生相互问候。在蔡元培的邀请下，胡适踌躇满志地昂首走上讲台。胡适微笑着站起身，下意识地用英文轻声念了一句荷马的诗："如今我们已回来了，你们请看分晓吧！"胡适以为别人不懂，却被旁边的辜鸿铭听到，老怪物朝胡适惊鸿一瞥，露出轻蔑的冷笑。胡适留学时曾因讲演出众入选全美优秀大学生联谊会。胡适今天重点阐述关于大学在保留高级文化人才、创造新文化方面所起重要作用的思想，提出把北大办成现代国际著名大学的设想。为了炫耀自己的先见之明，胡适又充满感情色彩地回忆留美经历。

"在1915年1月，我和竺可桢谈过创办国内著名大学的强烈愿望，以后又和英文教师亚舟谈到中国无著名大学的耻辱。我在日记中大发感叹地写道，他日能见中国有一国家大学可比此邦哈佛，英国剑桥、牛津，德国柏林，法国巴黎，死而瞑目。第二天我仍觉意犹未尽，又在日记上写道，国无海军，不足耻也；国无陆军，不足耻也！国无大学，无公共藏书楼，无博物馆，无美术馆，乃可耻耳！今天，我终于回来，我以为今日要造国家不亡，首在树人。树人之道，端在教育。我郑重宣布，回国后别无奢望，但求以一张苦口，一支秃笔，献身于北大迈向世界著名大学的进程……"

台下响起掌声，不够热烈，胡适想用激情说些豪言壮语，赢来更多的掌声。耳边忽然传来辜鸿铭不高不低的嘲讽，也许是为了顾及胡适的面子，老怪物先说了一口纯正的英语，随后变成法语。"胡先生留了七年学，可刚才的英语说得实在不地道。记住，在英国那是下等人的发音！"

胡适的自尊心一下子垮了，胡适瞟了一眼正襟危坐在辜鸿铭身边的黄侃、刘师培、陈汉章、马叙伦、章士钊等一大批国学大家，忙红着脸低头走下台来。在教师休息室里，老先生们看在洋博士的面子上，没有吹胡子瞪眼，但送来挖心挖肝的调侃和嘲讽，胡适绅士风度再好，也足够难堪。黄侃今天心情特别舒畅，满面笑容地说："胡适呀胡适，你那首'黄蝴蝶'写得实在好，以后我尊称你'黄蝴蝶'。按白话文，你不该叫胡适，该叫'往哪里走'。哈哈哈！"辜鸿铭只管靠在椅子上吸烟喝茶，一副目中无人的样子。待过足了烟瘾，辜鸿铭缓缓地起身，临走前，盯了胡适一眼，用英语说道："你不该狂！我读过你用英文写的文章。如果哪天我有兴趣见你，你可来府上看看我用英文写的《尊王篇》和《春秋大义》，见识一下维多利亚时代的文风。"

胡适并没有气馁。他是个具有多重面具的人。一心做圣人、率性而为是胡适的脾气，遇到压力反弹更是胡适的性格。胡适自认为对墨家学说烂熟于心，全身心地投入备课。有一支与胡适年龄相仿又学问扎实的劲旅在等待自己，胡适必须征服他们的挑战和反抗，直至最后征服北大，征服整个中国思想界。急于成功，紧张容易出丑，胡适的第一次哲学讲座出尽洋相。真不凑巧，章士钊、马叙伦的讲座与胡适同时举行。

胡适被章士钊的气势震住，章士钊早年留学，主攻逻辑学，"逻辑"一词经章士钊在《国风报》上直译而来。在此之前学界都译为名学和伦理学，或仿日本译为理则学。海报贴出后，拥来许多学生，教室里门户堵塞，没有缝隙。翌日，移到大教室，可坐四五百人，仍拥挤如故，最后连窗外和走道上都站满人，章士钊口若悬河，从容不迫地讲起《逻辑学指要》。

马叙伦则是专吃老庄饭的行家，被胡适耿耿于怀地划入"温州派"，庄谐杂陈，妙趣横生，常常会仰起头进入一种类似逍遥游的忘我境界。

胡适在心理压力下走上讲台，开始听课的学生不算少，连不属于哲学系的傅斯年也凑趣赶来，傅斯年是全校学生公认的"无冕之王"，在同学中学问绝对第一，顾颉刚只能屈居第二。对面马叙伦那边溜过来一大群学生，傅斯年派头越来越像黄侃，穿一件宽袖大褂，手里摇着一把蒲扇。傅斯年诡谲地瞟了一眼讲台，对范文澜、顾颉刚说："我来看胡适胡说些什么，千万别当真！"胡适隐隐地感觉到教室里的躁动，听到一些不愉快的议论，思绪马上烦躁起来。"他靠用英文翻译孔子和墨子才当上博士。""此人除了胆大皮厚，别无任何学问！"

胡适想起在康乃尔大学第一次选修讲演课的情景。1912年的夏天，胡适被教授叫上台练习讲演，魔鬼突然缠住身心，浑身发冷，颤抖不止，必须扶住讲台才能说话。这种感觉又开始袭来，胡适结结巴巴，可是现在的胡适已不是无名小卒，一种强烈的领袖意识使他很快镇静下来，他自信有极好的表达能力，能镇住台下一帮狂妄无知的年轻人，并把另外两个教室的学生吸引过来。

命运真的和初来北大的胡适，开了一个不大不小的玩笑。几天下来，听课的学生竟越来越少，最后只剩下班长一人。班长是一位老实人，听见胡适垂询，不好意思地低下头："学生如果再走的话，就没人帮先生解围了。"胡适感叹唏嘘，差点掉下眼泪，问道："他们为什么都不爱听我的课？"班长鼓起勇气，说："大家觉得好像听外国汉学家讲中国学问，虽然有些观点为我们所未想到，但终究不见博大新颖，不符合中国人的人生标准。"胡适悲凉地垂下一颗骄傲的头颅。胡适发现自己的一个毛病，在内行面前似乎不够自信。胡适没有泄气，而是抱来一大摞章太炎和国粹派的书籍，闭门谢客，夜以继日地潜心研读，发誓要憋足全身力气反弹，终于选准一个雪耻的突破口，胡适的哲学史大纲诞生了。

三十一

辜鸿铭拖了一条大辫子，戴了一顶黑缎子平顶的瓜皮帽，大摇大摆地上汉花园北大文学院的红楼，成为一道别致风景。学生们对辜鸿铭的辫子当然觉得有趣，发笑。辜鸿铭说："你们笑我，无非是因为我的辫子，我的辫子是有形的，可以剪掉，然而诸位同学脑袋里的辫子，就不是那么好剪啦！"真正语出不凡。同学们戏言，谁要想一夜出名很容易，把辜先生的辫子剪掉，中外报纸准会刊登。

上课前，辜鸿铭给学生立三条规矩："第一，我进来时，你们要站起来，上完课我先出去，你们才能出去。第二，我向你们问话或你们向我提问，你们都要站起来。第三，我指定背的书，你们都要背，背不出的不能坐下。"同学们慑于辜先生的大名，不敢提出异议。辜鸿铭引经据典，今天说教学生们洋"大雅"，明天教洋"小雅"，后天要教洋"离骚"（弥尔顿的悼亡友诗）。学生们倒不怕背诵，最怕翻译。学生一听要将"天地玄黄，宇宙洪荒"译为英文，个个抓耳挠腮。

辜鸿铭长期接受西方教育，在黑板上写错汉字的事时有发生。有次讲《晏子春秋》时，辜鸿铭把"晏"写成"宴"，经同学指出后，辜鸿铭很尴尬，一边纠正一边自语："汉字真讨厌，'晏'与'宴'把'日'字的部位换一下，字义就不同了。英语中没有这样调皮捣蛋的家伙。"有个好事的学生指出英语中也有类似情况，比如"god"（上帝）倒过来就成了"dog"（狗），将了辜鸿铭一军，辜鸿铭一耸肩一摊手一笑了之。在北大当教授，辜鸿铭并没有把本分之中的传道授业解惑当回事，第一堂课要学生将讲义翻到 page one（第一页），等到最后一堂课他还要学生将讲义翻到 page one。授课时间全在嬉笑怒骂中过去，但他的嬉笑怒骂全是学问。辜鸿铭的课上座率极高，并不逊色于胡适多少。以怪论耸人听闻，以嘲骂语惊四座，以诡辩独擅胜场，眼瞧着那些青年听众两眼发直，舌挢不下，被牵着鼻子走，这是辜鸿铭乐此不疲的事情。又有谁比北大的学生更合适做他的听众？要领会他的幽默讽刺，必须有点悟性。

辜鸿铭在课堂上说，现在做官的人，都是为了保住他们的饭碗。他们的饭碗跟咱们的饭碗不一样，他们的饭碗很大，里边可以装汽车，装洋房，装姨太太。又说，现在的作者文章都不通。他们所用的名词站不住脚，譬如"改良"一词吧，以前的人都说"从良"，你既然是"良"了，还改个什么劲？莫非要改"良"为"娼"？他向学生表示，百分之百拥护君主制度，中国社会大乱，时局不宁，元凶是没有君主。他举出一个小小的例子，证明此言不虚：比如你要讲"法律"（说时小声），没有人害怕；你要讲"王法"（大声，一拍桌子），大家就害怕了，少了那个"王"字绝对不行。

北大是藏龙卧虎之地，有不少洋教授历来受尊重，辜鸿铭从不把他们放在眼里。新聘的一位英国教授到教员休息室，见到头上拖一条小辫子的老头蜷卧在沙发里，戴瓜皮帽，身穿秽迹斑斑的长袍，洋教授不怀好意地一笑。辜鸿铭也不介意，用一口纯正的英语问他尊姓大名，教哪一科。洋教授为之一震，答道是教文学的。辜鸿铭马上用拉丁语与对方交谈，洋教授语无伦次结结巴巴，出了洋相。辜鸿铭问："你教西洋文学，如何对拉丁文如此隔膜？"洋教授无言以对，仓皇逃去。辜鸿铭对崇洋媚外的现象十分反感，不失时机地羞辱白人，证明中国人才是真正优越的代表。辜鸿铭在北京椿树胡同的私邸宴请欧美友人，点燃煤油灯，烟气呛鼻。有人说，煤油灯不如电灯和汽灯明亮，辜鸿铭笑道："我们东方人讲求明心见性，东方人心明，油灯自亮。东方人不像西方人那样专门看重表面功夫。"这是谈佛理，谈哲学，还是故弄玄虚？反正辜鸿铭这一套足够唬住那些洋鬼子。辜鸿铭殊非当时一些拖拖沓沓的士大夫所可比拟，生平喜欢痛骂洋人，反以此见重于洋人，因为辜鸿铭骂得鞭辟入里，骂在要害穴位和命门上。洋人崇信辜鸿铭的学问和智慧，到了痴迷的地步。辜鸿铭在东交民巷使馆区内的六国饭店用英文讲演 *"The Spirit of the Chinese People"*（他自译为《春秋大义》），中国人讲演历来没有售票的先例，他却要售票，而且票价高过"四大名旦"之一的梅兰芳。听梅兰芳的京戏只要一元二角，听辜鸿铭的讲演要两元，外国人对辜鸿铭的重视由此可见一斑。

辜鸿铭的辫子，永远是捏在别人手中的谈资笑柄。辜鸿铭自己辩解："中国的存亡，在德不在辫，辫子除与不除，原无多大出入。" 辜鸿铭批评胡适讲授美国中下层的英语，与高雅不沾边，辜鸿铭常常揭露胡适外语功力不够的老底："以粗俗鄙陋的'留学生英语'叫嚷'文学革命'，胡适简直是瞎胡闹！连希腊文和德文都不懂，竟敢有脸在大学讲坛上大侃西方哲学，胡适博士简直把学生当猴耍！"胡适拍马上阵，在《每周评论》上撰文，柔中带刚，绵里藏针，剖析辜鸿铭留辫子的原因，辜鸿铭并不是真的留恋前清，而是标新立异。酒会上两人正好相逢。胡适将那张报纸给辜鸿铭看，辜鸿铭阅后厉声斥责："胡先生，你公然毁谤我，你要在报纸上公开道歉。否则，我将到法院控告你！"胡适说："辜先生，你是开玩笑吧。要是恐吓我，请你先去告状，我要等法院判决了，才向你正式道歉！"

对辜鸿铭的这种清高、自大、傲慢和怪癖，陈独秀大发牢骚："辜鸿铭上课，带一童仆，为他装烟倒茶，他坐在靠椅上，辫子拖着，慢慢吞吞上课，一会儿吸烟，一会儿喝茶……蔡校长能容忍他摆架子，玩臭格，居然一点也不生气！"更加刺激的是，在北大一次教员会上，辜鸿铭公然扬言："如果今天没皇帝，伦理学这门功课可以不讲了。"文科学长陈独秀差点气晕过去。

张勋65岁生日时，辜鸿铭送给苟延残喘的"辫帅"一副贺寿联，上联是"荷尽已无擎雨盖"，下联是"菊残犹有傲霜枝"。意思是清朝灭亡了，那顶官帽已经全无着落，但还留下一条好端端的辫子，足可笑傲于寒光闪闪的时代。撇开精神内涵不谈，借喻确实极为贴切生动。辜鸿铭用苏东坡《赠刘景文》一诗中的名句，夸赞张勋的遗老骨气，别有深意，纯然作为自我表彰。毕竟张勋带头上演过复辟闹剧，那条辫子已经臭名昭著，而辜鸿铭的辫子，大家无论是否情愿，确实承认它具有传统文化的符号意义，当新文化运动蓬蓬勃勃之际，称它为"傲霜枝"，有点滑稽。

三十二

窗外秋风四起，木叶萧萧，隐隐约约传来狗的叫声。鲁迅展开一张大幅碑帖，用尺子细细量过高度，数出行数，然后研墨蘸笔，在油灯下抄写起来。绍兴会馆门口，出现了那位身材矮胖、穿着白绸大褂的钱玄同，钱玄同正用手中的大皮包躲闪着狂吠的看门狗，老长班看见大先生的客人，忙赔着笑脸将狗喝住。钱玄同惊魂未定地绕过月亮形状的拱门，穿过老槐树，走进了周氏兄弟的卧室。

鲁迅仍在埋头孜孜不倦，钱玄同打趣道："猫头鹰呀，又在抄你的古碑？"这诨号还是当年在日本时取的，鲁迅喜欢熬夜，又蓬头垢面不修边幅，一经钱玄同命名，很快在朋友中间叫开了。鲁迅说："爬翁呀，真是难得的稀客。"钱玄同脱去长衫，放下大皮包，坐在藤椅上，望着屋里到处挂着的碑帖，不解地问："你抄这些到底有什么用？""没什么用！""你抄它们有什么意思？""没什么意思！""当初留学日本时，你说过要用文艺来改变国民性，怎么现在却钻进死人堆里？"鲁迅沉默不语，脸色发青地点燃一支烟。记得刚从日本回来时，鲁迅特意带走一束樱花，如今上哪儿去寻找那片绚丽的云霞？二弟来京后，把腾出的房间重新摆布，鲁迅却生不出闲逸的兴致，每天办公回来，陷入古籍和金石拓本的围城之中，最近竟无聊到用木盒子养起壁虎。夜间，不知谁家的猫来屋上骚扰，鲁迅怒气冲冲，拿着竹竿穷追不舍。

鲁迅说："我是在麻醉自己的灵魂！"

钱玄同说："这又何苦？"

鲁迅说："我承认，我变成了一个十足的悲观主义者。革命以前，我是奴隶，革命以后不久，又受了奴隶的欺骗，成了他们的奴隶！"

钱玄同说："你应该写点文章，用你的笔去改变这一切。"

鲁迅目眦欲裂，有点冲动地站起身比画着，说："中国好比一间铁屋子，没有窗户又极难打破。里面躺着许多熟睡的人，快要被闷死，然而他们是从昏睡进入死亡的，所以感受不到临死的悲哀。现在你大嚷起来，要他们感受一份临死前的痛苦，你倒以为对得起他们。"

钱玄同目光炯炯地反驳："既然已经清醒地起来了，就不能说绝没有毁灭铁屋子的希望。"

鲁迅点点头坐了下来，意识到闭门造墙，把自己同时代隔离开来总是不好的，难道黑暗世界不该受到诅咒吗？

周作人从隔壁房间踱步出来，与钱玄同打着招呼："你们聊得好热闹。"

周作人因最近接到蔡元培的聘书，教授欧洲文学史和罗马文学史，月薪增至240元，心情舒畅。钱玄同从皮包里取出两本《新青年》，递给了周氏兄弟，说："实不相瞒，近来我们《新青年》销路不佳，想恳请二位赐稿，鼎力相助。"

鲁迅晒笑："看来你们觉得寂寞了，既没有人大声赞同，又没有人跳出来反对……"

钱玄同说："我们正在酝酿改组，想从明年起轮流主编一期刊物，刊物的面貌也要发生大的变化，要打倒一切腐朽的旧文化，来一次新文化运动。陈独秀托我向你们问好，欢迎你们上阵助战。"

鲁迅说："主将有令，我遵命当一名过河卒子，为你们呐喊几声吧。"

钱玄同又问周作人，周作人天生一副菩萨心肠，见兄长已答应了，说："我把古希腊谛阿克列多思的《牧歌》用白话文翻译出来，你看如何？"

大功告成，钱玄同高兴地夹起黑皮包，说："让我们一齐动手，来打破这个铁屋子！"

鲁迅送钱玄同出来，说："下次来早些，我请你去胡同外的广和居吃炸丸子。"钱玄同大喜，可又害怕门房的狗，提心吊胆地溜走了。

转眼进入深秋，香山红叶摇曳出火焰般的热情，校园里出现一派崭新的气象。蔡元培整治北大初见成效，金色的阳光暖暖地射进办公室，蔡元培斜靠在圈椅里，津津乐道，翻阅着一大摞散发着墨香的《北京大学日刊》。这份新创刊的读物，几乎每天公布令人振奋的好消息。

北大评议会正式成立，胡适当选为文科评议员。教育部同意修改大学章程，在北大首先推行选科制。法科学长王建租来函，法科研究所筹备成立。各科的研究所相继成立，范文澜等人有幸成了留校的第一批研究生。学生团体赶潮流，好比雨后春笋争先恐后地往外冒。学生银行筹备委员会刚宣告成立，史学、音乐等各种研究会都抢着来请蔡元培当名誉会长或要求亮牌子。他是个天生的革新家，更是一位执着的道德理想家。他举办两次大场面的艺术讲座，迈出以美育代宗教的重要一步。

秋高气爽，澄澈的蓝天上传来隐隐的鸽哨声。蔡元培缓缓地向法科大讲堂走去。

胡适神态自若地站在讲台上，讲授中国哲学史。虽然这是最容易叫人打瞌睡的下午，然而大讲堂里黑压压坐满一百五六十人，睁大着三百几十只眼睛，摊开了一百多本各式各样的笔记簿，摆着一百多支笔，盯着一个年龄与他们相仿的人滔滔不绝地阐述新的见解。胡适越讲越有趣味，对于一个问题往往反复议论，引经据典，使大家惊异于他的渊博知识，更惊异于他的超强记忆力。胡适控制住了局面，把枯燥的中国古代哲学史，演绎成一部生动的有血有肉的白话历史长卷。下课时，胡适整理好讲义正要出去，发现傅斯年和顾颉刚站在座位前，好像有话要说似的。胡适忙热情地迎上去，邀请他们到房间去做客："真要感谢二位的捧场啊。"傅斯年有点矜持地指指顾颉刚，说："你谢谢他吧，他发现了胡先生与众不同的治学方法。"三个人回到北河沿的教师宿舍，海阔天空地漫谈起来，毕竟都是年轻人，感情很快融洽。

三十三

1918的腊月真是有点腻歪，天奇冷，却很少下雪。对于槐树书屋的主人来说，蛰伏似乎已成为过去，开始忙碌起来，兄弟俩早早地起了床，吃了一碗热腾腾的水磨年糕菜泡饭，合坐一辆包车去了北大。钱玄同向诸位介绍头一次来开会的鲁迅。屋里的炭炉温度很高，鲁迅今天穿了一件厚棉袍，他解开衣扣，坐在靠墙角的沈尹默身旁。刘半农忙着招呼周作人，周作人愉快地应了一声，一边脱下大绒帽，缓缓解开马夫式的大衣，一边挨着这位性格活泼的新同事坐了下来。

刘半农瞥了一眼留着浓密须髯、性格温和的周作人，欣喜地说："启明兄气度非凡，有点像电影里的俄国英雄。"

周作人说："我第一次见你头老大，眼有芒角，真是大吃一惊，以为遇到了盖世奇才。哈哈哈！"

陈独秀主动地拿了几期去年的《新青年》给鲁迅，泡了一杯茶。钱玄同低声告诉鲁迅，今年的刊物将改成横行印刷，鲁迅点点头，知道这又是钱玄同的主张。除了胡适因婚假未归外，人已到齐，陈独秀宣布开会，《新青年》发行了一万多册，书社仍嫌过少，今年想将它改为同人刊物，相信依靠诸位的努力，一定会有大的发展。

"要办同人刊物，最好实行轮流编辑，但对稿件要建立集体讨论的制度。"这是新来的北大图书馆主任李大钊的声音。

"我呢，还是那个观点，《新青年》的文风必须用白话文体！"这是钱玄同慷慨激昂的声音，桌前放着一只形影不离的大皮包，说话时气壮如牛，总是希望有人立即响应。

陈独秀今天是主持人，显得很有风度，递了一支烟给坐在钱玄同旁边的鲁迅。鲁迅手上的烟还未燃尽，正仰着头听大家发言。钱玄同叮嘱沈尹默、刘半农要多写新诗，《新青年》急需好稿子，顺便通告一声，三月号将有爆炸性新闻，炮弹全准备好了，暂时保密！鲁迅有些不好意思起来，钱玄同来家里催过几次，在众目睽睽的场合，鲁迅只能应付："我写一篇小说试试。"陈独秀觉得鲁迅很深沉，有见解，在文化领域一定出手不凡。陈独秀赞许地说："太好了，我们的白话文学有了新诗，还缺少新小说。"临别时，陈独秀亲自送鲁迅出门，拉着鲁迅的手说："下次开编辑会议，希望您多发表高见，既然来了，就不是局外人嘛。"鲁迅微笑着答应。

回到家里后，鲁迅心情舒畅，陈独秀这一班人给鲁迅的印象不坏，因为没有投稿，开一次会不能算是正式加盟。晚饭后，鲁迅习惯地靠在藤椅上，一言不发地吸着烟，桌上摊开着去年10月至11月的日记。人们容易健忘，而鲁迅偏偏执着于过去。人们喜欢沉醉于好梦，而鲁迅偏偏直面丑恶的现实。流水衙门，旗幡变换，都改不了吃人的本性。再造共和的段祺瑞因发动南方战争失败而引咎辞职，教育部长换成了傅增湘，鲁迅深恶痛绝地辞去了教育部金事一职。中国在黑暗的泥坑中陷得太深了，外来的各种思想成群结队地飞过天空。鲁迅意识到该给《新青年》写稿子，一个人目睹改革者肩负各种压力挣扎前进时竟默无表示，无论如何是可憎恶的，需要从旁边呐喊几声，给他们壮壮胆。鲁迅顺手从书架上摸出一部《资治通鉴》，像翻开一部积满尘灰的中国历史。鲁迅几次提起笔，始终写不出一个字，时光悄然流逝。

校长室里的灯光一直亮到天明。蔡元培伏案写完最后一个字，疲倦地揉了一下发红的眼睑，推窗迎进满天彩霞，忍不住轻声念了一句杜甫的名句，"新诗作罢自长吟"。他又从头读了一遍全文，心里充满一件大事完成后踌躇满志的感觉。他匆匆唤来范文澜，赶快送《北京大学日刊》发表。范文澜拿起文稿，脸上露出惊讶的表情，只见题头上写着一行熟悉的黄山谷体书法——《北大进德会旨趣书》。范文澜刚转身出门，耳边又传来蔡元培的叮咛："文章出来后，请你随便找10位教师，10位学生，10位校役，听听他们对成立进德会的反响和态度。"夙兴夜寐，饥肠辘辘，蔡元培摸出几块备好的饼干，喝着残茶吃早饭。他暗自庆幸昨晚的决定，家里的来访者和电话实在太多，夫人黄仲玉的身体近来不好，每当自己夜里工作，她又习惯陪着添茶做夜宵，一直侍候到上床休息为止。

蔡元培眼前又浮现沈尹默来访的情景。沈尹默悄然而至，说陈独秀夫妻近来常磕磕碰碰，高君曼刚来向沈尹默哭诉过。"究竟是为何事不和？"蔡元培对那位因咯血而脸色苍白的女子充满同情。沈尹默有点诡谲地瞥了一眼，摸出一张写有陈独秀新诗《丁巳除夕歌》的八行信笺，说："高君曼怀疑他在外逛八大胡同，拈花惹草，吵嘴时骂丈夫是无耻之徒。陈独秀讥讽她故作清高，一副小资情调，心有苦衷没处发泄，写了一首'除夕歌'。唉！这种事传出去，有损北大声誉。"蔡元培隐隐觉得陈独秀的第二次婚姻出现裂痕，轻叹一声铺开信笺，上面写道：人生如梦，日月如梭，我有千言万语说不出，十年不作除夕歌，世界之大大如斗，装满悲欢装不了他，万人如海北京城，谁知道有人愁似我？沈尹默又不温不火地提醒一句："只有您能约束陈独秀，他情绪上来，是不考虑后果的。当年喜欢上小姨子，不是只管自己同居吗？"

当然，成立进德会不仅仅是为了这件事。通过一年多的整治，最近北大又相继成立美术、书法、音乐等研究会，师生中的研究空气逐渐浓厚，蔚然成风。积重难返，彻底清除不良现象，谈何容易。喜欢喝喝花酒、捧捧名角或小赌几局的师生虽然少了，但仍不乏其人。辜鸿铭是个老风流，穿着长袍马褂，拖着一条长辫子，又七老八十了，偏偏改不了青楼狎妓的习气。

蔡元培确实是一位执着的道德理想家，成立进德会，改造社会风气，是他自青年时代起孜孜以求的宏愿。出任教育总长前夕，他在上海与所谓的同盟会四元老吴稚晖、张静江、李石曾，一起成立过一个无强制约束力的进德会，议定八条会约：一为不淫邪，二为不赌博，三为不置妾，四为不做官吏，五为不做议员，六为不吸烟，七为不饮酒，八为不食肉。能做到前三条者为甲种会员，能做到前五条者为乙种会员，能做到前七条者为丙种会员，八条全部都能做到者为丁种会员。他是发起人之一，理所当然地认做了丁种会员。没有几天，他违反约定，答应了孙中山的苦苦劝说，出任南京临时政府的教育总长。李石曾、章太炎等一度认定他官瘾太重，做人有失体面。他只好暗自叫苦，一直到袁世凯野心暴露，他和同盟会四总长集体辞职，人们才终于看清了他的为人。

《北京大学日刊》反响空前，李石曾第一个兴冲冲跑来见蔡元培，说："此事功德无量。下一步，我建议在我们办的孔德学校和留法俭学会预备学校，也成立进德会。我仿佛回到从上海开往天津的海轮上，正意气风发地和您攀谈，起草《社会改良会宣言》。当时我们的心真像海风鼓荡的帆船，充满希望啊！"

李大钊正欣喜地在图书馆看校刊，并用朱笔画出重要的词句。范文澜进门，神色庄严地说："看！蔡先生说得多好啊，改造中国应从这里入手。你愿意参加进德会，并申请为两种会员吗？"李大钊说："铁肩担道义，肝胆皆冰雪，我要和蔡先生站在一个战壕里，用莲花圣水荡涤人们的道德污点。"

胡适刚从绩溪完婚回校，在宿舍里整理五首新写的白话诗。胡适看完这篇长文，对范文澜说："蔡先生的提议非常及时，我们要提倡新文化，反对旧文化，提倡新道德，反对旧道德。三条理由很充分，可以律己，可以谢人，可以止谤。止谤莫如自修，我写了一组《新婚杂诗》，正准备拿去给《新青年》发表，让天下人都知道我胡适的婚姻很美满。"胡适抽出一首诗，在手中扬了扬。诗云：十三年没见面的相思，于今完结。把一桩桩伤心旧事，从头细说。你莫说你对不住我，我也不说我对不住你——且牢牢记取这十二月三十夜的中天明月！范文澜从"完结"两个字中隐约看出胡适与江冬秀之间的裂隙。一个是留洋的教授，一个是未见世面的乡村女子，没有裂痕才怪呢。但胡适太爱惜名声，善于平衡自己的感情。

当然，辜鸿铭最为有趣，在教师休息室里发表一通高见，歪着脖子说："蔡元培搞进德会我不反对，因为他是好人。我反对另一位好人辜鸿铭加入进德会，自古哪一位名士不拥妾狎妓？比如苏东坡、张岱。按外国的说法，屈原和婵娟的关系也有点暧昧。反正中国的名士比外国人文明，他们偷偷地养情人，不像我们那般堂堂正正地风流。"蔡元培主动征求陈独秀的意见。

凡平时有些绯闻的人，蔡元培都想亲自去劝说入会。进德会成立后还有纠察员，蔡元培相信人要有所约束。

三十四

一年一度的春风，吹绿路边河畔的垂柳，谷雨惊蛰，万物复苏。大街上传来报童清脆的嗓音："看王敬轩大骂《新青年》！看记者反击王敬轩！看特大新闻哟！"在北大文科学长的办公室里，一派欢笑，《新青年》同人们正在互相评论功劳。

"王敬轩是谁？"沈尹默睁大眼睛问道。"玄同呀！"陈独秀积极回应。"记者是你吗？"沈尹默又问，依然是吃惊的神色。"是半农呀！"陈独秀注意地瞧了一眼沈尹默。"原来二位演了一台'双簧戏'，哈哈哈！"沈尹默恍然大悟，惊喜地大笑起来。

鲁迅依然坐在屋角，独自抽着烟，望着扬扬得意的钱玄同和刘半农，嘴角露出了由衷的微笑。周作人很为这些朋友打了一次大胜仗而高兴。

胡适说："一定又是半农的主意。"

陈独秀说："制造一些气氛未尝不可。"

胡适说："我觉得化名写这种游戏文章，不是正人君子所为。外人知道了，会笑话《新青年》。"

刘半农说："我们是为了帮你出气呀！林琴南在上海《民国日报》上发表《论古文不当废》，攻击二位。"

陈独秀说："半农和玄同出于好意。对于那些闭眼胡说的妄人，唯有痛骂一种方法！"

钱玄同情绪特别亢奋，和众人谈起文字改革的问题，说："欲使中国不亡，欲使中华民族为20世纪文明之民族，不可不废孔学。欲废孔学，不可不先废记载孔门学说及道教妖言的汉文。"

这位音韵训诂大家怎么啦？真是语不惊人誓不休！周作人低声告诉鲁迅，前不久钱玄同在教育部的会议上提出建议：文章用标点，书写用阿拉伯数字，用公元纪年，书报杂志一律将右行直下改为左行横排。今天更极端了，传出去反响肯定不亚于刚才那个"双簧戏"。鲁迅微微颔首。

胡适说："我难以完全赞成此类观点，我主张在汉语和拼音字母之间架起桥梁，有一个尝试白话文的环节。"

陈独秀说："你反对走极端，总是要尽量与反对派'刍议'一些什么。"

胡适说："只要议论平心静气，反对有理有据，我们《新青年》都要欢迎。"

李大钊洗耳恭听，翻阅一本介绍俄国十月革命的小册子。李大钊对有关马克思主义的理论很感兴趣，为北大图书馆购买了许多这方面的书籍。李大钊善意奉劝胡适："只怕反对派以为你是《新青年》中的异端，反对文学革命。"

胡适耸耸肩，摊开双手，一副绅士风度地说："这不要紧，观点一致的人，见解还有先后快慢呢。"

回家的路上，周氏兄弟合坐一辆包车。鲁迅说出一段精辟的见解："假如将韬略比作一间仓库，陈独秀在外面竖一面大旗，大书道：'内皆武器，来者小心！'门口敞开，里面有几支枪，几把刀，一目了然，用不着提防。胡适紧紧地关闭房门，贴着一张小字条：'内无武器，请勿疑虑。'刘半农是令人不觉得有'武器库'的人，所以我佩服陈独秀、胡适，更亲近刘半农！"周作人暗自叫绝，这大约是兄长的深刻之处吧。

溶溶的月光透过清明前槐树的嫩叶，洒落在案前。面对着皎洁月光，一双深邃的眼里溢出喜悦，鲁迅感应到一种暗示，冥冥中等待已久的灵感飘然而至。他兴奋地握起笔，写道吃人！他终于找到一个可以突破的缺口。人世间一切残酷、虚伪、陈腐的现象，都从这样两个症结的字眼里，透出了最生动的说明。借狂人的嘴巴说话！像果戈理写那位九等文官的小书记一样。太具体了不行，情节反而是一种累赘。对！使用象征，用一组充满诅咒、忏悔、警示的意象，把一切都贯穿到沉重主题里，让读者通过人物内心独白和环境氛围看到血淋淋的现实世界。他俯身砚台，耕耘文字，用几句文言写完楔子，仿佛记叙一种熟悉的感觉，张弛有度："今天晚上，很好的月光。我不见他，已经三十多年；今天见了，精神分外爽快。才知道以前的三十多年，全是发昏；然而须十分小心。不然，那赵家的狗，何以看我两眼，我怕得有理……"鲁迅被一种痛苦的感情慑住，恍惚中自己好像成了那位神经高度警觉的疯子，正在权贵、尊长、帮凶、看客阴沉的目光下，在许许多多沉沦未醒的人面前逃窜。他的文笔越来越犀利而悲愤，充满了入木三分的尖刻和战士般呐喊的快感。月落乌啼，晨光熹微，他偶尔走神，抬起头凝望黑沉沉的夜空，叹息一声："中国在黑暗中陷得太深了，非有全民族的忏悔不足以拯救未来。"他往油灯的火焰瞄了一眼，援笔蘸了墨汁，迅疾地收束全篇。趁着余兴，他用隔夜水重新泡了一杯清茶，吃了几块点心，点燃残剩的半截纸烟，又将小说《狂人日记》删改一遍。他想尽快地誊清稿子，让钱玄同拿去给《新青年》发表。

清明节的晚上，钱玄同带着刘半农来到书屋，匆匆看了一遍，说："《新青年》还没有发表过这样的佳作，真想不到小说可以这样写。"

钱玄同将《狂人日记》交给陈独秀。陈独秀拍案叫绝，畅怀大笑，没有忘记跑腿的钱玄同，感激地说："玄同，这回你立了大功啊。豫才太深刻了，这是本人鼓吹文学革命以来最有分量的作品。"钱玄同说："豫才的文笔不错吧，其实，他还写新诗。"陈独秀说："何不一块儿要来稿件？四卷五号上还有空处嘛。"《新青年》刊出胡适、沈尹默、刘半农、俞平伯的白话诗后，每期都辟有新诗园地。钱玄同又拿来鲁迅的三首新诗，陈独秀尤其喜欢《桃花诗》：春雨过了，太阳又很好，随便走到园中。桃花开在园西，李花开在园东。我说："好极了，桃花红，李花白。"桃花可是生气了，好小子！真了得！我的话并没有得罪你，你怎么涨红了面孔？唉！花有花道理，我不懂。

西斋的学生宿舍里，傅斯年正召集张国焘、顾颉刚等人，商量办刊之事。范文澜拿着刚出版的《新青年》，冲了进来，说："快来看《狂人日记》，整个校园里都在争相传阅呢。"

傅斯年接过刊物，飞快地翻阅起来，很快被文中那过人的思想和悲悯的格调吸引住了，兴奋地说："这是谁的大作？简直是在放火。"

几位青年人都凑过脑袋，轻声吟诵一个陌生的名字——鲁迅。范文澜故意慢吞吞地卖起关子："听说是我的同乡周作人教授的哥哥。"

傅斯年说："有空时我们一起去拜访鲁迅先生。"

罗家伦不屑一顾，说："我们有胡适这块牌子足够了。"

傅斯年对众人宣布："我们的刊物叫作《新潮》吧，它是《新青年》的小弟弟。让新文化运动的新潮去涤荡神州大地吧！"

罗家伦热血沸腾地跳到桌子上，向窗外的蓝天举起双臂："我们来了！让腐朽的一切滚蛋吧！"

当晚霞映红了绒线胡同时，长长的石板路上，张厚载正好陪林琴南出来散步。附近就是北京女子高等师范，师生俩刚走过校门，里面拥出一群活泼可爱的女学生。她们手上拿着《新青年》，脸上充满着好奇，争先恐后地大声叫嚷着："中国是一个吃人的民族！""我们在被吃的同时也一样吃人！""你们可以改了，从真心改起！""将来容不得吃人的人，活在世上！"

林琴南如临大敌地瑟瑟颤抖，面色惊愕地拉住张厚载的手，说："今天的女师怎么成了疯人院？"

张厚载苦笑着解释道："那是因为《新青年》发表了鲁迅的《狂人日记》。"

林琴南想起了伤心的往事，神情黯然地喃喃自语："洪水猛兽……中国要亡了……"

张厚载觉得心里很迷惑，有一个问题一直搞不明白，趁机向老师请教："学生有一事不明，像严复这样的维新派，辜鸿铭这样吃洋面包长大的人，如今都竭力维护传统的纲常礼教；像陈独秀、胡适、钱玄同这些国学深厚的人，反而要向欧美寻找救国之策，竭力反对传统文化。"

林琴南轻蔑地冷笑着，说："这帮赶时髦的狂妄小子，他们要为无知付出代价。"

三十五

在铁狮子胡同的东口路北，庭院深深，门扇上金粉彩绘的口中衔环椒图，与大门两侧雄踞在精美石座上的威风凛凛的一对大石狮一起，活现出当年王府的森严和气派。段祺瑞坐在国务总理的办公室里，听徐树铮报告一个惊人的消息。东京的中国留学生听说段祺瑞和日本签署《共同防敌协定》，集体罢课，召开声讨大会，当日本警方逮捕一百多名学生时，中国留学生当场决定全部回国请愿，分头向北京和上海等地各界人士揭露真相，鼓动联合阻止大总统盖印。面色铁青的北洋虎段祺瑞下了决心，想用高压手段强行制止，凶狠地一拍桌子，说："传我命令，先让报馆封锁一切消息，扣留学生的宣传品，派侦探监视请愿团行动，严禁开各种大会。必要时，武力镇压！"

东京留学生请愿团如神兵天将，冲破重重关卡，出现在北京，下了火车，直奔北大等学校点火串联。几十名头围白布条的留日学生，突然出现在北大的各个角落，一边奔跑着，一边痛哭流涕地大声疾呼："同胞们！快行动起来救我中华。段祺瑞把中国出卖了！日本的军队很快就要开进吉林，开进黑龙江……"一位东北籍留学生披麻戴孝，跪在大操场中央，声嘶力竭地哭喊着："同学们！国将亡了，我们全体留日学生回国请愿，中国之大已放不下一张安静的课桌，快随我们去制止总统盖印吧！快去救我中华，救我同胞！"最后竟因激动昏厥过去。北大人震惊了，虽然他们从未遇见过这种事件，但一种蕴藏在血液里的天生的叛逆精神，突然萌发出巨大的爱国热情。他们决定行动，立即放下手中的书卷和饭碗，拥向大操场。傅斯年、张国焘等挑头，大声地宣布："先安排请愿团吃饭休整，晚上7时整，全体北大学生在法科大讲堂开会，研究明天的行动方案。"

法科大讲堂里灯火辉煌，挤满一千多名热血青年。一个可怕的现实终于使他们清醒过来，人人切齿唾骂，恨不能马上采取极端行动。傅斯年是学生们公认的无冕之王，被推上台演讲："同学们！我们来北大求学是为了将来救国，现在国家正逢需要我们献身的时候。只要卖国条约盖印，日本不仅控制中国的军队，掌握全部的军事情报，而且中国军队将成为东洋人的仆从军。他们的虎狼之师将合法地开进东三省，在那里驻兵设警，干涉内政，为所欲为，无恶不作。我们作为炎黄子孙，能眼睁睁看着国家主权被人出卖吗？我们决不答应！留日学生全部回国请愿，我们北大学生决定明天一早全体罢课，去总统府拼死阻止盖印。这件事有很大风险，所以我们刚才和各班班长商量，不惊动各科学长和敬爱的蔡校长。一切责任和后果，由我们临时成立的学生会全权负责。如果同学们愿意迈出勇敢的一步，请鼓掌通过。同学们，北大将永远走在与黑暗势力抗争的最前沿！希望这不是预言，而是行动！"台下响起雷鸣般的掌声，傅斯年在嘹亮的北大校歌中向大家鞠躬，抬起头来，热泪沾襟。

蔡元培正在寓所与汤尔和、沈尹默喝茶聊天，私人秘书范文澜冒冒失失地闯进来，气喘吁吁，说："蔡先生，北大全体学生连夜召开大会，决定明天一早上总统府请愿。我也参加了，但考虑再三，先来报告校长一下。"蔡元培温文儒雅的风范不见了，像点燃的爆竹突然蹦跳起来，声色俱厉地质问范文澜："为什么要罢课请愿？为什么不事先征求我的意见、擅自决定？"范文澜先是有点害怕，很快镇静下来，相信蔡校长一定会理解学生的爱国热情，轻声介绍情况，眼前又浮现出一幕惊心动魄的大场面。

蔡元培辗转反侧，难以入眠，好像心中撞翻五味瓶，各种滋味搅在一起，有一种说不出的难受。蔡元培干脆披衣起床，独坐在院子一角的石桌前发愣。他毕竟是一位民国元老，当年在上海创办《俄事警闻》，率领爱国女校的师生上街参加"拒俄运动"，对学生的爱国热情自然心有同感。但他又是北大一千多名学生的校长，对段祺瑞的残忍早有耳闻，万一出动军警，学生有个三长两短，他怎么向家长和社会交代？在他的潜意识里，在他的性格深处，有一种温情脉脉的善良愿望。他一直以为学生理应安心读书，不到非常时期不该闹学潮。罢课游行多了，人就容易心野，容易因虚荣心参与政治、萌发领袖欲望，从而影响教育和人品。平时他以北大为家，几乎把学生当成自己的孩子百般爱怜。今天发生这么大的事，学生们竟不打招呼、擅自决定，根本不把校长放在眼里，他觉得自尊心受到挑战。

蔡元培在第二天清晨7点左右赶到北大，全体学生浩浩荡荡地准备集队出发。不知是谁塞给蔡元培一份全校学生的总请假单，蔡元培捏着这张字条，站在大讲台上望着群情激奋的人群，大声地劝阻起来。

"同学们！你们的行动为爱国而发，但这种方法实属不当。我的意见是请各科各班推选代表，把所有向总统转达的理由和要求告诉我。我去代表北大向政府交涉，据理力争。我们已经朝夕相处一年多，今后还要亲密如家人一般相处下去。北大是我们近2000名师生共同拥有的精神象征，如果你们连这一点都不相信我，那么，蔡某唯有向政府辞职。"

蔡元培嗓音开始哽咽起来，眼圈一红，低下头独自向校长室走去。全场惶惑，对这位慈父般的大学校长，人人从内心充满了敬意，今天他语重心长地发话了，而且带着一种恳求的哀怨。一千多双不知所措的眼睛，都齐刷刷地盯向几位学生会的领袖。傅斯年面露为难之色，张国焘却急红了眼，血气方刚地跳上台，憋足力气朝人群挥舞了一个闪电般的手势，用充满煽动性的口吻叫嚷："同学们！蔡校长有他的难处啊，他不出面说几句，政府就会追究校长的责任。现在我宣布，北大学生请愿团出发！"

北大的学生队伍欢呼着拥出校门。他们像一头头充满新奇的小鹿，闯入大千世界，挥舞标语，高喊口号，打出鲜红的横幅，会合成一股浩荡的正义之师，向新华门进发。

当蔡元培清醒过来时，面色潮红，简直快有点失去理智。他当即伏案给冯国璋写了一份辞职报告，他一直以为自己的心和学生联结在一起，想不到在关键时刻，自己却被年轻人无情地抛弃。蔡元培召集各科学长前来开会。夏元琛、王建祖、温宗禹听蔡元培说完情况，抱着同感，都冲动地表示，因不能帮助校长管理学生，有负学长职务，要求联名向教育部递交辞呈。在这批国内一流学者的脑袋里，有一种师道尊严的怪念头在作祟，万一不立好规矩，今后还能管教学生吗？

陈独秀闷闷地抽起了烟，一声不吭地干坐着，矛盾纠结。他完全支持学生的行动，毫不客气与黑暗的旧势力抗争。北大学生完全自发的爱国行动，组织统一和严密，是否和他平时鼓吹思想革命、办了几年《新青年》的启蒙教育有关？他从这次学潮中隐隐看到中国的希望，感觉到蔡元培有点落伍，随着年龄、声望和地位的转变，蔡元培染上居高临下的家长式习气。他唯有在蔡元培面前不敢放肆，蔡元培今天实在太生气，甚至勉强地答应在各科学长的辞呈上签名，这是一纸戏言。对个别浅薄而容易狂妄的学生，陈独秀私下觉得要有所约束。说到底，他倒真是一位武断而有点霸气的家长式人物。去年明明是他错怪许德珩，却因爱面子死不认账，想到这里，他充满同情地瞥了一眼蔡元培。

当学生队伍抵达新华门时，请愿的人群中，又杀出一票人马。一向软弱可欺的工商界人士出离愤怒，在天津召开全国商会联合会议，派出赴京请愿团，强烈要求公布外交真相，停止内战，废除各省苛捐杂税。冯国璋在总统府里接见各界代表，冗长而又耐心地解释，反复说明此项军事协商并非正式条约，不像外界所传为亡国条件。冯国璋又从桌子里拿出一份条约原稿，择要朗读给代表们听。见大家还不敢相信，冯国璋含笑长叹一声，令秘书捧来一大沓从全国各地发来的声讨通电，拣出几份扬扬手说："看！这是广州非常国会和军政府的电文，自古君无戏言，今天本总统郑重宣布，以四万万民众强烈反对为理由，决不敢擅自在条约上盖印而成千古罪人。"代表们吃了定心丸，欢呼雀跃率队伍散去。

傅斯年回校后听说蔡元培和各科学长的辞呈均已送出，才知道事情闹大，想想蔡元培平时的为人，想想蔡元培来北大一年多所经受的磨难，一个个都面有羞色，着急起来。他们慌忙召开碰头会商量对策，决定先派出四位学生代表赶去教育部，竭力挽留蔡元培和各位学长。正巧总统府将蔡元培的辞呈退送教育部，指令次长袁希涛亲自去北大做挽留安抚工作，一场风波平息下来。

学生们安然无恙地回来，由于北大和社会各界的强烈抗议，一纸卖国条约总算没有盖印，蔡元培心里的憋气消去许多。他正在校长室里安排北大进德会的成立大会。截至今天，已经有468名师生踊跃报名，这真是个了不起的数字，实在令他欣喜若狂啊！他决定在成立大会上选举评议员和纠察员，亲自分配名额比例。耳边传来一声胆怯的呼唤："蔡校长！……"蔡元培缓缓地抬起头，门口站着蔡元培平日最器重的学生傅斯年、范文澜、顾颉刚、张国焘和各位班长。他们低垂头颅，局促地搓着手，像一群做了错事的孩子，令人怜惜。蔡元培心底释然，烦恼和委屈顷刻烟消云散。蔡元培站起来让座，脸上又洋溢着慈祥的笑容。

傅斯年鼓起勇气，说："蔡先生，您千万不要误会，我们的本意是不想连累您和各位学长。所以您千万不能辞职啊！我们和北大不能没有您。我们特意来向您致歉。"傅斯年眼眶湿润起来，带领众人向蔡元培弯腰鞠躬。

蔡元培忙劝住大家，心酸，眼角有点红。蔡元培说："我的本意是怕你们出事，影响学业。北大好不容易才有今天，一切需要出头的难事应由我一人承担。说实话，真正到民族危难时刻，我会带领你们走上大街，去向军阀政府抗议和示威。你们一定要相信我呀！"

在场的每一个人都被蔡元培的肺腑之言感动，他们望着陈列柜里那几枚闪耀着辛亥革命英雄大无畏精神的炸弹，望着为北大前途熬尽心血的蔡元培，噙着热泪使劲地点头致歉。双方觉得彼此的心灵贴得更紧，一个共同愿望恍如澎湃的春潮在校长室里回荡。

三十六

京津沪的各大报纸，接连报道北大各种气象辉煌的新动向。消息传到东交民巷，居然引起洋大人的好奇心。外交部和教育部先后打来电话，说法国驻华公使柏卜先生将偕同《巴黎时报》主笔杜伯斯古等文化界人士，在本月10日前来北京大学参观。蔡元培亲身感受过法兰西共和国的民主精神，对法国的文学和美术，尤其是教育界充满好感。

蔡元培叫来庶务主任李石曾，一起商量接待事宜。李石曾对法国公使来访自然高兴，精明过人的小眼睛闪烁着光芒，说："这次接待由我来担任翻译，留法俭学会预备学校穷得叮当响，我正厚着脸皮去拉梅兰芳、韩世昌、姜妙香等名伶，想在江西会馆搞募款义演。让公使先生出点钱。去法国的一批湖南学生组织得差不多，还要请公使帮助与法国疏通一下。"

蔡元培非常理解李石曾的苦衷。他是一位实干家，从创办豆腐公司，提倡素食主义，到操纵各种勤工俭学的实体，事无巨细，几乎凭他一人支撑着。他个性也有些乖戾，喜欢顾自说话，外界传闻他的权力和金钱欲望都不可小视。记得在法国时，他常为一些具体事务与人争吵，最后总是请出蔡元培这位"甩手掌柜"来做和事佬。李石曾果然办事干练，思路敏捷，让蔡元培拍案叫好。

蔡元培说："去年我们刚和英国公使朱尔典搞得不很愉快，一直闹到对簿公堂。今天，法国公使主动来了，这是一种亲善友好的姿态。给法国人看国粹派的音韵训诂学说自然不行。法国素以自由、民主、博爱著称，应该给他们看新创立的各种学术研究团体，甚至可以送一些《新青年》杂志。古琴大师王心葵前不久来演奏过，盛况空前，我请他再来捧捧场。鲁迅先生设计的校徽，全部制作完毕，正好让师生们佩挂在胸前。欢迎仪式别开生面，能够体现北大的新气象。"

欢迎大会设在文科第一大教室，当法国公使和随员的汽车驶进校区后，两旁站满列队欢迎的学生。柏卜先生是一位可爱的瘦老头，脑袋微秃，长着一对翘得老高的八字胡。他钻出车门，耳边响起热烈的掌声。他主动上前和蔡元培热烈拥抱，然后举起礼帽向师生们致意。当他走上讲台时，眼角露出一丝惊讶，每一位学生都举着一块小木牌，分别用中法两国文字书写，上面列有北京大学技击会、画法研究会、乐理研究会、史学会、雄辩会、新闻学会和马克思主义研究会等名称。教室四壁悬挂着琳琅满目的美术作品。

蔡元培首先致欢迎词。他显得很精神，西装革履，脱去长衫，恢复当年留学欧洲时的模样。他在讲话中强调世界各国文化交流的重要性，对先进的法兰西文化，本校更是热烈欢迎，决定在今年暑假后开设法国文学课，增聘法国教授，又和保定育德中学、天津孔德中学协商，开设法文班，为毕业后升入北大做准备。他深情缅怀最近逝世、对中法教育事业作出贡献的几位法国大学者。今天公使先生亲临赐教，必将对两国文化的进一步交流提供确切的保证。

柏卜先生是一位天才的演说家，具有很高的艺术修养，充分肯定这次世界大战中15万华工英勇顽强的献身精神，赞扬中法两国共同抗敌的历史意义。针对北大活跃的文娱生活，他大谈一通从雨果到巴尔扎克的写实主义文学传统。最后，他表明态度，将无偿捐助留法俭学会预备学校价值5万法郎的教科书。

古琴大师王心葵的演奏，令法国友人如闻仙乐，大开眼界。王心葵演奏的琴曲，按曲牌依序为一、《良宵引》，二、《平沙落雁》，三、《流水》，四、《捣衣》，五、《潇湘水云》。接下去又演奏琵琶曲，依序为一、《长门怨》，二、《春闺怨》，三、《平沙落雁》，四、《渔家乐》，五、《将军令》。

　　蔡元培通过李石曾，介绍王心葵的一些情况，柏卜先生听了大为感动，真有一种飘飘欲仙、如闻天籁的快意。王心葵是一位很有骨气的艺术家，秉承家学，潜心研究，曾久居日本，兼通中西乐法。民国三年，当教育部向全国征集国歌时，章太炎特意推荐王心葵定谱，鉴于袁世凯的黑幕政治，王心葵拒不答应，情愿隐居陋巷，怡然自乐，胸襟之高远旷达可见一斑。

　　徐悲鸿陪同参观画法研究会学员色彩缤纷的作品，柏卜一行情绪为之一振。这些洋人习惯欣赏西洋绘画，对中国写意山水、花鸟和人物却是门外汉。徐悲鸿应客人请求，挥毫泼墨，当场为柏卜先生画了一帧八尺整幅气势磅礴的奔马图，引来一片赞叹。柏卜先生在掌声中收下墨宝，紧握着徐悲鸿的手，说："谢谢！您将来一定会成为举世闻名的大艺术家。欢迎您去法国留学和交流，我一定提供方便。"

　　接下去是参观校区和研究所。虽然条件和设施很简陋，但师生们那种昂扬向上的精神面貌，给客人留下了美好的印象。

　　《巴黎时报》主笔杜伯斯古是一位性格诙谐的空想社会主义者。也许是蔡元培早年曾热衷于空想社会主义，杜伯斯古对这位温和的中国自由派思想领袖有一种天然的仰慕之情。环顾中国文化界，唯有北大是一座充满独立向上精神的思想重镇，像巨大的磁场，吸引着普天下投奔光明的青年学子，又似黑暗中闪亮的星斗，给夜行者以抗争的勇气和希望。杜伯斯古积极评价正在掀起的文学革命，它对中国的影响，不亚于导致欧洲新兴资产阶级崛起的文艺复兴运动。经杜伯斯古再三恳求，蔡元培请来陈独秀和胡适。几个人在景山东街的校长室，开始一次别开生面的访谈。

　　杜伯斯古启动唇舌，让人领教法兰西民族的思想锋芒。杜伯斯古神色冷峻地点燃一支雪茄，说："目前的中国只相当于中世纪的欧洲大陆，几乎所有的领地和城堡都被封建郡主瓜分完毕。这真是一个悲哀的时代，康有为成了一块老石头，又臭又硬。梁启超和章太炎原想依附政党，实现政治理想，但被现实撞得又退回书房。在我的眼里，衡量一个国家文明或落后，主要看是否拥有一群独立的知识分子。中国最大的黑暗是从古到今，一方面靠知识分子创造辉煌的文明，一方面又摧残这帮民族的天才。一群盗火者冲出野蛮帝国的心脏，令人惊喜。他们高举启蒙运动的火炬，唤醒了沉睡的奴隶，向整个旧世界宣战。今天，请允许我从欧洲大陆向伟大先驱致敬。同时，我想提两个问题：你们发动思想启蒙运动的最终理想是什么？前景又如何？你们前面出现一个岔路口，面临抉择，按照'三民主义'建国，走俄国布尔什维克的道路，或者模仿欧洲大陆的政治体制。尊敬的蔡先生，对于您和欣欣向荣的北大，我已有所了解，请陈先生和胡先生解释回答。因为按中国人的说法，他们是您请来的两位战将。他们的观点，自然代表您的思想主张。"

蔡元培微笑着眯着眼睛，倚靠在椅子里，聆听着意识形态洪流撞击礁石、巨浪滔天的声音。

陈独秀见对方如此坦率，顿时来了情绪，悠悠点燃一支烟，抢先接住话题："我在《新青年》的创刊号上，积极主张向法国学习，法兰西的三大文明构成人类的近代文明。第一是人权说，第二是生物进化论，第三是社会主义理论。我进一步发现东西民族的根本思想有三点差异，西洋民族以战争为本位，东洋民族以安息为本位；西洋民族以个人为本位，东洋民族以家族为本位；西洋民族以法治和实利为本位，东洋民族以感情和虚文为本位。分水岭在于东方讲纲常名教，西方讲自由平等独立。我同意您对中国黑暗政体的精辟见解，还想请您把视点投向国民的灵魂和素质。我为什么要发动文学革命？因为中国的国民是一盘散沙，一群从精神到肉体都完全麻痹的奴隶。我建议您看看最近《新青年》上的《狂人日记》。我想借新文化运动发起一场思想革命，先清除国民灵魂中的封建鬼符和奴性，再激发国人的科学和民主意识，激发反侵略、反专制的爱国热情。当然，思想革命必然发展到政治革命，但是目前的条件没有成熟，孙文只能到处碰壁。颠覆固有堡垒，首先要发动民众除去军人、官僚和政客三大公害。至于建立什么类型的政体，今天来谈为时过早。我们现在处于艰苦地探索中国出路的阶段，以救亡为目的，以启蒙为手段。我并不排斥将来用阶级战争的手段，打倒一切反动军阀，从他们手中抢夺政权，建立一个民主、科学、人权的新中国。蔡先生敢于在北京这样一个腐臭的地方，以文弱之躯，让北大成为一个聚集天下各种自由思想和学说的大本营。在中国的历史上，甚至诸子百家自由争鸣的春秋战国时期，没有一个人能够做到！"

陈独秀讲完一番宏论，有点累了，用带点轻蔑的目光瞥了胡适一眼，胡适是温和派学者，凭讲授中国哲学史正在走红，恐怕难以企及陈独秀的思辨高度。

胡适挺自信地推了一下眼镜，讲出一套令法国名记者吃惊的见解："尊敬的杜伯斯古先生，虽然我和陈先生共同发起文学革命，但是，在反对旧文化、旧道德、旧思想的大旗下，侧重点有所不同。我首先是为文学正名，把白话文学提到了中国文学'正宗'的地位。在中国的正统文人眼里，长期以来只有诗歌辞赋才能登大雅之堂，而小说像曹雪芹、施耐庵的作品都属于俗字俗语，为上流社会不齿。另外，提倡文学革命当然不排除要从破坏方面下手，我又呼吁在建设方面用力气。我和同事提出了建设新文学的三大口号，一是'活的文学'，真正用白话文做工具。我曾反省过自己，觉得中国的士大夫有很深的贵族习气，提倡白话文，仅仅把它当作开通民智的工具，骨子里不承认它是文学，私下交流和正式场合仍依赖文言的古文、骈文和律诗。社会好像分成两部分，一边是应该使用白话的'他们'，一边是应该附庸风雅的'我们'。我们不妨仍旧吃肉，但他们下等社会不配吃肉，只好抛一块骨头给他们吃。这种态度现在终于改变。二是'真的文学'，提倡写实主义的创作方法。我曾激烈地抨击那种粉饰现实、团圆迷信的说谎文学，呼吁新文学要描写今日的贫民社会，如工人农民、人力车夫和他们的痛苦情形。我自己动手翻译小说、戏剧，竭力主张引进西方文学，这是一帖救国的良药。三是我的同事周作人教授最近又提出'人的文学'，以人道主义为根本的内容，造就出一批中国的'娜拉'。至于政治这个话题，实在不敢恭维，我无法回答您的问题。我是一位留学美国的知识分子，在中国没有出现一个好政府之前，我回国后曾宣称'二十年不谈政治'，今天，再郑重重申这个口号。在中国从来没有人权的意识，从政的文人只要有独立见解最终全没有好下场。即使中国将来出现了好人政府，我胡适的政治理想也是做一名'独立'的诤臣！"

陈独秀暗自诧异，发现自己低估了胡适，在座诸人都被胡适卓尔不群的气势震住。

杜伯斯古的蓝眼睛发出兴奋的波光，他激动地站起身，神思飘逸，感慨万千，踱到窗前，初夏的风拂起他金黄的长发。他突然又转过身子，像青年人一样捏紧双手摇晃几下，说："这是最有震撼力的见解，使我想起十月革命前的俄国，想起了老托尔斯泰在漫天风雪中出走的感人情景。在那个'白银时代'里，活跃着一大群充满人道主义理想的自由知识分子。我以前一直顽固地认为，中国没有独立的知识分子，正像你们《新青年》上一篇文章宣称，中国历代的文人，喜欢做统治者的'帮凶'或者'帮闲'。我从此真正认识北大，认识中国的思想界。尊敬的蔡先生，不知您有什么感想？"

蔡元培说："我非常钦佩二位的见解，他们的主张并不矛盾。因为破坏和建设，始终是我们发动新文化运动，包括整治北大的两大内容。自'二次革命'失败后，我觉得自己不是政治家，充其量是一位书生型的革命家。我最终选择北大，选择教育救国的道路。我对中山先生的理想和处境深深理解和同情，却不能像当年那样给他直接的帮助。我唯一的愿望是，培育新道德、新文化、新思想，为将来伟大的政治革命提供人才和精神上的援助。尊敬的杜伯斯古先生，想到这里，我又为自己的无能而惭愧。"

三十七

在老北京，人们习惯把京城西郊的群山称为西山。青山绿水，处处可见古庙胜迹，景色以清幽见长。一年四季，山色变幻莫测。秋天，这里是赏玩红叶的好去处；恰逢冬日，积雪凝素，有燕京八景之一的"西山雾雪"美名。

暑假里，满山绿荫，隐约可见一支打着"北大西山旅行队"旗号的队伍在山峦间闪烁。前不久，蔡元培曾提议北京的六所大学一齐筹款，建造一座可供师生度假的"西山精舍"。今天，蔡元培按捺不住先组织了这次活动，让那些整天埋头书海、面壁苦读的学子，如放归的群鸟呼吸大自然里的活气。这不是一次简单的旅游，师生们借宿在西山卧佛寺的僧舍里，既可通过集体生活融洽感情，交流思想，又可安排许多生动有趣的活动。旅行队来西山峡谷参观摩崖石刻，然后集体围坐成一圈，听蔡元培在习习清风中给大家讲话。

蔡元培今天一反惯例，没有作长篇大论，轻轻松松地朝同学们摆摆手，嘴角露出一丝挺神秘的笑容："同学们！大家平时虽同在一校，但彼此并不十分相识，不知道对方的家境、阅历和志向。这次进山，我亲自撰写一份《请参加西山旅行队的北大同学自述生活经历》，待会儿由李石曾主任发给大家。请诸位互相询问，认真填写，逐条作答。然后统一送鄙人处，我想将它编印一册，再发给大家，增进师生间的了解，启发心智，激励同学们更好地立志、立言、立德。"

李石曾和范文澜捧来一大沓油印的文稿，依次发给众人。

罗家伦说："蔡先生不愧为留洋的大学者，学西方民主搞起问卷调查。"

傅斯年说："你错了！这是他组建光复会的遗风，当年他搞过一份绝密的会员名册，亲自保管，后来转交给黄炎培。"

张国焘拿着这份油印启事，与罗家伦开起了玩笑："姓名，罗家伦。品性，喜欢追名逐利，甚至印名片占罗斯福的便宜……"话音未落，张国焘被罗家伦一拳推倒在地。

张国焘嘴巴损人，趴在地上继续调侃："姓名，傅斯年。品性，风头正健，脸上贴着傅大炮烈火金刚的标签，四处招摇。姓名，顾颉刚。品性，喜欢钻研经文和古墓，甚至印名片占埃及法老僵尸的便宜……"

三个人同时嘻嘻哈哈地围过来，要扒光张国焘的裤子，验明正身，如果是变态人妖，光荣牺牲生命之根，应该送到天堂当太监；如果是英武藏獒，散发着强烈的雄性气息，应该招为驸马，享受狗窝里的荣华富贵。三个人说："哥们干脆成全你的姻缘，北大高才生娶了一只雌兽，惊世骇俗的新闻啊。"张国焘抱头求饶。

顾颉刚认真地摸出笔，觉得挺有新意，一边轻声吟诵，一边考虑该怎样填写问卷调查，费了一番脑筋。一、字为尊长所命与？别号何义？二、故乡风景与北京，与西山比较何如？三、刚与？柔与？敏捷与？精细与？有何等嗜好？常以何事为消遣？四、以前所受之教育如何？毕业后愿任何种职业？……

蔡元培布置完毕，悠然回到刻有"醇亲王到此"的悬崖下。此处凉气袭人，顽石上端坐着一位清癯文静的长者。他是蔡元培的同乡，当年的同科翰林，海盐人氏张元济。张元济在百日维新时比蔡翰林风光，曾是帝党中的死硬分子，官至四品行走，可以随便出入于光绪和康有为、梁启超之间，参与筹办京师大学堂。西太后反扑时，本应同谭嗣同等人一齐查办，多亏李鸿章竭力保释，西太后总算刀下留人，以一纸"驱逐出京，永不任用"的谕旨放他一条生路。他在上海主持商务印书馆，与蔡元培可谓生死之交。他专程来北大，与蔡元培商量合作出版学者丛书的事。北大的教授们潜心教学，许多讲稿本身就是颇有见解的学术专著，像胡适的《中国古代哲学史大纲》，梁漱溟的《印度哲学概论》，在学术界广为流传。由于兄长亲自帮助修订，周作人主讲的《欧洲文学史》反响也很不错。

张元济问道："贤弟，今天我算大开眼界，二十年来，我们这一辈人已经多数落伍，为什么你和你的思想始终追随时代一起前进？"

蔡元培是一位谦谦君子，自然含笑不语。一旁那位李鸿章的孙子，开始插话了。他叫李平原，因是世家子弟，从小见多识广，口无禁忌。蔡元培特意请他来陪张元济聊聊天。

李平原歪着脑袋，神情可爱地望着蔡元培，说："我总觉得蔡先生虽然德高望重，但那颗心却始终和年轻人一样充满好奇。不管什么主义，只要是新东西，你都感兴趣，都想搞个明白，甚至参与进去。蔡先生不会老，因为你的心始终想望着新的世界。"

西山大悲寺离摩崖石刻不远，十八罗汉一律用檀香木屑含沙精心塑造，芳香绕梁，慈目庄严。上山旅行的《新青年》同人们，围坐在寺庙外的石桌旁大发议论。

陈独秀说："自改成同人刊物后，我们向国粹派发起了全方位的进击。鲁迅先生接连给'随感录'写了几篇杂文，他见胡适写了《贞操问题》，觉得还不过瘾，马上送来《我之节烈观》相呼应。也许他从旧营垒中走来，情形看得格外真切。也许他已绝望于腐朽的一切，下笔千言，异常地勇猛和机警。尤其对那些打着'祖传老病'旗号反对吃药的国粹派，攻击起来真是丝毫不留情面。你们且看他如何比喻国粹。'无名毒瘤生在中国人身上，情态毕现，红肿之处，艳如桃花。溃烂之时，美如乳酪。以残酷为乐，丑恶为美，腐朽为神奇，这就是国粹——野蛮文化的混合体。'哈！他的深刻，令我都有点儿胆战呢。"

钱玄同说："我知道他的性格，他是想做改造国民性的独立战士，而不是盲目追随的喽啰。他的文风既有魏晋文章的清峻通脱，唐人小品的精练泼辣，又有章太炎论辩时带点霸气的激烈。现在鲁迅先生的名气已经很大了，胡适提倡建设，《新青年》同人中要冒出一位大作家。"

胡适会意地一笑，对鲁迅先生的文风很佩服。胡适觉得对方悲愤的目光里饱含着一种人道的哀矜，投向众多旧时代的牺牲品，投向妇女和儿童，渴望着能在将来看到血的蒸气，听到醒过来的人的真声音。也许大家过多地谈到鲁迅，周作人觉得有些不好意思起来，温和地坐着侧耳静听，远处隐隐飘来一缕梵音。

胡适把话题引向下一步的打算，也许快要轮到他编稿，他关切地问周作人："听说鲁迅先生又在酝酿新小说。唉！我这人翻译有功，创作无力。在六月号上，我们总算搞了一个'易卜生专号'，重点推出《娜拉》。我打算在编辑十月的五卷四号时，集中发表一组关于戏剧改良的文章，已经约了傅斯年、欧阳予倩写稿。提倡个性解放和多写'社会问题剧'，给暮气的国剧灌输一些西方的'少年血性汤'。"

刘半农警觉起来，"黄门侍郎"傅斯年令人讨厌。最近黄侃和刘师培，都不同程度地在课堂上嘲讽刘半农的浅薄。刘半农不满地提醒胡适："你别以为有人捧你就大包大揽，当心有细作混进来探底。"

沈尹默一直低头缄默，后来推托眼睛发痛，独自去树荫下散步。胡适那种居高临下的优越感，叫人不敢仰视，自从陈独秀和胡适进校后，沈尹默似乎一下子被贬了下去。

在一块铺满绿茵的草坪上，傅斯年为北大第一个学生组织"新潮社"开筹备会议。草地上挤满一大群热血青年，几乎囊括许多后来中国政坛和学界的名流。几天的自由相处，正好从容地商谈各种细节和具体计划。傅斯年一心想请胡适做顾问，看见陈独秀那种正襟危坐的严肃劲儿，不敢轻易过来邀请胡适。

北大红楼奠基落成，像一位迎接新时代的斗士顶着风雨，矗立在沙滩前沿。蔡元培对校区重新部署，决定将文科各系和图书馆迁进新楼办公。

三十八

一个巨大的喜讯掠过茫茫大洋，震惊世界：德国战败了！协约国胜利了！第一次世界大战终于结束的消息，令千疮百孔的中国舒缓一口长气。知识界和老百姓欣欣鼓舞，各派政治势力，各种党派，包括东交民巷里的各国使团，开始紧张的盘算和新一轮的交易。教育界首先激动起来。1918年11月14日，经北京政府教育部批准，一个叫欧战协济会的组织发起声势浩大的集会游行。北京城里60余所大、中、小学校的3万名学生，高奏凯歌，穿过大街拥向东交民巷，友邦人士都站在使馆前鼓掌欢迎。最后，游行队伍齐集在天安门广场，推选蔡元培担任大会主席，主持演讲会。

蔡元培回家很晚，两腿发酸，兴奋得面颊发烫，两眼放光。黄仲玉正等着他吃饭，见菜凉了，又去热了一下，还为他烫来一壶醇香的绍兴黄酒。

蔡元培和她痛饮一杯，说："公理总算战胜强权。协约国胜利，证明我早年提倡的'互助论'，代表人类大同理想。为了庆贺胜利，我决定明后两日在天安门举行群众演讲大会。哎，你能否为我登台亮相挑一件像样的衣服？"

黄仲玉放下筷子，去屋里取出一张记账单，脸色为难地递了过来，说："我早已翻过箱子，几件旧长衫都有补丁。唉！讲起来一月600大洋，可待你到处捐送、剩下给我的时候，连日常开支都捉襟见肘，不好意思，我又开始卖画了。昨天，有一位姓戴的老板订了几幅山水画，等送来润笔费，我一定为你做一套过冬的新棉袍。"

蔡元培愧疚地望着日见消瘦的黄仲玉，他曾几次劝她去法国医院检查病情，都被婉言谢绝了，原来是因为囊中羞涩。嗨！自己真是一位粗心的丈夫，他慌忙低头看本月账单。不看则已，一翻竟大吃一惊。本月助徐悲鸿赴法国留学200元。为留法俭学会各学校募款义演购票50张。为赈湖南兵灾捐款50元。为北大教授陈介入逝世一周年，接济家属50元。为请北堂医院院长贝熙业博士兼任北大校医，请杜伯斯古任北大讲师，宴请30元。张元济来京商谈与北大出书事宜，宴请15元，返沪前送土产5元。助刘姓门房奔丧东北川资10元。何以庄婚娶赠礼金10元……

看来自己真是太不顾家了，整日在外奔波。蔡元培轻轻拥着含辛茹苦的夫人，说："待忙过这阵子，我一定抽空陪你去医院。你跟随我这些年，太亏了。"

黄仲玉紧紧依偎在他的胸口，柔声细语："我落下心病，时刻牵挂，我真为先生担惊受怕呀。每天见你平平安安回来，才会松口气。"

夜幕降临，两人望着窗外的一钩弯月，甜蜜地回想起往事。蔡元培公开登报提出择偶启事后，犹如石破天惊。女子不缠足而识字者，在当年可能要派人打着灯笼找遍全国，凑巧遇上一位。而身为翰林老爷公开声明不娶妾，这无疑是对权贵阶层的恶意挑衅。黄仲玉被对方的浩然正气吸引，芳心摇曳之际，托朋友捎来一幅精心绘制的写意山水，托言赐教，心迹披露无疑。婚后，夫妇相携来上海南洋公学，相濡以沫，经历风雨如磐的岁月。

北京市民倾城而出。大街两边，家家门上插着国旗，人人口里高呼万岁。广场上，蔡元培正和北大诸名流，分头在中央公园等处，向群众嘹亮地演讲。蔡元培的演讲题目是"黑暗与光明的消长"。蔡元培穿一身灰色长衫，胸前佩戴一枚新校徽，尽可能地提高声音。台下群情激奋，欢声雷动。傅斯年匆匆地速记完毕，来不及核对，被张国焘一把拖走。张国焘说："快！那边李大钊先生要演讲了，题目是"庶民的胜利"！"

李大钊身穿棉布长袍，裹着灰色毛线长围巾，阔步登上讲台，数千名听众发出阵阵掌声。李大钊用沉稳的语调，讲起俄国十月革命，建立一个驱逐富人、由工农大众领导政权的崭新政府。走俄国人的道路，联合为自由而奋战的劳苦大众，竭力打破国内军阀的强权。李大钊激越豪迈地宣布："未来的世界，必是赤旗的世界！"背后传来不满的声音："北大怎么一下子成了苏俄分子的聚散之地？"李大钊回转身，看见一位肥头大耳的贵族老爷，面色不悦，与几位阔气的随从议论。罗家伦从旁边突然冒出来，有点卑微地想上前搭讪。正在这时，人群中飞来一声怒斥："王揖唐！你是日本人的走卒，安福系的头目，居然有脸来此丢人现眼，呸！"原来辜鸿铭也来看热闹，王揖唐知道自己不是辜疯子的对手，悻然而去。

听众被李大钊和整个广场上的激情煽动起来，拥向一些德国人的商店，乒乒乓乓地砸碎玻璃。许多人又冲向象征耻辱的德国驻清公使克林德纪念碑，用铁锤，用拳头，用各种工具，拆毁牌坊上的砖瓦。从天安门到东交民巷，游人拥挤不堪，回荡着一个令人鼓舞的声音："庚子以来举国蒙羞的石头牌坊终于拆除了，哈哈哈！"

蔡元培请参加演讲的教授们在学士居聚餐。李大钊说："该轮到我编刊了，我还想写一篇《布尔什维克的胜利》，将今天的演说词一并发表。"

胡适说："现在是主义派占上风了，没人来研究学术问题。"

蔡元培说："问题和主义我都要，现在是非常时期，先要激发爱国热情，防止武人政权背后与列强做交易。明天，我要演讲一篇更激进的《劳工神圣》，让普天下的劳动者都认清肩头的责任。"

陈独秀说："虽然总统换了徐世昌这位活曹操，但还是段祺瑞掌权。今天我见军警和暗探很多，你骂他们的腔调完全像个老革命党，不怕秋后算账吗？"

蔡元培说："顾不得了，我觉得今后北大的传统，该在关键时刻挺身而出，纵然刀斧加身，在所不辞！"

蔡元培举起酒杯一饮而尽，又说："我最近要做两件大事，一是和熊希龄、张謇、孙宝琦等名流，竭力促成南北停战议和。二是和梁启超、林长民等名流，筹备成立战后外交研究会，配合政府和谈代表，促进世界舆论能维护中国主权，废除不平等条约。望诸位理解和支持。"

蔡元培在冠盖如云、等级森严的昔日皇宫前，发表平民宣言，很快随各大报纸传遍全国，内容如下：同胞们！此次世界大战，协约国竟得到了最后胜利，可以消灭种种黑暗的主义，发展种种光明。我昨日曾经说过，可见此次战争的价值，但是我们四万万同胞，直接加入的，除了在法国的15万华工，还有什么人！这不算怪事！此后的世界，全是劳工的世界呵！我说的劳工，不仅是金工、木工等，凡用自己的劳力做成有益他人的事业，不管他用的是体力还是脑力，都是劳工。所以农民是种植的工，商人是运转的工，学校职员、著述家、发明家是教育的工，我们都是劳工。我们要自己认识劳工的价值。劳工神圣！我们不要羡慕那凭借遗产的纨绔儿！不要羡慕那卖国营私的官吏！不要羡慕那克扣军饷的军官！不要羡慕那出售选举票的议员！他们虽然奢侈点，但是良心上不及我们平安多多，我们要认清我们的价值。劳工神圣！

又是一个凄冷的长夜，鲁迅伏案写一篇小说。喧嚣的白昼隐去，连蔡元培刚才乐观的笑声也随风而逝。蔡元培可能会觉得意外吧，大谈一通白天的新闻，鲁迅竟没有丝毫激动的表示。鲁迅的内心变得越来越失望和充满疑虑，公理果真能战胜强权，面对一个没有灵魂和活气的国家，又有什么文明可言？鲁迅深深地吸了一口烟，面向夜空惨笑起来："哼！在中国，所谓的文明者，其实不过是安排给阔人享用的人肉筵席。所谓中国者，其实不过是安排人肉筵席的厨房。"鲁迅的笔下出现了故乡一家有特别格局的小酒店，门口站着一位喝酒而穿长衫的穷书生，暂且叫他孔乙己吧。他只剩一件又破又脏的长衫，聊以自慰，讲几句"回字有四种写法"，以及"君子固穷，窃书不算偷"之类的酸话。他匍匐在科举的制度下，被举人老爷打折了腿，掌柜明知故问，添加惹旁人快活的笑料。冷漠也是杀人！以掌玩别人的苦痛为乐！中国民众永远是一群人肉筵席旁的看客。鲁迅突然发现自己与蔡元培、陈独秀的差异。蔡元培、陈独秀在希望中向旧势力抗争，鲁迅因为绝望而愤怒，向旧势力发出一份份好斗的战书！猫头鹰甚至乌鸦的叫声要比夜莺的歌唱更真实、更动听。星斗一串一串地坠落，面对沉睡的国民，鲁迅多么想冲上钟楼大叫着撞一通警钟。

三十九

一夜细雪，柔情无限，无数精灵带着天国的祝福款款降临。陈独秀踏雪前来红楼。迎着扑面而来的飞雪，陈独秀朝手心呵出一口热气，仿佛看见一张张纯洁可爱的笑脸，争先恐后地奔来报喜和倾诉衷肠。新年伊始，文科一院闹得整个北大春意盎然，新派师生几乎天天都庆贺节日。《新潮》杂志在元旦创刊，各大学校争相传阅，连印几版都供不应求。由邓中夏、张国焘等学生创办的《国民》杂志，紧紧跟上时代脉搏，遥相呼应。《新青年》老大哥自然不甘落后，李大钊筹备已久的《每周评论》登台亮相，异彩纷呈。

陈独秀推开《新潮》编辑部大门，满屋子人正在听罗家伦高声朗读文章。傅斯年忙起身向陈独秀打招呼，面容有点窘迫和拘谨，陈独秀瞥了对方一眼，持有戒心，甚至怀疑傅斯年是黄侃派来的探子。胡适这位顾问因母丧回绩溪去了，学生们请到了大名鼎鼎的文科学长，纷纷起立鼓掌欢迎。陈独秀面带微笑地示意大家安静，让罗家伦继续朗读下去。北京安福系的《公言报》、上海研究系的《时事新报》和《新申报》，连篇累牍地登载攻击《新青年》的文章，甚至流传政府要查禁"过激主义"，干涉北大的异端邪说。看来一场大战正在酝酿。面对旧派的猖狂进攻，陈独秀奋笔疾书，写下一篇声讨檄文，表示决战的信念，第一次明确地打出新文化运动的两大旗号。罗家伦读到精彩之处，陈独秀微微眯起眼睛，轻轻吐出一个得意的烟圈儿。

座谈会由傅斯年主持，傅斯年见陈独秀那种满不在乎的气派，口气竟有点胆怯："今天承蒙陈学长光临，实在是新潮社的荣幸。我们办刊的初衷，从大处讲，是为了响应《新青年》发动的新文化运动。从小处说，我们想办成一个学友的读书会，交流思想，探求真理，为将来投身社会做好准备。今天听了陈学长一番高论，真是令学生茅塞顿开，恍然大悟。科学和民主是新文化运动的最终目标，是20世纪中国启迪民智、努力奋斗的两大主题。我们的《新潮》，从此有了新的方向，新的理想！"

陈独秀久闻"傅大炮"的名声，今天总算掂出一点分量。陈独秀非常喜欢这一批有独立见解的进步学生，他们几乎囊括北大的风云人物。陈独秀对《新潮》创刊号爱不释手，有点惊叹文章中洋溢着的锐气，从这些青春勃发的脸上，看到北大和中国的希望。陈独秀说："我很高兴能和你们在一起，说说真心话。首先应该祝贺你们，《新潮》的创刊号办得比我预料的更好。一是有锐气，这期杂志为什么畅销？因为你们敢于以欧洲文艺复兴相标榜，与《新青年》相呼应，大胆地鼓吹'文学革命'和'伦理革命'，提倡个性解放和妇女解放。二是敢革新，文章以白话新体为主，而且全部使用新式标点。关于德、赛二位先生，这是我苦苦探求救亡图存出路悟出的真谛。今天我郑重宣布，我将为此奋斗终生，至死不改初衷！"陈独秀以凌厉的气势拍案而起，显示出一种大人物的霸气。全场欢呼鼓掌。

傅斯年突然想起一件趣闻，去年哲学系师生合影，陈独秀挨着梁漱溟坐下，放肆地叉开左腿。当照片洗出来送给陈独秀时，陈独秀全然不知地摇摇头，说出一句令人发笑的话："相片很清楚，只是梁先生的右脚伸出裤外太多了嘛！"接下去是自由提问，罗家伦潇洒地站起来请教："陈先生！自从机械征服距离以来，我国托生在现代的国家群体里，哪能不急起直追？请问科学和民主与现代化的关系是什么？"罗家伦爱出风头，为了沾点上流社会的关系，曾偷偷去过安福系的俱乐部。陈独秀沉下脸瞪了对方一眼："没有科学和民主，哪有现代化？真是脱裤子放屁！"下面响起善意的嘲笑，罗家伦一点不在乎，跟着大伙笑了起来。

陈独秀转到李大钊的住处。陈独秀因忙于《新青年》的编务，实在腾不出精力来关心《每周评论》。从创刊号到头几期稿子，几乎都压在李大钊身上。幸好有一位河北人张申府，拖着高一涵帮着写些稿子，跑跑印刷厂。

陈独秀说："你的《庶民的胜利》和《布尔什维克的胜利》刚刚出笼，人家骂《新青年》成了苏俄机关报，甚至传言我们从苏俄驻华使馆领了不少卢布和赏金，把胡适吓得躲避都来不及，哈哈哈！"

李大钊说："胡适越来越讨厌谈政治，我觉得《新青年》同人间已有裂痕。真是令人痛心！"

陈独秀说："胡适并不是不喜欢政治，在美国留学时，他惊讶于西方人的民主和政治热情。一次集会演讲，台下坐满了名教授，大会主席却是一位普通的工友。在妇女游行时，他发现他最崇拜的杜威先生竟混迹于队伍中高呼口号。他对西方民主政治感兴趣，抵制你的阶级斗争学说。胡适一心想做圣人，开风气之先。他回国时打出了'二十年不入政界'的口号，渴望进入北大，又觉得北大名家众多，与政府官僚有复杂的联系。一句话，在他眼里，北大的门并不是轻易进来的。蔡先生对参与政治的教授一律排斥，像梁启超论学识堪称顶尖人物，因一味投入政治，决不聘请。他是个聪明乖巧的人，迎合北大的需要。另外，他对北大章氏门徒占上风有所胆怯，需要时间来搞一下学术。现在好了，他在学术上已经很风光，政治热情反而寡淡一些，他毕竟是一位视民族复兴为己任的思想家。别人只看到他很西化，我却认为他骨子里是个传统的'士'阶层。古代的'士'执干戈以卫社稷，而西方的知识分子热衷于学理。胡适在等待时机，他的性格决定了今后必然大谈政治。只是他所谈的政治，和我们不同罢了！"

李大钊盯着这位雄才大略的兄长，佩服不已。

陈独秀说："唉！我知道一个人支撑一份刊物的辛苦，待我安排妥当《新青年》，过来帮助你。我已向周氏兄弟约稿，胡适也快回来了，他总要有所表示嘛！"

李大钊心里涌出一股暖意，仿佛又回到不久前那个难忘的夜晚。旧历冬至的前夜，李大钊和张申府相约来到北京《晨报》的印刷所，必须完成《每周评论》的最后校对。张申府见陈独秀的《发刊词》对外交前景非常乐观，竟用不屑的口气反驳起来："陈先生讲美国总统威尔逊，是主张公理战胜强权的第一个大好人，我不同意。"李大钊说："这是陈独秀的性格，喜欢想到哪儿就写到哪儿，天马行空，笔走龙蛇。如果引起争论，那么他正求之不得。"两人微颤着跺脚，一直校对到凌晨4点才结束。出门时，李大钊看见天空挂着如镰刀一般的下弦月，苍穹中有几粒星辰眨着眼睛。李大钊和张申府踏着马路，抄着手并肩前进。一个顽强的生命，一份崭新的《每周评论》今天就要诞生，胜利的喜悦冲淡了寒冷，他们加快步伐，消失在晨光稀薄的风景里。

陈独秀和李大钊正讨论热烈，门被推开，高度近视的沈尹默，有点鬼鬼祟祟地伸出脑袋，摸了过来，说："不好了，国粹派要开始反扑。黄侃和刘师培鼓动弟子创办《国故》月刊，正在家里开会呢。"陈独秀有点讨厌沈尹默，沈尹默行事不够正大，喜欢跑来跑去传递消息，和汤尔和一起为蔡元培充当谋士，插手教育界的派系活动。而对轮流编辑《新青年》，沈尹默强调眼睛不好设法推托。陈独秀是个眼里容不得沙子的人，冒出一句粗话，呛得沈尹默顿时发窘："天要下雨，娘要嫁人。你干吗管这么多闲事？不如回去多写几首带点火药味的新诗！"陈独秀骤然发火，李大钊也感到有点难堪。沈尹默抬起头，歹毒地投来一眼，又默默走了。

刘师培来京已有些日子，肺痨一直不见好转。刘师培的居室显得很凌乱，北大开的薪水虽然不薄，但多数送进了药铺和书店，生活依然是那样拮据。今天早上，刘师培换上一件新布衫端坐在客厅，苍白的脸上泛出了喜气。待会儿，黄侃要上门来行拜师磕头之礼，这位国学深厚的怪杰真是个活宝，竟会为一句戏言，当起真来。

几天前一个学生在家请教，刘师培随意应付几句客套话，打发人家走了，黄侃来访。刘师培说："此子不可教。"然后刘师培面容悲戚地大发感慨，语多伤感之情，说疾病缠身，实在对不起列祖列宗。刘家四世传经，眼看将断送在自己身上。黄侃说："你想要收什么样的学生？"刘师培笑着拍拍黄侃的肩膀，说："像你这样足够！"黄侃不但不恼，反而神色欣喜地站起来，一掸衣袖，当场想执弟子礼节。刘师培慌忙一把拦住，劝黄侃入座，说："季刚，承蒙抬举，但此事万万不可。一是你仅仅比我小一岁，岂能师生相称？二是你这章门大弟子名扬天下，再转换门庭，太炎先生处又怎么解释？唉，我的名声对你未必有好处……"向来目中无人的黄侃陷入沉思，当今天下国学令黄侃服膺的人士，唯有章太炎、刘师培二人。刘师培到北大执教，因许多参考典籍不在身边，只能经常写信到江苏仪征老家去查询。刘师培记忆力惊人，能准确地说明某书在橱子、夹层、排行的位置，家人一查即得，从无误记。刘师培写起文章也很出色，随便什么深奥的学问，都能下笔千言，注疏引证，头头是道。如此的大才情，令狂傲一世的黄侃只能老老实实地低头赞叹。黄侃当即表态，择吉日行拜师之礼。

刘师培正在胡思乱想的时候，妻子何震喜滋滋地进门通报："来了！来了！快准备接客。"

黄侃捧着一对红蜡烛，拎着一包礼品，领着几位北大学生踏上低低台阶，不顾苔藓湿滑。黄侃恭敬地亲自点燃烛火，又扶刘师培入座，然后"扑通"一声跪了下来，刘师培连声劝道："别磕头了，哎呀，真是折寿哟！"

黄侃一本正经地行完大礼，板起面孔教训跟来的学生："记住！我拜师是磕过头的，不磕头得不了真本领。所以今后我收弟子，也一定要你们磕头。"

何震端上酒菜，唤众人入席畅谈。来人中有一位学生叫张煊，是他俩的崇拜者。最初张煊创办《国故》月刊，有针对傅斯年的《新潮》之意。在刘师培看来，《新潮》立论过于偏激，因此引来另一批学生的不满。刘师培见学生们能力有限，欣然答应出任主编，张煊又分别聘请黄侃、马叙伦担任特别编辑。张煊拿出两篇自己的文章，递了过来。

黄侃仰面喝下一杯烈酒，扯开喉咙，说："我已经看过了，全是痛快文章。对那帮简单、粗暴、霸道的人，必须进行反击！"

黄侃因得意门生傅斯年的反水，恼羞成怒。刘师培细细翻阅后沉默不语，文章虽有火气，但还是表明与《新潮》争鸣、商榷的态度。陈独秀和钱玄同等人有点偏执，习惯把对待新文化运动的态度，作为评判时人进步或反动的唯一标准。那种顺我者昌、逆我者亡的历史观，并不能让人认清文化问题的复杂性，反而容易引导学生误读历史。刘师培对新派人物有抵触情绪，毕竟曾经沧海，知道衰弱的身体来日不多，急于传授满腹经纶。

刘师培说："《国故》的宗旨应该是埋首国学研究，提倡学理探讨，尽可能与现实无涉，与所谓的封建复古更无涉。我准备几篇论文，有文字训诂方面的，也有谈中国文学研究的。总之，我不反对必要的争鸣，更希望看到一些治学精于考证的学术论文。"

这是刘师培在生命最后一年的文化态度。一个真正通晓天下学问、雄踞在中国文化峰巅的人，始终怀着一种纯真性情。在北大新派们的眼里，刘师培和居住对面的陈汉章老先生，该同属旧派行列。每天早晚出门相见，两人恍如谦谦君子，总是弯腰行礼。课堂情形截然不同，刘师培对陈汉章的今文经学竭力抨击，一一指出荒谬之处，丝毫不留情面。陈汉章毫不示弱，常在对面课堂破口大骂这位年轻的国学大师。回到寓所，在门口相遇，两人又依然彬彬有礼地互相问候。由于《新潮》后面站着激昂的陈独秀、李大钊、钱玄同、刘半农、鲁迅先生，加上标新立异的胡适顾问，《国故》出笼创刊伊始，被社会舆论推到北大新派的对立面。刘师培万万没有料到，自己一夜之间又变成面目可憎的封建遗老，与新文化运动分庭抗礼的后台老板，由此引起一场轩然大波。

四十

黄侃是民国学问界鼎鼎大名的"三大疯人"之一。我们且看看这三大怪杰的次序。老大章太炎，因为性格的落拓不羁，被黄兴、袁世凯笑骂"害了神经病"，得了一个"章疯子"的绰号。老二刘师培，一生高调地提倡"三不生活方式"：衣履不要整洁、不要洗脸，也不要理发，俨然是一位卓尔不群的疯子。年轻气盛的黄侃则成名于1911年的盛夏。某日午睡后他行走于杨柳流苏的树荫间，忽然有了一种"大梦我先觉"的醍醐灌顶般的妙感。他立即赶往《大江报》，信誓旦旦地撰文说："天下大乱，实在是今日救中国的良药。"黄侃一举荣登"三疯子"的宝座。

叶楚伧与苏曼殊、黄侃同宴醉酒，已是子夜，自驱马车至味莼园再饮。

黄侃诵龚自珍《写神思铭》中文句:"楼中有灯,有人亭亭;未通一言,化为春星。"徘徊良久,始归。为此,叶楚伧写有一诗:"放马月光似水,明灯人影留夜。安堨第前燕子,衔泥投止朱门。"黄侃作一首七律《闺情》,诗中用一、二、三、四、五、六、七、八、九、十、百、千、万、半、双、两等数词,一气呵成,颇为有趣。诗云:"一丈红蕾荫碧溪,柳丝千尺六阑西。二情难学双巢燕,半枕常憎五夜鸡。九日身心百梦杳,万重云水四边齐。十中七八成虚象,赢得三春两泪啼。"

胡适海外学成归国,任教北大,发起新文化运动,得享大名,一时从者如云,黄侃生平最得意、寄予厚望的高足傅斯年很快倒向新文学的阵营。黄侃心有戚戚,每次上课,总要先骂一通胡适,这才正式讲学。黄侃发表一番宏论:"胡适大言不惭,写白话文痛快淋漓。金圣叹说过世界上最痛的事,莫过于砍头,世界上最快的事,莫过于饮酒。胡适如果要痛快,可以去喝酒再仰起脖子给人砍掉。"黄侃又说:"白话文与文言文孰优孰劣,无须浪费过多笔墨。比如胡适的妻子死了,家人发电报通知胡适本人,采用文言文,'妻丧速归'即可;采用白话文,需要写'你的太太死了,赶快回来呀'11个字,啰啰唆唆,而且发电报的费用贵两倍。"全场捧腹大笑。胡适所著《中国哲学史大纲》,仅成上半部,全书久未完成。黄侃在课堂上调侃道:"昔日谢灵运为秘书监,今日胡适可谓著作监。"学生们大惑不解,询问原因,黄侃说:"监即是太监,太监即是下面缺少某个物件啊,没有后文。"黄侃的辛辣评论惹得哄堂大笑。胡适在宴会上大谈墨学,黄侃甚为不满,跳起来说道:"现在讲墨学的人都是混账王八蛋!"胡适大窘。黄侃又接着说:"胡适的尊翁也是混账王八!"胡适正欲发作,黄侃却笑道:"墨子兼爱众人,不要父亲。你今有父亲,怎么足够资格谈论墨子?我不是骂你,暂且试试你的态度。"举座哗然大笑。京剧名伶谭鑫培风靡北京城,北大课间休息,教师们闲话谭鑫培的《秦琼卖马》,胡适插话:"京剧太落伍,甩一根鞭子就算是马,用两把旗子就算是车,应该用真车真马才对!"在场者静听高论，无人吭声，黄侃立身而起说："胡适，胡适，唱武松打虎怎么办？"

黄侃以国学名扬海内，同样以骂人名扬海内，举世文人除章太炎先生，均不在黄侃的眼中。黄侃和钱玄同共同受业于章太炎门下，但黄侃素来轻视钱玄同，常戏称钱玄同为"钱二疯子"。两人相遇于章太炎的住处。黄侃忽然大呼："二疯！"钱玄同一贯尊重黄侃，在大庭广众之下被黄侃如此戏弄，生出腹诽，面色不悦，转移话题影射一句："这茶叶怎么有点牙碜？"黄侃继续说："二疯！你来前！我告你！你可怜啊！你近来不好好阅读音韵训诂的书，摆弄什么注音字母，什么白话文……"钱玄同忍无可忍，拍案厉声道："我偏偏摆弄注音字母和白话文！混账！"两人大吵起来，章太炎闻声赶快出来，调解一番。黄侃对钱玄同还有更为猖狂的叫骂，说："我在上海穷一夜之力，发现古音二十八部，为钱玄同赚了一辈子生活。钱玄同在北大所讲授的文字有剽窃嫌疑，出自我的成果。"黄侃与对面教室里传道授业的钱玄同唱起对台戏，故意提高声音："你们知道钱某一册文字学讲义的渊源吗？大概由我溲一泡尿得来。"钱玄同听得清清楚楚，满不在乎，照样讲课。有的学生聆听着相邻两边国学大师传递的刺耳声音，安之若素，把国学大师发威时迸溅的唾液当作知识琼浆，如沐甘霖，两相对照做笔记，相得益彰；有的学生则愤愤不平，说："面对黄先生的刻毒攻击，钱先生为什么不反击？"钱玄同说："我仅仅把黄先生的唾骂当成鹅叫，无须计较。"

黄侃曾经借住在吴承仕的一所房子中，二人都是章太炎的学生，相交甚厚，一言不合，随即闹翻。在北大读书的长子念华年仅十九，突然病逝早殇，黄侃闻讯后悲痛欲绝，举家迁出，黄侃搬走时欠下房租，在白色墙壁上用毛笔画满许多黑色叉叉，又爬到房梁上写了一行发誓诅咒的大字："天下第一凶宅"，然后掷笔而去。吴承仕向黄侃索要房租时，黄侃拒不支付，理直气壮地说："再饶舌，须先赔我儿子来！"吴承仕见黄侃如此蛮不讲理又有丧子之痛，只得作罢。

黄侃与号称"两足书柜"的陈汉章同为北大国学教授，有一回，两人碰头胝足地凑在一起研讨《小学》的心得，辩论相持不下，黄侃的豪爽血气陡然间冒了上来，黄侃拈了一根手杖递给莫名其妙的陈汉章，自己则执了一把短刃跳出门外，招手让陈汉章到外面去决斗。在同事们的劝说下，黄侃、陈汉章结束一场因学术分歧而引起的决斗，以后二人相遇，惺惺相惜，善待对方。著名词章家吴梅与黄侃关系不错，黄侃邀请吴梅赴蟹宴。吴梅激辩自己的道理正确，黄侃不予认可，此时醉意朦胧，一个凶猛的巴掌打过去，吴梅回手相敬。两人转而跳出座位，拟角斗，为同事拉开。酒醒后，两人和好如初。

黄侃和鲁迅两个文化观截然相反的人倒是相处融洽。黄侃、鲁迅和梁启超曾经联手开列一份最低限度国学书目；黄侃说，在五四新文学作家中，鲁迅的作品最能见出汉字文化的根基和格局，鲁迅也称赞过黄侃的学识。

黄侃还落下一个嗜好美食的名声。黄侃在北大任教时，常常穿一件蓝缎子团花长袍，黑缎子马褂，头戴一顶黑绒瓜皮帽，腰间露出一条白绸带。给学生讲课时，黄侃讲到关键的地方，突然停下来不再继续，说："这里有个秘密，专靠北大几百块钱的薪水，我还不能讲，你们要我讲，得另外请我吃饭。"黄侃在北大开设《说文解字》课程，学生感到晦涩难懂，因此，每次期末考试，都有学生在这门功课上栽跟头、成绩不及格。后来，学生们知道黄侃好吃，投其所好，凑钱宴请黄侃，黄侃欣然前往，学生们果然都顺利通过考试。校长蔡元培责问黄侃，为什么违反校规、接受学生们的宴请。黄侃答道："他们这帮学生知道尊师重道，所以我不想为难他们。"黄侃听说一些相识的同盟会会员在某处聚餐，席间有熊掌、蛇羹、八珍等美味。黄侃知道自己没有被邀请的原因是自己过去曾骂过他们，怎奈挡不住美食的诱惑，唐突登门，设宴者吓了一跳，旋即装作很热情的样子邀请其入座。黄侃脱鞋坐下，专挑好吃的东西大快朵颐。吃完之后，黄侃一边提鞋，一边回头冲他们骂道："我先告辞，你们一群王八蛋继续吃喝吧！"然后赶紧溜走。

黄侃讲授《文选》和《文心雕龙》十分传神，吸引大批其他系的学生，黄侃善于咏诵诗章，抑扬顿挫，给人一种身临其境的美感，所以，学生们情不自禁地唱和，成为北大校园一种流行的调子，被师生们戏称为"黄调"。黄侃谈到"荠"字的字形、音韵、训诂，风趣地说："你们记着，荠菜馅的饺子最好吃！"全班大笑，于是对这个"荠"字印象深刻。黄侃处处维护国故，认为木板书便于批点、手持和躺着阅读，讥讽精装的西式图书为"皮靴硬领"，中国衣裳的文明和舒适远胜西装。黄侃将脚上的布鞋脱下来又穿上，并指着一位同学说："看，你穿皮鞋，没有这么方便！"教室里寂静下来，黄侃像高深佛祖俯视台下的芸芸众生，又像一位放牧人，驱使一群羔羊啃食水草丰美的知识园地。黄侃想调节一下课堂气氛，跌宕起伏。黄侃摘录课本上的词句时忽然抬头看屋顶，说："我打个比喻，好像房子要塌了。"方毕，黄侃拿起书包，向外奔跑，同学们不明究竟，跟着黄侃倾巢出动，人流拥挤不能出门槛，向教室的各个窗口冲去，碰碎许多玻璃。隔壁教室的学生都以为发生地震。

黄侃在北京大学主讲国学之际，终日潜心国故，废寝忘食。友人登门拜访，进门见黄侃一手持馒头欲吃又止，一手捧书，知道黄侃正沉溺书中，不便打扰，静坐恭候。忽然，"啪"的一声，友人大吃一惊，原来黄侃读到开心处，先在桌上猛击一掌，再将馒头蘸进朱砂和墨汁盒后放入嘴里，弄成一个大花脸。黄侃读书，喜欢随手圈点，非常认真，如《文选》圈点数十遍，《汉书》《新唐书》圈点三遍。《清史稿》全书100册，700卷，黄侃从头到尾，一卷一卷地详加圈点，绝不跳脱。黄侃与学生陆宗达闲聊："一个人什么时候最高兴？"陆宗达乱猜一通，黄侃摇摇头否认。陆宗达问老师答案是什么，黄侃笑着说："一本书圈点到最后一卷还剩末一篇的时候，我最高兴。"陆宗达终生铭记于心。黄侃对陆宗达极为器重，原因是陆宗达能喝酒能抽烟，故深得黄侃喜爱，一起出游，找一家有名的饭馆消遣。黄侃说："饮君子要浅斟细酌，用大杯咕噜咕噜喝下去，酒量再大，算不得饮君子。"每次吃饭都要花上两三小时，拈韵，作诗，填词，限第二天下午课前交卷。黄侃于闲谈中给学生莫大启发，天马行空，没有章法，讲到哪里算哪里，处处都是学问，非一般人能理解。

陆宗达为黄侃拿皮包时发现内有许慎的《说文解字》，打开一看，书头蝇头小字，密密麻麻，有墨笔写的，有朱笔写的，还有各种各样的符号，全书9300字，每个字都有自己的讲法；别人的讲法，有的肯定，有的否定，黄侃都记在上面。黄侃说："《说文解字》我读了五次，每一次都有新的收获，新的体会。"陆宗达说："黄先生，你批在书头上、书边上的东西，颜色各异，字体微小，谁认得呢？"黄侃半开玩笑说："我要人认得干什么呢？如果别人知道上面的内容，我就不是排名第一了。"

陆宗达起初拜黄侃为师，黄侃没有给陆宗达讲一个字，只赠送一本没有标点的《说文解字》，说："点上标点，点完见我。"陆宗达依教而行，再见老师时，黄侃翻翻卷了边儿的书，说："再买一本，重新点上。"随即将书扔到书堆上。陆宗达再见老师时，送上点点画画已经不成样子的《说文解字》，黄侃点点头，说："再去买一本。"三个月后，陆宗达将一本看得很破的《说文解字》拿来，说："老师，是不是还要再点一本？我做好准备。"黄侃说："你已经标点三次《说文解字》，烂熟在心，磨刀不误砍柴工，事半功倍，掌握学问入门的工具。"陆宗达成为我国现代训诂学界的泰斗，他回忆自己的学习历程时说："我当年翻烂三本《说文解字》，从此做起学问来，轻松得如庖丁解牛。"

黄侃沉迷国粹，对新生事物的接受能力迟钝，甚至怀有抵触情绪。每一届大学生毕业，照例要印制精美的同学录，将师生的写真、履历汇为一集。印刷费用不低，通常都由教授捐助资金。唯独黄侃对这种常例不以为然，既不照相，又不捐钱，待到学谱印出，学校一视同仁，照样送给黄侃一册，留作纪念。黄侃收下册子，却将它丢入河中，愤然骂道："一帮蠢货，请饮臭水！"北大另一位怪物辜鸿铭则与黄侃的做法不同，学生找辜鸿铭索要照片，刊于同学录，辜鸿铭说："我不是娼妓者流，何用照片？你们要是不吝惜经费，何不铸一座铜像作为纪念？"辜鸿铭话中带刺，绵里藏针，足令囊中羞涩的学生退避三舍。

四十一

和黄侃、刘师培、辜鸿铭一样，林琴南也是国粹守旧派的代表人物。门庭若市，闹哄哄地成了另一股势力的风暴口。林琴南至今仍像一只怒发冲冠的老公鸡，沉浸在去年那场"双簧戏"的耻辱里。"钱玄同太卑鄙了，他将对桐城、文选派的所有仇恨，都泼到我头上。化名王敬轩，以追星的口吻捧出我当活靶子，让刘半农这小滑头痛痛快快地往死里打。这口恶气，今天总算熬到头。"

此刻，林琴南正在慷慨陈说心头之恨，午后斜阳懒懒地照进了林琴南的客厅。茶几旁坐着几位客人，是安福系遗老和贿选上台的新议员。一旁侍候的张厚载去书房拿来文稿，林琴南举起一支包浆油亮的潇湘竹烟杆，"吧嗒吧嗒"猛吸了几口，说："我以春秋笔法，写了一篇小说，将陈独秀、钱玄同和胡适痛斥一顿。你们可以先睹为快，发表后肯定轰动。"

几位客人捧读《荆生》，夸赞林琴南宝刀不老，文笔遒劲有力。林琴南想象着小说出来后那伙贼人惊慌失措的狼狈样子，畅怀大笑。张厚载一副摩拳擦掌准备决战的样子，这位北大法科政治系的学生有些谋略，胸有成竹地说："我马上寄给上海《新申报》。另外，我打算以通信形式在《神州日报》上开辟专栏，与您遥相呼应。"

林琴南摸了一下银须飘飘的下颌，说："我将老祖宗的文武绝招全部搬出来，哈哈哈！"

张厚载不愧为兼职记者，收集许多情报，恭维地望着林琴南，说："只要老师登高一呼，北大很快会有反应。现在陈独秀、胡适的日子并不好过，黄侃尤为刻毒，骂钱玄同是辱没章氏门风的野狐狸。刘师培已经准备创办《国故》月刊，与《新潮》对垒。"

林琴南说："关键是蔡元培做后台。蔡元培真是浑噩透顶，堂堂前清翰林居然会相信白话文！当年我与他在杭州私交不错，到时候写一封信开导开导他。"

新议员说："傅增湘身为教育总长，对北大一味放任不管。幸亏国会操纵在我们手心里，他再庇护新派，我们就联名弹劾他和蔡元培。哼！想换个人不是小菜一碟吗？"

蔡元培在办公室读到林琴南的小说，以鄙视的神情，在《新申报》上愤怒批下八个大字：无聊至极，不予理睬！教学改革到了关键阶段，需要蔡元培集中精力去运筹帷幄。通过整顿，北大建立起来一支高水平的教授队伍和一套行之有效的管理体制。记事牌上写着蔡元培近日要办的几件大事：2月19日，出席北大新闻学研究会的改组大会，拟发表演说。2月26日，与商务印书馆的张元济签订《北京大学月刊》出版合同，所有制版、印刷、工料、广告等费用，均由发行人代垫。拟请美国博士来校演讲，题目为《近世之天体物理》《太阳概论》《恒星概论》。

胡适从绩溪老家奔丧回校，带来江冬秀，在北京城里寻觅新居。胡适的婚姻由母亲一手包办，胡适曾想过将看着不顺眼的江冬秀休掉，另娶读过师范、懂得风花雪月的表妹曹诚英。江冬秀没多少文化，写个简单的条子都有许多错别字，裹着小脚，身材肥胖，走路东摆西摇，性格又颇有几分母狮一般的泼悍，缺少女人的温柔，实在与教授夫人应有的素质相去甚远。江冬秀使用"一哭二闹三上吊"的招数，胡适立即乖乖投降。尽管胡适后来在感情上一样开小差，情人与准情人可以列出一长串名字，比如韦莲司、徐芳、洛维茨、陆小曼……但胡适吃着花心萝卜，不敢公开同江冬秀叫板，更不敢告诉其他人，甚至日记里都不愿记载，生怕世人从中发现什么把柄。

胡适来到图书馆隔壁的《新潮》编辑部，看到小说《荆生》，有点生气，堂堂胡适博士，居然被污蔑成贪生怕死的狄莫，可见国粹党已经堕落成为渣滓，不是君子所为。在学生面前，胡适挺有绅士风度地一笑，将报纸扔进废纸篓里。今天他们要商谈一个不能回避的重要问题，提倡新文化要不要国故，又该怎样对待国故。起因是《国故》月刊亮出"昌明中国固有学术"的旗号，向新文化运动下达挑战书。

罗家伦说："《新潮》杂志打算在第一卷五号上，发表我的文章，痛批国故派的抱残守缺。"

傅斯年说："我在文章后面写了附录，进一步明确指出两种截然不同的文化观，一是整理国故，二是模仿国故。正确的态度应该是像胡先生那样，用科学的主义和方法来整理国故。"

学生观点不错，但对整理国故的回答实在很不圆满。认为整理国故没多大益处，他们的思想停留在狭隘的功利层面。李大钊那两篇大谈主义的文章，和林琴南一伙的叫骂一样疲乏无力，很容易被别有用心的政治家们利用。胡适对两位虔诚的学生说："我主张首先要有一种为真理而求真理的学术态度，因为发明一个字的古义，与发现一颗恒星，功绩都是一样伟大的。我殷切地希望你们，站在再造文明的高度，把整理国故当作学术革命新思潮的一个口号，与封建守旧派拉开本质的区别。"

傅斯年连忙摸出笔记本，记了下来，感叹唏嘘地凝视着胡适，说："胡先生真是伟大，我们每次向您请教，都仿佛呼吸一次新鲜的空气啊！"

会议室的气氛有点剑拔弩张，陈独秀、钱玄同、李大钊神色严峻，好像如临大敌似的，胡适朝温和冲淡的周作人笑了笑，挨着周作人坐了下来。陈独秀宣布开会："自创办《新青年》以来，本人总算第一次见到了有点像样的挑衅。如何反击？大家说说！"陈独秀脸色铁青，把征询的目光投向胡适，胡适无所谓地耸耸肩膀。

李大钊首先响应，一改平日沉稳的语调说："我打算在下一期《每周评论》上发表一篇《新旧思潮之激战》，再将《荆生》加按语作为导读，痛斥旧派心怀鬼祟、不敢光明磊落站出来较量的恶劣行径。"

刘半农怒气冲冲地将一张《神州日报》塞给钱玄同，矛头针对胡适：

"当初你不听我们多次劝阻，执意为张厚载担保文章《我的中国旧剧观》，刊发在《新青年》上。人家并不感恩图报，照样给林琴南做内应，照样骂你'狄莫'，甚至更加刻薄。这是你与旧势力妥协周旋的报应。"

钱玄同也指责胡适："你再和他们妥协周旋，我声明退出《新青年》，与你从此绝交！"

胡适真正地尴尬了，惊愕地瞪大求援的眼睛，怎么回事呀？自己被人骂成可怜的"狄莫"，内部又开起声讨会。会议决定各自准备声讨文章，在《新青年》《每周评论》和《新潮》上同时发表。

钱玄同和刘半农又去了绍兴会馆，周氏兄弟请客去广和居吃炸肉丸子，喝得酩酊大醉。他们谈到林琴南的小说，谈到《国故》月刊，谈到刘师培和黄侃正在加紧筹备的《国粹学报》。鲁迅借着酒兴宣称全方位进击，打倒国粹派，钱玄同目瞪口呆地读完鲁迅的一篇文章："中国国粹等于放屁，一群坏种要编丛刊。国粹丛刊万岁！老小昏虫万岁！！"这是刻薄还是阴毒？反正刘师培从没遭受过如此毁灭性的攻击。如果刘师培的羸弱之躯读到这段文字，恐怕早已七魂出窍，一命呜呼。钱玄同又一次感受到没落世家子弟的厉害。从鲁迅的笔下，总是能隐隐感觉到古越人耿耿于怀的复仇意识。看来对付林琴南，必须具有这种犀利的战斗锋芒。

林琴南做梦也没有料到，一篇游戏之作《荆生》会遭到天南海北的强大反击，案前铺满了张厚载收集的各种报刊，指斥林琴南为"学术界之大敌，思想界之蟊贼"。林琴南又草拟一篇文言小说《妖梦》，谨慎很多，没有马上让弟子送报馆，说："文章备着，咱们先礼后兵，由我先给蔡元培写一封劝降信。"北京学界爆发了一场轰动全国的"林、蔡大战"。安福系政客操纵的报纸登出林琴南的公开信，同时加载一则《请看北京大学思潮变迁之现状》的报道："北大自从蔡元培当头后，文科学长陈独秀以新派首领自居，胡适、钱玄同、刘半农、沈尹默等教员呼应陈独秀，沆瀣一气。他们主张废国语而以法兰西文字为国语，怪诞不经，无异于洪水猛兽。"

校长室的来访者络绎不绝，有人同情，有人愤懑，也有人打圆场安慰几句。直到学士居的小伙计送来几样素菜，蔡元培耳根边才清静下来。蔡元培有些累了，拿出锡质酒壶，想独自喝上几盅，陈独秀领着钱玄同、刘半农闯了进来。

陈独秀撸起衣袖，指着自己的哼哈二将，坦露出一种草莽气息："蔡先生，那位老朽居然公开叫板。你不要管了，由我们几位帮你干掉他！"

刘半农跃跃欲试说："不是吹牛，写这种文字，只要我和玄同联手，真可谓天下无敌手！"

蔡元培放下酒杯，客气地请三人入座，深思熟虑地说："事情由我而发，让我来回答吧。他信中的语气还算客气，我完全有把握说服他。"

钱玄同见蔡元培要摆出一副坐而论道的学究姿态，不禁着急起来："蔡先生，你别看他一口一声太史公，可他以清室举人自居，声称至死不改节操，攻击白话文是引车卖浆之徒所操的言语。他挖苦说，像这样，天津的小商小贩都可以做国文教授。我们对这种手段卑劣的文痞，唯有痛斥！"

蔡元培说："各人都有各人的论战方法，我来接招，辱骂和讽刺可能并不适宜呀。"

三位好斗之士终于走了，蔡元培闭门谢客，伏案沉思，提笔一气写下著名的《答林琴南君函》。蔡元培以谦和婉转的语句，逐条批驳林琴南的观点，重申了北大同人维护新文化运动的鲜明主张。蔡元培的文章在京城各界广为流传。

北大文科教师休息室内，教授们正在议论此事。钱玄同说："蔡先生不愧为煌煌大德，以理服人，绝不以势压人。这篇大作，我建议编入文科教材，流芳百世，以正人心。"

沈尹默连声叫绝，举起报纸说："蔡先生不愧是一位雄辩家，林琴南说北大'覆孔孟，铲伦常'，且看蔡先生如何教训他。"

沈尹默抑扬顿挫地朗诵起来，好像平时在课堂上讲唐诗，引来了众人的兴趣。"请先察北京大学是否已尽废古文而专用白话？大学预科中，有国文一课，所据为课本者，日模范文，日学术文，皆古文也。其每月中练习之文，皆文言也。本科中有中国文学史、西洋文学史、中国古代文学、中古文学、近世文学；又本科、预科皆有文字学，其编成讲义而付印者，皆文言也。白话与文言，形式不同而已，内容一也……"

众人扼腕赞叹，沈尹默读得喉干舌燥，想喝一口茶润润嗓子，忽然听见门口传来一声怪叫："林琴南有什么资格教训蔡元培？林琴南乱伦皆有证据，一是翻译《茶花女》《迦茵小传》《红礁画桨录》，公开宣扬狎妓、通奸、争有夫之妇。二是区区举人，竟敢教训堂堂进士，这世道还有王法吗？我要亲手动笔帮蔡元培治治林琴南，因为我是大清朝最后册封的文科进士！"众教授先是一愣，随即爆出一阵哄笑。辜鸿铭拖着长辫子跨出门槛，闻声又返回来瞪大眼睛说："我老辜说话从来算数，我要赶回去写文章。因为蔡元培在信中帮我说了不少好话。"

刘师培正与黄侃在家谈经学，望着满地的药罐，哀叹自己天不假年，快要沦落到皓首穷经的境地，忽然产生卖字的念头，一本正经地征询黄侃的意见。刘师培自我感觉良好地说："唯有章太炎知道我书法的佳趣。"

在北大文科教员里，以恶札而论，刘师培要算第一，辜鸿铭应是第二。刘师培写字实在可怕，几乎与小孩描红相似，而且不讲笔顺。北方书房里学童写字，记住口诀，例如"永"字，叫"点、横、竖、钩、挑、劈、剔、捺"。刘师培不管这些规矩，只看方便有可以连写之处，一直勾画起来，所以简直不成字样。而辜鸿铭也是随意缺少笔画，正与刘师培妄加速笔有异曲同工之妙。黄侃以弟子自居，不敢取笑尊师墨宝，寻思半天，才憋出一句大实话："你只要写刘师培三个字去卖就够了。"

何震送来《公言报》，里面正好有林琴南和蔡元培的长信。刘师培看到林琴南将自己和黄侃说成《国故》月刊的总后台，北大旧派的总代表，不禁大惊失色。蔡元培在回信中为刘师培解脱，说他从不在课堂上讲复辟之事。

刘师培无地自容，急火攻心，又剧烈地咳嗽起来。按黄侃的性格，本来要帮林琴南叫骂一顿。刘师培像热锅上的蚂蚁般慌乱起来，黄侃唯恐刘师培急坏了身子，好言劝慰："你不愿意抛头露面，干脆给报馆写个声明吧。"

刘师培像捞到一根救命稻草，飞快地进了书房，给《公言报》写了一封信函："十八日贵报北京学界思想变迁一则，多与事实不符。鄙人主持大学讲席，抱病岁余，闭关谢客，素来与校中教员鲜有接洽。《国故》月刊由文科学员发起，以保存国粹为宗旨，与《新潮》诸杂志没有激烈交锋。祈求立刻查明更正。"

辜鸿铭穿着一身簇新的马褂，让傅斯年、罗家伦领着，恭恭敬敬地进门拜访。这可是难得的稀客呀，蔡元培忙起身相迎。辜鸿铭滑稽地行了一个大揖，然后从衣袖里摸出一份文稿，递了过来。标题是"北京大学校文字风潮解惑论"，署名为冬烘先生，称颂蔡元培是孔孟旧学的大功臣，蔡元培采用了迂回方法，表面上支持新派刊物，倒行逆施，实际上维护国粹，"我故曰鹤卿先生别具苦心，用此以毒攻毒之妙剂。噫，林琴南辈腐儒岂能料及哉！"辜鸿铭说："此文由你随便处置，我本想上门痛斥林琴南，又恐失了身份。"蔡元培面露笑容，异常感动，辜鸿铭得意地指着两位学生教训道："你们还记得我当初的话吗？这世界上只有两位好人，我不帮蔡元培，谁帮？"

四十二

1919年的中国，每一张日历都蓄满电光。一群窃火者突出重围，凤凰涅槃，以革命家和启蒙者的双重胆魄，隆隆拉开一个大时代的帷幕。黯淡而沉闷的中国思想史，从此放射出救亡和启蒙的冲天烛光。一个崭新阶层，第一代人文知识分子群体，豪迈地登台亮相，引吭高歌，发出争夺时代主角的独立宣言。北大红楼成了举世瞩目的精神高地。因为历史契机，新文化思潮与爱国学生运动轰轰烈烈地会师！全国学界的一举一动几乎全部唯北大马首是瞻。这里是反侵略、反强权、反迫害的司令部，又是抗争黑暗围剿的风暴口。每一位新派教授都打过大仗，每一位学生领袖都敢登高呐喊，成为一道永不凋零的风景线。学潮遍及全国，令统治者旌旗变色，后渐渐隐退，演绎成为科学和民主而战的燎原旗帜。

梁启超做起正义人道的外交梦。前几个月，梁启超因著述过猛，感染肋膜炎和肺炎，发烧咯血，被迫中止通史的写作。北京政府拨出 6 万元经费，供梁启超赴欧洲进行舆论鼓吹，梁启超当仁不让，挑选蒋百里、丁文江等随员，开始人生最后一次肩负重大使命的辉煌举措。北京各界召开盛大的欢送会，蔡元培和梁启超分别演讲，他们对威尔逊主义充满着幻想。梁启超壮怀激烈地登上日本轮船"丸善"号，取道印度洋、地中海，驶向巴黎。

战后和平会议在华贵的凡尔赛宫隆重开幕，各国都派出规模庞大的代表团，美国总统威尔逊亲自出马，代表团的顾问和工作人员竟多达 1300 余人，日本、英法更是准备充分。讽刺的是，泱泱东方大国，想通过外交周旋收回德国被占领土，居然派出一个超小型的代表团，梁启超的六人观察团姗姗来迟。梁启超匆匆赶到中国代表团下榻的饭店，周围人多嘴杂，顾维钧与梁启超相约去一家咖啡馆密谈。顾维钧透露出积压多日的苦衷，由于中国北洋政府的软弱，巴黎和会变成西方列强的分赃会议，将德国在山东胶州原有的筑路、驻军等一系列权益转让给日本，正等着签字。梁启超突然觉得五雷劈顶，眼冒金星，整个世界都疯狂地倒旋起来。梁启超气喘吁吁地扳紧桌子一角，没有摔倒在地，肺炎刚刚痊愈，又因剧烈的干咳呕出一大口血痰。生不逢时啊，四万万同胞的命运将要压在一介书生羸弱的肩上，梁启超哀情大恸，与顾维钧抱头痛哭起来。旁边的法国人以为碰到疯子，四处躲避。梁启超回到旅社，叫来随行人员商量对策，最后决定，一是利用舆论压力，谴责北洋政府私订密约、出卖主权的罪行；二是借用梁启超的国际影响，竭尽全力对英、美、法等国开展外交攻势，挽回败局。

蔡元培领衔拍来为梁启超辟谣的通电。屈指算来，二十年前活跃政坛和思想界的风流人物，已所剩无几。梁启超扶病在榻前反复诵读，大为感动，眼眶里噙着晶莹的泪花。"上海《申报》《新闻报》《时事新报》，并转各报馆、五十三商团鉴：梁启超赴欧洲后，迭次来电报告，主张山东问题为国家保卫主权，语气激昂，著书演说，极动各国视听。何故有此无根谣言？愿我国人熟察。"

蔡元培走进北京医专校长汤尔和博士的客厅，这是一间西式风格的屋子，墙上悬挂着一张油画。一侧是两张旧式单人沙发，呈八字形分开。蔡元培、汤尔和坐在沙发上，好像是一对判官。对面是一张雕花圆桌，沈尹默、马叙伦坐在椅子上，犹如带点阴森气息的牛头马面。在吊灯昏暗的光线下，蔡元培看上去非常疲倦，靠不停地喝浓茶强提起精神。北京的空气越来越恶劣，北洋政府对蔡元培恫吓和施加压力，要求北大停止越轨行为。今夜，汤尔和出面请来蔡元培，商量如何对付北洋政府的事情。

汤尔和知道蔡元培不想撤换陈独秀，苦口婆心，极力劝说："子民兄，现在陈独秀已成众矢之的，成了关系北大存亡的矛盾焦点。趁学制改革、撤销文理科界线的时机，免去他的职务。他对北大有功有过，为人实在太霸道，去年五月，居然敢在《新青年》上随意乱骂我。我们从大局出发合理建议呀。总不能为一个有争议的人，牺牲整个北大，牺牲北方读书人赖以生存的机关。按目前的时局，要想实现你教育救国的宏愿，只有这一步棋。我们解聘了陈独秀，对胡适也是个制约，两个皖人，一唱一和，北大在社会上的诸多是非，都与他们的闹腾有关。"

蔡元培一直板着脸，沈尹默、马叙伦不敢插话，他俩的态度和汤尔和保持一致。汤尔和、沈尹默是公认的谋客，蔡元培平时对他们言听计从，这已不成什么秘密。可是今天，任凭汤尔和软硬兼施磨了几个钟头，蔡元培仍不表态。

蔡元培说："谢谢诸位的好心。我忍辱负重，皆为学校，但忍辱是有止境的。北京大学一切的事，都在我蔡元培身上，与陈独秀、胡适二人毫不相干。我年初和钱玄同说过，驱逐陈独秀，除非'上谕'将我革职。我不能为了迎合外人的心，做事糊涂，让林琴南之流高兴。"

沈尹默总是在关键时候插话，举起几份报纸说："光是凭旧派的谣言，当然不是解聘陈独秀的理由。只怪这位先生太不检点，被人抓住把柄。看今天的报纸，又在传他有嫖娼之事，因为争风吃醋，抓坏妓女的私处。如果再让他任文科学长，大学岂不斯文扫地？"

蔡元培冷冷地盯了这位"鬼谷子"一眼，反问道："你这么相信报纸上的谣传吗？你亲眼见过吗？"

马叙伦突然站起来证明："一次，陈独秀酒后私下言谈时曾经吹牛，他去逛过八大胡同，北京的妓女比上海妹子有韵味。"

汤尔和说："你们所言不虚。记得去年陈独秀参加进德会，明显违反规定嘛。"

沈尹默连忙附和："进德会基本三戒是，不嫖、不赌、不娶妾，不嫖一马当先呢！"

汤尔和紧逼一句："私德不修，祸及社会。子民兄，如果知道陈独秀私德太坏，当初我们不会极力向你推荐。唉，事到如今，说起来我们也有责任。"

汤尔和的话真正戳到蔡元培的痛处，蔡元培微微蹙紧眉头，脸色开始发青，说："现在张厚载造谣陈独秀已被辞腿，如果我顺水推舟，正好证明张厚载的谣言原本不错。"

沈尹默说："校长过虑了，实际情况是北大调整制度，不设学长，陈独秀体面下台，不同于辞职。正在出国的理科学长夏元瑮和代理学长秦汾同时免去，更是给了陈独秀一个体面的台阶。陈独秀不当学长，可以聘为教授，这不同于张厚载的流言呀！"

三个人轮番进攻将蔡元培的心彻底搅乱，蔡元培敦厚朴实的脸上满是凄苦、抑郁。告辞出门时，已是深夜，弯弯的下弦月不时地穿出云层，给寂静无声的北京医专校园抹上一层神秘的凉意。校园内外传开陈独秀将被解职的话。胡适甚至听说了汤宅密谈，跑来为陈独秀大鸣不平。胡适不好意思将账记在蔡元培身上，只能怨汤尔和听信谣传，怪沈尹默和马叙伦在背后捣鬼。

清明节过后的第三天，蔡元培主持召集各教授会主任，决定提前实行三月初评议会通过的文理科教务处组织法。将文理两科合并，从11位教授会主任中推选一名教务长，襄助校长领导全校的教学，任期为一年。投票结果，马寅初当选为北大第一任教务长。陈独秀随同理科代理学长秦汾自然辞职，由学校改聘为教授。对外有公开的理由，一是理科代理学长秦汾调任教育部司长，文科学长陈独秀因事假南归，因此提前变动内部机构；二是废除学长制是教学体制改革的需要，事不宜迟，真正保证教授治校。只要学校内部的制度完备，谁来当校长，都不能搞个人专制。蔡元培扪心自问，仍然无法回答这个严峻的问题，按原定计划要暑期后实行，为什么提前采取措施？

蔡元培更衣起床，怕吵醒黄仲玉，悄悄地步入书房。窗外天色未明，正下着蒙蒙的细雨。长痛不如短痛，蔡元培提前改制，忘了跟陈独秀打一声招呼。唉！陈独秀回校后会怎样伤心？蔡元培想起当年三顾小旅社请陈独秀出山的情景，陈独秀为辅佐北大校长，付出的心血和遭受的压力超过常人。真是肝胆欲碎，蔡元培愧疚地独自流下眼泪，决定亲自上门去向陈独秀解释赔罪，挽留陈独秀先接受聘约，在下学年开一门宋史新课。只要一有机会，只要对方愿意，蔡元培可以设计一些新的职务，譬如聘请陈独秀出任总务长之类。

南行而归，陈独秀碰巧在回寓所途中遇到汤尔和、沈尹默。陈独秀怒目而视，脸色极其可怕。两人感到不是滋味，匆匆低头而过。胡适反应最为敏感，对傅斯年说："陈独秀的性格是遭受压制必然反抗，我担心他从此因怨恨将更加激烈，大谈而特谈政治。"胡适匆匆跑去安慰和挽留陈独秀。陈独秀虽然把账记在汤尔和等人身上，但对蔡元培听信流言感到窝囊。陈独秀说："出走是迟早的事，当初老蔡请我来，我答应先干三个月试试，结果安营扎寨快三年。现在废去职务，让林琴南一帮人看了笑话。不是我丢面子，而是整个新文化运动丢尽面子。"陈独秀这位刚强的汉子心头一酸，委屈地侧过脑袋，落下几滴热泪。

果然，当胡适翻开《每周评论》第十八号时，忍不住惊叹一声："陈独秀越来越左倾了！"陈独秀激昂地写道——二十世纪俄罗斯的社会革命，世人对着他们极口痛骂，但是后来的历史家，都要把他们当作人类社会变动和进步的大关键。看来陈独秀要寻找新的思想武器进行战斗，胡适倒吸了一口凉气。胡适马上要去上海，杜威夫妇应胡适和哥伦比亚大学同学蒋梦麟等的邀请，将于4月30日来华讲学，而且要在中国停留两年。胡适不甘寂寞，这次请来杜威就带有预谋性，本意是借杜威来宣扬实验主义的哲学，为自己在中国学界争得一席地位，同时打击梁启超的研究系。研究系在当时被视为落伍的守旧派，因为与北洋政府瓜葛太多，名声不太好听。凭借梁启超的声望、才学和多年努力，门人早已形成一股很大的势力，胡适一心要做圣人，必然扳倒拦路的老石头。

陈独秀和胡适在新文化运动中结下深厚友谊，两人具有血气方刚的共同点，但在为人处世方面大相径庭。陈独秀对政治情有独钟，立志做惊天动地的事业，协助章士钊主编革命色彩浓烈的《国民日报》，参加蔡元培组织的光复会，计划从事对清政府高官的暗杀活动，创办《新青年》，后来出任中国共产党总书记，因执行"右倾机会主义"路线离开中央，陈独秀被高度边缘化。政治与革命是陈独秀灵魂的底色，没有它们，陈独秀食不甘味寝不安席。胡适总体上是个学者，与蔡元培、陈寅恪、傅斯年、蒋梦麟、梅贻琦等民国学界大佬关系极好，在士林中很有影响。胡适一生不爱做官，除了抗战时期出任过驻美大使，基本上蜷居在大学校园里。胡适有着很浓的西方式民主情结，喜欢发表个人意见，常常惹得当政者不快，实际上是游走于学术与政治之间，担当政府诤友的角色。蒋介石虽然从内心里并不喜欢胡适，在日记中多次大骂胡适为"狂人""宵小""无聊政客"，但表面上一直表现出优容，胡适逝世，蒋介石亲临悼念，下令褒扬。陈独秀生性自负、激烈、偏颇，只求一时痛快，不在乎他人感受。胡适永远给人一种邻家大哥的印象，宽厚随和，不走极端，极有绅士风度。一个时代有一个时代的气象，一个时代有一个时代的需要。在民国，陈独秀也许更适合穷人的口味，而胡适则容易受到中产阶级的爱戴。原因很简单：穷人往往倾向于打破坛坛罐罐的革命，不惜付出代价；中产阶级常常倾向于立足现存秩序的改良，不愿意社会发生大的变故。

巴黎的列强们终于扔掉威尔逊的和平橄榄枝，露出坐地分赃的本意。梁启超殚尽心血，仍无力回天，以一纸电文，告急于四万万同胞："对德国事，闻将以青岛直接交还，因日使力争，结果英法为动。吾若认此，不啻加绳自缚。请警告政府及国民严责各全权，万勿署名，以示决心。"外务总长伍廷芳紧急召集蔡元培、汤尔和等名流商量对策。众人悲愤地听着伍廷芳的叙述，忧心如焚。蔡元培对北京政府完全绝望，再开这种会议已毫无意义，他缓缓地起立，说："我要先回北大，现在挽救危局的唯一希望，只有靠学生。"

校园里是另一种景象，当初曾到美国使馆前高呼"威尔逊总统万岁"的学生们，高声讽刺威尔逊，发明一个公式：14=0。蔡元培去见陈独秀，这位当初称威尔逊可算世界上第一个好人的老兄，正在痛斥光讲空话的"威大炮"，两人避开敏感的话题，陈独秀表示要在《每周评论》上专写火药味很浓的鼓动文章，配合挽救危局的爱国行动。

蔡元培在北京大学饭厅召开各位班长和学生代表会议。新潮社、《国民月刊》社的骨干都来了，有一百多号人。蔡元培想起和陈独秀一起给这些人开会的情景，当时是为了创办学术研究团体，更好地读书，而如今举国上下已放不下一张安静的书桌。"同学们！我不得不沉痛宣布——我们的国家眼看要亡了！军阀政府用出卖主权换来的枪炮，武装了各自的军队，对外却不敢保护自己的国土和人民。内战不息，寸土不让。最近南北和议就是个军阀分赃、缩小的'凡尔赛会议'。同学们，国家存亡的关键时刻终于到了，我呼吁大家放下书本，用各自的方法行动起来！我平时不太主张学生上街游行，因为学生的天职是为国求学。可是今天，当权者利令智昏，一意孤行，世道实在太黑暗了，拯救国家的希望、干涉政治的责任，只好落在青年学生身上，发扬自古以来'伏阙上书'的真精神，去唤醒民众和舆论，以强大的压力阻止政府签约。作为北京大学的校长，我逼迫自己对学生说出这些话，内心是多么地悲愤啊！"蔡元培嗓音嘶哑，眼泪哗哗地从双颊滴落下来。同学们无语凝噎，目送着敬爱的蔡校长走出会场后，商议各种行动方案。新潮社的傅斯年、罗家伦和国民社的张国焘，很快成为学生运动的领导骨干，召开全校学生总动员大会，串联北京各大学学生，在国耻纪念日集体罢课示威。通电全国，呼吁工商界和市民罢市、抵制日货。傅斯年给大家分工，确保这次声势浩大的活动忙而不乱。

蔡元培专门召开北大教职员会议。教授们痛斥北洋政府的卖国行径，一致主张对学生的任何行动不加阻拦。李大钊和马叙伦挥动着手臂激动地表示，将一起上街示威，誓与学生同进退。"看来我们的行动要提前了！"蔡元培双颊微红，成了一头被激怒的老狮子，通知学生代表傅斯年、罗家伦速来家中集合，作出一个具有历史意义的重大决策，20世纪中国最伟大的思想启蒙运动，从这里拉开动人魂魄的帷幕。

北大法科讲堂，庄严肃穆，全校一千多位学生拥入会场，北京12所中等以上学校也派出代表。《京报》主笔邵飘萍报告巴黎和会山东问题交涉失败的情况。邵飘萍在南城珠巢街独立创办一份报纸，了却多年心愿，在编辑部挥笔写了"铁肩辣手"四个大字，以此自勉。邵飘萍大声疾呼："同学们！现在民族危机系于一发，如果我们再缄默等待，中华民族就无从挽救而只有沦亡。北大是全国的最高学府，应该挺身而出，把北京各校的同学全部发动起来，救亡图存，奋起抗争！"会场沸腾了！傅斯年、张国焘紧接着上台发言，热血青年个个义愤填膺，声泪俱下。罗家伦咬破中指，撕下衣襟，血书"还我青岛"四个大字，把会场气氛推向悲壮激烈的高潮。大会通过四项决议：一、联合各界一致奋起力争；二、通电巴黎专使，坚持不在和约上签字；三、通电各省于5月7日国耻纪念日举行爱国示威游行；四、定于明天5月4日，齐集天安门举行学界大示威。为了筹备这次游行示威的经费，由傅斯年带头，学生们排起长长的队伍，依次将身上携带的银圆、铜板、戒指、手表、钢笔，纷纷掷到台上的捐赠箱里。同学们自由发言。一位山东学生提议，惩治当初出卖主权、帮袁世凯签订二十一条的交通总长曹汝霖，驻日公使章宗祥，以及经手各项卖国性借款的币制局总裁陆宗舆。会场上掌声和欢呼声同时爆响，表示极端地赞成。又有人站起来说，章宗祥带着日本小老婆回国时，中国留日学生手举白旗送丧似的跟着他，白旗丢了一车厢，把他的小老婆都吓哭了。我们应该把白旗送到卖国贼家里去。大家一致同意，住在西斋的同学一夜没睡，用撑蚊帐的竹竿和白床单制作旗子，长竹竿上大旗，短竹竿上小旗子，到天亮时，几乎每一位北大学生手里都有旗子。

蔡元培到校后，布置总务为学生提供一些写标语的纸张，队伍最前列学生高举的"国立北京大学"横幅太短，蔡元培又叫学生在院子里砍了几根大的竹子，换了上去。蔡元培接到教育总长傅增湘的电话，北洋政府召开紧急会议，商量阻止学生行动，有人主张镇压，有人主张驱散，有人主张独自惩办蔡元培，吵吵闹闹。警察总监吴炳湘和警备司令段芝贵各执己见，互不相让，最后把软弱的教育总长训斥一顿，要他快回去阻拦。教育总长战战兢兢在电话里请老朋友帮忙，召回学生，马上到教育部商量善后问题。"我不忍制止学生的爱国行动。"蔡元培说完，挂断电话，根本没有去教育部。蔡元培整日没有离开学校，没有进食。

傅斯年因为走路被旁边驶过的汽车溅了泥水，愤恨说道："坐汽车的人应该被枪毙！"傅斯年越琢磨越觉得自己说的话有道理，于是把这句话发表在杂志上，赢得大众的一致赞扬。到五四运动时，北大和清华的学生游行到珠市口，正在演讲，迎面开来一辆汽车，司机看到人多拥挤摁了一声喇叭。

大家想起傅斯年的这句话，人人喊打，上去掀翻砸了汽车。京城学生3000余人在天安门广场集会，傅斯年担任游行总指挥，扛着大旗，走在队伍的前列。北大学生在金水桥南边竖起一面大白旗，上面写着一副挽联：卖国求荣，早知曹瞒遗种碑无字；倾心媚外，不期章惇余孽死有头。这里有一个典故，曹瞒即曹操，章惇是宋朝大臣，当时司马光视其为祸国殃民的大奸。学生们顺手拈来影射曹汝霖和章宗祥。天安门前还堂堂正正地悬挂着罗家伦的血书——"还我青岛"。人群中的爱国情绪达到沸点，慷慨激昂的演说声，悲愤炽烈的口号声，回荡在古老的京城上空。爱国学生冲破军警的阻挠，喊出了一个饱受创伤的民族威武不屈的心声：中国的土地可以征服而不可以断送！中国的人民可以杀戮而不可以低头！国亡了！同胞们起来呀！浩浩荡荡的游行队伍，在一片"废除二十一条""惩办卖国贼""誓死不承认和约"的雄壮口号声中，奔向外国使馆区示威。

故宫里的小皇帝溥仪吓坏了，以为发生针对皇室的兵变，慌忙派出太监去门外窥探。而总统府里，徐世昌正在为刚从日本回国的章宗祥公使设宴洗尘，钱能训、曹汝霖、陆宗舆作陪。门外不时传来数千学生要向美、英、法使馆请愿，向日本使馆示威的消息。

吴炳湘跑来转告三位大人物："学生的怨气很大，请诸位暂留公府，千万不要出府回家。"

段祺瑞的铁杆打手、警备司令段芝贵气势汹汹地闯了进来，向大总统和国务总理传达"太上皇"欲开枪镇压的旨意。

钱能训说："政府已很被动，再发生流血事件，可能会引起国际公愤，巴黎和会将全盘皆输。"

徐世昌说："你留学德国，怎么连一个起码的道理都不懂？按国际惯例，没有一个国家的政权敢枪杀手无寸铁的学生。告诉他，与学生对抗的政府全部垮台，本总统不想代人受过，遗臭万年。"

段芝贵不甘示弱，叫嚷道："万一他们胡闹起来，政府照样垮台！"

徐世昌放下筷子，在房间里踱了几步，口气强硬："可以抓但不可杀，可以捕但不可伤。去吧！"

徐世昌和段祺瑞的明争暗斗公开化了，宴会不欢而散，曹汝霖和章宗祥先到钱能训的办公室坐了一会儿。到了3点多钟，他们估计外面的军警足以保护自己，才驱车溜回府邸。

游行队伍到了东交民巷，却被守卫租界的中外巡警阻拦，不许通过。巡警们如临大敌般做好了准备，怒火顿时在青年胸中熊熊燃烧。中国人在自己的土地上竟不能自由通行，没有卖国贼何至如此？傅斯年登高一呼："到赵家楼去，找卖国贼算账去！"学生们立即响应，由富贵街向北，穿过长安街直奔赵家楼。曹汝霖和章宗祥的汽车早已进了前赵家胡同2号，它是一座东西两进的院子，西院临街的围墙较高，朱红色的大门朝南，门内迎面立着一个木影壁，北屋正厅悬挂着日本天皇像，整齐地摆设着红木和紫檀的家具。房前有一个花坛，围墙较矮，东西两院有一个月洞门相通。曹汝霖正与警察商量如何防范学生袭扰，忽听见院子外吼声震天，学生队伍如潮水般冲进了赵家楼胡同。墙头上旗帜摇动，擂响大门，曹汝霖手脚冰凉，四肢发软，慌忙钻进一间又脏又乱的贮藏室。章宗祥不知往哪里躲，亏得一位仆人机灵，将章宗祥拉进一间又小又黑的地下锅炉房。傅斯年喊道："卖国贼曹汝霖滚出来！"一些学生干脆用旗杆将临街房上的瓦捅下来，又将烂瓦扔进宅院。关键时刻，傅斯年一脚踩在同学肩头，挥拳打碎大门旁左上角的一扇窗户玻璃，纵身跳了进去。众人用力打开大门，推倒木影壁，一眼看到厅中高高悬挂的日本天皇像，怒不可遏，将它摘下摔个粉碎，又将摆设的硬木家具抛到院子里，抡起椅腿猛砸房内的古董瓷器，痛骂曹贼祸国自肥。一票人马撬开曹贼老婆的卧房，问她人在哪里。她骗学生说到总统府吃饭去了。学生们打开抽屉，搜查信件。曹汝霖此时正藏在紧挨卧房的贮藏室，外面的一切都听得清清楚楚，以为即将破门而入，谁知学生们突然喊了一声，全部跑了出去。曹汝霖侥幸未被发现，吓得失魂落魄。

　　大约4点半光景，北京高等师范的两位学生，在身边取出一只洋铁扁盒，里面装有煤油。两人将北房的地毯揭开，折叠在方桌上，泼上煤油，低声说："放火焚烧!"霎时浓烟滚滚。章宗祥被浓烟呛得受不住，从锅炉房里逃了出来。章宗祥穿着黑色西装，学生们误以为抓住曹汝霖，一拥而上，将章宗祥打翻在地。闻讯而来的日本人中江丑吉拼死钻进人群，将章宗祥连抱带拖，窜出后门，躲到曹宅东面的一个杂货店里。学生们哪里肯放过他，冲进店里抓住他的两只脚，拖到店门口，问他是谁，他不敢吭声，又招致一顿痛打。章宗祥满脸鲜血和鸡蛋黄，好似刚从粪缸里爬出来一样。拼命护卫他的日本人，逃不脱干系，也被学生一阵痛打，在地上哇哇地用日语求援。吴炳湘率领大批军警赶到，挥舞木棍和指挥刀驱散了学生。军警封锁胡同口，逮住没来得及逃走的32名学生，消防队随即扑灭曹宅的大火。吴炳湘派人架着浑身瘫软的曹汝霖和家眷，躲进六国饭店，又把章宗祥和那位日本人送往同仁医院治疗，才算暂时平息一场学潮。

　　蔡元培人虽在校长室，心却一直追随着游行队伍。先是听说赵家楼起火，大批军警出动，他焦虑万分。总算没有开枪弹压，学生们平安回来了，一颗生生发痛的心又释放出欢悦。32位学生已经用槛车送入监狱，其中北大学生占了20名，超负荷的心终于迸裂出血痕，蔡元培眼前发黑，一头跌倒在椅子里。待他缓过气睁开眼睛时，急着唤人去请李石曾商量对策。巴黎和会是导火线，蔡元培那双看似羸弱却并不胆怯的手，起了催化作用。他在关键时刻将消息捅给学生，导致狂飙突进运动提前爆发，一场最令人担心的流血事件总算避免。想到32名学生正在军警的淫威下饱受煎熬，蔡元培低垂下脑袋，发誓不惜身家性命，一定要救出全部学生。

　　北大全体学生齐集法科大礼堂，商讨营救方案，议论纷纭。有人主张去围攻国务院、警察总监，把事情干脆闹大。有人主张全体赴警察厅交涉，不救出被捕同学决不回校。忽闻步履声音橐橐从门口传入，众人集拢目光，原来是蔡元培校长，安静、祥和、从容的态度立刻让学生们稳定下来。蔡元培走上讲台，说："我全知道了你们今天所做的事情，寄予相当的同情。"会场上爆发出雷鸣般的掌声。蔡元培说："现在不是你们学生的问题，而是学校、整个国家的问题。我自当尽营救学生的责任。我去保释出来，处理善后事宜，你们可以散会。"大门外有几个陌生的脑袋正朝里面窥探，他们是警察厅派来的暗探，蔡元培想起口袋里教育部刚刚送来的宵禁命令，提高嗓音补充一句："希望你们听我一句话，从明天起照常上课，避免节外生枝，增加营救的困难。"蔡元培走出会场，乘着孙宝琦送的一架旧马车，消失在夜雾中。

罗家伦和傅斯年被陈独秀派人叫去箭杆胡同。陈独秀听着他俩绘声绘色的描述，好像自己亲临其境，拊掌大声叫好。胡适去了上海，陈独秀俨然以新潮社导师的口气布置任务，约罗家伦给《每周评论》撰写一篇稿子，火药味一定要浓。罗家伦在北大西斋的学生宿舍里，完成一篇皇皇大作，由此暴得大名，第一次在中国发明了"五四运动"这个永恒的名词。

四十三

蔡元培回家后病倒了，连续奔波，人成了高度运转的机器，现在突然松弛下来，身体垮掉，胃部剧痛，一阵阵地干呕。黄仲玉手忙脚乱，唤弟弟黄世晖赶去请医生。

沈尹默神色紧张地跑来报信，徐世昌接连下达三道命令，查办北大校长，要求警察厅将已经释放的学生再送法庭惩办，整饬学风。沈尹默目光呆滞，睁大那双高度近视的眼睛，像一位巫师鼓动长舌，谣言顿时如雾障布满房间。沈尹默说："曹汝霖、章宗祥一党扬言要焚烧北大校舍，刺杀北大学生，不惜以300万重金雇刺客暗杀蔡先生。蔡先生再不能乘马车上班了，改坐学校的那辆破汽车吧。盛传陆军次长徐树铮命令部队把大炮架在景山上，对准北大示威。蔡先生可要当心，我进门时发现胡同口布满暗探。"

蔡元培静静听着沈尹默的鼓噪，躺在床上。待沈尹默一走，蔡元培唤来夫人和内弟，公布一个重大的决策。蔡元培说："我必须马上辞职，并离开北京。现在政府把全部仇恨都集中到北大，归罪于我一人。学生的情绪又过于激烈，我不走，学校必然遭殃，后果将不堪设想。"

黄仲玉感觉到危险的逼近，又担心蔡元培病恹恹的身体，愁云惨淡，说："现在北京城风声鹤唳，你应该回避一下。唉！我分身乏术，不跟你出走实在不放心，想陪着你，又放不下两个孩子。"

蔡元培说："我先去天津小住几天，待病好些再回杭州。"

蔡元培又布置内弟，明天将校长室有关文件书籍整理一下，不能透露丝毫风声，到夜里再设法取回来。整治北大，呕心沥血，折戟沉沙，英雄末路，蔡元培哀叹自己生不逢时。整整一夜，黄仲玉见蔡元培呓语不断，满身虚汗，到天亮时昏然睡去。蔡元培伏案给徐世昌和傅增湘写了一份辞呈，又怕北大师生误会，引起激变，干脆再扶病写了一份《辞北大校长职出京启事》。然后，蔡元培叫来亲密无间的庶务主任李石曾，透露整个计划，请李石曾办理明晨5点半去天津的火车票，悄然离京。

陈独秀自从免职后，从前台退居箭杆胡同，潜心于《新青年》和《每周评论》的撰稿和编务。陈独秀始终关注着北大的一举一动，俨然以学生运动总司令自居。蔡元培被逼出走后，陈独秀心中原有的芥蒂自然消失。北京学界针对徐世昌的丑恶表演，准备联合向政府提出四项交涉条件，事关全局，必须从策略上好好组织一下新的攻势，陈独秀叫来了胡适、李大钊和一些学生骨干，人员增多，一间书房兼会客厅顿时变得壅塞。

胡适赶回北大帮助维持校务，脸色沉重地坐在那里，他对学生被捕深表同情，但对上街游行一直很反感。学校都罢课停摆，谁来听他和杜威演讲实验主义哲学？白话文运动和学术革命岂不半途夭折？他不止一次地向钱玄同和周作人抱怨，陈独秀完全恢复了当年革命党的腔调，把《每周评论》当作宣泄情绪的唯一武器。五四运动以后，《每周评论》上几乎期期都是陈独秀的文章，仅在北京，发行量猛然涨到5万多份，胡适知道这份刊物离最终查禁已经不远。

陈独秀气势逼人地站了起来，挥动一下手臂，说："蔡校长毅然出走，使刚刚平息的学生爱国运动又掀起滔天巨浪。我们必须实行民族自卫主义！万万不能袖手旁观，否则就成了下等无血动物。解决中国政治问题只有一种途径，学界、商会、农民、团体、劳工阶级联合发威，叫那些少数的政府当局和国会议员，低下头颔听我们多数平民的命令。无论是内政、外交、政府还是国会，都不能违背平民团体的意见。我今天要明确告诉你们对付帝国主义和北洋政府的两条对策，强力拥护公理，平民征服政府！"

李大钊、张国焘等人欣喜地交换一下眼色，纷纷表示拥护组织暴动。傅斯年开始迷惑起来，胡适反驳道："我不主张将学生运动引向极端的政治行动。冒进蛮干，不但你自己很危险，而且北大将成为学生监狱。"

以陈独秀为首的文人集团和以胡适为首的文人集团，在关键时候有截然相反的两种政治态度。陈独秀气愤地回敬胡适一句，说："我脑筋惨痛至极，盼望政府能早日捉我下监狱处死，不欲生存于恶浊社会。"

胡适说："我先走一步，杜威夫妇马上要来京讲演。我精心安排的这场学术活动，眼看将在罢课声中泡汤。"

陈独秀说："我要正告你一声，世界文明的发源地有两处。一是科学研究室，一是监狱。我们的青年要立志出了研究室就入监狱，出了监狱就入研究室，这是人类最高尚最优美的生活。从上述两处发生的文明，才是真文明，才是有生命有价值的文明。"

胡适摔门而出，在心里诅咒一句：让你的荒诞文明观见鬼去吧！胡适回家后，觉得不踏实，约沈尹默一起给蔡元培拍了一份电报：唯蔡公可以收拾学潮，群体同人盼望。

一纸大总统令送到北京大学，正文极其简单，只14个字，却把师生们的心彻底搅乱。任命胡仁源署北京大学校长，此令。北大200多名教职员齐聚红楼，在代理校务的工科学长温宗禹和教务长马寅初主持下，召开一次紧急会议，一致要求拒绝胡仁源、挽留蔡元培，胡适、钱玄同、周作人、刘半农、李大钊等积极发言。

胡适说："我们必须向政府公开声明并正告胡仁源，现在学界公意认为，欲恢复5月4日以前教育界原状，各校校长一律复职。北京大学蔡校长能否复职，是影响北京学界全体的原则问题。"

台下响起掌声，大家觉得胡适说出整个学界的心愿。会场上又站起两位意想不到的人物，他们是辜鸿铭和黄侃。辜鸿铭向黄侃作揖，倚老卖老地走上讲台，抬起华装洋教士一般的脸庞，从镜片后面打量着众人，说："校长是一校的皇帝，必须挽留！"辜鸿铭在稀稀落落的掌声中昂首走了下来。钱玄同向刘半农会心一笑，记得前不久的一次文科教授会上，众人议论纷纭，蔡元培刚刚站起来示意大家安静，辜鸿铭叫嚷："现在请大家听校长吩咐！"从辜鸿铭焦急的神情来看，确实把蔡元培当皇帝供奉起来。

黄侃说："我反对白话文，但不反对挽留蔡元培。因为环顾中国学界，不会有第二人，来聘请我这样性格的人做教授。"黄侃突然神色沮丧地低垂下头，引来一片唏嘘。

会议决定联合北京各界向政府请愿抗议，要求大总统真心诚意地派员南下迎接蔡元培。北大学生更加干脆，派出四位代表拜访胡仁源，警告胡仁源万勿赴任，恕不接待。胡仁源陷入困境，脑袋里一片空白，听着学生毫不客气的通牒，仿佛看见一个预谋近三年的梦境濒临破灭。回顾昔年岁月，真有点如履薄冰，简直像走钢丝一般战战兢兢。他绝对不敢公开得罪蔡元培和新派文人集团，又与安福系保持一种非常暧昧的合作伙伴关系。他毕竟是古越人的后裔，尝够下台后的悲凉，一直卧薪尝胆、孕育着卷土重来的梦境。他网罗被蔡元培辞退的一些教员，包括那位"探艳团"的团长徐佩铣。从今天起，他有点仇视蔡元培，尽管蔡元培是自己当年恩师，尽管蔡元培执掌北大后对自己不薄，但是蔡元培确确实实地挡住了自己的全部风水。胡仁源哀叹一声，像一只被遗弃的猫向整个世界发出诅咒。对方的生命气场实在太强大，闪烁着一片银光，吸引着整个北大、整个学界、整个舆论，都忘记了自己的存在。胡仁源好不容易等到大总统的任命，不能这么窝囊地退出历史舞台。

胡适忙于陪杜威先生在北京演讲，回家很晚，正想入睡，住在附近的高一涵气喘吁吁地跑来通报："陈独秀被捕了！"随着高一涵惊心动魄的叙述，胡适眼前突然浮现出一位觉醒者形象，在暗夜中独上高楼大叫着撞响警钟。陈独秀和高一涵去了嵩祝寺旁的一家小印刷所。他们搞得很秘密，印完传单后，又将底稿和废纸焚烧得干干净净。他们潜入新世界游艺场，爬上屋顶花园，看到下一层露台正在放映电影，趁机撒下传单。白帽西服的陈独秀被暗探盯上，暂行拘押，高一涵把手中传单全部抛尽，混进戏园的观众中脱去长衫，丢掉草帽，躲藏起来。胡适听得浑身发冷，呆若木鸡，跌倒在座椅里，重新将高一涵带来的传单看了一遍，陈独秀的《北京市民宣言》将矛头直接对准段祺瑞和安福系，闯下大祸。

胡适一夜未眠，赶到李大钊家商量营救之策。首先要将陈独秀被捕的消息，尽快在报界披露，在全国造成强大的舆论压力，让北洋政府有所顾忌，不敢随便下手。另外，要借用学界力量，再一次掀起"挽蔡救陈"的请愿活动。旅京皖人有安徽同乡会等组织，势力很大，警察总监吴炳湘也是安徽乡党。安徽人在外老乡观念很重，陈独秀又毕竟是学界名人，胡适准备费一番口舌，一一上门拜访。胡适发誓只要能够救出这位大师兄，不惜赴汤蹈火去向段祺瑞求情。

蔡元培隐居在杭州西湖杨庄，常常要进城去与友人会晤，以步代车，过白堤，入钱塘门，身心自然疲乏不堪。章太炎发来电报，嘱咐蔡元培联手营救陈独秀。心火旺盛胃病复发，蔡元培干呕后气息奄奄地躺在床上，听着窗外雨打芭蕉的声音，望着湖上朦胧的水汽，觉得今后还是一了百了，彻底摆脱苦海。为了辞谢北大师生和京、津、沪学界为他奔波跋涉的苦心，蔡元培连夜扶病写下《不肯再任北大校长的宣言》。翌日清晨，蔡元培伏案睡去，友人张元济送药赶来杨庄，翻开这份墨迹未干、充满反抗精神的宣战檄文，伤心不已，眼泪扑簌簌地沾湿了衣襟。

一、我绝对不能再充当政府任命的校长。北京大学校长是半官僚性质，生出许多官僚的关系，天天有一大堆无聊的照例的公牍。要是稍微破例，就要呈请教育部，等候批准。文、理合办的问题，选科制的问题，都要经过部员斟酌，一知半解，发几个训令。我是个痛恶官僚的人，能甘心仰人鼻息吗？二、我绝对不能再充当不自由的大学校长。思想自由是世界大学的通例。北京大学向来受旧思想的拘束，我进去了，提倡点新的学理，发布点新的印刷品，用我的理想来批评，沾沾自喜。哪知道旧势力视为"洪水猛兽"，又不能用正当的方法辩论，鬼鬼祟祟，想借着强权干涉。于是教育部、国务院、参议院都来掺和，闹闹哄哄。三、我绝对不能再到北京的学校任校长。北京是个臭虫窠，无论何等高尚的人物，无论何等高尚的事业，都染了点臭虫的气味。我逃到故乡的西湖、鉴湖，淘洗干净，难道还要我再去尝尝臭虫的气味？

蔡元培醒来后显得很激动，嗓音挺大地涨红着脸，执意要发表这份宣言。多亏张元济劝阻，费尽口舌，蔡元培草拟一份启事在上海《申报》上发表："敬告天下好友，因医生嘱托，胃病加剧，神经衰弱，我从此摈弃外缘，谢绝见客。"由于"挽蔡救陈"初战告捷，汤尔和、马叙伦、沈尹默随同教育部秘书先后来到杭州，这份不合作的宣言很快在北大流传开来。

四十四

胡适坐在《每周评论》的编辑部里，烦躁地抽烟。编辑部设在南城骡马市大街米市胡同79号，陈独秀被捕后，主编杂志的担子落在胡适和李大钊肩上。暑假里，李大钊去昌黎的五峰山度假，这一期刊物轮到胡适主编，罗家伦坐在对面。胡适碰到一个尖锐的问题，他曾发誓20年不谈政治，今天看来要破例。他翻开前几期杂志，四月的《每周评论》发表《共产党宣言》（摘译），五月的《新青年》出版了"马克思主义专号"。

胡适说："色彩过于左倾，现在两份杂志都成了'主义派别'的天下！"

罗家伦空暇时间常去安福俱乐部打探消息，向胡适提供一个重要的情报："现在连王揖唐也在高谈社会主义，前几天安福系的报纸和日文的《新支那报》，都极力恭维安福系首领的演说。他们设立民生主义研究会。"

胡适说："由此可见'主义派别'的荒诞，王揖唐的表演还不够给我们一个教训，看来我要谈点政治。"胡适对"五四运动"始终有点耿耿于怀。这场学生运动毕竟太政治化了，口号满天飞，许多学生领袖萌发出狂热的政治欲望，开始频繁地与各大党派接触。表面上看，全国一下涌现出几百份白话报刊，通过论辩和传播，白话文运动好像得到普及。事实上胡适倡导的文学革命和学术革命完全变了味。导师杜威批评胡适对国事不够热情，在演讲时一再赞美"五四运动"体现了中国知识分子的良心。胡适用手扶了一下眼镜，接着说："空谈外来进口的'主义'，没有什么用处。我主张一个一个地研究问题，一点一滴地解决问题。"

罗家伦说："这不是杜威的实用哲学吗？"罗家伦给杜威当了几天速记员，对《思想的派别》的演讲记忆犹新。

胡适说："我们倡导新文化运动有两大任务，破坏和建设。陈独秀他们看来要一味破坏下去，建设的任务只有我来承担。我准备围绕问题和主义写一篇文章，算是谈政治的开端吧。"

胡适闭门谢客，为《每周评论》写下一篇著名的《多研究些问题，少谈些"主义"》，从此引发一场不小的论战。虽然胡适并不赞成李大钊的布尔什维克主义，但文章抨击的对象主要是安福系，最初目的显然是要与王揖唐之流的"社会主义"划清界限。胡适认为空谈好听的主义很危险，这种口头禅容易被无耻的政客利用。"五四运动"后学生登上政治舞台，安福系和研究系的政客，都开始制定拉拢北大学生的策略。

李大钊回京，看见胡适的文章，尽管他以温和忠厚著称，但觉得对方公开冲着他而来，心里真有点生气，正好张国焘来访，李大钊提高嗓门说："胡适真是胡说，不懂主义，怎么研究问题呀？"

李大钊想起一件趣闻。胡适在北大被称为最好的教书匠，口齿伶俐，偶尔说瘾大发，白话口语，之乎者也，全然不顾。有一回他一口气在黑板上写了"孔说""孟说"，最后当发表自己意见时，竟在黑板上写了"胡说"，惹出一场"哄堂听胡说"的大笑话。

张国焘扬言要亲自上胡适家辩论，让胡适看看青年布尔什维克的锋芒。

李大钊说："胡先生主张学术讨论，在北大平时只有我爱谈点主义，还是由我来迎接挑战吧。"

李大钊的《再论问题和主义》在《每周评论》发表那天，胡适正在陪杜威先生吃饭，旁边坐着傅斯年和罗家伦。八月的天气格外闷热，胡适读完后眉头紧锁，半日不语，看来李大钊有些误会，尽管李大钊的语气比蓝志先客气。蓝志先是梁启超研究系的文胆，也是北大同事，完全帮着安福系抨击胡适，言辞激烈。胡适是讲究民主的，照样亲手编发李大钊的这篇文章。傅斯年从李大钊的文章里闻到火药味。李大钊不愧为坦荡的君子，开宗明义：《新青年》和《每周评论》的同人，很少议论俄国的布尔什维克主义，陈独秀先生和胡适先生，一方面要与旧式的顽固思想奋战，一方面要防备遏制俄国布尔什维克主义的潮流，我可以自白，我喜欢谈谈布尔什维克主义……

杜威先生对这场论战挺感兴趣，幽默地耸了耸肩膀，笑道："胡先生这回要四面受敌，因为你的文章既没有想清楚，更没有讲清楚。"

胡适说："唉！我们生活在中国的大动乱时代，尽管我们心智的版图上烙印着中国轮廓，但域外观念和思想，像狂风暴雨一般冲击而来。目前的中国，阶级对抗实在太激烈，'革命'这个字眼最容易被人接受和利用。在李大钊等人眼里，我和杜威先生肯定成了西方的传教士，宣传西化理论。其实对社会主义的研究，我相信不会比他们差。"

傅斯年赞同地点了一下头，与罗家伦轻声交谈起来。他俩知道胡适确实读了不少这方面的书，和李大钊一样，非常虔诚地思索着中国的出路。

杜威先生说："亲爱的青年朋友们，现在我们必须回答一个共同关注的问题，如何面对世界，寻找本民族的出路？对中国人来说，面对不言而喻包含着对抗的意思。一个欧洲人绝不会说，他一生下来就'面对'东方文化。因为他的文化两个世纪以来一直是世界的主流。他生下来只有自我意识，没有对抗意识，怀着理想主义，相信自己正沿着一条平坦大道走向美好的世界。而中国的知识分子，自19世纪维新变法以来，一直笼罩在绝对专制、险象环生、大难临头的气氛中，感到压抑和紧张。今天我发现你们仍在重复前人的痛苦和努力。中国到底往哪里走？李大钊先生提倡苏俄的阶级战争，陈独秀先生向往法兰西的民主自由，胡适先生更看重欧美的自由主义。中国要达到民主法治的目标，道路漫长而曲折。西方人意识中长期存在关于中国人冷漠、狭隘的陈词滥调，五四新文化运动使我消除了偏见。明知政治行动充满风险却义无反顾，明知希望没有结果仍一如既往地前进。可以把这些青年知识分子比作希腊歌剧中的合唱班，尽管他们的声音有时太尖锐太刺耳，尽管他们的姿态有时太过于形式化，但他们同传统的合唱班不一样，他们发出自己的声音，他们拥有一种走向政治舞台中央的巨大力量。他们是民族的精华和希望。我非常欣赏蔡元培先生兼容并包的文化态度，试图沟通中西，寻找本民族出路。胡适先生注重文化建设，提倡务实精神，从长远讲值得称道。在四分五裂、吵吵嚷嚷的时代里，没有人会理睬他微弱的声音。这是中国思想界的悲哀，你们将付出沉重的代价呀！"

同桌的三位中国人，都被杜威那种悲天悯人的内心独白感动，他们看到一个残酷的现实，自维新变法以来，整整20个年头，中国仍在重复前人的痛苦和努力，整个民族的智慧消耗在一代又一代的重复之中。

傅斯年的炮筒子性格，忍耐不住地爆发出来。傅斯年瞪大眼睛说："翻开中国的历史，真不免让人生气。他妈的，为什么陷入循环怪圈？每一代人都必须自己吃一次蜘蛛，满嘴黑毛绿血，才明白蜘蛛是不好吃的。"

曲终人散，夜色阑珊，胡适回家后长吁短叹，难以入眠。胡适想起与李大钊的友谊，想起幼年胡家大院内的沉闷争斗和寡母的忍辱负重，给李大钊写了一封充满温情的信。亲爱的朋友：我们现在应该做的事多着呢！耶稣说得好，收成是很丰足的，可惜做工的人太少。我们岂可自相残害，减损我们自己的光和热？我酷爱自由，虽然别人也许会嘲笑自由主义是19世纪的遗迹，但我最害怕一个猜疑冷酷、互不容忍的社会。让我们从今以后都朝前走，向上走，不要回头理睬铺路的小石子，更不要自相践踏。公敌站在我们的前面。……

正当胡适的文章排版付印时，徐世昌政府以公开宣传过激主义为理由，派警察查封《每周评论》。胡适气呼呼地闯到警察厅，说："我想恢复办刊的自由。"吴炳湘说："你吃了豹子胆，竟敢送上门来。安福系正想找你算总账，快去外国客栈避几天。嗨！我摊上你和陈独秀这样的乡党，真是倒了八辈子大霉呀。"胡适说："非常感谢你的好意，但我不会逃走，我要坚决捍卫尊严和神圣的殿堂。"胡适继续为保释陈独秀四处奔波，那场问题和主义的争论无疾而终。

各界代表不断地拥来杭州，隐居杨庄的平静和恬淡被打破了，蔡元培回心转意，重返北大，有两个人起了决定作用，孙中山和弘一法师李叔同。

一个闷热的夏夜，青灯古刹，蔡元培见到了李叔同。昔日家资万贯、风流倜傥的浊世佳公子居然悄悄皈依佛门，立志埋名，甘于淡泊，苦行生涯，一根藜杖归蓬蒿。李叔同在袅袅青烟中微闭双目，说："贫僧以为救国和念佛并不矛盾，以救国之心念佛，以念佛之心救国，都能够终成善果。"叹息声如一道闪光的偈语，震得蔡元培微微战栗。

蔡元培胃疾没有痊愈，不能北上，汤尔和专程来杭州推荐蒋梦麟先行代理校务。蒋梦麟是留学哥伦比亚大学的哲学和教育学博士，浙江余姚人，前清策论秀才。蒋梦麟在上海任《新教育》杂志主编，与孙中山来往密切，几乎每晚都要去马利南路帮助孙中山赶写英文的《实业计划》。蔡元培看中蒋梦麟的人品和行政才能，召来杭州，师生同游西湖花坞，一路吟诗记游，谈了不少趣事。蒋梦麟留着当年的记忆，在绍兴中西学堂的花厅里，在一个秋夜，佳宾会集，杯盘交错，似乎又回到"兰亭修契"的盛会。一位文质彬彬、儒雅风流的才子忽然站出来，高举酒杯，大声地说："康有为、梁启超变法不彻底，哼！"大家一阵哄笑，掌声如雨打芭蕉。

蔡元培问道："此公是谁呀？"

蒋梦麟忍不住哈哈大笑："这位斗酒百篇的越中徐文长，正是蔡先生呀。"

蔡元培说："想不到鄙人当年如此轻狂。"

蒋梦麟传达孙中山的意思，北京更需要像蔡元培那样的老同志去主持教育。蔡元培听懂了弦外之音，一种崇高的使命感油然而生。

蒋梦麟带着蔡元培的希冀来到北大。欢迎大会上，人们望着这位戴着眼镜、和蔼可亲的瘦高个儿，很快产生认同感。蒋梦麟说："蔡先生认为'五四'以来，学界牺牲极大，现在我们提出的要求基本得到满足，希望全国的学生尽快地上课。我今天初来北大，深感校园处处弥漫着蔡先生的精神。我想谈谈几点感悟。一是他身上集古代圣贤温、良、恭、俭、让各种美德于一体，具备中国人最好的精神。二是他注重美感，具备希腊人最好的精神。三是他注重平民意识和平民生活，又具备希伯来最好的精神。大家一定会赞同我的看法。诸位是深受蔡先生精神感化的北大人，爱国行动感染了全国和世界。蔡先生呼吁我们，救国不忘读书，读书不忘救国！我和你们一样，都是蔡先生的学生，勠力同心恢复正常的教学秩序。"

蔡元培离开杭州，乘坐火车悄然回京，女儿蔡威廉和内弟黄世晖在站台上迎接。蔡元培望着含泪拥抱自己的威廉，觉得女儿一下子长大了，成熟了，像一株挺拔的小白杨在夜风中婆娑起舞。罗家伦盯着这位美丽而圣洁的少女，突然暗生出一丝朦胧的爱慕之情。

蔡元培回到家里，发现黄仲玉更加憔悴，皮肤粗糙，面色蜡黄，也许又是为自己担惊受怕的缘故吧。蔡元培心里一阵酸楚，加上旅途的劳累，胃疾复发。

待来访者散尽，蒋梦麟悄然出示一份孙中山的来函，说："我有一事不明，为什么孙先生有些话不对蔡先生明示，而要对我嘱托？"

蔡元培见到孙中山手迹，只觉得心头一阵血涌，脸上顷刻泛出羞色。孙中山显然有点急不可耐，率领三千子弟，助我革命！蔡元培内疚地说："我一贯向军阀政府高喊教育独立和不合作主义，孙先生不好意思掣肘，恐怕拖后腿。唉！作为一位老同盟会员，我对他的关心和支持确实太少了！"

蒋梦麟犹豫片刻，又谈了一些安福系的动态，原来他们一直没有停止阻挠蔡元培重返北大的行动。先是在夏天，通过胡仁源用金钱收买了少数北大学生，企图推翻北大学生干事会，假借北大全体学生名义，通电"迎胡拒蔡"。这伙人正躲在法科秘密开会，200多学生包围会议室，抓住来不及逃走的五个人，在众人的盘问下，他们低头服罪，将安福系策划丑剧的经过和盘托出。阴谋败露后，他们抬出一位被北大开除的教员徐某，在《公言报》上连载题为"息邪"的长文，攻击陈独秀"少无赖，为乡里所不齿"。丑化蔡元培为"居德五年，竟识字至百余，逋法三载，又识字十余"。在舆论上扳不倒蔡元培，北京的军阀政府企图出尔反尔，中途换马，一面表示挽留蔡元培，故意假惺惺地催蔡元培北上，另一面又偷偷地想任命蒋观云为北大校长。蒋观云坚辞不就，公开在报纸上登出一则《入山明志》的启事，气节高尚，弄得北洋政府洋相百出，狼狈不堪。

蔡元培显得很冷静，不但不恼，反而沉下心，坚定办好北大的信念。蔡元培通过自己的去留问题，看到新旧思潮斗争的继续，如果自己能坚守在这里，等于保住一个生气勃勃的北京大学，保住教育改革的成果和新文化运动的阵地。

北京各校师生以最热烈、最诚挚的感情欢迎蔡元培的归来。傅斯年代表全体学生致辞："当此秋光宜人之际，我们有幸会聚一堂，重睹蔡校长慈祥容颜涌现于讲座前面，欢欣鼓舞。今日我们欢迎蔡校长，乃欢迎国家新文化，国立大学的新纪元，全体学生的新生命。我们将以无穷欢乐，无限兴奋，敬祝蔡校长健康！敬祝北京大学万岁！"马叙伦代表全体教职员的发言，更让蔡元培热泪盈眶，无限安慰。马叙伦说："今天我们有两层意思，一是欢迎校长胜利回校，二是欢迎蔡先生这个人。蔡先生学问道德高尚，世人公认。我们欢迎蔡先生伟大的精神，正义终于战胜强权和黑暗！"

四十五

在欢迎蔡元培重返北大的典礼上，有两个教授缺席。黄侃去武昌处理私事，刘师培因肺痨恶化蜷缩家中，夜静更深，杜鹃啼血，医生对奄奄一息的刘师培回天乏术，何震知道丈夫病入膏肓，只有旧日朋友能给丈夫带来一丝安慰，于是叫来钱玄同。刘师培弥留之际神志非常清醒，见钱玄同来到床前，脸上露出一丝惨笑。

刘师培说出压抑心头多日的肺腑之言："玄同，我要走了，谢谢你和陈独秀、蔡先生对我的关照。有些话在临死前，还是说出来痛快，在中国，我最早研究无政府主义和社会主义。陈独秀的《文学革命论》远比胡适的《文学改良刍议》激进，几乎否定了包括汉赋、唐诗和宋词在内的全部古代文学。你们偏狭极端，不分青红皂白，把提倡研究和整理国故的学者，一律打成复辟派。矫枉过正，只能造成民族虚无主义和传统文化的断页。你们寻求救国之路，提倡从全局上引进西方先进文化，而忽视了必须消化吸收，必须符合中国的实际情况。你们太情绪化了，不允许营垒中有不同意见。在这方面胡适是对的，我死后，相信20年代必将兴起一个国学研究的高潮。你一定要把我的话转告蔡先生和陈独秀。"

钱玄同恍如五雷劈顶，只顾紧紧地拉住刘师培干枯的手，一句话都不敢解释。

蔡元培欢送傅斯年、罗家伦等毕业生去国外留学，钱玄同闯入校长室，报告一个噩耗。蔡元培感到很震惊，沉思良久，缓缓地抬起头问："刘师培的话有道理吗？"钱玄同没有回答，面色悲恸地点了一下头。蔡元培说："人之将死，其言也善。"

刘师培没有后代，更没有遗产，一生只留下74部国学专著。蔡元培亲自出面张罗丧事，刘师培的生前好友，时任晋北代理镇守使和阎锡山公署参谋长的南桂馨，出钱购置棺木并支付丧事的一切费用。黄侃回京，披麻戴孝地赶来吊唁，跪在地上放声痛哭。刘师培的死，让黄侃想起颜回、韩非、贾谊等才子的早夭，当即吟诗一首以示哀思："夫子挺异质，运穷才则优。名都富文藻，华宗绍儒修。"

何震因丈夫刘师培去世后痛不欲生，神经错乱，常常会哭哭啼啼地来北大门口喊叫，找蔡先生，找陈独秀，要刘师培快点回家。刘师培的弟子刘文典出来好言劝慰，护送何震回家。何震凄凉的呼号，给1919年的岁末抹上了一笔沉闷的色彩。

胡适赶去箭杆胡同看望陈独秀。几个月的监狱生活下来，陈独秀明显消瘦了，但个性似乎更加强悍，睁大一双小而尖锐的眼睛，嘲讽胡适，说："别人坐牢，你倒落得在一旁打秋风。"胡适张了张嘴，一时不知所云。陈独秀举起手中的《每周评论》，胡适恍然大悟，两人一齐笑了起来。

陈独秀说："你在文章里发出呻吟，爱情的代价是痛苦，爱情的方法是要忍得住痛苦。"

胡适说："你在牢房里呐喊，爱国爱公理的报酬是痛苦，爱国爱公理的条件是要忍得住痛苦。"

陈独秀说："哎，这篇《是谁夺了我们的光明》，怕是守常所为。"

胡适说："他自己来信自己回答。"

李大钊召集《新青年》同人在六味斋为陈独秀接风，也请来蔡元培。陈独秀虽然身体有病加上行动受限制，仍快人快语地与李大钊逗趣："这次坐牢最大的收获是什么？你猜猜看，我要加盟布尔什维克！"

胡适脸色苍白，李大钊从棉袍里摸出一首诗，朗诵起来："你今出狱了，我们很欢喜！他们的强权和威力，终究战不胜真理。什么监狱什么死，都不能屈服了你；因为你拥护真理，所以真理拥护你。相别才有几十日，这里有了许多更易；你不必感慨，不必叹息，我们现在有了很多的化身，同时奋起，好像花草的种子，被风吹散在遍地。有许多的好青年，已经实行你那句言语：'出了研究室就入监狱，出了监狱就入研究室。'他们都入了监狱，监狱便成了研究室；你久住在监狱里，不须愁着孤寂没有伴侣。"

陈独秀听了很高兴，深情地望着蔡元培，说："我知道旧势力容不得您待在北京呀！"

蔡元培会心一笑，说："我终于回来，希望你继续留在北大，我想请你在明年开一门宋诗新课。"

陈独秀略一沉思，盛情难却，只好答应下来。钱玄同、刘半农、周作人纷纷向陈独秀敬酒，陈独秀关切地询问各自的情况。钱玄同热衷于文字改革，好像对政治革命兴趣不大，原来挺容易激动的大嗓门，在更加狂热的学生运动面前，突然变得微弱不堪。刘半农正准备去法国留学深造，因国学底气不足受尽旧派的辱骂，心里一直憋着一股气，发誓混个洋博士的招牌。周作人说，兄长又以鲁迅这个笔名在《新青年》上发表了短篇小说《孔乙己》和《药》。而周作人正热心研究日本的"新村运动"，发起"工读互助团"，提倡过一种城市里的新生活。这个怪念头很快引起在座各位的兴趣，在青年知识分子中，各种改造社会的方案应运而生，劳工神圣、与劳工为伍的声浪日益高涨。

蔡元培说："你谈论得再详细一些。我们首先在北大做试验呀，只要有可能，我们可以作为发起人联名募捐。"

周作人情绪高涨，双眼焕发光彩，用一口绍兴官话，描绘出一个美妙的幻景："我们设想，工读互助团主要是办素菜食堂、制作工艺、洗衣和放映电影。毛巾、袜子等都以'工读'的商标出售。统一规定，团员每日做工4小时，工作所得归团体公有，生活费、教育费、医药费、书籍费由团体供给。我把这种新生活称为'新社会的胎儿'。如果工读互助团成功的话，那么，守常先生所向往的各尽所能、各取所需的理想社会，可以渐渐地实现。"

李大钊说："用极少的经费、极简单的方法，尽做工的责任，达求学的志愿，实行互助的主义，点子真不错啊。"

蔡元培说："如果全国的苦学生组织起来，全国做工的人，全国有能力的人，都来助成这项事业，青年求学的问题可以解决。要是能感动全国各团体，纷纷效仿，中国的最大问题可以解决。要是与世界各团体联合起来，世界最沉重的问题可以解决，岂不是人类终极希望吗？"

蔡元培书生意气十足，兜售当年以互助论为核心的空想社会主义，陈独秀泼来一盆冷水，说："蔡先生，别忘了你我的遭遇和处境。这事可以做，但仅仅是一种试验。我建议今后《新青年》把关注的目光，投向民众运动和社会改造，投向广大劳苦大众！"

胡适突然想起一件事，一位含冤而死的女性，一种悲惨而不公平的社会命运。胡适情绪顿时低落起来，放下筷子，说："我近日正在为一个可怜的短命女学生写传。她叫李超，是北京高等女子师范学校的普通学生。她是广西梧州人，家中财产丰厚，父母早死了，一个过继的哥哥全无心肝，待她很不好。李超因不满旧式家庭，出门求学，遭到封建传统势力的迫害，到后来家里竟不寄一文钱，完全断绝了她的费用。她幽愤而死，棺材停放在北京的一座破庙里，家里没人过问一声，全靠同乡和朋友料理后事。他们在整理遗物时，找出许多信札，分类编记后送到我这里。我深深惋惜，觉得替一个无名女子写传，比替督军写墓志铭更重要！"

蔡元培心头发酸，摘下眼镜擦了一下潮红的眼眶，说："北京学界是否为她开一次追悼大会？让全国民众都来敬仰她抗争的志气，研究和解决像她那样不幸的社会问题。"

《新青年》同人一致响应，委托胡适具体筹办。李超的追悼会成了本年度北京学界的又一次集体行动。蔡元培、胡适、李大钊、陈独秀等54人，联名在北京《晨报》上刊登启事。仪式隆重，到会者达上千人之多，诗文挽幛300余份。会场中央挂着李超的遗像，上题蔡元培"不可夺志"的横额。胡适以北大知名教授和新文化倡导者的身份，在当场散发的《李超传》中，向整个封建宗法制度发出强烈的控诉。

胡适说："李超有钱而不能用，以致受尽了种种困苦艰难，香消玉殒，这是谁的罪过？这是什么制度的罪过？"

蔡元培即席发言，心里渗透着悲凉。蔡元培在哀悼李超的同时，哀悼另一位朋友，刘师培在秋风秋雨中病逝，一代国学大师只活了36岁，驾鹤西去，成为遥远的绝响。

在波澜壮阔的1919年，鲁迅举家迁移北京。绍兴新台门的祖宅已经变卖，需在农历年底前全部交付。鲁迅四处奔波寻觅合适的住房，直至八月中旬，买下八道湾十一号罗氏住宅，招工备料，张罗修缮事宜，一直忙到十一月下旬。鲁迅亲自赶去绍兴，接来母亲和眷属，以母亲为核心的周氏兄弟一家，经过多年的骨肉分离，终于在桃花源里团聚生活。

周作人为人随和，不愿与人争吵，很容易被人看作是谦和，其实里面包含着傲慢的因素，一种蔑视世俗的超然。周作人在北大任教，不参与学潮和宗派斗争，退缩到一个默默无闻的角落。铃声响过不久，教室门开了，学生们的心弦微微颤动，周作人迈步讲台，中等身材，穿着一件米灰色棉布袍子，黑色布鞋、光头、白眼镜，全身上下整洁朴素。这是周作人留给学生们的初步印象。他很木讷，不像他的文章那么洒脱，上课时打开书包，小心翼翼，目不斜视。他未开口之前，总要用手抓头，考虑一下，吞吞吐吐，辅助词用得很多，似乎恐怕一句话说出去，会成为一颗炸弹。

　　周作人上完课，邀请蔡元培乘一辆包车来到八道湾，参观新居，周宅顿时热闹起来。院子的空地真大，简直可以开运动会。蔡元培碰见比鲁迅大三岁的朱安，朱安显得很局促，低着脑袋退了下去。这是母亲送给鲁迅的一件礼物，鲁迅觉得朱安有点尼姑相，在心里为失败的婚姻哀叹一声。蔡元培扫视四周，家具陈设简朴，显得寂寥，褥子是一条很薄很旧、已经发硬的老棉花套，房间里又不生火炉，如何抵挡冬天的寒冷？鲁迅一直过着僧侣般的禁欲生活，从不穿棉裤，也不愿意换藤绷或棕绷床睡觉，今天总算证实，蔡元培脸上溢出一丝悲哀，鲁迅浑然不觉，陪蔡元培去见鲁老太太。鲁老太太一口一声恩公，颤巍巍地召唤下人上茶和让座。蔡元培的眼睛突然模糊起来，仿佛看见当年自己翰林及第时，绍兴的一位老翰林，鲁迅的祖父周福清因科举案银铛入狱。鲁迅过早地感受到家庭和社会的世态炎凉，养成今日乖戾的性格。故人重逢，设宴款待，过往烟云都成了谈资点缀。周作人的日本太太羽太信子端上几样绍兴风味菜肴：笋干炖老鸭，霉干菜烧肉，青鱼干，糟鸡。蔡元培和周氏兄弟细嚼慢咽，喝了几杯地道的绍兴花雕酒，醉眼蒙眬。

　　蔡元培说："中国文坛有了你们周氏兄弟，永远不会寂寞，并驾齐驱，书写华章。豫才的小说好，启明的散文佳。豫才精于考证，国文系的马幼渔主任看了《古小说钩沉》，十分眼红，一定要我下达聘约，请豫才讲授中国小说史。"

　　鲁迅含笑举起酒杯，与蔡元培对饮一口，算是答应聘约，说："为了稻粱谋，我只得重返令人一度讨厌的教坛。"

　　蔡元培对工读互助团倾注热情，和陈独秀、胡适、李大钊等人捐款赞助新生事物。鲁迅反应冷淡，说注定半途而废。周作人说，工读互助团不需养家，不需还利息，不被资本家夺去剩余价值，好处很多，为什么办不下去？天津、南京、上海、武汉、广州等地都群起仿效。兄弟俩各执己见。

　　蔡元培说："中国的出路在改造，改造的出路在教育，中国的教育是穷教育，所以前年我搞校役夜班，最近北大学生会发起平民夜校，启明等人办工读互助团，都反映了大家探索改造中国的可贵努力，值得称颂。我抽空拜读《新青年》的'马克思主义研究专号'，以及《每周评论》上胡适和李大钊的论战，看样子《新青年》营垒有思想分歧。20年代的中国，各种主义和思潮都将登台亮相，大浪淘沙！李大钊和陈独秀明显苏俄化，企图发动政治革命，钱玄同、刘半农、沈尹默搞学术革命，胡适开始高谈政治了，但着力点还在文学和学术上。从本意上讲我不想看到《新青年》同人内讧，吹灯散伙，不知你们有何高见？"

周作人说："我一贯主张平和冲淡。"

鲁迅说："我尊重李大钊和陈独秀的气魄，但对中国的政治革命很迷惘。我心中纠结，无法驱散十年前历史闹剧的阴影，日本人刺杀中国人，我们的国民拥挤在边上看热闹。我始终要怀疑，喜欢用自己的眼睛多看几眼。'五四'那天，学生跑来大讲一通他们火烧赵家楼的情景，我一点激动不起来，害怕政客利用青年的无知和热情做牺牲品。我只有用笔来揭露吃人的社会，揭示国民灵魂的病根，并尽量翻译一些弱小民族的作品，引起疗救的注意。我从来不反对革命，孙中山奔波一世，中国仍然如此黑暗，最大的原因是孙中山没有掌握武力，迁就军阀和政客。"

蔡元培赞同地点了点头，鲁迅的性格是一针见血，直逼贲门，让人几乎喘不过气。蔡元培的目光透过窗外，落在鲁迅手栽的两株丁香上。鲁迅喜欢丁香，胸内总是郁结着一种难以排解的惆怅。

四十六

仲春时节，空气中弥漫着耀眼的暖融融的气味。蔡元培和新任总务长蒋梦麟，在校长室里商量一件棘手的事。蒋梦麟有点吃不准，胆怯地问："如果教育部不同意，今年暑假招考，还收女生吗？"蔡元培说："你怎么糊涂了？欧美各国大学没有不收女生的先例。我们整治北大，改革教育，不能退缩一步。这样吧，你给教育部送一份呈文，如果有问题，我去找他们论理。"

离校长室不远，有两间宽敞的青砖房子，它是蔡元培拨给北大马克思主义研究会的活动场所，被青年布尔什维克亲切地称为"亢慕义斋"，"亢慕义"是德文译音，意思是"共产主义小室"。正中挂着马克思的画像，四壁贴有许多富有革命气息的诗歌、格言，自分得房子后，大家欢呼雀跃，连日聚会，李大钊常和青年学生一起朗诵诗歌，表示庆祝。北京共产党小组在"亢慕义斋"召开第一次会议。张国焘、邓中夏、罗章龙都是李大钊发展的第一批党员。李大钊爽快表态："每月从我薪水中拿出80元作为活动经费！"

校长室里，蔡元培正在和胡适会谈。胡适说："由于欧美在山东问题上联手出卖中国主权，中国知识界对西方民主政治的虚伪性产生怀疑，纷纷转而对苏俄有了好感。"

蔡元培说："过去我国的一般看法，听到俄国两个字，马上联想到过激，惊骇痛恨，此外有一点轻视，劳农政府胡闹一下，决无存在的地位。现在不同了，社会主义的苏俄真正平等地对待中国，因而赢得赞同。"

胡适说："蔡先生，如果共产党像幽灵从你眼皮下钻出来，中国将从此不得安宁。"

蔡元培说："我刚写过一篇谈洪水猛兽的文章，按照兼容并蓄的哲学观点，任何存在都有合理性，果真冒出来，并不可怕。"

胡适新添了女儿素斐，为表示庆贺，蔡元培特意请了蒋梦麟、李大钊、钱玄同、周作人在六味斋吃饭。周作人闷闷不乐，因为那场"新村"运动宣告失败。工读互助团生产的袜子、手套等卖不出去，几乎全部亏本，人心不齐，很快散伙。胡适公开发表演讲指责他们，新村主义实际上是孟子独善的个人主义，想跳出社会去寻找一种超然的理想生活，实在荒唐。为了宽慰周作人，蔡元培谈起刚在北大开课的鲁迅，深受学生欢迎。

蔡元培说："豫才的魅力究竟在哪里？预备钟还没敲响，学生早早挤满教室，或者抢占座位，或者站在门边、走廊、窗台上，不少外校的青年从老远赶来听课。"

是呀，胡适作为名教授，扪心自问地感叹了一声。鲁迅实在是一个很普通的人，身材矮小，穿着一件黑色的旧长袍。臂弯和衣领上打着惹人注目的补丁，皮鞋的四周也缝补过。不常修理的头发根根直立，使整个前额袒露出来。两条粗浓的眉毛平躺在高起的眉棱骨上，眼窝微微凹陷，眼角朝下低垂着，仿佛永远挂着忧郁。他讲话的声音平缓而清晰，偶尔激起满堂喝彩，他宁静如初，始终不会露出一丝微笑。他打开黑底红色的条纹布包，开始讲课，教室里发出一种沙沙的细响，如千百只甲虫在干草上急急爬行，许多铅笔在纸片上做记录。

蒋梦麟说："在专制的时代，思想始终是吸引人们注意的中心。鲁迅先生突破课程的规范，把原来的小说史讲成中国社会和国民灵魂的历史，让人处处感受到思想批判的锋芒。"

李石曾气喘吁吁地来了，手里拿着一份《时事新报》。李石曾把报纸递给蔡元培，说："你先看看，千万不要急，我正在想办法避免摩擦。"

蔡元培匆匆一阅，脸色有点愠怒，又把报纸递给蒋梦麟。蒋梦麟轻声念了起来，教授们听得大惊失色。

李石曾说："曹锟、张作霖不比段祺瑞，一个出身布贩子，一个是马贼，什么蠢事都干得出。我想去运动政府，派蔡先生出国考察大学教育，暂时躲一躲。"

蔡元培突然赌气地站起来，涨红脸庞，说："我不走！对付反动军阀，逃避不是办法。"

蒋梦麟说："看来在中国，非发动一场革命不可。"

胡适是消息灵通的人士，沉思片刻，权衡利弊，说："蔡先生还是避一下为好，曹锟、张作霖正和徐世昌讨价还价，向北京政府索取1000多万的军费，徐世昌以边防吃紧为借口，要他俩早日离京。对付一帮丘八大帅，犯不着较真。"

　　众教授一致同意，委托李石曾去疏通关节。李石曾带着李平原背出李鸿章的名头，找了一些北洋旧官僚说情。徐世昌很快批准，凑巧罗文干等人要赴欧洲考察司法，与蔡元培结伴而行。

　　瑞士日内瓦是一个美丽的城市。在蔡元培下榻的旅馆窗外，有一片湛蓝湖水。湖畔传来军乐声，当地人正在为病故的青年军官举行葬礼，非常隆重，飞机在湖面和空中来回飞翔。一种不祥的预感攫住蔡元培的心，门房送来蒋梦麟的唁电：夫人黄仲玉不幸于一月二日在北京法国医院病逝。蔡元培被一种巨大的悲哀击倒，喉头哽塞，手脚冰凉，牙齿咬破了嘴唇，殷红的血滴落在异国的地毯上。蔡元培独坐旅社，度过一生中最为寒冷孤寂的冬夜。面对大西洋的滔滔海浪，浩渺烟波，遥望凄风惨雨的东方故国，怀念黄泉路上的妻子魂魄，牵挂失却慈母的孤儿弱女，蔡元培心如刀割，眼前总是浮现黄仲玉的面容，她确实因为担惊受怕病倒。他本不该在此时远游，为了他的安全，她强装病愈，收拾行装，催他上路。看来她早知自己病入膏肓，再无生存的希望，临别时，泪水涟涟，舍不得放开他的手。蔡元培悔恨交集，伏案写下一篇祭文。

　　虽然蔡元培不能回国凭吊，但《祭亡妻黄仲玉》的电文却在北京教育界广为流传，最后选进许多教科书。黄仲玉任教的孔德学校全体师生举行追悼大会。《京报》增设特刊，登载黄仲玉的字画墨迹、著作函件。北大全体工友送了一副挽联，文字质朴，表达了他们对蔡先生夫妇倡导平民教育的崇敬之情：办学堂实行男女平权，愿天下妇人们共看模范；相夫子鼓吹劳工神圣，凡学校好伙计快来鞠躬。

　　蔡元培出访巴黎，华法教育会被吴稚晖、李石曾办成经济组织，搞得一团糟。2000多留法学生对立情绪很大，亏了不少钱。蔡元培从中斡旋，使华法教育会与学生脱离经济关系。

　　蔡元培拜访居里夫人和爱因斯坦两位科学巨匠，商谈他们访问中国的具体计划。蔡元培接受纽约大学的荣誉博士学位。旅行期间，蔡元培参加中国留学生的欢迎会，刚刚进场，所有人都不约而同地站了起来，好像有人指挥一样。久在北京教育部的一位同学惊讶地说："我从来没见过校长和学生关系这样好的场面，可见大家真心佩服蔡先生。"罗家伦给他们留下了另一种印象。蔡元培回到寓所休息，罗家伦说："一位美国的驻华公使设宴款待，想请蔡先生介绍认识一些北方权贵。"蔡元培避而不见，说："我最怕听到这种恶浊的声音！"结果，罗家伦只好陪蔡元培去观看几十里外的一个瀑布。

四十七

《新青年》内部不可避免地发生分裂。陈炯明在粤桂战争取胜后，曾电邀陈独秀去广州出任教育委员长。作为上海共产党小组的发起人，陈独秀必须写信征求李大钊的意见，李大钊很快回信表示同意，南方是孙中山革命活动的中心，如果能在广东建党，对全国都会有影响。陈独秀临走前又来信征求意见，想让上海的陈望道负责《新青年》杂志，闹出许多不愉快。胡适骨子里不满《新青年》宣传布尔什维克主义，现在陈独秀走了，何不拿到北京来办？凭什么交给素不相识的陈望道？

春节前夕，鲁迅去了一趟德古斋，捧回一部《三体石经残石》，正在美滋滋地把玩，邮差送来胡适的信件。八道湾寓所的院子很大，鲁迅有每天晚饭后散步的习惯，他拿着信件漫步到后院去找二弟。周作人正在生病，医生嘱他卧床静养。羽太信子见大先生来了，忙去沏来一杯热茶，亲手递到鲁迅面前，灯光下，她雪白的脸银子般闪耀一下，刺得鲁迅稍微皱了一下眉。周作人把胡适的信件仔细看了一遍，说："我以为第二个办法最好。"鲁迅觉得都无所谓，不必像胡适那样计较，鲁迅明确表态："拿到北京办当然好，至于发表不谈政治的宣言，我想大可不必。因为陈独秀不愿示人以弱，其实《新青年》上刊登的作品，无论你如何宣言，官场总是一样头痛，一样不会容忍。"鲁迅起身给二弟倒了一杯开水。周作人说："你给胡适回信，把我的意思说一下。"

胡适读完来信，觉得鲁迅关于不必声明谈政治的主张是对的，立马在给陈独秀的信中补上："这真是一个可敬畏的朋友！"胡适感叹地吸了一口美国烟。鲁迅是《新青年》营垒中的一员健将，接连发表《我之节烈观》《我们现在怎样做父亲》，文笔老辣，令人惊叹不已。

陈独秀激怒了，提出另起炉灶办杂志的主张，纯然是为了反对胡适个人。接着，胡适又收到陈独秀从广州的来信，陈独秀警告说："南方传言你和孟和兄与研究系接近，且有恶评。我盼望诸君注意此事，不然将一失足成千古恨。"末尾用了"言尽于此"的字眼，有点最后通牒的意思。胡适像捅了马蜂窝，焦头烂额。上海的陈望道寄来一张明信片，气冲冲地声明："《新青年》内容问题，我不愿意多说话，因为八卷四号以前我纯粹是一个读者，五号以后我只依照多数意思进行。"广州的陈独秀对胡适更有意见，现在又冒出研究系的流言蜚语。去年七月直皖战争结束后，段祺瑞兵败辞职，梁启超失势，曾声称不过问政治，专门从事学术研究，陈独秀看出两人的一致性。胡适给陈独秀写了回信："你真是一个鲁莽的人，我实在有点怪你。你在北京的日子很久了，怎么深信外界绝对无稽的谣言？"窗外雪花飞舞，院子里几枝盛开的蜡梅被积雪压弯枝条，胡适触景生情，觉得语气过重，舒缓下来："我不忍心责备你，因为你是一个心直口快的好朋友。"胡适也给陈望道邮寄一张明信片，说："我不是反对你编辑《新青年》，而是反对你把我们的刊物当作宣传共产主义的工具。"

春节眼看就要过去，喧闹的爆竹声渐渐稀落，远处不时传来零星的"噼啪"声。鲁迅迈着外八字步，踏着爆竹纸屑，陪钱玄同去看望周作人。周作人生了肋膜炎，午后发烧，晚上昏睡。

《新青年》的争论达到短兵相接的地步，前几天胡适给诸位写了一封长信，要大家表态。钱玄同明确地支持胡适，说："陈独秀讲胡适追随研究系纯属神经过敏。我认为中国社会决不会比政府好，要改造中国政治，必先改良中国社会。现在所有的主义对中国人都行不通，只好先请几位洋教习来教做人之道，等有些人气以后再起来推翻政府。陈独秀过于霸道，口口声声提倡科学和民主，其实陈独秀连在家里都不民主，两个儿子来京看望陈独秀的时候，要先递名帖，上写'请求拜见陈仲甫先生——陈延年、陈乔年'。"

鲁迅调侃地说："你在信中措辞格外激烈，彼此隐忍迁就地合并，不如分裂。你最后同意了我的意见，语气更为强烈，断不在乎《新青年》的金字招牌。"

送走钱玄同后，鲁迅独自回到书房，茕茕孑立，隐隐感到一点寂寞和悲哀。鲁迅望着窗外黑漆漆的夜幕，在叹息中点燃纸烟，眼前变幻呈现出一组炫目的意象。绍兴会馆。钱玄同黑色的大皮包。《新青年》与文学革命。狂人的呓语。孔乙己的麻木。墓地。乌鸦。人血馒头。来回传递的各种信函。一场威风凛凛充满呐喊的大潮涌，凌乱地清退，仍然留给鲁迅一个无可奈何孤寂的长夜。鲁迅心底滴血，从某种意义上说，自己才是最强大的敌人。

不久冒出一场飞来横祸。《新青年》被法租界巡捕房查封，陈独秀顺理成章地将刊物搬到广州。陈独秀从广州给周氏兄弟写来短函催稿，说："北京同人料无人肯写文章，唯有求助于你们两位。"胡适憋气，萌生念头，决定在北京创办《读书杂志》。胡适给住进山本医院的周作人写信，想叫鲁迅参加进来。尽管鲁迅有苏俄倾向，但和陈独秀、李大钊毕竟不同，鲁迅始终是一名自由的圣战者。鲁迅笑着对二弟说："陈独秀、胡适把我们看成一盘香菜呢。"周作人说："有时被友情拽得苦，兄长为了应付，两边平衡，不能不动用一点师爷式的'世故'吧?"

胡适先生成了名流，一举一动都会被传为文坛佳话。每个星期天上午，是胡适的公开接待日。许多青年人，从四面八方赶来南池子缎库后身八号，拜访他们的朋友和导师，聆听胡适为大伙解惑和布道。人员很杂，有各种主义的信徒，也有各种性格的狂生。他们对北京政府深感失望，对没完没了的学潮和罢教已经厌倦，听闻陈炯明想请胡适去当广东大学校长，他们把胡适当成孙中山派，拿定主意，投奔革命的广东。

昨天半夜里蒋梦麟给胡适打来电话，说北大第一院有人纵火。校工扑灭火势后，发现四楼教室内冒烟，门窗却严实上锁。开门一看，有一根蜡烛正在燃烧，显然是人为的。胡适很恼火，留美的同窗好友代理校长后，接连发生几起纵火事件。一次报纸上刊登消息，步军统领王怀庆、警察总监殷鸿寿都来了现场，只有蒋梦麟代校长未到，故意诋毁蒋梦麟的失职，估计多半是北大的倒蒋派所为。蒋梦麟颇为倚重胡适，二人关系一直很好。蒋梦麟遇到挠头皮的事情，会找胡适，胡适早已当了半个北大的家。蒋梦麟带丁文江上胡适家吃饭，专门点了江冬秀烹制的徽州锅。

徽州锅是绩溪一带居民喜庆时的吃法，做工比较讲究。炊具用大号铁锅，材料是猪肉、鸡、蛋、蔬菜、豆腐、海虾米等。最考究的"锅"有七层，底下一层是蔬菜，最好用冬笋，次之是笋衣，或用萝卜、冬瓜、干豆角。稍上一层是半肥半瘦的猪肉，每一斤肉只切八块至十块。再上一层为油豆腐果，内中装有馅子。第四层为蛋饺子。第五层为红烧鸡块。第六层为油煎豆腐。第七层为碧绿菠菜。初用猛火烧，稍后改为温火烧，好吃与否，全靠火候的功夫。江冬秀扭动着小脚，在厨房忙了半天，将锅中的原汁汤从上往下浇淋几次。徽州锅必须耗费三四小时，才能烧出真味，熟透的猪肉入口即化，一层层拨开，一层层地品尝，关键是要吃出热闹的气氛。

丁文江像一阵风，准时乘包车来到胡府，蓄着德皇威廉式的八字胡，戴着一副精致的金丝眼镜，习惯冷峻地从镜片后面打量别人。胡适发现认识丁文江，是人生的一大转机。丁文江是一位充满魅力的行动巨人，有科学家的严谨和效率，政治家的果断和谋略，超群的外交才干。他们都一样崇尚西方的民主自由，渴望参与政治，不甘心失去引导中国社会的责任。

虽然胡适留洋多年，生活习俗却是乡土化的。胡适喜欢吃家乡菜，穿中式服装，唯有一点例外，吸的纸烟必须是舶来品，烟瘾不大，牌子上乘。蒋梦麟被索薪罢教以及纵火案搞得神情沮丧，胡适举起酒杯，好言劝慰几句。

蒋梦麟借酒麻醉一下疲乏的身心，怨言冒出来："唉！我今天才算明白蔡先生的辛苦。北大校长真不是人干的，政府不给钱，教授们不上课，学生又不停闹，校长是老鼠钻风箱，受气还没处说。我度日如年，天天盼蔡先生能早日回国啊。"

丁文江是个怪人，生活方式已经完全西化。他一生笃信科学，身患疾病，只请西医，决不相信中医。最讲究生活规律和个人卫生，睡眠必须保证8小时，在外面吃饭，必用开水或酒来洗碗筷，才肯用餐。他滴酒不沾，将筷子伸进热汤里消毒，江冬秀脸色有点发窘。

胡适说："前天陈独秀来信骂我一通，以为是我鼓动马寅初、马叙伦瞎胡闹，不应为饭碗问题而闹学潮，不能没有教授的良心，当下要救中国，必须尽快恢复教学秩序。"

蒋梦麟说："蔡先生从美国来信责怪我，认为索薪可以，但不能集体罢教。因为罢教吃亏的不是政府，而是学生和国家。我挺佩服葛利普先生，洋教授曾是美国哥伦比亚大学的地质系主任，应聘北大近半年没拿到薪水，没有怨言，一个劲地催我快开课。"

丁文江威严地瞥来一眼，放下天竺筷，点燃一支进口雪茄，咄咄逼人地说："你们都错了。中国问题的根源，不是国民程度的幼稚、政客官僚的腐败、武人军阀的专横，而是少数好人没有责任心和担当能力。当前最迫切的大事，是尽快努力组建一个好人政府，远远胜过搞空洞的教育救国和思想革命。"

胡适说："好人标准是什么？好人究竟是谁？"

丁文江说："一个真正的好人应有控制局面的实力，超凡的才能和高尚的品德，掌握军权必然像华盛顿，处理政务应该像古代的清官。目前政界吴佩孚首屈一指，知识界有我们一批欧美派的实干家。我们携手联合，组成好人政府，直接干预政治改良，完全能够拯救中国。"

蒋梦麟热血沸腾，丁文江不愧是一位狂妄的空谈家，一下子把两位学者对社会和政治的主角意识鼓动起来。

胡适说："吴佩孚看来很革命，同情学生运动，但他能买我们的账吗?"

丁文江说："你们应该有所耳闻我和政界要人的关系。我通过吴佩孚的两位军师孙丹林和白坚武，多次传递信息。吴佩孚的意思要我们先在知识界行动起来，造舆论，执政后马上组织好人内阁，学英美搞民主政治。"

三个人眉开眼笑，好像看到中国知识界的希望，当下决定秘密成立一个"努力会"，由胡适起草组织大纲，设法争取《晨报》的支持，尽可能有自己的思想阵地。在策略上，梁启超的研究系多是名声不好的旧政客，胡适提议尽量拉开距离，保持一定的独立性。

胡适在各种主义中徘徊，终于和陈独秀、李大钊一样找到自己的政治目标。一心想做圣人的胡适开口谈政治，把天下人吓了一大跳。不可遏止的激情带着少年人的轻狂，湮没昨日学者型的胡适。为了纪念刺杀袁世凯的4位烈士，胡适写了一首诗，反复出现几个字句："他们的武器炸弹! 炸弹! 他们的精神干! 干! 干!"老先生们不高兴了，辜鸿铭在校园里摇着脑袋叹息："这像什么诗? 胡适总是胡说。"李大钊和手下的一帮红色少年欣喜地注视着胡适的变化。

胡适南下，在上海、江苏、安徽，与政界、学界频繁接触，到处宣传自己的政治主张。秋季北大开学典礼，胡适直言不讳地向师生疾呼："少年人把无政府主义看作是一种时髦的东西，铸成大错。我们决不可乱谈无政府主义，我们应该谈有政府主义，好政府主义。好人不出头，坏人背了世界走!"

四十八

遥望1921年的中国，天空中充斥着各种主义的声音。英国大文豪毛姆来到北京，想听听纯粹的学者们的声音，慕名拜访辜鸿铭。毛姆犯了致命的错误，请一位英国朋友安排，傲慢的英国人信手开了一张条子送去，邀约辜鸿铭过来坐坐。日子一天天地过去，那边没有一点动静。待毛姆明白过来，主动上门拜访时，倔强的辜鸿铭让毛姆领教了轻蔑的代价。

毛姆坐着轿子迷迷糊糊飘进一条僻静的小巷。印象中先是穿过一个破败的庭园，被领进狭长房间，靠墙的木架上堆满书籍，壁间挂着一卷卷用毛笔书写的对联。毛姆恭敬地坐下来，思忖片刻，这些手迹大概是孔子的语录吧？仆人带来一壶茶，两个茶杯和一听纸烟，毛姆连忙起身，辜鸿铭毫无表情地挥挥手，两人一齐坐下来。

辜鸿铭说："你想来见我，真是非常荣幸。因为你们的国人只同苦力和买办打交道，大概以为所有的中国人不是苦力就是买办。"毛姆想解释，又一时找不到合适的语言。辜鸿铭斜躺在椅子上，用猫戏老鼠般的神情嘲讽道："你们以为只消招招手，我们一定过来。"

毛姆感觉到失礼的宿怨还未消尽，客套一番。辜鸿铭外形轮廓高大，点缀一条灰色小辫子和一双明亮眸子，眼下有重叠下垂的皱皮，牙齿因折断而变色。身材极瘦，细细手指已经枯萎得像爪子，大概是吸食鸦片烟土的缘故。装束随便，身穿黑衣衫，头戴一顶黑色的瓜皮小帽，深灰色的裤子在脚踝的地方用袜带系住。他好像提防着外界事物，脸上表现出一种警惕的神情。他是历尽沧桑的东方老人。当然，这位哲学家在关心抽象世界方面的人心中占据着重要地位。皇族必须被充分奉承，毛姆想起狄斯拉利的话，极力地阿谀辜鸿铭，辜鸿铭的态度果然舒畅许多。

辜鸿铭点燃一根纸烟，说："我在柏林得到哲学博士学位，后来又在牛津待了一些时候。假如你容许我下断语，英国人不宜于研究哲学。"

毛姆说："我们有过不少哲学家，对于思想界并非全无影响。我们创造辉煌的文化，至今指导着世界。"

辜鸿铭说："休谟和贝克莱能和我们的孔子相提并论吗？你们有什么凭据胜过我们？比如艺术和文字优美，思想深奥，文化精巧、繁复和细微。

喏，当你们穴居野外茹毛饮血的时候，我们已是进化的人类，企图不以武力管理世界，而用智慧。许多世纪以来，我们都成功了。"

毛姆说："为何白种人会轻视你们黄种人？"

辜鸿铭突然被刺痛，从靠椅上站立起来，语调激昂："因为你们白种人发明机关枪，自诩优点，能够把我们赤手空拳的群众完全毁灭。你们打破我们哲学家的梦，世界可以用法律和命令的权力来统治，秘密教导，强势压迫。我们国度有机械方面的天才，有四万万世界上最务实、最勤恳的百姓，当黄种人学会制造枪支而且射击精确的时候，你们的优点还存在吗？你们喜欢机关枪，最后将被机关枪判决。"

毛姆被辜鸿铭的中国文明优越论震住，小心翼翼地问："你研究过美国现代哲学的发展吗？"

"杜威的实用主义，是那些可怜信徒最后的逃避所。"尖酸刻薄，犹不过瘾，辜鸿铭挑衅地白了毛姆一眼，"我用美国汽油可比美国哲学还要多。"

他们重新坐下，慢悠悠喝茶消磨时光。辜鸿铭滔滔不绝地谈起来，很久以前的哲学家，率领门徒从一国周游到另一国，教导一切有资格学习的人。皇帝们召他们去赴会，封他们做城市的长官。人类的智慧只有在孔子的圣典范围之内才能找到。辜鸿铭深信不疑地接受孔子的学说，觉得一切异邦的学问都好像是空虚和苍白的。他是一个雄辩家，也是一个斗争者。他嫌恶现代个人主义的呼声，社会是一个单位，而家庭是社会的基础。他拥护老大中华和旧式学校，帝国和孔子严正的圣典。他不止一次地哀叹自己拥有总理国政的才能，再没有皇帝可以把重任托付给他。他迫切希望将满腹经纶传授给灵魂眷恋的大群学生，可是来听课的学生越来越少，都被巧舌如簧兜售新口号的人诱惑走了，剩下一些很少的、可怜的、面有饥色的、愚钝的乡下子弟。辜鸿铭终于累了，神情沮丧地低垂脑袋。

毛姆说："我想请教你对新文化运动，对罗素，对苏俄共产主义的一些看法。"

辜鸿铭说："假洋人用亵渎之手把世界上最古老文化破坏无遗，发起新文化运动。罗素用世界上最庄严的词句把青年教唆成流氓。至于共产主义，我还没有研究过，记得马克思说过它是幽灵，让整个世界都不得安宁。"

毛姆说："实在精辟！中国怎样结束混乱、分裂的局面？"

辜鸿铭耍起贫嘴："很简单，一句话，把中国的军阀、政客、买办统统枪毙。"

一个女孩走了进来，亲昵地依偎在老绅士的怀里。她用惊异的目光凝视着毛姆，辜鸿铭用手臂围住她，湿吻她，说着珍惜的话语。"她在皇帝弃位的那一天出世，是帝国覆亡时最后的一朵花。"辜鸿铭从书桌的抽屉里拿出一包钱交给她，叫她出去玩，然后把小辫子拿在手中，"你看我留着发辫，这是一个标记。我是老大中华的末了代表。"

毛姆起身告别，辜鸿铭不愿意起来，固执地说："我送你一件礼物，作为你访问中国最后一位哲学家的追忆。我写一首诗吧，在中国，我的执笔挥毫完全不可以轻视。"

辜鸿铭坐在桌前，铺开纸，用臂部的自由转动写字。每当辜鸿铭有钱时，总要到烟花场所去胡闹一番，毛姆用宽恕态度看待老绅士在秘密处所的狎昵，也许是想要明白人类最不可思议的幻觉吧。毛姆接过墨宝，发现那些中国字像它的主人一样显出悦目的模样。

毛姆试探地问道："你能够给我一份译文吗？"

辜鸿铭回答："给它翻译等于给它伤残。你不能希望我来糟蹋自己，去问你的英国朋友吧，请记住，知道最多的人其实一点不懂。"

毛姆回国后，挺神秘地找了一位汉学家把诗翻译出来。社交场合，当毛姆在烛光中高声朗读时，众人都吃了一惊。天哪，上帝！原来这是一首送给妓女的靡丽诗篇：你不爱我时，声音甜甜，眼波含笑，素手纤纤；待你爱上我，声音却变得凄楚，满眼是泪，睹手痛惜。伤心啊，伤心之爱使你不可爱。

四十九

　　初秋的天坛公园弥漫着桂子的清香。孔德学校的女生蔡威廉偕弟弟柏龄，来到高耸的白塔前，默默地点上一炷香，为妈妈的亡灵祈祷。黄仲玉生前曾带孩子来这儿写生，病逝后，全靠弟弟黄世晖照看家庭。柏龄思念爸爸呀，常常会在梦中哭出声来。有一次，柏龄梦游着去开门，说爸爸回来了，惹得蔡威廉只好又当姐又当妈，在深夜酸楚地跑去弟弟床前好言相慰，哄他入睡。她聪慧过人，家中的不幸更使她成熟不少。孔德学校是蔡元培和一帮学界名流创办的新式学堂，提倡男女同校，蔡威廉是个激进的女权主义者，在班里带头剪去辫子，组织女子文学社。

　　他们搬迁到背阴胡同新居，姐弟俩回家，发现门口人流不息。一种欣喜的预感倏然袭来，两人情不自禁地冲了进去，连声不绝地叫着："爸爸！爸爸！"蔡元培果然在客厅等着两只孤雁，亲人相见，悲喜交集，抱头饮泣。

　　胡适闻讯赶来拜访，蔡威廉带着弟弟掩面而去。胡适像个大孩子，依恋地凝视着久违的蔡元培，无语凝噎，蔡元培经受磨难，在国外一路风尘跑了九个月，面颊反而晒得黑里透红，比以往精神健旺。

　　胡适说："蔡先生一走，我们觉得整个北大好像缺了主心骨。今天见先生壮气不减，甚为可喜啊。"

　　蔡元培说："我考察战后欧洲的教育，发现尽管经济萧条，食品贫乏，教育界的精神却并没有退缩。我有许多感受急于向你们倾诉。"

　　二堂外人声喧哗。胡适的努力会新成员蒋梦麟、顾孟余叫嚷着进了院子，北大教授任鸿隽、陈衡哲夫妇踏步欢笑，宾客盈门。

　　黄世晖在全聚德烤鸭店叫来一桌酒席，老友相聚，气氛格外热闹。蔡元培亲热地拉住蒋梦麟的手，坐在左边，又将顾孟余请到右边落座，执意要用锡壶给各位斟酒。蔡元培走到两个孩子面前时，各自给他们夹了一块香喷喷的烤鸭腿，眼中泻出慈父般的温情。

蔡元培斟满一杯酒，先敬蒋梦麟和顾孟余。灯光下，蔡元培眼角闪出泪花，说："一位是总务长代理校务，一位是教务长总揽教学，我这次出走，给二位添了很多麻烦。唉！聊以自慰，好不容易建立评议会和教授会，终于正常运转。在北大，教授治校已经不是一句空话！"

蔡元培仰脖一口将酒喝完，眼角迸射出逼人的豪气。蔡元培又举杯敬黄世晖，内弟见姐夫没吃一口饭，怕他胃病复发，慌忙请他入座，抢先将酒杯夺过。蔡元培双颊泛出红晕，握住黄世晖的手，哽咽着低下头说："真是难为你了，嗨……"

餐桌上的气氛突然寡淡下来，众人都想到一个伤感的话题。胡适机灵，朝身边的陈衡哲传递一个眼色。英姿飒爽的女教授站起身，向蔡元培举起酒杯。她中等身材，颧骨很高，戴着一副金丝眼镜，举止文雅。她的声音珠圆玉润："蔡先生，在您出国的非常时期，我们北大同人一直记着您的名言：'教育指导社会，而非追逐社会。'您终于回来，能否给大家谈谈考察的感受？谈谈下一步怎样在同北洋军阀的周旋中进行教育改革？"

蔡元培唤黄世晖给每人端上一杯珠茶，打开话匣子："我在国外最惦记中国的教育。先不说生不逢时、怨天尤人的泄气话。回顾我的教育理想，好像经历三个阶段。一是维新变法失败，认为唯有教育救国才是救亡图存的正路。二是五年前执掌北大，我对政府存有一点书生的期望，抓住大学理念、大学制度和人才聘用几个关键问题，初见成效。我这次考察收获最大，彻底看清中国政治的腐朽性，对军阀政府再不抱任何希望；真正思考我们一代人的历史责任。人应该永远不停止对精神理想的追求，我拜见居里夫人和爱因斯坦时，心里盘算，怎样为20世纪的中国，扎扎实实地打下一个现代教育和科学的基础？精神力量不能垮掉，教育改革不能松劲。拿北大来说，新思潮在论战中占主导地位，评议会和教授治校基本制度化，初步建立国内一流的教授队伍。当务之急是要巩固成果，设法解决经费奇缺的难题，靠社会和民间集资。另外，我决心对北大再次进行改革，包括募捐建造图书馆。海外华侨已有态度，我建议北大同人带头表示一点诚意。"

蔡元培把热辣辣的目光投向蒋梦麟，身材颀长的代校长欲语无言，眼前老是窜出几次纵火案的熊熊火焰。胡适按捺不住，非常佩服蔡元培的勇气，借酒佯狂，用一种破釜沉舟的气势拍案而起，说："蔡先生尚不退缩，我们一班少年人更不该退缩。"胡适潇洒地将头发朝后一扬，瞟了一眼陈衡哲，昔日女友正脉脉含情地望着胡适，才子气盛，又一次令陈衡哲怦然心动。

蔡元培的音容笑貌出现在马神庙、汉花园、红楼。蔡元培召开全校师生大会，公开提议，为了推动北大图书馆的捐款，凡本校教职员工，均自动奉献一个月的薪水。蔡元培居然要大家把微薄的薪水交出来，校园里很快传出牢骚话，大家闹学潮被打得鼻青脸肿，蔡元培的屁股反而和政府坐到一条板凳上。一些教授不服，鼓动"桂冠教授"马叙伦出面找校长理论。

马叙伦气呼呼地翘着八字胡走进校长室。马叙伦当时是教授里有名的老英雄，论学术观点，应列入旧派，但特别爱管闲事。凡是学生运动，马叙伦都一律声援，被推选为全北京的教职员联合会主席，喜欢一马当先地冲在队伍前列，游行示威，惨遭殴打，刚躲进外国人办的医院疗伤回来。马叙伦吹胡子瞪眼地脱下礼帽，嗓门挺粗："蔡先生，独立而不倚，是我做人的一贯原则。今天我郑重宣布，你的决定错了，请你收回成命。"

素来爱和稀泥的好好先生开始较真，刚才挂在眼角的笑意倏然消失，溢出怒容："身为学界名流，我希望你凭良心说话。我们教授的天职是什么？我们办学的责任又是什么？"蔡元培浑身像打摆子一样微微战栗，发现自己有点失态，语气缓和下来。

两位书呆子僵持着，马叙伦发现一个秘密，蔡元培发怒时目光呆滞，完全像个斗鸡眼。

蔡元培摸出珍藏的龙井，亲手送来一杯热茶，坐在靠椅上，用一种柔柔的语音敲开心扉："你记得五年前那个雪夜吗？我们在松筠庵把酒论天下，豪气冲天。为了整治北大，为了拯救奄奄一息的中国教育，我们吃苦受累，遭受多大的磨难啊。'五四'期间，安福系曾扬言雇杀手取我性命，将大炮架在景山上逼北大退让。我独自住在西湖杨庄，郁闷至极。名为出国考察，实际上是逼我出走。我真想退隐山林，不干这倒霉的差事。中国只剩下北大一块精神圣地，未来民族的希望寄托在一帮热血青年身上，我们有权利退缩和停课吗？我去参观剑桥和哈佛，大吃一惊，我们和世界一流大学差距很大。所以抓教育改革，一天都不能松劲。夷初呀，我俩算是老朋友，你应该理解我。"

蔡元培声音哽咽，用手帕擦拭潮湿的眼角。马叙伦是个倔性子的人，顾自低着脑袋不吭声。蒋梦麟带着李大钊进门，面带歉意地说："我和守常响应蔡先生的提议，如数向会计室捐出薪水，胡适、钱玄同正在交钱。哎！蔡先生，您人在国外，为什么带头扣除自己600大洋月薪？"马叙伦感动地抬起头，天色已近黄昏，蔡元培舒展笑容，站起身，说："感谢诸位捧场，今晚我请客，去学士居喝一杯薄酒。"

暮色降临，校门外的十几家小饭铺，响起一片锅盘菜勺的敲击声。蔡元培边走边看，沙滩附近，东老、中老、西老三条小胡同，有许多学生模样的人正在小公寓里进进出出。

蒋梦麟说："这是北大的'拉丁区'。由于我们坚持开门办学的方针，现在人称咱北大有'五个公开'，三种学生。"

蔡元培说："我出国不到一年，竟冒出许多新奇事情。快说来听听。"

蒋梦麟为了调节气氛，硬要拉马叙伦讲述。谦让一会儿，马叙伦高兴地答道："人称咱北大有'五个公开'，一是课堂公开，不管有没有学籍，都可随便听课，有时旁听生早早抢到座位，迟来的正式生反而靠站后边。二是图书馆公开，畅通无碍。三是浴室公开，莲蓬头一天到晚开着，洗澡便利。四是运动场地公开。五是食堂公开，我们的学生食堂都是包出去的小饭馆，里外用膳价格一个样。正式生和旁听生混在一起，难以分辨，偷听生未办任何手续，却大摇大摆地来校听课，他们多数租房住在'拉丁区'里。陈汉章老先生开了一门新课，平时总有十几位学生，考试的时候台下只剩一人，一查，哈！原来那些全是偷听生。"

众人听得哈哈大笑，蔡元培说："怪不得我回到北京，有人告状，北大被姓蒋的搞得乱糟糟的。"

李大钊说："我希望学术自由的精神，能从北大风行全国。"

蔡元培顿时产生兴趣，要蒋梦麟陪着去参观"拉丁区"。四人顺路弯进一个不大的小院，天井里种着几丛鸡冠花和爬山虎。里面一间间隔出许多小单元，一副铺板，一张窄书桌，两把凳子和一个洗脸架。条件稍好的有个小书架，墙上深一块浅一块，裱糊着发黄的旧报纸。当一行人走到最后一间木板房时，烛光昏暗，隐藏着一个寒酸的穷学生。他穿一件旧竹布长衫，袖口缝一块歪歪斜斜的补丁，像一只瘦小刺猬，用惊恐的目光注视着正气凛然的几位大人物。

蒋梦麟说："你叫什么名字？在哪个系读书？"

他哆嗦着站起身，脸色苍白地说："你们终于来查我们。唉！我其实是个失业的小学教师，实在没钱呀，连旁听的手续也办不了，只好天天溜进去听课。"

蔡元培听他讲话是绍兴口音，追问一句："你究竟叫什么名字？"

他兴许是被逼急了，神情决绝地提高嗓门："我叫许钦文，因喜欢写小说，和几位文学青年聚集在沙滩，最喜欢听鲁迅先生的课。鲁迅先生深表同情，请客喝牛奶吃点心，一口答应，为我们说情办旁听生的手续。"

"还有几位叫什么名字？"

"胡也频、曹靖华，另一位是宁海人柔石。"

"我是蔡元培，他们呢？"

"你是……大名鼎鼎的蔡先生？"

许钦文手脚无措，连忙向诸位恭敬鞠躬，羞涩地望着蔡元培，说："他们都光临小饭馆，我没钱，只能让朋友带个烧饼回来。"

蔡元培说："你明天领他们来办手续吧，现在跟我们去吃饭。"

一顿晚饭挺有趣味，四位大学者听一位偷听生摆谱，大开眼界。

许钦文说："沙滩一带是天下最理想最自由的学习区域。租房便宜，茶水、电灯、用人都包括在内。门口林立着无数的小饭馆，花费很少，足以填充肚子。两毛以上是极贵族的吃法，大概可以吃到两菜一汤。普通客饭一荤一汤，花卷米饭管够，卖一毛五至一毛八。水饺四分钱十个，一毛二分钱足够，馅饼十个八分钱，又多油，又多肉。当然吃面最经济实惠，三碗面皮六分，小碗麻酱四厘，六分四厘吃得饱饱的。如果你不在乎自己'大学生'的虚面子，上汉花园小食摊，和洋车夫并排坐在矮凳上啃大饼，自然更省钱。学士居价格最贵，菜确实好，我们穷学生却不敢光临。楼上壁间挂着'胡适之贺'的对联，上写'学问文章，举世皆推北大棒；调和烹饪，沙滩都说学士成'。有胡博士做广告，确实吸引不少人。北大的校门无愧'国立'两个字，只要你愿意，可以去听任何一位先生的课。所有教授有着同样博大的风度，信仰学术是天下的公物，决不会小家气短盘查你的来历，以防拆台。我们大胆地偷听，追上去向教授质疑问难，甚至长篇大论地提出论文请他指正。他一定会带回去，挺虚心地看上一遍也许两遍，到第二堂课时还给你，告诉一通他的意见，甚至赏识你，到处为你颂扬。北大有'凶''松''空'三部曲，这是在'拉丁区'流传的笑话。北大投考时'凶'，入校后'松'，毕业后'空'，什么意思呢？和清华比较，门门功课北大学生肯定考不过清华。但北大既多又怪的大人物，自由竞争的学术空气，独步天下。'空'字实际上是一种调侃，像'五四'时期北大一下子冒出许多大主角、大英雄，即是佐证。"

许钦文又说："蔡先生、蒋先生，北大千万别再停课。我靠几个小稿费来维持生计，有课好听，有学问好做，再苦心里也是暖洋洋的。否则，何苦泡在这里消磨生命？"

许钦文想继续唠叨下去，马叙伦举起酒杯，说："蔡先生，我全听懂了。唉！一年多来，为了教育经费问题，不幸荒废无数学子的无价光阴，我们很抱歉、很惭愧。今天饭局该我老马付账，来，喝酒！"

五十

1922年年初，蔡元培因足疾住进医院，欠饷和经费不足像瘟疫缠住他疲惫不堪的身心。由于军阀混战，军费占去北京政府一半以上的预算，教育经费不能如数拨付。身为北大校长和学界泰斗，蔡元培领衔向北京政府抗议，乘关税增加、各国退还庚子赔款的有利时机，发起全国性的教育独立运动，惹得当局非常恼火。内阁总理亲自给教育部挂电话，说："一派胡言，如果教育真正独立于政党之外，还要政府拨什么款、发什么薪？"全国学界欢欣鼓舞，蔡元培刚刚出医院，李大钊和胡适赶来家中拜访。

书房案头，放着一盆暗香袭人的兰草和四册《胡适文存》，蔡元培正在翻阅一篇《红楼梦考证》。

胡适说："祝贺早日康复！"

蔡元培说："也祝贺你学术结晶出版问世，嗯，观点新颖。"

胡适说："这是我送给蔡先生的新年礼物。"

李大钊说："蔡先生，最近由美国控制的世界基督教学生同盟，决定在清华大学召开第十一届大会，诱导各校学生信仰基督教。我们想在北大发起一次非宗教同盟大会，你一贯提倡以美育代宗教。"

蔡元培说："我们一起做发起人吧。"

北京大学召开中外人士参加的非宗教同盟大会。北大教授周作人、钱玄同和马叙伦公开跳出来唱反调，抢先在报纸上发表宣言，声称信仰自由，知识阶层应首先遵守，反对非宗教同盟。蔡元培反驳他们，说："各种宗教都用奇诡的仪式、夸张的宣传，来诱惑未成年学生盲从，用外力侵入个人的精神世界，完全属于一种侵犯人权的行为。"

随着直奉战争的爆发，北京屡屡遭受溃兵骚扰。为了保卫学校，蔡元培组织一支300多人的北大学生军。蔡元培目睹学生皆长袍大褂，一派文弱气息，一贯重视体育锻炼，正好趁热打铁。在成立大会上，蔡元培亲自颁发军旗，并邀请军事学家蒋百里来校授课。全国首创的学生军在反帝爱国运动中名扬四海。胡适在改选中荣任北大教务长，走出书斋，手捧着黑皮包，容光焕发地大谈政治。想方设法营救陈独秀，并不妨碍胡适反对各种过激的主义。北大学生成立新闻事业同志会，请胡适去演讲。

胡适说："我希望你们研究真问题，少讲虚主义。你们宁可因讨论活问题而被封锁、被监禁、被枪毙，也不要拿马克思、克鲁泡特金来替张作霖、曹锟、薛大可、叶恭绰的报纸充篇幅。"

看来，马克思主义曾经被军阀政客搬弄和利用。胡适为了创办《努力周报》，频繁出入各种社交场合。他很有性格魅力，眼界又高，紧紧依靠蔡元培为首的北大派，拉着研究系的丁文江，抓住吴佩孚控制的北京政府，总想跟军阀比学问，做新世纪的帝王师。他在南北二府保持独立评论人的姿态。他开始直接干预政治，操持言论，并不轻松，越想不偏不倚地公正，越是注定两头不讨好。胡适的思想立场成了20年代中国各派政治势力声讨的活靶子。

北京思想界，有点山雨欲来风满楼的态势。各派势力的头面人物纷纷登台亮相，以梁启超为首的研究系，派罗文干去争取一批相对独立的技术官僚，遭到冷遇。研究系转而游说北大派，蔡元培被罗文干说服，胡适政治嗅觉很灵敏，为了保持努力会的纯洁性，善意提醒，蔡元培又婉言谢绝。

蔡元培的客厅里高朋满座，名流云集，胡适、李大钊、汤尔和等十余人先后到达。蔡元培穿上一件新的蓝布长衫，修饰脸颊，显得很精神。胡适一下子成了众星捧月般的大功臣，胡适读完文稿，蔡元培击掌叫好："听君一席谈，一种天降大任于斯人的责任油然而生。我原本想远离政治，超然办教育。现在看来政治是回避不了的，为了索薪，学校里冒出'罢教团'，我手中没钱，实在说服不了大家，只能以辞职相威胁。唉！从目前局势看，我们知识界再不勇敢地站出来承担社会责任，国家真要灭亡。我们要抓住黎元洪上台、吴佩孚欲大展宏图的时机，尽可能地促成好人内阁出现。我建议诸位列名向全社会公布这份宣言，在舆论上先声夺人，争取主动。"众人纷纷表示同意列名，动机各不相同。社会名流中，一类是像梁漱溟、顾孟余那样纯粹的学者，他们议政而不参政，抗议几声，骨子里藏着士大夫的清高。另一类是像胡适、汤尔和、王宠惠、罗文干那样的特殊人物，或混迹官场，或和政府有着千丝万缕的联系，在历史的转折时期，他们开始对权力有所期盼。像李大钊那样的人，身为一个政党的领袖，秉性中却闪烁着温情脉脉的旧式文人习气，信仰马克思的暴力革命，心里仍留恋着改良的梦幻。由16位名流签名的《我们的政治主张》，很快在《努力周报》第二期发表，沸沸扬扬地在朝野上下流传开来。

胡适老爱制造耸人听闻的故事，在他的"好政府"主张筹谋正酣时，他居然去皇宫拜见宣统皇帝溥仪，一时舆论哗然。

在洋师傅庄士敦的调教下，红墙内的小皇帝对外界一切新事物都充满好奇：眼镜、电话、自行车。同时，小皇帝了解国内外的政治文化形势，知道"新文化运动"，读过胡适的《尝试集》。皇宫安装电话后，溥仪很想听听洋博士用什么腔调说话，在紫禁城里打电话约来慕名已久的胡适，说："我对民国的优待条件并不在乎，只想多读点书，做一个有为的青年。"胡适恭维道："皇上真是开明！前途有望！"见面后，胡适对溥仪心生怜悯，在日记里写了一首诗：咬不开，捶不碎的核儿，关不住核儿里的一点生意；百尺的宫墙，千年的礼教，锁不住一个少年的心！胡适又写了一篇《宣统与胡适》答辩，心中委屈，跑去见蔡元培。蔡元培老成倔强，胡适任性率直，大概生出吸引力，两人的关系近来非同一般。

胡适说："蔡先生，一个寂寞中苦闷的少年，想寻一个比较算得少年的人来谈谈，不料中国人脑筋里的帝王思想未曾刷洗干净。本来很有人情味，在记者笔下，成为一条怪诞的新闻。唉，令人沮丧。我为此写了一首小诗……"

蔡元培紧紧皱着眉头，接过胡适的小诗瞟了一眼，说："溥仪可不是一般的寂寞少年，他是一个梦想恢复祖业的皇帝，而且在张勋的拥戴下，曾经复辟十二天。"

胡适顿时脸色苍白，蔡元培虽然没直接责怪胡适，意思却很明白。

北京教育界在国立美术学校隆重举行"六三"纪念会。蔡元培受王宠惠的鼓动，领衔与胡适等200余人致电南方的非常国会，表示拥护代表民意的新政府，南北一致，没有再用武力解决的必要。希望孙中山停止北伐，提前下野。通电在北京《晨报》上发表后，恍如晴天霹雳，刚赶回广州平息叛乱的孙中山和南方革命党人目瞪口呆，异常恼怒。蔡元培是正直的老革命党人，疾恶如仇地支撑起北方学界的精神领袖，居然频频出入直系政客的深宅大院，完全被他们包围。蔡元培浑然不知，又劲头十足地领衔征求北京学界签名，催促黎元洪尽快来京复任大总统。胡适知道不妙，慌忙写信去劝阻蔡元培："你不能盲人瞎马地冲在前面呀，像个老堂吉诃德让人耻笑。"蔡元培说："我答应了人家，实在没有退路。"蔡元培没有指明躲在后台挟持的人是谁，但胡适可以想象政客们老奸巨猾的嘴脸。

上海的《申报》率先反击，刊登号称"章疯子"的太炎先生来电。章太炎精神寂寞，应江苏教育会之邀，一边开馆主讲国学，一边倡导以联省自治取代中央集权，以联省参议院取代国会，以委员制取代总统制。直系军阀想抬出一个新傀儡黎元洪，以恢复法统为名反对孙中山北伐，章太炎秘密致书黎元洪，劝说无效，蔡元培正好跳出来瞎搅和。恶从胆边生，章太炎在报纸上破口大骂。

蔡元培看完《申报》上的两则檄文，急火攻心，两眼一黑昏倒在地，醒来时人已躺在法国医院。胡适和李大钊赶去病房探视，蔡元培嘴唇发紫，虚弱的身体微微战栗，胡适心头一酸，眼泪哗哗流了下来，蔡元培眼眶一红，也委屈地饮泣起来。

蔡元培说:"我最受不了自己营垒的误会和羞辱,真是斯文扫地。"

胡适说:"你只管好好养病,我会替你出气。"

李大钊紧捏着蔡元培的手,像有难言之隐地凝视着对方。暴烈的总书记陈独秀来信,把李大钊狠狠教训一通,与军阀谈"好人政府",简直是与虎谋皮,再不悬崖勒马,将会堕落成民族罪人。李大钊委婉地转达陈独秀的意见,嗫嚅着说:"蔡先生,我们错了。我真心实意地向陈独秀检讨,吴佩孚、黎元洪,都不可能建设一个自由民主的新中国。"

远处传来隆隆的雷声,一场夏季的暴雨携带着无限烦恼泼洒而来。病房里的空气凉快不少。蔡元培目光幽幽,倾诉衷肠:"我总觉得陈独秀和孙中山先生的主张,离我们太遥远。我确实对黎元洪抱有幻想,前几年我还能整治北大,可现在连维持都艰难。林语堂、刘半农在国外向学校要钱,我给他们寄了500大洋去交学费。我们北大的讲义从来随便拿,给许多旁听生、偷听生提供方便,总务处说一年要亏一万多,看来下半年也得收费。我想请爱因斯坦明年来华讲学,这位德国人开出的价格是个天文数字,真不知往何处筹措。最近北大评议会通过《国立北京大学助学金及奖学金条例》,全校学生欢欣鼓舞,我的心却一片悲凉。昨天,丁文江和李四光搞了一份整顿地质研究所的方案,我一边鼓励他们,一边又为添置设备犯愁。今年秋季招生只能大幅度压缩名额。我历来讨厌政治,保证绝不参与政治。你一定转告陈独秀,我不能不办教育,不能没有北大,我已经没有一点退路。"

蔡元培唠唠叨叨,因口干舌燥、浑身乏力而哮喘起来。李大钊为蔡元培轻轻捶起背部。蔡元培布满鱼尾纹的眼角淌下两行清泪,喟然长叹:"人人都尊敬我蔡元培,可又有谁真正理解我,与我同道?"

胡适开始反击,当报上公布陈炯明兵变的消息时,胡适公然在《努力周报》上写了"陈炯明此次是革命,不是叛逆"的短评。孙中山对胡适的表演非常愤恨,而孤立无援的陈炯明一番惊喜,派人带信向胡适表示敬意,再一次正式请胡适出任广东大学校长。胡适得意起来，以布衣学者平交王侯的风骨，继续在京城达官贵人中间搞穿梭外交。

在强权政治的铁幕下，全国学制会议隆重召开，国务总理王宠惠表明态度，本届政府将制定和公布《学校系统改革案》，打算以法令形式在中小学推广白话文。汤尔和、蔡元培等学界名流反复讨论方案，公布后称为壬戌学制。

蔡元培乘势加快北大改革的步伐，引发一场"讲义费风波"。学校因经费紧缺决定向学生征收讲义费，部分穷学生不高兴，雪上加霜。冯省三跳出来带头闹事，振臂一呼，召集一帮弟兄，涨红着脸说："同学们，什么是'五四'运动后的北大精神？争自由、反专制，学校当局成为奴隶主，我们要坚决抵制校方的经济压迫！"

秋阳高照，蒋梦麟坐在会计室，耳边突然传来气势汹汹的抗议声，推门一看，大惊失色，天知道从哪儿冒出黑压压一片暴乱分子。一个个面目狰狞，逼着总务长立即表态，蒋梦麟好言相慰，全不顶用。冯省三说："咱们去找蔡校长，他正在红楼！"人流蜂拥而去，蒋梦麟紧紧跟在后面。

蔡元培在文科教员休息室，与周氏兄弟和钱玄同闲聊。随着《新青年》的解体，彼此间的联系缺少精神纽带，各人都忙起自己的事情，见面机会明显减少。钱玄同变化最大，激昂的精神斗士，一度扬言要取消中国文字，如今退隐书斋，重新皈依章太炎的衣钵，潜心钻研文字学。钱玄同常在黑板上写一手唐人抄经体，有小学癖，喜欢卖弄古字，摇头晃脑地扯上半天山海经，声名鹊起，应聘兼课的大红帖子比别人多。他整日夹着黑皮包，乘包车在京城学府间乱跑。江山易改，本性难移，他的一股疯劲仍丝毫未变，开口就呛得旁人哭笑不得。每次见面，鲁迅总觉得钱玄同奚落自己。钱玄同十几岁结婚，生有三子，动不动炫耀三位公子，搞得鲁迅心里有点失落。最近钱玄同说大公子正在闹恋爱，被鲁迅抓住把柄狠狠讽刺一通，风流天性也许是钱家的遗传吧？

蔡元培说："豫才，你的《阿Q正传》让正人君子们感到不悦。作者巴人是谁？阿Q是谁？人们战战兢兢地猜疑，总觉得触及自己或熟人的隐私。我最近才知道原来是你的手笔，哈哈哈！"

钱玄同插科打诨："前几天在休息室里，居然有人说，文章是《晨报》主笔蒲伯英写的，讽刺胡适。"

鲁迅说："我总是不讨好，改不了自己德行。"

蔡元培饶有兴致地谈起"好人内阁"，对老友汤尔和出任总长寄予厚望。只要让王宠惠当三年总理，大张旗鼓地裁兵，中国就会和平进入真正的共和制。

门外传来学生闹事的叫嚷声："坚决要求免费！让蔡校长出来！"蔡元培捺着性子与学生解释，这是评议会的决定，不能通融。红楼门口秩序大乱，冯省三指着蔡元培的鼻子大声责怪。从没人敢当众蔑视蔡元培，蔡元培突然痉挛着挥舞拳头，怒目圆睁，向学生咆哮道："我与你们——决斗！"蔡元培向前迈进一步，摆出一副决绝而略显滑稽的架势。学生们清醒过来，僵持片刻，稀稀疏疏地后退而去。

总务长蒋梦麟、图书馆主任李大钊宣布随同蔡校长辞职。在强大的压力下，北大学生会公推代表极力挽留，蔡元培等宣告复职，风潮芒硝火焰似的熄灭。学校当局让步取消讲义费，开除一个学生——冯省三。

蔡元培为建立正常的教学秩序而奋斗，教授评议会按期选举换届，各系的研究所基本健全，均为名家掌门，松松垮垮的北大完全走上正轨。他对开除冯省三并不觉得歉意，他毕竟是一位上流社会的统治者，认为学术思想尽可以自由，但办学必须有秩序和法度。1922年北大的自由空气丝毫不减当年，名流云集，群星璀璨。一桩轰动民国历史的冤案发生了。

局势日趋严峻，北京《晨报》刊登军阀头目曹锟颐指气使的通电，攻击罗文干丧权误国，要求组织特别法庭彻底审讯。勉强维持仅两月的"好人内阁"，随着全体阁员的通电辞职而宣告破产。

蔡元培和胡适在学士居喝酒，酩酊大醉，作为好人政治的倡议者，眼看着理想破灭，别有一番滋味在心头。

蔡元培说："吴佩孚釜底抽薪，我们一帮好人被反动军阀耍了一通。"

胡适说："文学革命无望！思想革命无望！政治改良又无望！难道这是我苦苦依恋的祖国吗？难道只有走孙文起来造反一条路吗？"

蔡元培说："罗文干最可怜，一颗正直而高贵的灵魂，因一封告密信无端惨遭一帮皂吏的折磨。我再也不能忍受北京恶浊的空气，道不合不相与谋。"

蔡元培被胡适扶回家，也许是心情苦闷，也许是酒精的作用，半夜里突然胃痛起来。女儿威廉见爸爸满脸冷汗，浑身痉挛地抱着枕头在床上打滚，叫来舅舅帮忙。黄世晖请来法国医生打了止痛针，病情稳定下来。黄世晖望着面容憔悴的姐夫，望着因缺少女主人而凌乱不堪的房间，说："有合适的人，还是再找一位吧。仲玉临终前再三关照过我。"

蔡元培说："谁跟了我都是受苦，唉！孩子们大了，我也老了，将就着过吧。我退隐的想法很急迫，北京这种地方，实在不适合我。"

威廉已是一位妙龄女子，秋天刚从孔德学校毕业。她不忍见父亲活得太累，含蓄地依偎在蔡元培肩头，说："爸爸，有可能的话我想去国外学美术，我们换一个环境生活，好吗？"

蔡元培说："换一个环境……好！换一个环境……"

蔡元培约胡适乘包车去家中商议。胡适写了一份辞呈，蔡元培稍做修改，打电话请汤尔和过来一叙。三人当场决定辞呈由一人署名，不邀各位校长，胡适劝蔡元培留下再看看，汤尔和却煽动蔡元培明日出京，政府完全被动。蔡元培悄然离京前往天津。北京各大报纸，纷纷刊登蔡元培为了抗议彭允彝干涉司法独立，向总统府提出的辞职声明。北京学界很快掀起声势浩大的运动，军阀政府的态度明显强硬。数千名学生前往象坊桥的众议院请愿，手执"驱逐教育界败类彭允彝"的小旗子，举着一杆大旗，上书"警告国会"四个大字。队伍游行到众议院门口，吴景濂指使警察毒打赤手空拳的学生，驱散群众。反动势力占据上风。

五十一

清明后的一个夜晚，蔡元培乘海轮离开天津南下，面对着一轮孤寂的残月，独自在甲板上潸然泪下。如果曹锟贿选总统成功，学界将面临更为凶残和黑暗的统治。海面上起风了，夜空中一闪一闪的寒星，是罗文干倚着铁窗哀怨的目光吗？蔡元培心力交瘁，步履踉跄地摸回船舱。

蔡元培在上海码头上，看见一位长眉细目、满面红光的中年人招手呼叫。每当蔡元培最为困难的时候，张元济总会及时伸来援助之手。张元济将客人接进寓所，吩咐家人给蔡元培安排房间和酒菜洗尘。张元济中等身材，戴一副金丝眼镜，说一口流利的普通话，举止温文尔雅。趁着吃饭前的空隙时间，两位老友相拥进了书房。

书房里三面全是清式红木书柜，堆满线装古书。一张大写字台背后悬挂着一幅主人书写的立轴，大出版家的平生志向由此可见一斑：昌明教育平生愿，故向书林努力来。此是良田好耕种，有秋收获仗群才。写字台边摆着几把西洋式的圆形椅子。张元济极力主张蔡元培去欧洲定居。蔡元培神情沮丧，似乎在为生计发愁，商务印书馆的大掌柜含威一笑，透出深思熟虑的计划："我想以编译书稿为名，每月预支你300大洋。其中200元为编译费，100元为调查费。"

蔡元培眼眶一热，一股暖流突然涌来。蔡元培感动地凝视着老友，问道："为什么每逢灭顶之灾，总是你两肋插刀地跳出来为我雪中送炭？"

张元济说："因为我俩同样生不逢时，空怀一腔教育救国的夙愿。区别是你以毕生精力办学，而我立志振兴20世纪中国的出版业。我俩算是天涯知己，惺惺相惜。"

蔡元培经过长时间的奔波和追寻，准备远离红尘，一个新的机遇，一种新的生活，随着明媚春光照亮蔡元培的脸庞。

张元济拿着一张优雅女士的照片，向蔡元培晃了晃。蔡元培笑道："你长着一副媒婆嘴脸，该不是又给我提亲吧？"

张元济说："叫你猜准了。我看你丧偶后生活实在太苦，有心促成一段姻缘。"

蔡元培说："平时介绍的人太多，我曾提出三项择偶条件。一是原有相当认识，二是年龄略大，三是熟悉英文。"

张元济说："周养浩基本具备这些条件。她是一位老姑娘，祖籍南京，擅长写诗和绘画，性格文静贤淑，今年31足岁。她对你一直很敬仰，前几年专程到北京府上拜访，你为她的工笔仕女图题词。她素有出国深造的心愿，结婚以后，你正好携妇将雏，举家前往欧洲，我们朋友都放心了。"

蔡元培说："我倒有点动心，她是一位志同道合的伴侣。"

蔡元培仰卧在沙发里，伤感之情悄然在心中蔓延。随着婚期一天天临近，蔡元培摸出周养浩的照片静静端详，想起命丧碧落黄泉的两个前妻。王昭是一位旧时代的女子，毫不介意地丢弃为世人羡慕的翰林夫人名分，甘心跟着蔡元培去当一名荆钗布裙的民妇，这份大义，让蔡元培感激和怀念。黄仲玉跟蔡元培生活将近20年，流离颠沛，连临终时都没看上一眼，蔡元培内心愧疚。周养浩温润如玉，更像一位待阁的名门闺秀，让她来陪伴自己这半老夫子，太亏待人家了。

在挚友的撮合下，1923年7月，他们在苏州留院举办简朴而新式的婚礼。蔡元培说："我会到你下榻的宾馆迎接你，之后我们一起到留园拍摄结婚照片。"周养浩说："比翼双飞，愿结连理！"蔡元培西装皮鞋，周养浩身披白色的婚纱，宴席上，双方好友逮着一对新人不放，不能灌酒只好聊聊八卦。"新郎，快给我们讲讲你们的恋爱过程，让我们取取经啊。"蔡元培乐意与大家分享结婚的喜悦。几位老友，三五知己，相拥着一介老书生和一位出水芙蓉般的新娘，在音乐的伴奏下，走进新的一轮人生境界。两人亲昵地在灯下凝视着对方，脉脉含情，蔡元培恍惚一下子找到归宿。新房里隐隐传来一个欣喜而微颤的吟咏声：忘年新结闺中契，劝学将为海外游。蝶泳鹣飞常互助，相期各自有千秋。

第五章

名士风流看今朝
——鲁迅和周作人反目成仇

五十二

20世纪20年代，一批新的学术奇葩出现在中华大地上，他们成绩斐然，论证激烈，爱情婚姻生活也激起波澜，成为中国文化史上一道独特的风景。

南京的东南大学原是清末兴办的"三江师范学堂"。民国后，为进一步振兴教育事业，1921年7月改办为"东南大学"。当时中国只有两所国立大学：一所是以蔡元培为校长的国立北京大学，再一个是号称"东南最高学府"的东南大学。东南大学校长郭秉文主张"自由讲学"，延揽国内外许多名流学者，不分党派，利用最高学府讲坛，充分发表个人的政治主张，让学生自由选择自己的政治信仰。学校董事会决定仿照美国哥伦比亚大学，开办暑期学校。担任暑期学校课程的教师，除本校权威教授外，郭秉文还罗致海内外知名人士：美国杜威博士讲授《实验教育哲学》，美国吴卫士博士讲授《昆虫学》，美国孟禄博士讲授《教育学》，德国杜里舒博士讲授《生机哲学》，胡适博士讲授《实用主义》，梁启超讲授《先秦政治思想史》，杨杏佛讲授《政治改造思想》。欢迎大会结束，学生们挤在食堂，纷纷对大师们的仪表评头论足，有人大失所望地说："想不到杜威是个瘦老头。""胡适不像个学者，倒像花牌楼的商人。"大家对态度谦虚的梁启超普遍印象较好，不似胡适等人讲话目空一切。

在学生们眼中，梁启超是一位广额深目、精力充沛、语音清晰、态度诚恳的学者。梁启超暂住在成贤街校舍中，每逢星期天，不少青年都喜欢去拜访他。大家发现，他不仅为人坦诚，而且治学勤恳，星期天也有工作计划。梁启超的精神饱满到令人吃惊的程度，右手写文章，左手不停挥扇，答复同学提出的问题。他吩咐助手到另一间房屋去打印文稿，看完京沪日报，摘录必要的资料，促膝交谈中，他常以"万恶懒为首，百行勤为先"来勉励学生。大师们讲学各有千秋，东南大学的杨杏佛有问必答，梁启超多方回避，甚至表示矜持，以"我不能赞成"一词来应付。一石激起千层浪，引发许多学员反响，有人主张真理愈辩愈明，应大力提倡杨杏佛教授的学者态度；有人认为多言多败，应永远保持虚衷自守，对政治"三缄其口"的戒律。这些话很快传到梁启超耳里，他很敏感，语气郑重："讲学的自由和批评的自由原本是双生的。我并非反对自由批评，而是反对批评的不自由，我的态度同杨杏佛并无两样……我也说过同大家一起进行改错。"经他表态，学员们关于学者态度的争论涣然冰释。

东南大学举行国学研究会，有人将话题转到顾实的《人生二百年》上。梁启超说："我一定要活到78岁！"此话引来教授们的不同意见。吴梅说："生死何足道！"王朴安说："未知生，焉知死？"柳贻谋说："人生实难，死如之何！"陈佩君说："生死事大，无余涅槃。"教授们的人生观五花八门，但在态度上都反对梁启超的观点。最后陈斠玄调侃地说："我们顾先生会算八字，让他给梁先生算算！"梁启超说："我生平从不迷信！"顾实大为震怒："我不像梁启超，我自己算过，我要活80岁零一早晨，与死神拼命！"于是，大家扫兴而归。

梁启超参加东南大学文、史两系全体师生在鸡鸣寺举行的一次联欢会，正是盛暑时节。鸡鸣寺当家的老和尚见到梁启超，十分高兴，捧出文房用具索求墨宝，梁启超略为沉吟片刻，奋笔写下陆游的集句："江山重叠争供眼，风雨纵横乱入楼。"从中不难看出昔日政坛骄子对政治风云的变幻仍怀有不满情绪。老和尚说："小寺一定要把任公的墨宝藏于名山，流传千古。"联欢会上，一位学员提问："南京延揽国内外名流学者公开讲学，只有诸子百家争鸣才能与今天的盛况媲美，依先生看，这种提法是否合适？"梁启超庄重回答："我认为非常不合适！主要是没有新东西，诸子百家各有独到之处，两千年后的今天还值得重新估定它的价值。今天的自由讲学几乎找不出一种独立见解，二三十年后，会被人们遗忘得一干二净。"

梁启超为东南大学暑期班学员专题讲座——《为学的趣味》，引起学员们的极大兴趣。"天下万事万物都有趣味。凡人必常常生活于趣味之中，生活才有价值，若哭丧着脸挨过几十年，那么生命便成了沙漠，要它何用？趣味主体有下列几项：劳作，游戏，艺术，学问。像赌钱、喝酒、做官之类的事在做时或许有趣，但并非能以趣味终。我对于自己所做的事，总是兴致淋漓，我所用的字典里头完全没有悲观厌世。我不但在成功里头感觉趣味，在失败里头也感到趣味。"积极人生观成为梁启超一生勤奋地探索救国真理的精神动力。讲台下一个学生举手提问："国粹将亡，奈何？"梁启超反问："何以国粹将亡？"学生说："先生不见今日读经之人稀少吗？"梁启超闻声大怒，拍案道："从古就是这么稀少！"

梁启超精研佛经，在南京讲学的后期，几乎每天都由成贤街坐车到支那内学院（金陵刻经处），聆听佛学大师欧阳竟无讲授佛学，风雨无阻，连小病也不旷课。梁启超说自己的趣味主人生观从佛经和儒书中领略得来。欧阳竟无老泪潸然，说："我绝非轻视你梁启超，而是你的文章对青年传染力强——把佛学导入宗教的鬼神迷信。试想想，我们一代应担负何等罪过？"梁启超听罢埋头无语。

梁启超为人天真、率直、热忱、进取、虚心、内省，他自称为"少年中国之新民"，熟识者皆认可，不觉得他矫情。梁启超又是一个情感充沛的人，不肯压抑，听任感情尽情发展，演讲时口若悬河，循循善诱，在紧要关头，他往往将两手交叉胸前，好似准备与人搏击的姿态，当胡适挑战他的权威时，他表现出小孩子似的争强好胜。胡适提倡白话文而暴得大名，时时以创新见解刺激梁启超，梁启超发愤写出《治国学的两条大路》《历史统计学》等著作。周善培是梁启超的诤友，一再劝导："你常以不知一事为耻，如胡适之流偶然搞出一种极无价值的课题，你凑热闹研究一番，有时还发表一篇文章来竞赛一下。论你的年辈、你的资格，应当站在提倡和创造的地位，要人跟你跑才对，你却总是跟人跑。不自足是美德，天下学术无穷，你已年近六十，哪一天才能达到你的愿望呢？"梁启超当时一再点头，而始终控制不住自我冲动，苛求完美，扬名立万，因此造成一个无所不通的杂家。梁启超与胡适在安徽会馆共同主持戴东原两百年生辰纪念会，《晨报》特别印专刊，副刊编辑孙伏园抱来散发，全部是梁启超一个人的文章。到开会，梁启超几乎独占两小时的讲演时间，最后给胡适留下十分钟，胡适登台前，梁启超介绍说："现在请不讲理的胡适，来讲不讲理的戴东原！"

五十三

刘文典关于胡适的最早记录，始见于《新中国》杂志第一卷第六号，谈到中西学术沟通的典型代表时，刘文典将许多溢美之词送给胡适。由此可见，刘文典与胡适的关系非常融洽、紧密。刘文典和胡适都是北大里的新派人物，很容易有共同语言。胡适是陈独秀极力推荐的资深学者，月俸260银圆，刘文典与胡适同龄，却在薪水方面差距一大截。

作为刘师培早年最得意的弟子之一，刘文典没有参与国故月刊社的活动，兴趣逐渐转移到对国外经典科学书籍的翻译上，先后翻译德国哲学家赫凯尔的《生命论》《宇宙之谜》，日本学者丘浅次郎的《人类之夸大狂》。在"整理国故"方面，刘文典更倾向于新派学人胡适的观点，直接参与《国学季刊》的工作。刘文典经过慎重考虑，将治学方向定位于古籍校勘，想尽快在北大新旧两派人物面前证明自己。尽管刘文典很年轻便进了北大，当上预科教授，一直积极参与学校事务，但在很多大儒名家的眼里，他略显稚嫩，本事有限，只会写写骈体文，素来无人知晓他的校勘功夫。刘文典对于北大怪杰辜鸿铭的嘲弄鄙夷，一直记忆犹新，自尊心受到撞击，在北大逐渐衍生怀才不遇的情绪。刘文典给胡适写信，诉说内心的愤懑："按照章程上的规定，授课时间多少、教授的成绩、著述发明、在社会上的声望四个条件，除末一条外，前三条似乎都不比那班先生差多少，整整五年，我总是领取最低的薪俸。钱的多寡原不算什么，面子上却令人有些难堪，我实在不想干了，只要别处有饭可啖，这个受罪而又背时的 Professor（教授），我弃之无异敝屣。"

胡适鼎力支持刘文典的计划。刘文典意识到整理国故要拓宽视野，不能再像过去那样一味考证，而要在综合各种版本的基础上进行集解，注重丛书的意旨、内容、写法的分析，从文意、文法、字词的比较中去判断是非优劣。刘文典本来是个"版本癖"，在市面上遇到古籍的好版本，不惜重金购买。刘文典校勘《淮南子》之初，既要购买体现前人梳理校注水平的各种善本，又要购买保存了大量散佚残缺文章的类书，雇人抄写，实在花费不小。由于曾受到国学大师刘师培、章太炎等严格的学术训练，刘文典态度认真，没有一分甚至几分证据，绝不敢轻易下结论。他平时在课堂上跟学生说："每部古籍都有一个传抄、刊印的过程，长的几千年，短的数十年，错误难于避免。托名伪作、篡改古籍，不乏其人。看不出问题，真伪不分，曲为解说，就要谬种流传，贻笑大方。搞校勘，须精通文字、声韵、训诂，要有文化、历史、名物制度的广博知识。"刘文典打听到，北京最大的道教庙宇白云观里珍藏有明正统年间刊印的一部《道藏》，共5350卷，是研究道教的珍贵文献。刘文典通过朋友的帮忙，住进白云观，几个月足不出户，潜心翻拣查阅《道藏》，偶有惊喜，经常是茶饭不思、寝食难安，以致得了很严重的神经衰弱症，养息半年才渐渐好转。在白云观期间，日子实在太清苦，趁着道士们不注意，刘文典偷吃一点荤腥，结果被逮住，闹个大红脸。这可能只是个笑谈，却透露出大学者们"坐得板凳十年冷"的辛酸。

胡适一直静静观望着刘文典的努力，预感到国学领域将冉冉升起一颗新星。作为旗手，胡适有责任伸出援手，指引方向。事实证明，如果没有胡适不遗余力的支持，刘文典最终要在国学界树立声名，恐怕得延迟几年，甚至十几年的时间。胡适充当刘文典的经纪人，全权代表刘文典与出版社进行谈判、洽商。刘文典完全信赖胡适。刘文典因为校勘《淮南子》购买类书、雇人抄写等用途，找学校借了600元钱，到了快要偿还的时候，书籍还未正式出版，兜里没有分文。万般无奈，刘文典写信请胡适找商务印书馆的大老板张元济说情："两三个月薪水一扣，我年内无以为生。我想借重你的面子，和张先生商量，垫几百元，总该可望办到。拙作花费很大心血，将来定价要贵些，并且价值比较永远，无论多少年后都可以有销路，究非那些风行一时的书可比。先垫一笔款，迟早准可以捞回来。"胡适十分热心，与商务印书馆进行交涉，刘文典收到商务印书馆预支的稿费支票。胡适专门将已经校勘完备的《淮南子》部分篇章，送给北大校长蔡元培审阅，消弭刘文典不出名的尴尬。

1923年3月，胡适应《清华周刊》的胡敦元等人的邀请，开出《一个最低限度的国学书目》，在思想史部分毫不犹豫地将尚在印刷之中的《淮南鸿烈集解》写了进去，加圈重点推荐。刘文典的《淮南鸿烈集解》刚刚走上书市，引发明星效应。梁启超重新开列《国学入门书要目及其读法》，英雄所见略同地推介刘文典的新书，"《淮南子》，此为秦汉间道家言荟萃之书，宜稍精读，注释书闻有刘文典《淮南鸿烈集解》颇好"。

很多人愿意将"我的朋友胡适"挂在嘴边，最重要的原因均在于胡适宽容高尚的道德人格。胡适具有西方人所说的磁性禀赋，并非中国文字里的平易近人、和蔼可亲等形容词所能概括，在人类群居生活中所发生的社会作用，恍如物理界磁场，影响力愈高，则幅度愈大。胡适不仅替刘文典的著作校勘、出版操心，而且经常接受刘文典的委托，替家人、门生、好友帮点忙。刘文典的夫人张秋华突然高烧不退，胡适知道后，立即给刘文典介绍首善医院的方石珊院长，经过数次检验，诊断为斑疹伤寒与肺炎并发症，对症下药，张秋华转危为安。刘文典表达谢意，称赞胡适菩萨心肠、英雄肝胆。

五十四

刘文典逐渐积累一定声名，但与其他学界名人相比，并无特别突出之处。历史将他推上一所高等学府实际负责人的舞台，在面对权贵势力时，他勇敢回应，让世人深刻体会到其人格独立的魅力。他从无数学界名人中脱颖而出。从顶撞蒋介石的那一刻开始，刘文典的名字注定将被写进中国的教育史、思想史乃至人权史。

世间的事情，惊变往往出于偶然。刘文典进入北大数年，薪水一直没有提升，生活困难到极点，一向自负的刘文典很是郁闷，想到"跳槽"。刘文典接到家乡的邀请，参与筹建安徽大学。安徽对于这位学贯中西、个性刚直的皖籍精英，十分尊敬和重视。在筹委会所有成员中，无论在国立大学任教的经验还是在学术研究上取得的成就，刘文典都首屈一指，被公推为预科主任，代行校长职权，负责布告招生。事不宜迟。刘文典苦熬几个通宵完成《安徽大学组织大纲草案》，函送省教育厅，特意附加一张"组织结构系统图"，突出表达自己的大学构建思想。有关领导给予高度评价，条理缜密，擘画周详，极表赞同。时局维艰，筚路蓝缕。全省年轻学子奔走相告，招生轰轰烈烈；刘文典却寝食难安，为经费短缺烦神，急得像热锅上的蚂蚁。在安徽各界的抗议与请愿声中，国民政府财政部部长兼中央银行总裁宋子文作出让步，同意每月拨给安徽十万元教育经费补助。一切步入正轨，刘文典开始精心谋划学校的将来、自身的学术，希望能在尽可能短的时间内提升安徽高等教育的品位，改变一下安徽的污浊空气。在陈独秀的策划和委托下，胡适带领安徽旅京、旅沪、旅宁同乡会中的教育界名流在安庆停留一周，并在省立一中、省立一师进行多场宣传新文化运动的演讲，引起安徽各界极大震动。刘文典生出几分得意，喝了一口夫人刚刚炖好的鸭汤，暗自嘀咕：没有我刘文典，安徽的高等教育恐怕要等到猴年马月才会有个眉目吧！

天有不测风云，人有旦夕祸福。有人假借全体安徽大学预科学生的名义，向国民党中央举报刘文典"宣传共产，企图破坏，请予调查扑灭"。刘文典希望大学校园能够尽量自由宽容一点，允许多种思想、多种声音一道存在，不能变成官场，更不能变成政治的附庸。安徽大学刚创办不久，里面肯定有信仰共产主义的进步青年，暗通款曲。安徽省督学罗良铸奉命到校彻查，刘文典心里无事，波澜不惊，仍然一如既往地正常进出学校，主持大政。一些学生主动聚在一起，联合发表言辞激烈的书面声明，为刘文典伸张清白，维护声誉。学生们果敢的真情让刘文典感到温暖。当初选择回到安徽办教育，最为期待，培养一批敢于思考国家前途命运、敢于与强权抗衡的真正栋梁。由于查无实证，刘文典"宣传共产"一事最终不了了之。

4000余人在安徽大学的大操场上誓师出发，高举要求严惩凶手的标语，一路高呼各种口号，浩浩荡荡到达省政府广场。蒋介石正式出任国民政府主席兼陆海空三军总司令，独揽军政大权，此次巡视安徽，合肥、贵池等地均有盛大接待，蒋介石到达安庆以后，却遭遇学生闹事，心情大坏，气得直骂"娘希匹"！蒋介石窝了一肚子的火，要撒在刘文典头上。对于早年跟随孙中山闹革命的安徽大学负责人，蒋介石早有耳闻，知道他是个放荡不羁、无所顾忌的"愣头青"。蒋介石坐轿来到安徽大学，卫士大队和省政府代理主席、省政府秘书长陪同身边，阵容浩大，气势逼人。对一直在地方工作的人来说，国家最高领袖大驾光临，正是溜须拍马屁的大好时机，想办法也蹭到主席面前吹捧一下啊。刘文典不愿意出面，只派学校秘书、学监等一般职员参与接待，弄得蒋介石几乎下不了台。蒋介石准备向安徽大学学生发表演讲，结果被刘文典一口拒绝，"大学不是衙门！"蒋介石匆匆看完体育场、图书馆，旋即离开，特意为自己打圆场，"时间仓促，不及向学生训话，表示歉意"。可想而知，蒋介石对刘文典咬牙切齿，恨不能早日除之而后快。蒋介石对安徽学风嚣张、学界腐败深为不满，得知戴笠的调查报告后，更是火上浇油，借题发挥，以整顿安徽学风为名，树立领袖权威。

蒋介石与刘文典见面的情形，是学界至今津津乐道的一大趣闻。1928年11月29日下午1时许，蒋介石在下榻的地方召见女子中学校长程勉和安徽大学代理校长刘文典。学潮久久不能平息，刘文典一味避见蒋介石，始终不是解决问题的办法，遂决定单刀赴会。关于出发前心境，后人为刘文典设计过一段慷慨激昂的台词，虽然多为附会之词，但颇为有趣，不妨一读："我刘文典并非贩夫走卒，高官不能对我呼之而来，挥手而去！我师承章太炎、刘师培、陈独秀，早年参加同盟会，曾任孙中山秘书，声讨袁世凯，革命有功。蒋介石一介武夫，其奈我何！"刘文典穿着一件破旧的灰鼠皮袄，戴着礼帽，昂首阔步，跟随侍从飘然直达蒋介石办公室。等大家都坐定后，蒋介石先问程勉："女中被毁，你有什么要求？"

程勉说："只求保障学校安宁，学生得以安心上学，不计较其他。"

蒋介石点点头，转过头来问刘文典："你打算怎样处理肇事的学生？"

刘文典兀自冷冷地回答："内容复杂，尚有黑幕，在事情没有调查清楚之前，我不能严惩肇事学生。"

蒋介石说："你分明推卸责任。"

刘文典说："我只知道教书，不知道谁是共产党！你是总司令，应该带好你的兵；我是大学校长，学校的事由我来管。"

蒋介石嗖地站起身，拍着桌子，勃然发怒："教不严，师之惰，学生夜毁女校，破坏北伐秩序，是你新学阀横行，不撤职查办，对不起总理在天之灵！"

刘文典毫不含糊，直面相对，语调依然从容不迫："提起总理，我和他在东京闹革命时，还不晓得你的名字呢。青年学生风华正茂，不等于理性成熟，些微细事，不要用小题目做大文章。如果说我是新学阀的话，你一定是新军阀！"

蒋介石说："你简直像个土豪劣绅！我要枪毙你！"

"宁以义死，不苟幸身！"刘文典大声呼喊，躬身向蒋介石碰去，早被侍卫拦住。

"疯子！疯子！关押起来！"蒋介石吼道，两个卫兵立即把刘文典拖下。

刘文典一介书生，竟然置国家元首的尊严于不顾，分庭抗礼，巅峰对决，面临生死选择无所畏惧，这种纯粹的知识分子独立精神令多少人追慕景仰！它成为中国学术界、思想界、教育界一道不可忽略的风景，传诵至今。

蒋介石晓谕安庆市公安局长带领四名警员，将刘文典收留，幽禁在省政府内的"后乐轩"里。消息传出，社会一片哗然。安徽大学的学生和部分市民集体示威，手持标语，要求保障人权，尽快释放刘文典。当晚7时许，游行的队伍到达省党务指导委员会门口，正碰到蒋介石公宴安徽各级官员。蒋介石提到安徽的教育状况，愤愤不已："我也办过教育，我的学生有十几万（指黄埔军校），都遵守秩序。刘文典鼓动学潮，罪不可恕！"几个学生代表走进来，蒋介石索性借题发挥："尔等青年，不应替人作工具。刘文典已被我看管了，你们且回去安心读书吧。"看到代表中还有一名女生，蒋介石更是十分恼火："女校被男学生捣毁，你们不反抗，随声附和，成何体统！"蒋介石将手中的茶杯朝桌上一掼，杯中茶水四溅，背着冲锋枪的卫士一拥而上，如临大敌。

经过《申报》《新闻报》等媒体报道，国内教育界掀起轩然大波。蔡元培迅疾由南京致电蒋介石，说："文人学士，理当优待。今先生拘叔雅，敢问缘由。"蒋梦麟、胡适等学界名流纷纷通过各种途径，请求准予释放。

刘文典接受邀请回乡筹建安徽大学，夫人张秋华带着家眷，从上海迁往安徽，到了芜湖，发现安徽混乱得不可名状，刘文典进退维谷。全家带着几十个书箱，困在客栈里，狼狈不堪。刘文典把家眷书籍送到池州老友李辛白家里，暂时安顿下来。听说刘文典被扣押，张秋华风风火火赶到安庆，遇到学生们在商议解救办法，于是痛诉政府的昏聩：“叔雅要到安徽来，我反对，不要他来。安徽的教育不是学者办的，是政客办的，所以现在吃亏了。”各方舆论很快传到蒋介石耳中。蒋介石并不是人们想象中的那样昏聩，心里明白刘文典不过一介书生，素来信仰三民主义，污蔑刘文典“支持共产”，是找个借口而已，学潮的真正组织者应该另有其人。蒋介石电令安徽省政府：“刘文典如果即时离皖，可准令保释。”当来人打开后乐轩的阁楼门，恳请刘文典下楼回家时，刘文典说：“我刘文典岂是随便受人驱使的！要想请我出去，请先还我清白！”来人哭笑不得，只得好言相劝，刘文典不肯善罢甘休。

胡适赶来看望朋友，刘文典说：“当蒋介石将我囚禁的时候，我已经做好杀身成仁的心理准备。”胡适说：“蒋介石没有正当理由，不会轻易动手。”刘文典说：“我若为祢正平，可惜安庆没有鹦鹉洲。我若为谢康乐，可惜我没有好胡子。”祢正平是三国时期的祢衡，曾写出千古名作《鹦鹉赋》，才华横溢，风骨清劲，最终死于短识小人黄祖之手。谢康乐是南朝著名诗人谢灵运，一生放浪形骸，屡遭陷害，最终被宋文帝以叛逆的罪名杀害。

刘文典痛斥蒋介石，毕竟是一个小人物对大人物发起的有力挑战，因而在意义上被逐渐放大，成为传统文人心中的一杆道德标尺。胡适在《新月》杂志上发表《人权与约法》一文：“安徽大学的一个学长，因为语言上顶撞蒋主席，遂被拘禁多少天。他的家人朋友只能到处奔走求情，决不能到任何法院去控告蒋主席。这是人治，不是法治。”胡适一语道破天机，国民政府天天宣扬训政，强调严惩学潮，是为了维护官方权威，取消法治。胡适因此被撤除中国公学校长职务。刘文典经各方保具开释，恢复自由，离开安徽大学势所必然。刘文典的心情有些黯淡，原本怀有远大抱负，重振安徽的教育，如今频频遇到波折，沉沙折戟，"这次回来，在祖父坟上掘了一个大坑，来害自家的子弟，个人身败名裂不足惜，可惜公家事被我误尽"。临别前，刘文典再度悄然来到安徽大学校园，望着自己一手操办起来的校舍文具，望着远处重新恢复笑容的学生脸庞，心潮起伏，泪水夺眶而出。

五十五

与过去相比，民国时期添上自由恋爱一个选项，政府和社会舆论极力支持，又有许多包办婚姻的残余，普通老百姓的婚姻往往停留在"父母之命、媒妁之言"的档次，留学英美的"海龟们"也常常被包办婚姻烦恼。文人们毕竟比寻常人多些见识，更多些精神上的舍命突围，于是，在特殊舞台上演出轰轰烈烈的婚恋戏剧。可以概括为四种模式。第一种是固守包办婚姻，努力与对方进行精神沟通，并且取得良好效果，比如俞平伯；第二种是保留包办婚姻的名分，自己另寻新的感情，比如鲁迅；第三种是身在包办婚姻里，心在千花万蝶间，"家中红旗不倒，外面彩旗飘飘"；第四种是自始至终坚持自由恋爱，彻底打碎家族的包办婚姻，冲出樊笼。

"家中红旗不倒，外面彩旗飘飘"的带头大哥是胡适，胡适与江冬秀很难说有什么爱情，他们一个是西装革履的留洋博士、大学教授，学识渊博，风度翩翩，能说会道；一个是常穿大襟衣、写一封简单书信都错别字连篇的小脚女人。胡适一生绝对高举老婆的伟大红旗，出轨的事情频频发生，胡适像一只喜欢偷腥的猫儿，只要江冬秀的眼睛稍稍偏离一下，就会四处播下风流的种子。胡适的情人有徐芳、陆小曼、朱毅农、曹诚英、韦莲司等十多个，胡适对曹诚英、韦莲司用情至深，颇能让人产生"恨不相逢未娶时"的联想。为心上人跋山涉水的民国文人不在少数，制造出摇曳多姿的风景，比如徐志摩为了追求林徽因不惜抛弃原配张幼仪；沈从文在大学教书时爱上学生张兆和，一天一封情书，不达目的决不罢休；吴宓爱上毛彦文，敢于在课堂上公开个人隐私，以求他人支持。

朱颜青鬓都消改，唯剩痴情在！民国才女曹诚英的一生，灿烂与寂寞并存，自有凄苦心事，路旁来来往往的人们，何曾真正懂得，这一切皆缘于名冠天下的大学者，她的"表哥"胡适。一世姻缘，始于曹诚英15岁，喧嚣喜庆之间电光石火的惊鸿一瞥。胡适遵循母训，回到绩溪老家，与母亲包办定亲的江冬秀成婚。新派风流才子娶乡下小脚女人，注定是一场古怪的婚礼。胡适穿着西服和皮鞋，戴着黑色呢帽，江冬秀则穿着棉袄和缎裙，拜堂成亲，胡适拥有一个目不识丁、时人称为悍妇的老婆，显然极不协调。风流倜傥的胡适被曹诚英看在眼里，记在心上。她是婚礼上的小伴娘，情窦初开，看着心仪的俊美男子成了别人的新郎。

1923年春天，胡适来到杭州休养，刚刚离婚、单身寡居的曹诚英仍在杭州女子师范学校念书。他们真正重逢。老婆江冬秀到北平后，收缴胡适的全额工资，天天打麻将，甚至试图把胡适一屋子藏书拿去卖废品。胡适被搞得焦头烂额，成了北平城著名的"妻管严"。到了风景宜人的杭州，没了俗得冒烟的老婆的管束，胡适自然像飞出笼子的小鸟，心花怒放，纵情于水榭楼台，把酒言欢。羞答答的曹诚英约汪静之一起来看望胡适，游玩山水。几年的梦一下醒了，昔日的小伴娘已出脱得楚楚动人，眉目间带着几分伤感和让男人着迷的病态美，临别时，胡适含蓄地以西湖比喻曹诚英，留下一首投石问路的小诗：十七年梦想的西湖，不能医我的病，反使我病得更厉害！西湖毕竟可爱，轻雾笼着，月光照着，我的心跟着湖光微荡。曹诚英读完这首诗，怦然心动地告诉汪静之："胡适哥哥爱上我了！"汪静之为她的新生而祝福。

汪静之和冯雪峰、应修人、潘漠华组织湖畔诗社，白天在西子湖畔谈论人生，会女朋友，晚上秉烛写下大量的爱情诗。如果没有胡适为《蕙的风》亲自写序，又在诗集出版后和鲁迅一起反击伪道学家的责难，汪静之不可能在诗坛站稳脚跟，由此对胡适充满感激之情，开始为两人的婚外恋推波助澜。胡适投来木瓜——诗，曹诚英报之以琼瑶——照片，胡适陷入情网，急不可耐地给对方回信，在日记上粘贴八张游西湖拍下的照片，其中一张正是曹诚英的单身玉照。望着美目盼兮的娇容，胡适横下共沐爱河的决心，6月8日赶来杭州，住在饭店。欲火难熬的曹诚英很快投入胡适的怀抱，两人如胶似漆地热恋起来。胡适在陪同蔡元培、高梦旦游玩西湖时，看中景色宜人的烟霞洞，客人一走，先单身搬进斋舍。曹诚英放暑假，上山和胡适大胆同居。

杭州西湖，依山傍水有三处名洞，为水乐、石屋、烟霞。其中烟霞洞风景最佳，位于南高峰之侧，有庙宇多处。清修寺里的和尚仰慕胡适大名，又看中胡适出示的银两，将大殿东边的一幢小斋舍出租，网开一面，让胡适在"阿弥陀佛"的吟诵声中，享受情侣比肩、男欢女爱！斋舍共有三间小房，且是一门三室，胡适全部租下后，藏娇娘于内室，自己以养病为由，每日让和尚执炊送餐。当月光如水地洒向松间、洒向石级小路时，胡适和曹诚英静坐，陶醉于和平温柔的意境里。中秋前夕，寺前的桂花开了，秋风吹来，到处都是醉人的清香。一位摆摊的老头儿折了两大枝成球的桂花送来。胡适接过后递给佳人，她精心地插在瓶中，胡适紧紧依偎她，仿佛置身于一种芳香扑鼻的仙境。天气晴好，两人相约出门，沿翁家山翻过葛洪井，只见山中桂树盛开，香气袭人。两人在一个古亭里坐着喝茶，借棋盘下了一局象棋，又讲了一个莫泊桑的故事，傍晚时分，依依不舍地循原路走回烟霞洞。中秋佳节，胡适乐不思蜀，早已忘了远在京城的江冬秀。胡适写信邀请浪漫诗人徐志摩到烟霞洞赏月，准备公开自己的婚外恋，因为曹诚英已怀上孩子。

五十六

徐志摩一行人雇船向湖心进发，上岸买栗子吃，买莲子吃；坐在九曲桥上讲起湖上的对联，骂了康有为一顿，发现旁边有三个人聚首闲谈，地上放着茶碗，忽然，徐志摩觉得老翁沙哑的语音听来很熟，定睛一看，原来老翁就是康大圣人！雷峰塔有一种神秘的庄严与美，四大根砖柱已被拆成倒置圆锥体形，靠近危险。轿夫说："白状元的坟在塔前的湖边，左首草丛里也有一个坟，前面一个石碣，说是白娘娘的坟。"徐志摩想过去，不料荆棘布满小径。雷峰塔的下面，有七八个鹄形鸠面的丐僧，他们见了徐志摩一齐张起他们的破袈裟，念佛要钱。徐志摩觉得颇有诗意。有个人手里握着一条一丈余长的蛇，叫着放生，说是小青。徐志摩顿生恻隐，出了两角钱，看人家把那蛇扔在下面的荷花池里。到烟霞洞时，胡适和曹诚英一早去游花坞还没回来。徐志摩一行人喝了一碗茶，拣了几张大红树叶，急急下山。

8月27日，徐志摩赶到上海，邀请胡适、曹诚英去家乡海宁观潮。途中吃饭，十个人聚集在小舱里，满满的，臂膀都掉不过来。饭菜是大白肉、粉皮包头鱼、豆腐小白菜、芋艿，大快朵颐。徐志摩替曹诚英蒸了一个大芋头，大家都笑了。本来徐志摩要请朋友们看夜潮，开船回到硖石，一早吃锦霞馆的羊肉面，再到俞桥看枫叶。任鸿隽夫妇执意要回去，结果一半往北，一半往南。去杭州的五人是胡适、曹诚英、徐志摩、马君武和汪精卫。过临平时，徐志摩与曹诚英看暝色里的山形，黑鳞云里隐现的星星，西天边的红霞。五人在西湖上荡舟看月，到夜深始睡。徐志摩显示初步的交往能力与组织能力，奠定友谊基础，在未来岁月里，徐志摩对胡适心悦诚服，胡适对徐志摩尽力提携。他们两人成了生死之交。

10月11日，任鸿隽夫妇请客，徐志摩、胡适、朱经农、马君武等都来了，张君劢突然闯入席间。张君劢看到莎菲（陈衡哲，任鸿隽的妻子），一见钟情，拜倒在她的石榴裙下，与她散步时热情洋溢，尊为有"内心生活"者，胡适对此不禁狂笑。

饭后徐志摩被胡适拉去沧洲别墅闲谈，说："你的《烟霞杂诗》是否还藏着一些偷恋情诗？"胡适红着脸承认，说："有，但我不敢拿出来。"他们接着商量准备停办《努力周报》，胡适翻了翻郭沫若新近作的小诗，说："郭沫若的体格词采都有些衰竭，难道《女神》永逝吗？"

下午，徐志摩、胡适步行到民厚里121号拜访郭沫若。民厚里是个不起眼的小胡同，郭沫若前来开门，手里抱着一个襁褓中的婴儿，赤着脚，穿着一件旧学生服，扣子都快掉光，自在地敞着，显得极为憔悴。郭沫若的房子很狭窄，物品堆积，乱七八糟。一堆孩子吱吱哇哇叫唤，一会儿这个摔倒，郭沫若扶起来哄一哄；一会儿那个又涕泪交流，郭沫若擦一擦。一堆孩子都不会说华语，他们说日语。厨下可以听到木屐声，大约是郭沫若的日本妻子。大家坐定寒暄后，成仿吾从楼上下来，由于经历一场笔墨官司，双方都话不投机。胡适勉强找话题，想打破双方的窘境，但主客之间好像凝结一大块冰，时间慢慢过去，冰块仍然没有消解。郭沫若有时含笑看着客人，总是让徐志摩觉得怪怪的，不知道是什么意思。五点半徐志摩和胡适告辞出来。

10月14日，郭沫若请徐志摩和胡适去美丽川吃饭，大醉一场，胡适非常诚恳，郭沫若感动得涕泪交流，搂住胡适的脖子一顿狂吻。大家飞拳投置，把美丽川大骂一顿。双方关系开始松动。散席后，徐志摩与胡适去泰东书局，看见一个人，穿着蜡黄西服，条子绒线背心，走路迅捷，帽檐下卷，太像捕房的"三等侦探"。胡适介绍说这是陈独秀。陈独秀坐在徐志摩的对面，鼻梁冷峻挺直，棱角分明，像近代表现派画家笔下的非洲铜雕像。

10月20日，徐志摩、胡适、曹诚英畅游西湖。他们观看晚霞和初华的芦荻，吃螃蟹。曹诚英贪婪地注视着柳梢头的月牙。他们把桌子移到窗口，雷峰塔的倒影映在潭中，雾霭苍茫，背后的群山只剩下一个轮廓。二更时分，徐志摩与胡适远眺着湖水、长堤，清秀妩媚，真是理想的绝色美人。他们踏一只轻如秋叶的小舟，悄悄地滑上夜湖的柔胸；拿一支轻如芦梗的小桨，幽幽地拍着她光润、蜜糯的芳容；挑破她雾縠似的梦壳，扁着身子偷偷地挨进去，分尝她贪饮月光醉了的妙趣！

徐志摩回京后，四处张扬，逢人渲染胡适的西湖趣闻。消息很快传到江冬秀耳边。当胡适年底回京时，江冬秀醋意大发，手持剪刀向胡适逼问。胡适准备离婚，自然一口承认。江冬秀一怒之下跑进厨房拿起菜刀，两手抱住大儿子祖望和小儿子思杜，厉声威胁道："你要离婚，我们母子三人就死在你面前！"胡适被明晃晃的菜刀震住，吓破胆儿，不敢再提及离婚。胡适写信告诉曹诚英："狮子发威，离婚无望……"自古以来，斗小三的结局大抵都是如此吧？残酷无情，饱受折磨，棒打鸳鸯，黯然退场。曹诚英打落牙齿和血吞，包袱一卷，去美国留学。胡适岁末避走西山，怀着无法排遣的感伤和苦闷，独自望月，写下著名的《秘魔崖月夜》。山风虽然吹不散胡适心头的人影，却吹得可怜的曹诚英魂断西湖，她堕胎，成为一场不成功的"家庭革命"的牺牲品。曹诚英从此孑然一身，在绵绵无尽的回忆和梦幻中度完余生。

五十七

徐志摩从英国剑桥大学毕业，回到国内，不时引起一场又一场的论战。虽说左摚右挡，不胜狼狈，而手中一支方天画戟，敌得多少英雄豪杰，堪称兴会淋漓。创造社势头正健，骨干成员都是岁数相仿的年轻人。1923年3月21日徐志摩写信说："贵社诸贤向往已久，在海外每厌新著浅陋，及见沫若诗，始惊华族潜灵，斐然竟露。今识君等，益喜同志有人，敢不竭驽薄相随，共辟新土。"据此数语分析，徐志摩想要加入创造社的战阵，和郭沫若、成仿吾诸人并肩战斗。可惜郭沫若、成仿吾正在兴头上，气势上骄横一些，胸怀上又狭窄一些，容不得一点儿批评意见。也怨徐志摩太不懂得人性世故，既是朋友，背后议论尚且不足取，怎能在报刊上公开批评？

徐志摩的一篇文艺随笔在《努力周报》第五十一期刊出，批评郭沫若的诗句"泪浪滔滔"，委婉讽刺诗人的眼泪富裕廉价，由此引起创造社的攻讦并失和。成仿吾在《创造周报》上发表《通信四则》，对徐志摩的卑劣行径予以痛斥："你一方面虚与我们周旋，暗暗里却向我们射冷箭，志摩兄！我不想人之虚伪，一至于此！我由你的文章，知道你的用意，全在攻击沫若和那句诗，全在污辱沫若的价格。别来一无长进，只是越穷越硬，差堪告慰。"徐志摩犯了大忌讳，不该一面跟创造社成员来往，一面又跟胡适打得火热。创造社跟胡适闹翻，如今徐志摩受胡适的蛊惑来嘲笑他们的郭沫若大哥，怎不叫一帮穷弟兄怒火中烧？

徐志摩另起炉灶，创办新月社俱乐部，挂牌营业，胡适前来助威、自己掏腰包请客聚餐，新月社俱乐部刚刚开张，气象一新。新月社俱乐部的成员，都是些什么人呢？不全是学者，更不全是诗人，它是以"研究系"成员与欧美派知识分子为主干的社会精英团体。"研究系"成员如梁启超、林长民、蒋百里、张君劢诸人，留学欧美的知识分子如胡适、徐志摩、陈西滢、林语堂等。还有一些银行界人士参与进来。

胡适说："你们湖北有三杰，一文一武一名伶，文人是你，武人是黎元洪，名伶是谭鑫培。"

闻一多笑道："你们安徽也有三杰，一文一武一名伶，文人自然是你，武人是段祺瑞，名伶是梅兰芳。"

徐志摩像一阵旋风似的冲了进来，抱着一本精装的厚厚的大书，德文版色情书，图文并茂，大家争着观看。

胡适说："这种东西，包括改七芗、仇十洲的画在内，都一览无余，不够趣味。我看过一张画，不记得是谁的手笔，一张床，垂下芙蓉帐，地上一双男鞋，一双红绣鞋，床前一只猫蹲着抬头看帐钩。还算有一点含蓄。"

随后三个人开始胡侃，纵谈天下大事、文艺思潮。

胡适说："我在北京接到新婚妻子传来已有身孕的消息后，禁不住自我挪揄地吟唱起来：我实在不要儿子，儿子自己降临，'无后主义'的招牌，于今天停止悬挂。"

闻一多说："你成为好人政府的鼓吹者，走着黑暗的道路，遭受三民主义、共产主义、自由主义的包围，拿着红烛照亮未来，后院子里的婚姻却是一潭死水。"

徐志摩语出惊人："思想被各种甚嚣尘上的主义奸污得苦，中国诗歌不再纯粹圣洁!"

胡适说:"我遭受家中的母大虫老婆摧残荼毒,形容暗淡,文思枯竭,整天被妻子奸污真是极刑一般的幸福啊,你们赶快救救我!想当年我留学归来,青春少年,声名远播,更兼风度翩翩,对女士温柔体贴。我讲课的时候,看到女生坐在窗边,寒风吹进来,我会很细心地走过去替她把窗户关上。与女孩子们在一起,我总是有说有笑,温厚机敏,幽默风趣,周旋于红袖之间。自然,免不了有许多女孩子苦苦追求我,写来许多神魂颠倒的情书。如今我却套上婚姻枷锁,被老婆的定海神针囚禁在咸菜坛子里,吃着卤蛋,满腔花花肠子流不出。"

徐志摩说:"哇呀,我从你没落的绅士风度中获得写诗灵感。蔷花绿柳竞欢迎,一例倾心仰大名。若与随园生并世,不知多少女门生。缠头拼掷卖书钱,偶向人间作散仙。不料飞笺成铁证,两廊猪肉定无缘。"

闻一多、徐志摩对尊敬的胡适博士充满同情,大凡学术奇才,都是从老婆的粗糙皮肤和无理谩骂中提炼哲理,据说苏格拉底的老婆就是一个著名悍妇。胡适属兔子,夫人江冬秀属老虎,胡适开玩笑说:"兔子怕老虎天经地义。太太年轻时是活菩萨,怎好不怕;中年时是九子魔母,怎能不怕;老了是母夜叉,怎敢不怕!"大家耳熟能详胡适的新三从四德:太太出门要跟从,太太命令要服从,太太说错要盲从;太太化妆要等得,太太打骂要忍得,太太生日要记得,太太花钱要舍得。家中财权掌握在夫人手中,先生面对梦寐以求的书而囊中羞涩,喜欢拖欠账目。琉璃厂的书商给胡适送货上门,面临一个难题,如何动员抠门的太太痛快地付钱。胡适真是好修养,任凭太太牢骚抱怨,胡适也不会冲太太发脾气。巴黎的朋友寄给胡适十几枚法国的古铜币,因钱有PTT三个字母,读起来谐音正巧为"怕太太"。胡适是PTT俱乐部的楷模,有些人在写文章时难免添油加醋,挖苦嘲讽,胡适一笑而过,一语道出实质:"留着江冬秀做女皇,这是虚君,实权自在首相手中。"也许在胡适看来,惧内是一种谦虚的美德。

胡适找个马马虎虎、凑合过日子的老婆，其他方面务求精致，树立起良好的外部形象，学问扎实，而且不失浪漫情怀。胡适的逸闻趣事在坊间流传开来。胡适显得很年轻，脸刮得挺像样，衣服穿得挺像样，干干净净，整整齐齐。头发漆黑，不见二毛；前额突出，跟奥古斯都大帝相似；一双坦率的大眼；两片灵活的嘴唇，能言善辩；面色红润，兼有学者的"生活朴素、思想高超"和俗人的"饮食丰美、感情放荡"。中等身材，十分匀称，一举一动，轻快自如。赵元任和杨步伟夫妇游览安徽黄山，顺便去了歙县胡适的老家，赞叹真是山清水秀的地方。杨步伟和赵元任给胡适寄来书札："故乡风水极佳，培育出你一个大才子。"胡适回信说："韵卿，我要吻你一百次，谢谢你。"胡适一生中共接受32个名誉博士学位，多为一流学府所颁赠，胡适成为炎黄子孙中拿博士学位最多的人，其次是具有12个名誉博士学位的宋美龄。胡适的博士头衔大多名过于实，饶是如此，也令共同参与新文化运动的刘半农大受刺激，刘半农经过数年苦读后，在国立巴黎大学获得语言学博士学位，并当选巴黎语言学会会员，从此，刘半农在人前自称"国家博士"，与其他博士相区别。新文化运动发起人之一的钱玄同年轻时偏激，曾说："人到四十该死，不死也该枪毙！"钱玄同过40岁生日时，胡适、刘半农想起钱玄同当年的激愤之语，果真写了讣告、挽联、挽诗以及悼念文章，并发出预告，计划在《语丝》出一期"钱玄同先生成仁专号"。钱玄同恼羞成怒，横加干涉，专号流产，外地朋友信以为真，打电话到北平慰问钱玄同的家属。胡适去造访杨杏佛，不巧主人不在家，胡适独坐无聊，突发诗兴，以杨杏佛的大鼻子为题，赋一首打油诗："大鼻子人人有，唯君大得凶。直悬一宝塔，倒挂两烟筒。亲嘴全无份，闻香大有功。江南一喷嚏，江北雨蒙蒙。"杨杏佛回来后见此大笑，连呼："好诗！好诗！"

北平乃人文荟萃的地方。餐馆食谱上多有以名人名字命名的名菜，如赵先生肉、张先生豆腐、马先生汤、胡博士鱼。中山公园长美轩的马先生汤为马叙伦首创，味极鲜美。王府井承华园的胡博士鱼为胡适首创，鲤鱼切丁，加三鲜细料熬成鱼羹。至于张先生豆腐和赵先生肉，已经失去详细考证，只知道"张先生"必定跟北大有密切关系，且是南方人。胡适喜欢吃肥猪肉，每次《独立评论》同人开会聚餐，都把肥肉搛给他，让他一个人吃得津津有味。胡适请罗隆基、潘光旦到上海徽州馆尝家乡口味，一进门，老板见到胡适满脸笑容，对着厨房大吼一声。他们都听不懂，胡适解释这是徽州话，喊道："绩溪老倌，多加油啊！"意思是特别优待老乡，果然餐盘油水充足。有两个菜给人留下深刻印象，一是划水鱼，即红烧青鱼尾，鲜嫩无比；一是生炒蝴蝶面，即什锦炒生面片，非常别致，缺点是味太咸，油太大。宴会席上有家乡名菜狮子头，胡适大为欢喜，《论语》"食不厌精，脍不厌细"，最近人情，全世界两千年的哲人中，没有第二个人说过这样的话。上海泥城桥开了一间叫"四而楼"的酒馆，很多人都不明白"四而"的意思，去请教上海公学校长胡适。胡适百思不得其解，亲自前往四而楼小酌，寻机向主人探问究竟。主人说，楼名取自《三字经》的"一而十，十而百，百而千，千而万"，图个一本万利的彩头。胡适几欲晕倒。

胡适谈及北方早婚的人，声情并茂地朗诵一首北方民谣："新娘年纪二十一，新郎还只一十一。两人一道去抬水，一头高来一头低。要不是公婆待我好，一脚踢他井里去。"

胡适自觉在新诗达人闻一多、徐志摩面前班门弄斧，话题又回到俗物俗事上。胡适说："我的太太江冬秀虽是小脚，但早年解除束缚，她是改组派。宣统二年，我考取官费留学，拖着辫子上船，后来剪成教授级别的光脑壳、童山秃岭，我的太太则修炼成马大脚。我是怕老婆协会的会长，常常在案牍疲劳之后，妇唱夫随，参加打几圈麻将。"

闻一多说："我记得你把麻将与鸦片、八股、小脚列为四大害，你怎么忽然态度改变、玩起低级趣味的东西？"

徐志摩说："大骂国粹的胡博士哪里去了？淋漓痛斥麻将的胡博士哪里

去了？胡博士算了一笔账，即麻将每四圈费时约 2 点钟，全国每日只有 100 万桌麻将，每桌只打八圈，浪费 400 万点钟，损失 167000 日的光阴，更不用说金钱的输赢、精力的消磨。胡博士在文章中写道：我们走遍世界，可曾看到哪一个长进的民族、文明的国家，肯这样荒时废业吗？只有咱们民族以'消闲'为幸福，男人女人以打麻将为家常，老太婆以打麻将为下半生的大事业！"

胡适说："我不是视麻将为洪水猛兽，坚决不碰，因为老婆有麻将瘾，我爱屋及乌嘛。有一年在上海，我、潘光旦、罗隆基、饶子离在一品香饭店开了房间，在硬木桌上打牌，滑溜溜的，震天价响。我运气不佳，输个精光，因为带的现金不够，只好开出一张 30 多元的支票。相对于我的胜少败多，我的老婆在方城战中可谓每战皆捷，我平生反对封建迷信，打牌例外，小心求证出麻将里头有精灵鬼魅。"

江冬秀听见新月社几个成员大发一通关于麻将的理论，豪气上来，大呼一声："桂花，上酸菜！"胡适、闻一多、徐志摩以为吃食来了，喜不自禁，等江冬秀端上一个盛着麻将的托盘，他们傻眼了，畏于雌威，硬着头皮陪江冬秀垒砌四四方方的"长城"。胡适抓了一手杂牌，东拼西凑，手忙脚乱，连呼："不成气候，不成气候！"启蒙大师在牌桌上笨拙的举动让闻一多、徐志摩抿嘴偷笑。再看胡适下家，江冬秀女士慢条斯理，指挥若定，正在摸清一色，好坏章子，颜色不同，一律打掉，决胜牌局。各党派、各学派、各宗师，都是仇视颜色革命，他们胸有成竹、取舍分明，眼里容不得一粒沙子，对政敌情敌大加讨伐，只将钱财收拢到自己面前的牌桌上；胡适心底无私，照顾到各个阶层民众的诉求反而显得优柔寡断，牌风见人品。恰巧，胡适的邻居拿着竹竿赶鸡，鸡飞进屋里，惊慌乱窜，落了纷纷扬扬的一地鸡毛，新月社俱乐部的聚会宣告结束。

五十八

1924年4月，泰戈尔乘坐"热田丸"号轮船抵达上海。徐志摩提前来到上海，作为翻译和陪同人员并代表北方学界前往欢迎。泰戈尔获得一位印度资本家比尔拉捐助的旅费，组织国际大学访问团，准备全面考察中国文化。徐志摩、郑振铎等人和不少新闻记者在汇山码头伫立恭候。上午10时，"热田丸"朝着码头徐徐驶来，隐隐约约能瞧见船上的人，徐志摩激动地指着二层甲板喊道："那不是泰戈尔吗？戴着红帽，有银白胡子！"跟前的人询问："在哪里？在哪里？"很快，大家都看到诺贝尔奖获得者、印度伟大诗人泰戈尔，脱帽致敬，印度人排成一行，齐唱歌曲。泰戈尔正与同行者靠在船栏杆上，凝望着中国的景物，微微地欠身俯头，合十回礼。航船靠岸停泊，欢迎者一拥而上，围住泰戈尔。印度人热诚地把花圈戴到他的脖子上，请他坐在中间的椅子上。泰戈尔从容对答，谈吐风趣。文学研究会的一位先生请他摄影留念，他要把脖子上的花圈取掉，几个印度欢迎者连忙阻止说："现在且不必脱下。"泰戈尔说："我是一个新娘子！"逗得大家都笑了。大家一起来到甲板上一个预备好的摄影的地方，泰戈尔跟欢迎者合影一张，然后下船，去沧洲旅馆休息。

下午5时，徐志摩陪泰戈尔一行去游览龙华古寺。印象不太好，一是桃花已衰败，二是这里驻扎着军队。此后几天，泰戈尔在杭州、上海、济南巡回演讲，盛况空前，反响都很热烈。泰戈尔乘车抵达北京，簇拥而行，尚有北大、师大各校教授学生，各团体代表及英美日本各界人士，共计四五百人。泰戈尔穿青色长袍，戴绛色冠，苍髯满颊，令人望之肃然起敬。梁启超、蒋百里、熊希龄、范源濂在北海静心斋设宴欢迎泰戈尔一行，胡适等40余人作陪。梁启超的演讲热情洋溢："我们用一千多年前洛阳人欢迎摄摩腾的情绪来欢迎泰谷尔哥，用长安人士欢迎鸠摩罗什的情绪来欢迎泰谷尔哥，用庐山人士欢迎真谛的情绪来欢迎泰谷尔哥。"泰戈尔访华时，恰逢64岁生日，中国文化界为泰戈尔举办祝寿活动。泰戈尔的全名有太阳和雷的含意，古印度称中国为震旦，中国人称印度人为天竺。所以，梁启超将两个国名连起来，赠给泰戈尔一个新名"竺震旦"。泰戈尔很是高兴，连连称谢。西泠印社为泰戈尔刻制两方不同字体的"竺震旦"印章。

虽然泰戈尔受到中国文化界的追捧，但招来一些嘲笑和抗议。现代小说家茅盾在报纸上正告那些拥向码头的欢迎者，千万不要被泰戈尔的"东方文化"和"灵魂的乐园"等说教所迷惑。全力以赴发动工农运动、争夺城市暴动领导权的陈独秀，直截了当地把泰戈尔、梁漱溟和张君劢放在一起抨击，这伙人想让我们再回到木版印刷、独木舟和独轮车的时代，泰戈尔是一头看似最大、自视过高而又最屈从、最麻木的大象。郭沫若站在马克思主义的立场，像鲁迅一样，借用医学的语言讽刺说，泰戈尔的思想是有钱和有闲阶级的吗啡和椰子酒。激进的中国学生很快接受教唆，当泰戈尔从一个城市转到另一个城市时，他们散发传单四处抗议。当泰戈尔开始演讲时，他们用"赶走大象"的呼叫声，干扰泰戈尔对古代中国的赞美。泰戈尔终于愤怒，提前结束对中国的访问，老人用苍凉的目光扫视着一片狂热而愚昧的国土，耳边仿佛传来一缕神圣的梵音。古印度的王子栉风沐雨，在月夜的沙漠里，在荒凉的山谷里，沿着恒河两岸长途跋涉。泰戈尔潸然泪下，为了拯救苦难而麻木的灵魂，不远万里前来布道，却产生深深误会。徐志摩跳出来，为诺贝尔文学奖得主大鸣不平，肮脏存在于政客与暴徒的心里，与诗人何干？昏乱存在于冒名的学者与文人的脑里，与诗人又有何干？徐志摩用比两年前颂扬曼斯菲尔德还要华丽的辞藻，赞美东方的和平之神，震动整个中国文坛。

他的博大的温柔的灵魂我敢说是人类记忆里的一次灵迹。他的无边际的想象与辽阔的同情使我们想起惠德曼；他的博爱的福音与宣传的热心使我们记起托尔斯泰；他的坚忍的意志与艺术的天才使我们想起造摩西像的密仡郎其罗；他的诙谐与智慧使我们想象当年的苏格拉底与老聃！他的人格的和谐与优美使我们想念暮年的歌德；他的慈祥的纯爱的抚摩，他的为人道不厌的努力，他的磅礴的大声，有时竟使我唤起救主的心像，他的光彩，他的音乐，他的雄伟，使我们想念奥林匹斯山顶大钟。他是不可侵凌的、不可逾越的，他是自然界的一种神秘的现象。

五十九

　　京城有两位风华绝代的名媛——林徽因和陆小曼，她们都与著名诗人徐志摩有过瓜葛。林徽因与徐志摩的爱情，终成镜中花；陆小曼与徐志摩的爱情历尽千辛万苦，步入婚姻殿堂。陆小曼出生在晚清举人家中，父亲既在民国政府财政部任职，又是中华储蓄银行的主要创办人。很多对陆小曼的描述几乎都离不开以下词句：绝世美女，天生一张瓜子脸，五官小巧秀气，眼睛不大，漾满魅力，身材不高，娉婷动人，举手投足，一颦一笑别具风韵。徐志摩眼中的陆小曼更是"一双眼睛也在说话，睛光里漾起心泉的秘密"。胡适一直喜欢陆小曼，说："陆小曼是一道不可不看的风景。"造物主究竟使用怎样神奇的魔力，造就如此的女子呢？自幼接受新式教育，18岁时，陆小曼逐渐名闻北京社交界，她多才多艺，热情大方，彬彬有礼，笑容明艳，体态轻盈，声音柔美，令无数人倾倒。

　　印度著名诗人泰戈尔访华期间，在协和医学院的礼堂，北京学界特意为泰戈尔召开一个祝寿会，一群名流出演泰戈尔的诗剧《齐德拉》，林徽因饰公主齐德拉，徐志摩饰爱神，徐志摩正幻想与林徽因重温旧情，想尽一切办法接近林徽因。当时，陆小曼也在协和医学院礼堂，与徐志摩擦肩而过。徐志摩与王赓同是梁启超的学生，于是徐志摩成了王赓家的常客。王赓专注于工作和前途，常要徐志摩陪伴陆小曼，王赓没想到自己的婚姻出现危机。陆小曼与徐志摩一起游长城，逛天桥，到来今雨轩喝茶，去西山上看红叶……他们一个是窈窕淑女，一个是江南才子，迸发爱情的火花，感情渐深，"恨不相逢未嫁时"。徐志摩的父亲勉强答应，提出三个条件：结婚费用自理，家庭概不负担；婚礼必须由胡适做介绍人，梁启超证婚，否则不予承认；结婚后必须南归，安分守己过日子。

1926年农历七夕节，是牛郎织女相会的日子，陆小曼与徐志摩在北海董事会举行订婚仪式。10月3日，在北海公园，陆小曼与徐志摩举行婚礼，结为神仙眷属。因为婚礼是自筹经费，所以仪式草草，与陆小曼当年和王赓的婚礼简直天壤之别。

梁启超证婚致辞："徐志摩，你性情浮躁，所以在学问方面没有成就；你用情不专，所以再婚再娶，务必痛改前非，重新做人。"稍停说道："徐志摩，陆小曼，你们听着，你们都是离过婚的人，都是过来人！今后一定要悔过自新，希望不要再一次成为过来人。我作为徐志摩的先生，赠言，祝你们这是最后一次结婚。"

梁启超的话使满堂宾客瞠目结舌，徐志摩哀求："先生，给学生和高堂留点面子吧。"

胡适欣然赴宴，带来自己画的一张画做贺礼，构图是一把茶壶和一只茶杯。陆小曼皱着蛾眉看了半天，不解画中意，徐志摩耳语一番，陆小曼明白过来，笑得前仰后合，在婚床上打滚。画中的茶壶当然是徐志摩，茶杯当然是陆小曼，一把茶壶只配一只茶杯，厮守终生，心无旁骛。胡适幽默起来让人刮目相看。陆小曼怕徐志摩再和别人谈恋爱，说："你不是我的茶壶，乃我的牙刷，茶壶可以公开使用，牙刷不能公开使用！"拿茶壶和茶杯来比喻男人与女人的关系，并非胡适的首创，而是辜鸿铭最先提出的为男人纳妾辩护的理论，受到许多北大教授的反击。其实，教授们大概巴不得自己一把破茶壶能多配几只漂亮的小茶杯，才心满意足。最好是温润美丽、洋溢着无限风情的。

陆小曼与徐志摩离京，开始他们甜蜜的日子。陆小曼说："我们从此走入天国，踏进乐园……"徐志摩在信中向胡适汇报情况："遵循家乡礼仪，陆小曼简直是重做新娘，比在北京花样繁多，磕头不下百次，新房里喧闹更不用提。乡下人盯着新娘子，呆呆的几十双眼睛，十个八个钟头的围观拥堵，陆小曼的窘相，你们看见一定感到好笑。人群散后，恢复寂静，屋子里连掉一根针的声音都能听出来。父亲在上海，家里只有妈，新婚宴尔每天9点前后起身，整天管吃，晚上8点往床上钻，没有炉子取暖，陆小曼直嚷冷，我乖乖地偎着她，直到她身上升温蹿出一团火，我身上凝华结冰，你们说这是乐呀还是苦?"徐志摩和陆小曼在住宅中种草弄花，过着一种"草香人远、一流清涧"的超然生活。可惜好景不长，北伐军占领杭州，然后沿沪杭线北上追击孙传芳的军队，随着战事的临近，徐志摩和陆小曼中断世外桃源的生活，移居上海环龙路花园别墅11号，又迁往福熙路四明村923号，一幢老式石库门房子，每月租金银洋100元左右。

徐志摩和陆小曼在性格上的差异逐渐显露出来。尽管徐志摩将陆小曼视为至死不渝的灵魂伴侣，尽管两人各以《爱眉小札》《眉轩琐记》和《陆小曼日记》闻世，成为社会流传的美谈，夫妇间却产生越来越多的厌倦和苦恼。恋爱激情消退，婚姻漫长琐碎，陆小曼似乎不再是一个有灵性的女人，每天过午才起床，下午绘画、写信、会客，晚上大半是跳舞、打牌、听戏。徐志摩常常婉转地劝告陆小曼，效果不大。徐志摩的父亲极度不满，在经济上与他们夫妇一刀两断。徐志摩同时在光华、东吴、大夏三所大学讲课，课余赶写诗文，赚取稿费，仍然不够陆小曼挥霍。陆小曼在舞场霓虹里，把时光轻轻送走。徐志摩索性辞去上海和南京的职务，应胡适之邀，任北京大学教授，兼北京女子师范大学教授。徐志摩幻想着两人到北京开辟一个新天地。陆小曼执意不肯离开上海，徐志摩落寞黯然只身北上。

六十

鲁迅和周作人联袂走上文坛，创造一个奇迹，被称为中国现代文学史上的"双子星座"。然而，两位亲密无间的兄弟反目成仇，走向决裂，令人叹惋。

鲁迅和周作人应聘北京大学教授，约定经济合并，永不分离，很难想象以后会闹到兄弟阋墙的地步。他们住在八道湾11号的四合院，树林扶疏，安静祥和。考虑到羽太信子家人的生活习惯，鲁迅特意将几间房子改装成日本格式。鲁迅的夫人朱安目不识丁，账目糊涂，家庭理财的担子由羽太信子来负责。鲁迅留下香烟钱和零用花销，把绝大部分薪水交给羽太信子掌管。羽太信子绝非传统的精打细算的中国女人，在生活上摆阔气讲排场，花钱如流水，毫无计划。饭菜不合口味，撤回厨房重做，雇用六七个男女仆人，包括接送孩子上学的黄包车夫。孩子偶有伤风感冒，马上要请日本医生出诊。北平有日本侨民的店铺，货源充足，她仍不满意，常常托亲戚朋友从日本捎来物品。她不管钱的来源，只图花钱舒服痛快。对此，周作人至少是默许的。周作人需要饭来张口衣来伸手，需要"苦雨斋"里书桌的平静，其余一概不问不闻。周作人曾经跟羽太信子争吵，结果后者歇斯底里症大发作，羽太信子的弟弟妹妹一道对周作人破口大骂，周作人再不敢造次。周作人只求得一席之地，抱着息事宁人的态度，逆来顺受。

鲁迅内心受到伤害，突然不再与周作人一家一道吃饭，偕夫人朱安离开八道湾，迁居至砖塔胡同61号。鲁迅与周作人的分手，不是表现在政见的不同、观点的分歧，而是起源于家庭间的纠纷。朱安曾经很气愤地向人说过："她（羽太信子）大声告诫她的孩子们，不要亲近我们，不要去找两个'孤老头'，不要吃他们的东西，让两个'孤老头'（鲁迅和三弟周建人）冷清死。"一场冲突在所难免。鲁迅回八道湾取图书器物，羽太信子大起恐慌，忙打电话，唤救兵，欲假借外力以抗拒；周作人拿起一尺高的狮形铜香炉向鲁迅头上打去，幸亏别人接住，抢开，才不致击中。一会儿外宾来了，鲁迅从容辞却，说这是家里的事，无烦外宾费心。外宾无话可说，只好退下。

兄弟失和的原因，鲁迅日记中只字未提，周作人也把有关记载的十多个字挖掉，两人至死谁都没有再提这件事，从而蒙上一层神秘的色彩，成为中国现代文学史上的一桩迷案。后世研究者只能从有关资料推测。

周作人责任心的薄弱，的确与他在家中排行"老二"的身份有关。因为父母往往对长子寄予较大的希望，在情感和物资上投入较大，最为得宠。相应地，长兄会承担更大的责任。他对兄长的恭顺态度中或许会隐藏下一种羡慕、嫉妒的因子，小事引发，唤起旧怨，导致裂痕扩大，甚至割席断带、彻底决裂，不可收拾。周作人一直记着留学日本时，鲁迅曾对他报以老拳的事情。鲁迅偏激、冷峻和周作人散漫、固执，日久摩擦，产生激烈的冲突。鲁迅催周作人译书，周作人因为天热、气闷，不愿意干，鲁迅发急，照头上给他一拳，后来被许寿裳等人拉开。在家庭生活中，有大哥在场，弟弟总是感到有点拘谨、压抑，特别是像鲁迅这样能干、严肃、尖刻、强悍的哥哥。周作人对亲情和世事都看得很淡，时时要把自己从一切人事纠缠中解脱出来，遗世独立，获得自由和安宁。鲁迅对周作人的唯一评价是"昏"，此字并非尽是谴责，而是说周作人沉溺在内心世界里，社会现实感薄弱，不明大势。

周作人的性格中还有一个特性，回避激情、崇高，以及戏剧化。他不愿陷进情感的旋涡中，喜欢冷眼旁观，以诙谐、自嘲来化解心中的块垒，例如军阀殴打群众，他称作是不识相的"碰伤"，颇有一种黑色幽默的味道。再者，对于蒋介石政府"清共""四一二"政变，周作人一向抱着批判、反对的态度，厌恶韩愈一类的道学家，完全拒斥具有刚性和正气、富含钙质的精神食品，极易患上文化上的"软骨症"。

鲁迅和周作人闹翻，八道湾11号的大家庭随即垮了。鲁迅说："你或者留在八道湾陪母亲住，或者回绍兴娘家，我会按月寄钱供养你。"朱安说："你搬到砖塔胡同，横竖总要人替你烧饭、缝补、洗衣、扫地，我可以做家务，侍候你。"比起八道湾，砖塔胡同的房子是又小又矮。原来和睦融洽的一大家人，只剩下朱安一个人日夜相伴。鲁迅很快大病一场，连续几十天发烧、咳嗽、吐血。他一晚接一晚地失眠，心头充满伤心和愤恨。对家庭和骨肉亲情的幻灭，对仁慈上帝的怀疑，将他推入悲观主义的深渊。他到北京已经十年，尽力挣扎，奋斗，似乎取得一些成功，在更深层次的意义上，生活境遇恶化。十年前他可以写信请朋友帮忙，寻找生路，现在他有了种种羁绊，亲族的负担没有减轻，又添上自己社会身份的限制，单是那一张启蒙者的面具已足够沉重。十年前他的敌人都很卑微琐屑，不过是浙江甚至绍兴一隅的小人，现在怨仇变得厉害，手足相残，再加上社会上到处游走、包藏祸心的魑魅魍魉。他几乎成为一个彻底孤独的人，身体变坏，脸色发青，肺病的征兆开始出现。他常常故意减少睡眠，通宵伏案，放纵自己酗酒，第二天上午继续去办公。学生认为他存心损害自己的健康。鲁迅阴郁沉闷的生活中突然出现一道彩虹，对抗黑暗现实，早已不是依赖明确的理想主义信念，而是回归本能，生命渴望发展。鲁迅继续挣扎，终于在一个方向上打开缺口，遭遇爱情。

六十一

20年代初，鲁迅束缚于母亲包办的旧式婚姻，私生活僵化，毫无女性的温馨气息。为了维持自己的名誉，他甘愿过一种苦行僧式的禁欲生活，打算陪着朱安做一世牺牲。许广平的敬仰、理解乃至热爱打开了他封冻已久的心田。

许广平考入国立北京女子高等师范学校，校长是许寿裳，由于许寿裳和北大校长蔡元培是同乡知交，因而女高师和北大关系十分密切：许多北大教师到女高师兼课，所发讲义一样，北大每有学术讲演也允许女高师学生参加。在许广平就读的国文系，前来兼课的北大教师有鲁迅、周作人、钱玄同、沈尹默等。许广平在二年级时，读到鲁迅讲授的中国小说史略课。开学第一天，对于这位写小说的赫赫有名的新先生，学生们都怀着"研究"的好奇心。上课的钟声还没收住余音，同学们还没坐定，在嘈杂声中突然一个黑影一闪，个子不高的新先生走上讲台。许广平首先注意到他大约有两寸长的头发，粗而且硬，笔挺地竖立着。许广平一向以为，"怒发冲冠"的古代成语有点夸大，看到刺猬头发，恍然大悟。暗绿夹袍和黑马褂都已经破旧褪色，手弯上、裤子上、夹袍内外的许多补丁，炫耀着异样的光彩，好似特制的花纹。皮鞋四周也满是补丁。讲台短，黑板长，他讲课写字时常从讲台跳上跳下，那些补丁一闪一闪，像黑夜中的满天星斗，熠熠耀眼，小姐们哗笑了："怪物，有似出丧时乞丐的头儿！"当他以浓重的浙江绍兴口音的"蓝青官话"开始讲课以后，全教室肃静无声。从不知道的知识，经他娓娓道来，把大家紧紧地吸引住。他常常在讲义外，讲一些例子，而在关键之处，他喜欢幽默地画龙点睛似的一点，引发全教室一片笑声。正听得入神，下课的钟声敲响，同学们都感到这一堂课时间特别地短，来不及包围着请教，人已不见，一闪而去。许久许久，同学们醒过来，初春微风，从冰冷的世间吹拂着人们，阴森森中感到一丝丝暖气。不约而同地，大家吐一口气回转过来。

女师大学生对鲁迅的认识有一个过程：未受教前很仰慕，很想看看他是怎样一个人；初受教时，十分敬重，有些害怕他严峻的面孔。他逗趣取乐，然后脸一沉嘴一闭，大家的笑声戛然而止。大家逐渐察觉他并不"怪僻可怕"，才消除畏惧，敢于和他亲近淘气，乃至放肆。许广平坐在第一排，喜欢提问题，有时竟打断先生的话。但鲁迅认为她聪明，肯动脑子，有才气，颇怀好感。

学校里气氛动荡，许广平有一些问题和苦闷，希望老师点拨。同学林卓凤为她壮胆，很赞成她写信。她用蘸水钢笔、黑色墨水，直行书写认真地誊抄一遍，并郑重其事地设法在当天送到鲁迅手里。许广平忐忑不安，26岁的她，平时晚上倒床酣睡，今夜注定失眠，辗转反侧思量着自己的信。对于学校中的种种现象，她认为是教育的失败，是青年的倒退。她写道："先生！你放下书包、洁身远去的时候，可以'立地成佛'！你在讲台上，仰首吸食卷着一丝丝醉人的黄叶，喷出一缕缕香雾迷漫，可曾垂怜、注意在蛊盆中等待援救的女生？她希望得到先生的指南诱导！你允许她撒娇吗？有什么法子在苦药中加点甜蜜糖分？"许广平展开鲁迅回复的信笺，"广平兄"三字赫然在目，绷紧的心弦立刻松弛。鲁迅谈论学风和处世方法，关于"苦药加糖"的问题，鲁迅没有切身体验，只好交白卷。感动之余，一个月中，许广平给鲁迅写了密度很高的六封信，鲁迅均有热烈回应。

许广平邀同学林卓凤同行，第一次到鲁迅的家中探视，胡同狭隘，由女工来开门。一座四合院规规矩矩，正屋坐北朝南三间，中间是全家人吃饭、洗脸和会客的地方，后面向北延伸，垒筑十平方米左右的平顶灰棚，充当鲁迅的书房兼卧室。平顶灰棚的北面上半截镶有玻璃窗，颜色素淡，铺板搭成的单人床，几只折叠的旧箱子，旧写字桌，旧藤椅，书架前遮着一幅旧针织品。墙壁上挂着司徒乔的素描炭画《五个警察和一个O》（O是孕妇的代号），两张日本人藤野先生和俄国人安特莱夫的照片，一副对联："望崦嵫而勿迫，恐鹈鴂之先鸣。"往日想象十分神秘的先生的工作室，原来如此！它与"满天星斗"的衣裤一样，是那么简朴和寒酸，但又有文化氛围，体现着先生的追求和爱好。她们去看北窗外面的小园，种着花木，养着鸡；墙外的两株树，大概是鲁迅在《秋野》中写的"一株是枣树，还有一株也是枣树"。鲁迅给她们泡茶，从多层书架上拿出灰漆的多角形的铁盒子，给每人一块萨其马。女学生并不太拘束，谈论一阵学校里的人和事，告辞而去。她们要赶回学校吃晚饭。

去过鲁迅家后，许广平在给先生的信中说："探险'秘密窝'归来，印象深刻，灯光熄灭，默坐在镶有玻璃窗的室中，偶然出神地听听雨声的滴答，看看月光的幽寂；在枣树发叶结果的时候，领略风吹草木沙沙，鸡鸣咯咯；晨夕之间，在小天地中徘徊俯仰，定有一番趣味。"

鲁迅说："你们的研究不甚精细。现在试出一题，加以考试，我家的屋顶是什么样子？"

"屋顶大体是平平的，暗黑色的，和保存国粹一样，带有旧式的建筑方法，呈现神秘的苦闷的象征。"为了报复，许广平增加一项智力测验，"我们教室天花板的中央有点什么？如果答电灯，连六分也不给；如果拖延到星期一预备交卷，更应该处罚。"

鲁迅和许广平的往来信件后来被编辑成《两地书》。同时代的情书大多炽烈、甜腻、肉麻，像徐志摩的《爱眉小札》，《两地书》却不同，琐琐碎碎的家长里短透出俏皮。世人太熟悉俯首甘为孺子牛的鲁迅，与许广平的信札里，冷不丁冒出一个小清新、小温暖、小淘气的中年怪蜀黍，真有意外惊喜。两人照例谈女师大反对校长杨荫榆的学潮，聊变革时代思想的苦涩与纠结，看似絮叨，字字关情。"二楼厕所被一户人家私有，我不便进去使用。公共厕所在遥远的地方，需要旅游很久，才能抵达。每每半夜的时候，我跑到楼下，找一棵树，草草倾泻。后来发现一个替代的办法，用瓷罐子解决内急问题。可以想象，需要技巧，瓷罐子的入口窄小，若是准确度欠了，准会尿在地上。"未必大雅的闲事，他独独写在信里告诉她。在他心里，她应该不是坐在第一排听课的小学生，而是熨帖的饮食男女，距离微妙。他发誓，班里的女学生只有五个，大约也有漂亮的，他每每不看她们，即使她们问询一些人生啊苦闷啊的问题，他总是低着头应对。许广平回信说，如此幼稚的信，幸好没有别人看到。一番唇舌打趣，足见他们和周围身边坠入爱河的普通男女无异。许广平给鲁迅织了一件毛背心，鲁迅穿在身上写信说，暖暖的，冬天的棉衣可省了。没有矫情的文字，却充满温馨，还有关于心灵隐秘的分享。

鲁迅走出封闭的感情壁垒，开始和姑娘们来往，客厅里出现一群聪明活泼的女大学生。有一次过端午节，鲁迅请姑娘们在寓所吃饭，竟喝得有了醉意，手舞足蹈，开怀大乐，久受压抑的生命活力勃然显现。夜色阑珊，他坐在藤椅上，她坐在床头，首先握住他的手，他回报以轻柔而缓缓的触摸，说："你战胜了！"她则羞涩一笑。鲁迅承认，在爱情上许广平比他决断果敢。她祖籍福建，出生三天，就被酩酊大醉的父亲"碰杯为婚"，许配给广州一户姓马的绅士。成年后她提出解除婚约，北上求学。当年中华教育改进社统计，全国仅有女大学生887人，占全体大学生总数的2.5%，她走在时代最前端，五官端正沉静，盛开在最热烈的年华，真是一朵绚丽的红玫瑰——年轻执着，由于良好的教育而充满理想，怀着最单纯的爱情期盼。鲁迅最初非常谨慎，充满疑虑，新女性的丰采，恋爱婚姻的幸福，是不是一个幻象呢？社会险恶，北京的学界、官场，都有一股针对他的敌意在蜿蜒伸展，背弃原来的婚姻，将授人以柄，名誉尽毁。许广平打消鲁迅的种种顾忌，大胆宣言："宇宙洪荒，季风有它自己的伟大和地位，藐小的我蒙它殷殷握手，追求爱情永恒！"

六十二

1925年8月的一个晚上，在北京西三条胡同一间叫"老虎尾巴"的房子里，鲁迅从夏夜的星空下一点一点地浮现出来。清冷的目光映衬出一张清冷的脸，黯淡的油灯旁，搁着一份教育部的免职文书。他缓缓地吸着纸烟，望着袅袅的青烟，长叹一声。眼前闪过颓败的灯笼，族人势利的白眼，朱安呆滞的目光，八道湾里蒙受的奇耻大辱……他捂住胸口，因不负重荷而发出剧烈的咳嗽。他用手捻亮灯芯，奋笔疾书，动用刀笔吏式的尖刻和巧智与章士钊周旋。章士钊刚出任教育总长时，主动约胡适一起照相，并题诗一首相赠："你姓胡来我姓章，你讲什么新文学，我开口还是我的老腔。你不攻来我不驳，双双并坐，各有各的心肠。将来三十五年后，这个相片留作文学纪念。哈哈，我写白话歪诗送给你，总算是老章投降。"辛亥革命功臣章士钊，如今成为段祺瑞镇压学生的帮凶，女师大校长杨荫榆的后台。与梁漱溟、徐志摩、罗素和泰戈尔相反，鲁迅要揭露古老中国骨子里同类相残的吃人本性。鲁迅不止一次地对许广平说过，罗素太容易上当受骗，居然会在西湖边看见轿夫含笑，赞美中国人。

被他戏称为"小鬼""害马"的许广平，轻轻走进屋子，为他的茶杯续水，见他咳嗽得厉害，又顺手掐灭烟头，说："先生，把药喝了，早点休息吧！"

鲁迅说："平政院送来章士钊的答辩书副本，限我在五日内答复，我正披甲上阵，与他论战。"

许广平说："你有把握吗？"

鲁迅说："章士钊的免职文在8月12日呈报段祺瑞批准，罗织罪状，说我在教育部下令停办女师大后，纠集党徒，倡设校务维持会。你最清楚，我在8月13日当选为校务维持会委员。他们怎么会在事情发生之前预知我的罪名？哼！这种倒填年月的鬼把戏，漏洞未免过于明显。"

许广平惊羡于他的尖锐深刻，娇嗔地瞥来一眼，说："老章将要栽在师爷手里！"

鲁迅说："扫地出门，颜面无存。我不会让正人君子们尽如人意。"

鲁迅根据程序提出一份互辩书，猛攻章士钊倒填日期的软肋，章士钊毫无还手之力。鲁迅在互辩书中讲了一个很有趣的道理，自己固然是教育部的官员，同时又是女师大的教师，两种资格，各有职责，不容混淆。平政院开会裁决，判定鲁迅诉讼胜利，正式取消处分，恢复职务。

1926年初春，新任厦门大学国学系主任的林语堂，邀请鲁迅去厦门大学任教。那里远离北京，邻近广东，不但气候温暖，而且政治空气宽松，每月又有400块钱的薪水，正是一个适合开始新生活的地方。鲁迅欣然应允，兴致勃勃地踏上厦门岛。可是，几乎从第一天起，种种不如意的事情接踵而来。地方的荒僻，人民的闭塞，学校主事人的势利浅陋，再加上若干职员和杂役的褊狭懒散，使鲁迅连声叹息：自己太天真，厦门和北京一样乌烟瘴气、糟糕透顶。一个学期的课还没有讲完，鲁迅就向校方递上辞呈。

广州中山大学伸出橄榄枝，邀请鲁迅担任国文系的教授和主任。这无疑从另一面增强了他屡屡碰壁的勇气。人世间不但有值得信赖的爱情，还有可以昂首阔步的新路，摆脱旧日窠臼。他住进广州的中山大学，即由许广平陪伴在旁，有客来访，她并不回避。

留学回国的傅斯年与朱家骅一见如故，在学术见解与治校方略上，二人一拍即合。傅斯年主动帮助朱家骅筹划校务，处理各类繁杂事宜。朱家骅视傅斯年为铁杆儿兄弟，让傅斯年在中山大学校园内由着性子，翻着跟头折腾。朱家骅说："孟真为人，磊落轩昂，自负才气不可一世，执笔为文，雄辞宏辩，如骏马奔驰，箕踞纵谈，瑰丽奇崛，常目空天下士。"增聘顾颉刚、杨振声、何思源、珂罗掘伦（瑞典著名汉学家）、史禄国等学界名流与大牌"海龟"担任教授，中山大学由此声名鹊起，威望隆盛，令全国学界瞩目。大好局面没有维持多久，由于人事纷争而很快走向衰微。

鲁迅曾与陈西滢、徐志摩等现代评论派展开一场混斗，夹在其间的胡适被鲁迅视为敌人而遭到一番唾骂，二人关系宣告破裂并逐渐恶化。鲁迅对留学西洋的所谓"洋绅士"，以及胡适、顾颉刚之类热衷于在研究室内搞考据的学院派人物，都没有好感，短兵相接，演化成势不两立的仇寇。在一次教务会议上，鲁迅主张学术结社自由，特别举出北京大学的事例作为榜样，让中山大学师生学习效仿。戴季陶、朱家骅已经成为国民党的要人、官场上的重量级人物，自然不吃鲁迅那一套。朱家骅由最初的防御转为战略进攻，以强硬的姿态反击道："这里是'党校'，凡在这里做事的人，都应服从党的决定。"双方势力围绕政治是非问题或明或暗地较劲，闹得不可收拾。鲁迅、傅斯年之间开始时尚能相互忍让、和平共处，随着顾颉刚的到来，矛盾终于引爆，炸开的裂痕再也没有弥合。傅斯年念及同窗情谊，急于招揽人才，请顾颉刚来中山大学任教，办中国东方语言历史科学研究所，意在架空鲁迅，扫除障碍。尽管鲁迅自喻成为"一个大傀儡"，但毕竟是名义上的教务主任，必须顾及大局。按傅斯年的观点，本来打招呼已算是相当抬举，不料鲁迅一听顾颉刚的名字，顿时火冒三丈，疾言厉色。傅斯年索性将鲁迅晾在一边。同时傅斯年说服朱家骅和顾孟余并得到支持，不顾鲁迅的强烈反对，硬是把顾颉刚请进中山大学校园。鲁迅向校方提出辞职，移居白云楼以示要挟。傅斯年甚为恼怒，人人言说江南多才子，不要忘记天下所有的才子都是孔家老二的徒子徒孙，傅斯年自称中原齐鲁人氏，属于正宗的圣人后代，面对江南才子或曰"绍兴师爷"如此撒娇施横，梁山好汉又何惧哉？傅斯年当场向朱家骅提出撂挑子甩手走人。顾颉刚同样宣布辞职，不再于一堆烂泥里插杠子搅和。校方左右为难，采用折中办法，取舍哪一位教授，全由学生自行选择和决断。学生们开会后认为三人均是不可多得的重量级学界大腕，一个都不能少。和稀泥的策略落空，朱家骅硬着头皮出面调停并表示挽留，委派顾颉刚到江浙一带为学校图书馆购置图书，以示让步。鲁迅仍然火气十足，不依不饶，辞职离校，偕恋人许广平赴上海公开同居生活。

身边守着许广平，鲁迅似乎年轻许多，衣着有人料理，头发和胡须有人关心，从旧式婚姻的壁垒逃出之后，他体会到女性的温暖和丰腴，整个心灵都因此变得松弛。他与许广平游览山川风物，白天逛街市，晚上看电影，相偕来到杭州西子湖畔，品茶泛舟，快活得像一个小孩子。流言蜚语随之而来，形形色色遗老遗少的攻讦，报纸杂志上恶意或无聊的渲染，学界和文坛上有权势者的封锁，经济拮据和困窘，像一个巨大梦魇压在鲁迅心头，左盼右顾，如履薄冰。他将许广平的卧室设在三楼，自己则住二楼，对外只说她给自己当助手，做校对，一概隐瞒实情。同去杭州度蜜月，他遮遮掩掩，预订一间有三张床的房间，入住旅馆后，他唤住正要离开的学生许钦文，盯着对方，严肃地说："你留在这里。以后白天有事，你尽管做去，晚上可一定要到这里来！"他指定许钦文睡在中间床上，将自己和许广平隔开——这是怎样奇怪的安排！当私德与社会习俗发生冲突的时候，鲁迅心存畏惧，最终迈过坎儿，收获忠贞不渝的爱情。

六十三

相比之下，国学大师黄侃比鲁迅潇洒得多，放浪形骸，在爱情方面游刃有余，像一个辛勤的工蜂随处采摘花蜜，完全不顾世俗流言和訾议，大有一种"我独玩弄风月、笑傲江湖"的气概。黄侃个性轻狂，一生结婚九次，报刊曾有戏言："黄侃文章走天下，好色之甚，非吾母，非吾女，可妻也。"黄侃爱好美食、醇酒，另一爱好是世界上黑发飘飘的女子。

在黄侃的婚姻旅程中，发妻王氏是一位传统家庭出身的旧式女子，她的一生，都囿于湖北蕲春的地方上。少见识、心胸相对狭窄，使王氏那一代的旧式女子，面对她们雄姿英发的夫君，像茫茫草原上惊慌失措的麋鹿。她们惨淡一生，仰面望着接受过新式教育的男子。男人出走奔向外面的绚丽天空，她们中的大多数仍然坚忍地固守于中国的传统乡间。她们的婚姻鲜有善终。黄侃的发妻王氏当然最终难逃被离弃的结局。

黄侃像一个浪迹天涯的游子，多少驿路花雨，惹动他水光潋滟的闲愁；凡是高岳、深山、瀑布、涧水，甚至田野中葱绿的树木，一切美好的事物，都可以勾起他对于美妙女子的追忆。在黄侃芜杂的情史间，有两位黄姓的女子，一个为黄绍兰，一个为黄菊英，令人们的印象颇深。前者是一位被黄侃深深辜负的女子，后者则与黄侃一起，成就一段惊世骇俗的爱情。

黄侃在武昌高师任教时，百无聊赖，曾经做过同乡兼同族女孩黄绍兰的塾师。我们已不能考证黄侃伊始独居于武昌时寂寥的心境。秋天来临，武昌街头的树叶簌簌飘落，从长江上吹过的秋风都令羁旅于外面的人们心生寂寞。黄绍兰是一位相当有质感的女孩子。黄侃有时在夜间补课后回去，月亮从稀薄的云层中出来，月色把大地泼得一片雪白。黄侃投在地上的身影有了一种忽长忽短的隐匿。黄绍兰心境清澈地站在自己门房的暗处，望着外面与月光浑然融成一体的黄侃先生的影子，心底涌上一种温暖、深邃，以及女性的体贴入微的心绪。黄绍兰从北京女师肄业，去上海开办博文女校。黄侃沉吟着"红豆生南国，春来发几枝"，良久，决定放弃手中的工作去上海追求黄绍兰。发妻王氏尚未下堂，黄侃在风气初开的民国犯下重婚的罪名。黄侃为了与爱侣走到一起，心生一计，用李姓的假名与黄绍兰办理结婚手续。黄侃的讲法是："你明知我家有发妻。如用我真名，则我犯重婚罪。同时你明知故犯，不能不负责任。"黄绍兰嫁给黄侃，并生下一个女儿。

这段感情开始已是错误，芳心寄虚无，结果自然不会好。幸福的时光总是短暂。也许天底下许多成就一番事业的男人，都不会满足于只与一个女子相爱吧？黄侃去北京的女师大教书，心绪迷乱，在骀荡的春色撩人间摇摆不定。黄侃在门上悬挂一块小木牌，上面写着"坐谈不得超过五分钟"。两个女学生去黄侃处借阅杂志，见到木牌后准备离开，黄侃说："女学生不在此限，可以多坐一会儿。"黄侃很快与苏州籍的彭姓女学生相好同居。黄绍兰侦知此事，欲哭无泪，因为黄绍兰手握一纸虚无的婚书。婚书上黄侃的姓名不符，黄绍兰很难捍卫自己的基本权益，对簿公堂百口莫辩。黄绍兰之父深恨女儿辱没清白的家风，盛怒之下，恩断义绝。苦心经营的婚姻折戟沉沙，慈父又雪上加霜地断绝亲情，双重打击使黄绍兰饱受炼狱之苦。章太炎的夫人汤国梨收留走投无路的黄绍兰。女性柔弱的感官中，仍然摆脱不了黄侃带给她的过度的悲伤。她后来疯掉，把自己吊起在屋子的横梁之上，径自悄然奔赴清净虚无的死亡境界。汤国梨在《太炎先生轶事简述》一文中公开痛斥黄侃极不检点的私生活，"有文无行，为人所不耻，是无耻之尤的衣冠禽兽"。

如果我们把泛滥的情欲，讲成是一种不洁的、愚蠢的、有罪的东西，那么，黄侃先生是否一直彷徨无依地迷茫于情欲之门呢？其实，黄侃先生间或上演过轰轰烈烈的爱情。"今生未必重相见，遥计他生，谁信他生？缥缈缠绵一种情。当时留恋成何济？知有飘零，毕竟飘零，便是飘零也感卿。"黄侃把一首诗词《采桑子》，款款情深地赠给黄菊英。那时节，黄菊英就读于武昌高师，是黄侃大女儿的同窗好友。夏末初秋的假期，空气中流动着一种又白又冰凉的寂静的情绪。黄菊英经常来到家中，与黄侃的大女儿并坐一处闲谈。黄菊英对于黄侃在学术界的声名，有所耳闻，恭敬地事以父师礼节。黄侃心情愉悦，只要看见年轻女孩子干净、美丽的脸，心底就会油然而生出一声叹息：真是美极了。这一回，沧海横流的黄侃偶然遇上年轻女孩子的纯真喜悦的一颗心。他流露出一种等到望眼欲穿的终身伴侣的欢欣。黄侃突然宣布二人结婚的消息，朋友们再次以"人言可畏"劝他。黄侃泰然回答："难道怕人家闲话，就不过日子吗？"各色娱乐小报上，对于黄侃的人身攻击连篇累牍。黄侃何尝是一位怕人漫骂的角色？他干脆让学生把骂自己的小报收集起来，供蜜月消遣，填词《采桑子》，表白心迹。黄菊英一读之下，心旌动摇，眼泪纷纷扬扬地洒落在清新的夜色中。自古美妇爱高士。一个女子嫁给举足轻重的才子，那是前世修行五百年都不一定可以得到的福分。女人是为爱扑火的灯蛾，哪怕前面是万劫不复的死亡，都会毅然前行。黄菊英决裂于家庭，与黄侃共结连理之枝，举行婚礼。黄侃娶了自己的学生，和鲁迅许广平、沈从文张兆和一样，在民国学界文坛轰动一时。黄菊英选择正确，陪着黄侃走过人生的终点。黄菊英回忆说："我虽是季刚的妻子和学生，但学无专长，对于他的学术文章，我是在宫墙之外。每当重阅他细心批点的古籍，复诵他情文并茂的诗作，辄使我以他的好学精神自勉。"她把自己放在一种幽静微凉的低处，女性的和煦如春，反而深深渗透黄侃先生的心灵。只要是真心地呵护着、喜欢过黄侃的人，大抵都不会怀疑他的至情至性。章太炎在耄耋之年，谈到黄侃，谆谆教导地告诫世人，不要因为黄侃的风流自娱，而忘却黄侃曾经的壮美与阔大。

尽管用情不专、为世人诟病，但是黄侃在孝道上有值得称赞的地方。为生计所迫，黄侃经常四处奔波教学，随行都会带着一口棺材，成为时人谈资，黄侃依然我行我素。黄侃的父亲在四川做官时自制棺材，亲笔题写警句："为子有一念忘亲，为臣有一念忘君，为官有一念忘民，天地鉴察，鬼神式凭。俾尔后嗣，不能载寝载兴。"后因棺材太小留给黄侃的庶母田夫人。田夫人去世，黄侃悲痛欲绝，按照古礼服丧，专门在日记中撰写庶母生平事略："孤苦苍天，哀痛苍天！孤黄侃泣血谨述。"每逢庶母忌日，黄侃必率家人设供祭祀，恸哭不已。

　　黄侃待人接物冰火两重天，把敬爱的人捧在天上，把憎恶的人踩在地下，甚至胡搅蛮缠。1926年武昌高等师范改为国立武昌中山大学，黄侃当代理校长，喜欢骂人，作风霸道，教育部正式委派石英来当校长。石英在第一天到任的校务会上望着黄侃，心里揣摩怎么评价黄侃以前的工作呢？开口道："听说黄季刚先生治校方面比较专制……"话音未落，黄侃站起来出言不逊："坊间传闻，石英的姆妈偷和尚。"石英斥责黄侃无理取闹。黄侃当即辞职，后来到南京去做教授。黄侃对恩师章太炎执礼甚恭，古道热肠。黄侃平时爱写诗，经常请章太炎审阅，特别珍视章太炎的墨迹题词，并将其装裱起来，藏于厅堂。适逢章太炎六十大寿，为祝贺老师生日，黄侃提前几天赶往上海做准备，可见用心至诚。

六十四

　　蔡元培从欧洲考察归国，正式辞去北大校长的职务，出任国民政府中央研究院院长。中央研究院设立与国计民生有直接紧迫关系的理化实业、社会科学、地质、观象四个研究所，傅斯年经过一番权衡，召集"一部分热心文史学的先进"，凭着北大时代与蔡元培结下的良好关系，对几位决策人物展开游说攻势。傅斯年以特殊的魅力和超人的智能加霸气，迫使蔡元培就范，繁衍出一个社会科学方面的研究所。1928年3月底，中央研究院筹备委员会一致通过，决定设立历史语言研究所于广州，委任傅斯年为掌门人。如此顺利地取得成功，令神通广大的胡适都感到有些意外，戏称傅斯年"狡兔二窟"。傅斯年辞去中山大学教职，应聘出任历史语言研究所所长，从此迎来开辟史学新天地的伟大时代。

第六章
学林荟萃清华园
——梁启超、陈寅恪、王国维、
刘文典联合振兴国学

六十五

在中国现代文化学术史上，有一道风景让人流连忘返——清华国学研究院。在短短的四年时间里，它培养出一代薪火承传的通才硕儒。清华大学的前身，是20世纪初用美国退还的庚子赔款创办的留美预备学校，烙上殖民文化的印痕。尤其国学一门，教师皆为前清进士举人，思想迂腐，教学内容陈旧，长期处于落后沉闷状态，充满晚清遗老遗少没落的霉味，在外界一直给人以零星、浅陋、不通国文的公共形象。邻校北京大学在蔡元培主持下，以兼容并包、学术自由的方针治校，延揽一大批名教授、名学者，学术水平、学生质量蒸蒸日上，虎虎有生气，使有优裕物质基础支撑的清华相形见绌。北洋政府外交部批准纲领草案，随即成立由曹云祥、张彭春、梅贻琦等10人为委员的"临时校务委员会"，改革教学机制，清华大学逐步向完善的综合型大学过渡。1925年9月1日，清华国学研究院正式成立，同时创办《国学论丛》季刊，供学界师生切磋交流，呈现出蓬勃气象。研究院的特点，是治学与做人并重，各位先生传业态度的庄严恳挚，诸同学问道心志的真诚殷切，穆然有鹅湖、鹿洞遗风，每当春秋佳日，弟子们随着侍奉诸位导师，徜徉湖山，俯仰吟啸，无限春风舞雩之乐。"游于圣人门庭"式的师生情谊，同乐境界，让后辈学子顿生无限倾慕，可惜已经成遥远的绝响。

虽然是振兴国学，但研究院的风格则兼取中西长处，全院的中枢是导师，显然仿效牛津和剑桥的成规。开课时校长介绍导师，学生必须行拜师礼，又似古时书院的遗风，毕业证书由清华校长及全体导师签名盖章，这是民国教育史上的创举。清华国学研究院自筹建之日起，委托有关人士，网罗寻求国学界德高望重的泰山北斗担任教职，专门聘为导师，他们的物质待遇都高于一般教授，如陈寅恪工薪最高时达大洋500元，王国维、赵元任可得两套教授住宅。由于清华校方的开明、诚恳、远见卓识，众多才俊齐聚美轮美奂的水木清华，声名远播，蔚为大观，昭示着学术收获季节的来临，为今后的发展恢宏奠定基础。聘请四大导师来清华任教，其间发生诸多值得玩味吟诵的掌故、趣闻，令人唏嘘慨叹。

王国维执着于理想，向往一种无功利、纯粹的学问。虽然身处一个变革的时代，但传统的君臣纲纪思想一直左右着王国维的一生。他念念不忘代表着周孔统治之道的清朝体制，认为西方人的立宪、共和是画蛇添足，由贪心不足而造成。他寄望于废帝溥仪能励精图治、重振朝纲，天下共和大势浩浩荡荡，无可挽回，溥仪旦夕不保。由升允推荐，担任清朝逊位皇帝溥仪"南书房行走"，王国维视为一生莫大的荣誉。溥仪在紫禁城内依然保持皇家体制，称朕称诏敕，保持君临天下的态度，追随者依然称陛下，称皇帝，不改忠义之心。王国维进入清廷南书房，属于特别恩惠直接提拔，由一个秀才荣升为"帝师"，他欣然服从，溥仪又赏他在紫禁城骑马，他更看成深恩厚泽，时时想着酬谢报答。

王国维是保守学者的代表，胡适是新文化运动的领袖，两个有着截然相反的学术理念的学者，却惺惺相惜，留下一段佳话。胡适考察出版界后在

《归国杂感》中写道："近几年的学术界文学书内，只有王国维的《宋元戏曲史》是很好的。"胡适又在日记中感慨："中国学术界凋敝零落，旧式学者所剩无几；其次半新半旧的过渡学者，只有梁启超和我们几个人。章太炎在学术上一半僵化，罗振玉、叶德辉没有条理系统，王国维最有希望。"

胡适怀着崇敬无比、近乎偶像的心情，前去拜访王国维。王国维首先抒发一通感慨，世人都不懂戴震的哲学，几乎及身而绝，戴氏弟子如段玉裁可谓佼佼者，然而段玉裁在《年谱》里恭维戴震的古文和八股，没有提及戴震的哲学，多么浅陋啊。

王国维问道："小说《薛家将》写薛丁山弑父，樊梨花弑父，有没有特别意义？"

胡适说："希腊古代悲剧中常有这一类的事。"

王国维说："西洋人太提倡欲望，过了一定限期，必至破坏毁灭。"

胡适说："我不抱悲观态度，天佑中华，势不能跟西洋人走向歧路。西洋今日大患不在欲望的发展，而在理智的进步不曾赶上物质文明的进步。"

王国维说："美国一家公司制一影片，费钱600万元，用地千余亩，这种办法是不能持久的。"

胡适说："制一影片而费如许资本工夫，正如我们考据一个字而费几许精力，寻无数版本，同是一种做事必求完备尽善的精神，无可厚非。"

短短一个多小时的交谈，真正使胡适感到王国维的精确存在。王国维对古今中外历史文化的深切关注和独到见识，同代旧派学人不曾达到，新潮学界不曾注意。王国维仍保持着年轻时借助叔本华哲学来解读《红楼梦》的敏锐和好奇。王国维所谈的三点问题，都是建立在一种比较文化意义上。胡适认为在清代有学问，没有哲学；有学问家，没有哲学家。王国维认为，戴震作为清代大学问家，哲学思想也有十分引人注目的东西，倡导一元论，反对宋学的空泛和虚无，反对程朱理学的以理（礼）杀人，崇尚实用，使戴震成为清代学术的一个高峰。小说《薛家将》的作者不可能看过古希腊悲剧，更不可能知道恋母弑父的"俄狄浦斯情结""哈姆雷特情结",王国维熟悉古典戏曲,对中国戏剧舞台上虚拟的神似效果十分清楚。戏剧舞台上一将几卒,摇旗挥刀,在锣鼓声中,走几个来回,便表示有千军万马。西方人把千军万马拉到电影的拍摄现场,投入实际,追求一种宏大、真实的艺术效果。王国维作为一个保守旧派学者,却极具现代美感,剖析入微,视野开阔,像一面多棱镜映出华彩,思想没有停滞,追求新知没有停止。胡适只有在学问大家王国维的身上看到如此的人文景观。胡适自1917年"暴得大名"之后,一直处于巅峰状态的学者心理受到一次意外的震荡和刺激,进一步明白学术界同样是山外有山,天外有天。从王宅出来,敏感的胡适到马幼渔那里借得《雕菰楼集》一部,当天晚上,胡适着手研究戴震,为陶行知发起筹建的图书馆试作一篇论述戴震在思想史上位置的短文。

王国维深谙学界礼数,第二天到胡适府上回访。胡适保留着对王国维的特殊印象,涉笔成趣:"王国维绝顶聪明,依靠严格私塾训练,依靠自己的天分和功力,治学卓越。他很丑,小辫子,样子真难看,光读他的诗和词,以为他是个风流才子呢!"

清华学校校长曹云祥请胡适出任筹建中的清华研究院院长,胡适推辞不就,推荐四位导师人选:梁启超、王国维、章太炎、赵元任。王国维为逊帝溥仪的南书房行走,曹云祥亲往敦请,王国维婉言谢绝。基督将军冯玉祥的军队开进北京,驱逐溥仪出宫,王国维陪侍左右,顷刻不离。冯玉祥率军"逼宫",溥仪先藏于日本公馆,后又移居天津张园,苟安一时。王国维已是受过溥仪册封的命臣,对于革命军撕毁民国优待皇室的条件非常愤怒,引为奇耻大辱,约罗振玉、柯蓼园同沉神武门御河,因家人极力阻拦、严密看守未果。按理都民国了,还保留一个小朝廷确实是个讽刺。从历史意义上讲,冯玉祥的举动未尝不是革命,但胡适不高兴,站出来谴责冯玉祥驱逐孤儿寡母,简直是东方式的野蛮。胡适是个一辈子赶着写檄文、发宣言、贴标语的忙人,这一举动自然引来许多非议,连一些温和派朋友如周作人、李书华也写信表示反对。

胡适再请王国维任清华国学研究院导师，王国维仍然推辞。胡适做废帝溥仪、庄士敦（溥仪的英文老师）的工作，托溥仪代为劝驾。溥仪命师傅们代写一道诏书，王国维不好拒绝，奉诏任教，决定亲自到清华研究院去看一看，胡适用自己的车子拉着王国维，往返陪同，走了一趟清华园。清华国学院主任吴宓带着曹云祥亲自写的聘书拜见王国维。在登门之前，吴宓对清朝遗老的生活、思想、习性专门调查研究，议定周密的对付办法。到达王国维住所后，吴宓进得厅堂，二话没说，"扑通"一声趴在地上，先行三叩首大礼，然后起身落座，再慢慢提及聘请之事。如此一招，令王国维大感意外又深受感动，当场答应下来。从此，清华园中晃动着一个曾为"帝王之师"的学人身影，清华学子获得一代国学大师的教诲。这是清华人的骄傲，也是现代学术史上的一件幸事。然而，胡适的真诚之意和曹校长的求贤若渴，并不能完全医治和抚慰王国维早已伤透的心，无法再给王国维一个健全的没有裂痕的灵魂。

六十六

礼聘梁启超为清华国学院导师较为顺利。梁启超在应研究院之聘前，与清华关系已久。1914年冬，刚刚建校三年的清华，邀请社会声望如日中天、任司法部长的梁启超到校演讲。梁启超以"君子"为题，引用《易经》中"天行健，君子以自强不息，地势坤，君子以厚德载物"，来勉励少年学子们树立"完整人格"，对清华养成优良学风和校风，产生深远的影响。以后"自强不息、厚德载物"被立为清华校训。第一次世界大战爆发，梁启超在清华园"假馆著书"约10个月，取名所居的西工字厅为"还读轩"。1925年2月22日，吴宓持聘书前往天津梁启超的寓所，梁启超欣然应聘，讲授和指导"中华文化史""儒学哲学""历史研究法"等课程。

　　按当初胡适的提议，清华方面欲聘名盖当世、为天下士子服膺的章太炎前来聚会。章太炎不愿与王国维、梁启超二人同堂共事。因为章太炎在日本时，经常和梁启超打笔墨官司。另外章太炎公开反对，甲骨文是罗振玉串通奸商们鼓捣出的假冒伪劣产品，妄人才相信它，王国维恰恰跟从罗振玉习甲骨文，从中发现殷商王朝的先公先王名号而震动学界、闻名于世。由于这些瓜葛矛盾，章太炎得此礼聘，"疯"劲顿起，当场将聘书摔在地上，高声示众，表达决绝的态度。清华国学院失去一位儒林宗师。

　　吴宓向清华校长曹云祥极力推荐陈寅恪，并且得到王国维和梁启超的赞同。曹云祥说："他是哪一国博士？"梁启超答："他不是学士，也不是博士。"曹云祥又问："他有没有著作？"梁启超答："也没有著作。"曹云祥说："事情难办！"梁启超生气地说："我梁某也没有博士学位，著作算是等身，但总共还不如陈先生寥寥数百字有价值。你不请，让他待在国外吧！"接着梁启超提出柏林大学、巴黎大学几位教授对陈寅恪的赞誉。曹云祥一听，既然外国人都推崇陈寅恪，就请来遨游书山学海吧。

　　隆冬时节，薄雾轻启，天色微明。惨淡的星光下，一个单薄瘦削的中年人偕一黄发碧眼的幼儿，悄然离开德国柏林大学研究院暗灰色的公寓，冒着清晨凛冽的寒风，乘车向大街尽头驶去。两天后，二人转乘的汽车穿越卡纳比埃尔街，抵达碧海青天、云飞浪卷的马赛港。中年人提着行李，深吸一口带有海腥味的空气，健步踏上停泊在港湾的豪华邮轮，身后的幼儿既兴奋又好奇地随即跟进。阵阵汽笛声中，一老一少告别欧洲大陆，穿越地中海，向阔别日久的东方故国驶来。翌年7月8日，中年人出现在北京西郊清华园荷塘的岸边，他那清癯、睿智的面容与摆动的灰布长衫，随着微风飘拂的花香，很快进入学界的视野。时年37岁的陈寅恪告别海外游学生涯，来到浸润着欧风美雨的大师之园，以教授身份，开始传道、授业、解惑的人生旅程。

　　陈寅恪初到清华，因为尚未成婚，和吴宓一起住在清华园工字厅的西客厅，二人握手言欢，赋诗一首："经年瀛海盼音尘，握手犹思异国春。独步羡君成绝学，低头愧我逐庸人。冲天逸鹤依云表，堕溷残英怨水滨。灿灿池荷开正好，名园合与寄吟身。"这首诗不仅表达吴宓对陈寅恪的仰慕之情，更道出陈寅恪在清华学术事业的开端，前程似锦。吴宓因与教务长张彭春矛盾加深，辞去研究院主任之职，改任清华外国语言文学系教授。曾经荐举赵元任步入清华讲坛的张彭春，在与吴宓等人的纷争中败下阵来，被学生赶出清华园，研究院事务由新任教务长梅贻琦兼理。混战过后，处于多事之秋的清华园恢复往日的平静。在蛙鼓蝉鸣与阵阵热风吹荡中，随着陈寅恪摆动长衫缓缓登上承载着文化使命的圣洁讲台，一个令天下学界震动、被后世广为流传并影响深远的"四大导师"阵营业已形成，清华国学研究院将迎来它的巅峰时代。

梅贻琦来到陈寅恪的住所商谈，欲聘请一位大字号"海龟"出任中国文史教授，以充实清华的文科阵容，壮大学校的整体实力，为即将改制的清华大学再加砝码。陈寅恪稍加思索，脱口说出一个人的名字，同窗好友——傅斯年。傅斯年自幼聪颖好学，熟读儒学经典，号称"黄河流域第一才子"、继孔圣人之后两千年来又一位"傅圣人"。傅斯年生得肥头大耳，身材魁梧，虽不是梁山泊一帮聚众闹事者的后代，却具有梁山好汉的相貌与血性，心高气傲，目空一切，待人接物具有泰山压顶般的磅礴气势。傅斯年在进入北京大学第五个年头的历史性转折时刻，以陈独秀、胡适主编的《新青年》为样板，搞起一个叫作《新潮》的刊物，许多年轻人与"愤青"欢呼追捧，同时不少传统儒生反对抵制。五四学潮渐渐平息，山东省教育厅招考本省籍官费留学生，傅斯年赴省会济南应试，并以全省第二名的优异成绩入选。当权者拒绝录取，理由充分，傅斯年是五四运动中凶恶多端、打砸抢烧的危险激烈分子，不是循规蹈矩的学生。出乎意料的变数使傅斯年如同挨了一记闷棍，顿感天旋地转。山东省教育厅一位叫陈雪南的科长，挺身而出，据理力争，坚持应以考试结果为准，说："如果成绩这么优越的学生，都不让他留学，还办什么教育！"一批具有文化良知的官员借机出面为傅斯年大鸣不平，声言要诉诸法律。在四面楚歌的叫喊声中，当权者出于各种考虑，作出让步，把傅斯年列入官费留学生名单。垂头丧气的傅斯年得此喜讯，当场喊了一声"我的娘"！差点昏厥过去。待喝下一碗清水，呼出一口气后，傅斯年打起精神，搓干手心中湿漉漉的汗珠，收拾行李返回北大，晃动着小山包一样庞大肥硕的身躯，乘轮船赴欧洲，开始为期数年的留学生涯。傅斯年欲返回祖国而不知寄身何处，心绪如焚，处于"停杯投箸不能食，拔剑四顾心茫然"的时候，曾致信清华园的陈寅恪求法问计，陈寅恪积极活动，举荐傅斯年。当梅贻琦犹豫之际，傅斯年半个月前已经踏上香港岛，在南国中山大学的朱家骅捷足先登，将学界大鳄傅斯年紧紧地收入网中。傅斯年失去与陈寅恪联袂登台的机缘，他们的相会与并肩协作，以及在中国近代学术史上创造划时代的辉煌，还要等到两年之后。

六十七

清华国学研究院的学术环境令陈寅恪非常满意。王国维住西院，梁启超住北院，赵元任住南院，陈寅恪先后住过西院36号、南院2号。国学研究院有独立的购书经费，并且十分充裕。不到两年，已经购置许多满、蒙、藏文书；中文经典古籍，包括明刊和近刊的善本丛书；欧、美、日本书刊和杂志，以及《大藏经》等七八百部。它们对陈寅恪研究工作极有用处。"盖世奇才""教授之教授""太老师"，这是国内外学术界及清华国学院学生对一代学术大师陈寅恪的尊称。陈寅恪系世家子弟，祖父陈宝箴，父亲陈三立，长兄陈衡恪，皆为当世名士。民国学术界有一场"土产学者"和"出洋学者"的争论。前者讽刺后者不解中国传统，隔靴搔痒，胶柱鼓瑟；后者则批评前者方法陈旧，工具不够，考训充满迂腐气息。陈寅恪得到新旧两派学人的首肯和推崇。陈寅恪家学渊源，诸多古章典籍均能流利背出，又游学欧美多年，对西洋新观点科学方法及工具亦有很深的造诣。陈寅恪通晓二三十种语言，举凡英、法、德、日、俄乃至印度梵文、巴利文、突厥文、波斯文、暹罗文、西夏文，诸多中亚西亚现存或消亡的文字，他都触目谙熟，手到擒来。他治学面广，宗教、历史、语言、人类学、校勘学等均有独到的研究和著述。

陈寅恪记忆力之强，确实少见，金岳霖询问一个材料，陈寅恪说："你到图书馆去借某一本书，翻到某一页的底部，有一个注释，你抄下来，按照线索去找其余的材料。"

陈寅恪学贯中西，治学严谨、缜密、公正。他是一个勤奋的垦荒者，不唱高调，一个接着一个地解决历史上的疑案，享有"字字精金美玉"的称谓。他身体赢弱，在教授学生方面极严格，风雨无阻，绝少辍讲。《清华周刊》中有一段描写："清华园内最有趣的人物要算陈寅恪先生。你们中谁有好奇心，可以在秋末冬初的一天，先找一找功课表上有《唐诗校释》或《佛经翻译文学》等科目的钟点，然后站在三院教室前的过道上等一等，上课铃响后，你们将看见一位纯粹国货式的老先生从对面而来，里面穿着皮袍，外面罩以蓝布大褂青布马褂，头上戴着一顶两旁有遮耳的皮帽，腿上盖着棉裤，足下蹬着棉鞋，右手抱着一个蓝布大包袱，走路一高一低，相貌稀奇古怪。"

季羡林回忆："在校内林荫道上，在熙来攘往的学生人流中，有时会见到陈寅恪先生去上课，身着长袍，朴素无华，腋下夹着一个布包，里面装满讲课时用的书籍和资料。不认识他的人，恐怕大都把他看成是琉璃厂某一个书店到清华来送书的老板，绝不会知道，他是名扬海内外的大学者。他与大多数西装革履、发光鉴人的留洋教授迥然不同，他给我留下毕生难忘的印象，受益无穷。"

陈寅恪有一个习惯，讲授佛经文学、禅宗文学的时候，一定会用一块黄布包裹参考书，讲授其他课程，则用黑布包裹参考书，他很吃力地把那些参考书抱进教室，决不假借助手。他打开参考书，把将要引证的资料抄写在黑板上。学生们担忧太多粉笔灰吸进肺里，有碍健康，常常主动上前为他擦拭黑板。陈寅恪喜欢平铺直叙，逐层阐释，讲至入神的地方，往往闭目而谈，从无倦容。听众并不会感到枯燥，没有人窃窃私语和传字条。陈寅恪根据材料进行解释、考证、分析、综合，对地名和人名更是特别注意，细入毫发，如剥蕉叶，本着实事求是的精神，不武断，不夸大，不歪曲，不断章取义。他仿佛引导学生们走在山阴道上，盘旋曲折，山重水复，柳暗花明，最终豁然开朗，踏上阳关大道，简直是一种无法比拟的享受。下课铃响，大家都有依依不舍、时光流逝太快的感觉。陈寅恪注意自然启发，对学生只指导研究，从不点名，从无小考；大考只是依照学校的规章举行，没有人不及格。问答式的笔试，不是观察学生学问的最好办法，因此学生们每次都要求他写短篇论文代替大考。

陈寅恪授课时出现壮观场景，不仅学生云集，而且许多名教授如朱自清、冯友兰、吴宓、德国汉学家钢和泰等都风雨无阻地来听课。北大学生和年轻教员成群结队，前来"偷听"陈寅恪讲课。从北平城内到西北郊外的清华园，宛如一次短途旅行，颇费一番周折。沿途几十里全是一片接一片的农田，秋天青纱帐兴起，尚有绿林人士拦路抢劫，甚至不惜铤而走险、杀人越货。北大师生们曾几次遇到掠夺财物的强盗，靠人多势众，手里又各自拎着木棍铁器等防身家伙，对方不敢轻举妄动。北大师生们甘愿冒险出城，亲自聆听陈寅恪如同天幕传来的梵音绝唱。相对城内北大的偏远，近在燕京大学的学生与教员，则得天时地利之便，一溜小跑即可到达清华讲堂，喘着粗气，接下来屏息静气，美美地享受陈寅恪用知识琼浆炮制的一顿免费大餐。

苏联学者在蒙古发掘三件突厥碑文，都看不懂，更不能理解。陈寅恪以突厥文对译解释，各国学者毫无异词，同声叹服。唐德宗与吐蕃的《唐蕃会盟碑》，许多著名学者如德国的沙畹、伯希和难以解决，陈寅恪进行确切的翻译，使得国际学者感到满意。陈寅恪从事敦煌文献研究并把它纳入世界学术领域中，为了引导国内学者重视研究北京图书馆收藏的敦煌残卷，他在阅读后，有关摩民教经、唐代史文、佛教主义等九个方面，著文列举价值，开阔视野，奠定基础，开先河。

民国时期，中国学术史上有一件著名的大事。国民政府在孔庙成立"国立历史博物馆筹备处"，原清宫内阁所藏档案与试卷全部归入历史博物馆筹备处，暂存于敬一亭中。该博物馆筹备处一位旗人处长伙同几人，将8000麻袋、总重量为15万斤的明清档案，当作废纸卖给北京同懋增纸店，换得银圆4000。幸亏罗振玉偶然发现一些流入市面的档案材料，找到同懋增纸店。同懋增纸店已经把档案转卖约计1000麻袋，其余部分被老板差人运到定兴与唐山的纸厂，准备化成纸浆制造"还魂钱"。罗振玉不惜倾家荡产以1.3万元的高价将剩余档案全部购回，分别藏在北京和天津。因罗振玉购买档案罄尽全部财力，再无力承担整理重任，将7000麻袋档案以1.6万元的价格转让给大收藏家，将另一小部分出售给北大国学研究所，另一小部分被伪满洲国购得。李盛铎也因财力不济，准备出手。陈寅恪得知后，希望傅斯年妥善处理，胡适支持陈寅恪的建议。傅斯年向中央研究院院长蔡元培申请拨款，陈寅恪积极努力，出面几次与李盛铎协商周旋，总算将珍贵文献买下，运往北平北海静心斋，合计约6万公斤，其中2.5万公斤破烂不堪。

六十八

在清华国学研究院中，与陈寅恪最谈得来且引为知己者首推王国维，其次才是梁启超，王国维与陈寅恪在心灵上的沟通比梁启超更为深刻悠远。陈寅恪早年的观念稍有修正，主要原因是受两位大学者的影响，一是瑞典汉学大家高本汉，二是海宁王国维，相得益彰。对于殷墟文字，陈寅恪受王国维的影响；对梵文及西域文字，则王国维受陈寅恪的影响。

王国维讲课非常细腻、细致。王国维在清华讲《说文》，用的材料许多是甲骨金文，用三体石经和隶书做比较。王国维要解决一个问题，首先把所有的关联材料找齐全，才下结论。王国维性格淡泊，不喜欢与人交游，在清华除了讲书授课以外，一般不主动跟学生谈话，从来都是上完课就离开，回到自己的西院住所，钻进自己的书房研究学术。如果有学生登门拜访或致函，求教或辩论，王国维一律接待，不分老幼尊卑，而且是知无不言，言无不尽。甚至东南大学的学生特意赴京求教，住在王国维家里。学术为天下公器，不应该有门户之见，不管是不是自己的门下弟子，他都有问必答。在他执教清华的两年中，不知道有多少清华学子领受恩泽。姜亮夫填了一首词，想请王国维帮自己看一看。王国维说："你过去想做诗人，理性的东西多，感情少，词是复杂情感的产物，这首词还可以。"姜亮夫顺手翻看两本书，其中一本是德文版《资本论》，书中用好几种颜色的笔做了记号。王国维说："此书是十多年前我留学德国时阅读的。"姜亮夫感到先生不仅学问广博，思想也非常先进。晚上9点多，诗词改好后，姜亮夫告辞，王国维要家人点着灯笼一起送姜亮夫，等姜亮夫走过清华大礼堂后面的流水桥，王国维才回去，说："你的眼睛太坏，路上小心一点。"闻此语，姜亮夫几乎落泪，此后一生难忘。

王国维的外表总是严肃冷峻，赵元任的太太杨步伟是个直爽的大嗓门，见到王国维，有些害怕，嗫不出声。清华大学的同事办了三桌酒席，庆祝王国维五十寿诞，杨步伟硬是避让着，说："我不跟王先生同桌。"果然，王国维那一席一直默默不语，而杨步伟那桌笑语不绝。王国维在工字厅设宴招待同学们，展示他收藏的历代石经拓本。学生们竞相发问，他辩答如流，欣悦异常。王国维精通英文、日文，能够阅读德文版哲学原著，是中国学人研究康德、叔本华、尼采等现代西哲的先驱；所著《人间词话》《宋元戏曲史》《红楼梦评论》，文学界至今仍奉为经典名著；他的甲骨学、"古史新证"、文字音韵训诂和古器物学研究成果，更是当代史坛无法逾越的学术空间——从知识结构上论，王国维真正做到化合中西，贯通今古。在日常生活中，他处处严谨自持，不营生计，不图享受，潜心钻研学问，晚年盛名满天下，仍心无旁骛，甘为一介清白寒士。

王国维与人交往，除了谈学问或正事，很少闲聊，更不会对人讲应酬话。邻居请他看一件古铜器，他说："靠不住。"

邻居说："怎么会是假货？它色泽古雅，青绿晶莹，文字精致，书上有类似的著录提供参考，我再请你仔细看一下。"

他依然如故，不附和，也不驳难，说："靠不住。"

王国维一生中，可能没有娱乐两个字，当时收音机尚不普遍，北京广播，顶多有一个小盒子样的矿石收音机，戴耳机听听，算是不错。他对中国戏曲曾有很深的研究，却从来没有去看过戏。小孩子缠着要他画画，他只会勾勒一个策杖老人或一叶扁舟。他亲自教孩子读《孟子》《论语》，讲解或听孩子背诵时从不看书本，问一句懂不懂，孩子点点头，这一天的功课算是完成。

王国维服饰简单，冬天一袭长袍，外罩灰色或深蓝色罩衫，系一条黑色汗巾式腰带，再穿上黑马褂，夏天穿一件丝绸或麻布的长衫。平常只穿布鞋，从未穿过皮鞋，头上是一顶瓜皮小帽，即便寒冷的日子也不戴皮帽或绒线帽。清华园里唯有王国维和梁启超，以最独特的方式固守着自己原有的信仰，他们留着辫子，毫无顾忌地行走于大庭广众。学生们因景仰他们的人品，没有人强迫他们剪去脑后带有特定含义的辫子。王国维每天早晨漱洗完毕，夫人替他梳头，有次夫人有什么事情烦心，嘀嘀咕咕："人家的辫子全都剪了，你留着做什么？"王国维回答："既然留了，又何必剪呢？"王国维的妻子潘氏一辈子辛辛苦苦、任劳任怨，操持家务，养育孩子，是标准的贤妻良母。王国维一生不问家务，事无巨细，全归潘氏料理。潘氏实在是个顶梁柱，她害牙疼，可当孩子们一个接一个地发烧时，她的牙病竟霍然而愈！

王国维爱吃甜食，卧室中有一个朱红的大柜子，上面两层专放零食。打开柜门，琳琅满目，如同一家小型糖果店，从胶切糖、小桃片、云片糕、酥糖等苏式茶点，到红枣、蜜枣、茯苓饼、核桃、松子，应有尽有。夫人每个月从清华园进城采购零食和日用品，回来必是满满一洋车，那些精致的点心专为王国维准备。他每天午饭后点燃一根香烟、喝一杯茶，算是休息，然后进书房工作，过几小时，他会到卧室的柜子里找零食吃。他还爱吃红烧肉、大白菜、西红柿、茄子、鸡蛋、豆腐、饺子、烧饼、包子，吃鱼挑刺，炖鸡煮汤。他喜欢的水果有西瓜、橘子、柿子、葡萄，夏天不吃香瓜，也不准孩子吃，认为不好消化。王国维平时闲逛的地方是琉璃厂，看看古玩，主要是买旧书。王国维在北京时，晚上常赴宣外大街喝大酒缸，以咸水毛豆、煮花生佐酒，他酒量很小，稍饮即脸红微醺，乐此不疲，借这种方式寻觅高阳酒徒的风味。

罗振玉是王国维的浙江同乡、老师挚友，对他有知遇之恩。罗振玉学问不及王国维，在其他方面则长袖善舞，当过末代皇帝的老师，参与过重要的政治活动，还有很强的经营手腕。王国维性格忧郁悲观，埋首学术，不问功利，是典型的学者气质，人称他"老实得像火腿一般"。王国维的长子潜明在上海海关工作，与罗振玉的女儿孝纯结成姻亲，不幸病逝，成了遗孀的孝纯时年仅24岁，完婚八载，先后生有二女，王国维十分喜爱。王国维在料理完潜明的丧事后，自沪乘车返京，托人在海宁为潜明购置墓地。在处理潜明遗款的过程中，发生一些误会，激化婆媳家庭矛盾，原因是罗振玉在潜明的医疗问题上曾指责女儿偏执，王国维也以长辈的身份批评长媳，并请罗振玉喻以"正理"，孰料，罗振玉反过来予以袒护。笔墨官司愈打愈烈，导致罗振玉、王国维"三十年金石之交"破裂！按照书信落款时间，大致三天一信，六天一往返，由龃龉而绝交，历时20天。王国维始终珍惜旧日友谊，委曲求全，罗振玉则咄咄逼人，恶语相加，句句伤人。罗振玉偷偷把女儿带回天津，王国维怒道："难道我养不起媳妇吗？"然后把潜明生病时的医药花费全汇去罗家，他们寄回来，王国维又寄过去，如此往复两回，一而再地被拒绝，王国维觉得自己最看重的人格受到侮辱，从书房抱出一沓信件，撕毁再点火焚烧。这是王国维一生中最黯淡的光景，境况寥落，雪上加霜的事接踵而来，王国维更加郁郁寡欢。

王国维专程奔赴天津，为寄居张园的清朝废帝溥仪祝寿。不断发生的战乱使溥仪的安全受到严重威胁，他真诚地希望溥仪能够迁移。可是，他的忠言并不能进入溥仪的耳中，溥仪已被宵小包围，对于王国维这样的忠臣并不予重视。王国维"愤激几乎泣下"。

1927年3月以后，世道似乎更加混乱。迷茫的天际阴云密布，看不到一线光亮，清华园的师生们颇有同感。王国维与陈寅恪、吴宓往来密切，谈论动荡的局势：既有北方奉军张作霖残害李大钊等人的暴行，也有南方国民党"四一二"的大肆滥杀。他们对蒋介石、冯玉祥，国民党、共产党等各种情况并不了解，多是听到沾满血腥的消息。北伐的国民党军队攻下徐州，冯玉祥引兵出潼关，败奉军于河南，形势危急，北京城内一片恐慌。接着，又有消息传来，两湖学者叶德辉、王葆心遭到屠戮，在知识界激起不小的波澜。中国共产党领导的工农运动蓬勃开展并进入高潮，叶德辉写了一副肆意谩骂农民的对联："农运宏开，稻粱菽麦黍稷，杂种上市；会场扩大，马牛羊鸡犬豕，六畜成群。"横批是"斌尖卡傀"。叶德辉在劫难逃，被农民自卫军抓获，湖南工商学各界团体在长沙教育会坪举行数万人参加的反蒋示威和第二次铲除反革命分子公审大会，叶德辉被特别法庭公审判处并执行死刑。王葆心是乡里德高望重的老先生，只因通信中有"此间是地狱"一语，即被拽出，遭受极端侮辱，导致死亡。王国维自忖自己为清廷遗臣，北伐军到京，不知还要遭受多少侮辱，惴惴不安。北平《世界日报》晚刊上发表《戏拟党军到北京所捕之人》，王国维的大名赫然列于纸上。

梁启超约王国维到日本岛国暂避，王国维尚未考虑，而是意外地抽出时间，携家人游览西山。这种情形在以往非常少见。

到了一届学生毕业告别的时间，宴会一共有四桌，师生间不拘形迹，欢笑声洋溢在整个工字厅中，王国维所在的那一桌却寂然无声，十分缄默。梁启超站起身来向大家致辞，历述国学研究院诸位同学所取得的优异成绩，满意地说："吾院苟继续努力，必成国学重镇无疑。"大家静静地聆听导师寄语，王国维也频频点头。梁启超发表演讲后又说："党军已到郑州，我要赶到天津去，以后我们几时见面，很难估计！"大家都相顾失色。

宴会结束后，王国维随陈寅恪到了南院，畅谈至傍晚方歇。姚名达、朱广福、冯国瑞同游于朗润园中，在回来的路上，朱广福忽然说道："王先生的家在哪里？我还没有去过呢，一起去看看怎么样？"书房中空荡无人，他们叫仆人打电话到南院，问王国维是否在陈寅恪家。回答是肯定的，王国维正拔步返回自己的住宅。他们三人坐在书房中，提出许多问题，王国维的回答照例精练。晚餐摆好，他们起身告辞，王国维像往常一样，将他们送到院子中。晚上，柏生、谢国桢前去王国维的住宅，询问阴阳五行的起源问题，并论到某位日本学者在研究干支时的得失。在谈话的间隙，涉及时局，王国维立刻呈现出黯然的神色，向他们表达避乱移居的想法。

天色微亮，王国维照常起床，潘氏夫人为他仔细梳发辫并编结起来，服侍他洗漱，和三子贞明、女儿东明共进早餐。餐毕，王国维去书房整理一下，独自出门。8时许，王国维来到研究院公事房，发现已经批改完的学生成绩本没带，让听差去家里拿。然后商谈下学期招生的事情，王国维请求同事侯厚培借给他两元钱，侯厚培身上没有零钱，随手递上一张5元的钞票。王国维一向不理财，月俸400元，已经算是高薪阶层，他领到工资之后直接交给潘氏夫人分配使用，平时身上从不带钱，只有去买书的时候才会向夫人取用。上午11点多，赵万里、卫聚贤一同去王国维的办公室，请求题签，没有找到王国维。他们认为王国维可能去厕所，家人打电话到办公室，问王国维怎么没有回到家中吃午饭。人们着急起来，门口的黄包车夫说："王先生坐车往西走了。"赵万里、卫聚贤立刻向西追去。颐和园的门房说："一位老人跳湖自杀。"赵万里、卫聚贤跑进去，见到王国维的尸体停放在湖边的亭子下面。园丁说："他在石船上独坐许久，不停吸纸烟，到湖边走来走去，我扫亭子没有留意，后来听见'扑通'一声，不见人影。我跳下水去，抱他上来时，他已经死了。"水深两尺，王国维扑下去时，头部先入水，以致口、鼻都被泥土堵塞，因为园丁不懂急救术，王国维窒息而亡。此时，王国维穿在里面的衣服还没有浸湿。1927年6月2日（旧历五月初三），王国维自沉于颐和园的昆明湖中，学界震惊！

当天下午，国学研究院的同学中已经隐约有王国维失踪的消息。浙江同学会欢送毕业同学，王国维不大愿意参加校里的交际宴会，即使不来，也不会引起别人的任何怀疑。大宴会将散的时候，有一个人进来将曹云祥请到外面私语。曹云祥返身进来，向众人宣布说："顷闻同乡王静安先生自沉颐和园昆明湖，盖先生与清室关系甚深。"众人大惊失色。柏生和吴其昌奔出宴会厅四处去打探消息，途中遇到赵万里，他们证实王国维的死讯，吴其昌失声恸哭。校长、教务长及研究院的教授、助教诸人，率同学三十多人，坐了一辆汽车赶往颐和园察视遗体。夜里10点左右正是戒严时期，看护颐和园的警察不让他们进入，争执许久，才允许校长、教职员工四人进到里面。王国维的遗体并没有立即被拉回清华，警察说要等法院的裁决，其他同学哭着返回学校。国学研究院的同学们连夜帮潘氏夫人布置灵堂，并给天津的罗振玉发送一封电报："师今晨在颐和园自沉，乞请代奏。"所谓"代奏"，即为转告在张园里的溥仪。

第二天的下午1点钟，国学研究院的全体同学都去了颐和园，入门后由园丁引至鱼藻轩，王国维的遗体仍然停在那里，上面盖了一张芦席，席角压了四块砖。众人的脸上呈现惨淡的神色，默然许久，让园丁将席子掀开，再看一看王国维的遗容。一瞬间，人们控制不住自己的情绪，哭声大作。王国维已经死了二十多个小时，脸呈紫色发胀，四肢蜷曲，匍匐于地上，惨不忍睹。王国维的家属和学校办事人员全部来齐，其中包括陈寅恪、吴宓、梅贻琦、梁漱溟。检查员迟迟未到。天气渐渐地闷热起来，布满阴云，听到一阵紧似一阵的雷声，雨并没有下来。下午4点多，法官领着检验人员来到现场，略作查问后，开始对尸体进行检验，大家围在一旁。从王国维的衣袋中找出一封遗书,外书"西院十八号王贞明先生收启",内容如下:"五十之年,只欠一死。经此事变,义无再辱。我死后当草草棺殓,即行藁葬于清华茔地。汝等不能南归,亦可暂移城内居住。汝兄亦不必奔丧。因道路不通,渠又不曾出门故也。书籍可托陈、吴二先生处理。穷人自有人料理,必不至于不能南归。我虽无财产分文遗汝等,然苟谨慎勤俭,亦不必至饿死也。"头一天晚上,王国维事先写好遗书放进口袋中。念完遗嘱,学校人员把王国维的遗体移放在一个绷布架上,由同学们扶持着,抬至颐和园西北角门外旧内廷太监下处三间小屋中,以前清冠服入殓。当钉子叮叮当当钉死灵柩的盖子后,王国维永远地辞别诗词中曾反反复复出现和咏叹着的人间。傍晚七八点钟,研究院同人及学生们执着素灯,将王国维的灵柩移到庙宇,摆设祭品。面对王国维的遗体,当其他人都行鞠躬礼时,陈寅恪却行旧式的跪拜礼,吴宓、研究院的同学们纷纷效仿。王国维在清华园东二里七间房下葬,天下着雨,道路泥泞,校长以下数十人送葬,研究院的同学绝大部分已经离校,因此只有何士骥、姜亮夫、王力、毕相辉、柏生等数人前去送行。王国维的墓地在麦陇中的稍高处,圹深六七尺,宽只有三四尺,长约丈余,棺材放入穴中后,上面盖了石板,填土成坟。一代学术大师永远长眠于地下。

罗振玉代替王国维写一道"临终遗折",按照清代的惯例,二品大臣,身后晋爵一品,读诔赐谥。王国维是食五品俸禄的南书房行走,没有资格称公卿。在民国八九年以后,爱新觉罗皇族,为了死后能得到一个谥号,每天都有人往紫禁城跑,或者从遥远的地方寄来奏折。因为伸手要谥号的人太多,有损"朝廷"的尊严,遂作出一项规定,三品京堂以下,不予赐谥。

旅京同乡旧友,假座于北京下斜街全浙会馆,为王国维举行悼念大会。坛中置王国维遗照,陈列遗嘱,王国维的亲属列于左右,四壁挂满挽联。罗振玉专门从天津赶来,赵万里等人前后奔忙。吊唁客人有逊清皇帝溥仪派来的使者,前清的遗老,新旧学者教授、官吏,日本和欧洲的友人,可谓极一时之盛。罗振玉广邀中日名流、学者,在天津日租界为王国维举行另一次追悼会，挽联写道："至诚格天，遨数百载所无旷典；孤忠盖代，系三千年垂绝纲常。"罗振玉声泪俱下，令在场的遗老遗少肃然动容。两年后，清华研究院同人请陈寅恪为王国维撰写碑文："先生之著述，或有时而不章；先生之学说，或有时而可商，惟此独立之精神，自由之思想，历千万祀与天壤同久，共三光而永光。"王国维的死，的确不能以世俗的眼光看待，他最终自杀于精神寄托与慰藉的无可指望。王国维的女儿王东明曾说："父亲一生是个悲观的文人，孤寂凄美——最是人间留不住，朱颜辞镜花辞树。"面对王国维离奇的跳湖自尽，学术界、坊间产生种种猜测议论，有多种说法流传于世，如"殉清"说、"殉文化"说、"悲观哀时"说、罗振玉"逼债致死"说、王国维"妻妾出轨受辱"说，甚嚣尘上，莫衷一是，成为笼罩在华夏古国历史天空的一个谜团。

六十九

梁启超精力充沛，至死不衰，让人啧啧称奇。他曾接连34小时不上床歇息，写成洋洋数万言的《戴东原哲学》。他喜欢"五官并用"，即可以同时做好几件事情而且不分心。姜亮夫到梁启超家中，梁启超要写对联，让姜亮夫帮忙拉住写对联的纸。刚要动笔，梁启超吩咐助手说："你明天九时到王先生家去送一封信。"刚写了两个字，儿子告诉他"有电话"，他随即吩咐儿子去回话，手中笔未停。儿子退出，家人送信进来，他叫家人读信，一边听一边写，吩咐回信大意。家人又送早点上来，他稍看了一下，说早点中某东西不要，某东西再加一点。姜亮夫很慌张，生怕他把对子写错，但他没有一个字出差错。五官并用，不但不致令人感觉冷漠，反而从他的一颦一笑的问答中流露出热情。

梁启超每次去学校上课，自备马车，手不释卷，进了校门，才把书装进提包里。他讲授时，对每一问题，都是上下古今，旁征博引，精辟透彻，引人入胜，同时提出自己的见解来启发大家。他讲到《桃花扇》中的一段，痛哭流涕，掏出手帕拭泪，听到的人不知有几多泪沾衣襟。他又讲到杜甫"剑外忽传收蓟北，初闻涕泪满衣裳"，于涕泗交流之中张口大笑。自我陶醉地一唱三叹，并无半句解释，朗诵赞叹过后，高呼道："思成，抹黑板，快抹黑板！"思成是梁启超的儿子，也在班上听讲。每次钟响，他讲不完，总要拖几分钟，然后于掌声雷动中大摇大摆地徐徐步出教室。一次来上课的学生极少，梁启超询问得知，原来这日有重要的校际篮球比赛，很多学生都跑去观看。梁启超大发牢骚："做学问不如打球好玩，你们不是要跟我做学问，而是要看看梁启超罢了，和动物园的老虎、大象一样，看一两次足够。我不失望，不要多，只要好，我在时务学堂只有40多个学生，可是出了蔡松坡、范源濂、杨树达，一个顶一个！"梁启超喜欢召集学生一起围坐杂谈，通宵达旦，古今人物，世界趋势，海阔天空，无所不包，谈起鬼怪玄学时，大家莞尔一笑，明白今天谈话快要结束，天光大亮，仆人端点心进来，大家吃完方才各自休息。

梁启超有九个儿女，梁思成、梁思永、梁思礼成为院士，其他几位都是各自领域里十分杰出的人才，被称为"满门俊秀"。梁氏一门，九朵奇葩，在中国历史上十分罕见，开创前无古人、后无来者的奇迹。《三字经》中曾有"窦燕山，有义方，教五子，名俱扬"的说法，那只是个因果报应的故事，与梁启超教育子女的思想、方法和路数不可同日而语。梁启超秉承以"义理""名节"为立足之本的家风家教，特别强调道德修养、精神陶冶和人格培育；他赶上一个西风东渐的时代，眼界和心胸都大大地扩展。西方近现代教育所倡导的科学、民主、平等、自由、尊重个性、启发式教育等理念，使他感到惊讶、新奇，看到开启民智、改造国民、培育新人的可能。梁启超作为孩子们的良师益友，不仅关心他们的学业、工作、生活、健康，更对他们的品性、为人、立身、处世给予细致入微的指导。他告诉年轻人："你如果做成一个人，智识自然是越多越好；你如果做不成一个人，智识却是越多越坏。"

梁启超一生勤奋，著述繁多，各种著述达1400万字，每年平均写作达39万字。他在近36年的政治活动之余，笔耕不辍。1929年年初，梁启超的病情渐趋恶化，身体越来越差，学生谢国桢和萧龙友劝他停止工作，多休息，梁启超说："战士死于沙场，学者死于讲坛。"王国维诡异、神秘地离去，昭示一个不祥的预兆，清华国学院"四大"支柱轰然断裂一根，另外一根也岌岌可危，马上就要坍崩——学界中号称泰山北斗的梁启超。盛极一时的清华国学研究院渐渐显出颓势。

早在1926年年初，梁启超因尿血症久治不愈，不顾朋友们的反对，毅然住进北京协和医院，手术中，被"美帝国主义派出的医生"、协和医院院长刘瑞恒和助手，切掉健全的右肾，虚弱的生命之泉只靠残留的一只坏肾来维持供给。梁启超的友人、著名医学家伍连德证明协和医院孟浪错误，手术粗疏，割掉的右肾并没有丝毫病态。据伍连德的诊断，"这病乃一种轻微肾炎，很难求速效，协和医院从外科方面研究，实在是误入歧途"。西医在中国立足未稳，大受质疑，而手术主要操刀者乃毕业于美国哈佛大学的医学博士、协和医院院长刘瑞恒。陈西滢、徐志摩通过媒介向协和医院进行口诛笔伐、兴师问罪，身为医疗事故的受害者，梁启超没有状告院方，仍把西医看作科学的代表，维护人类文明的进步事业。他禁止陈西滢、徐志摩上诉法庭，不求任何赔偿，不要任何道歉，并艰难地支撑着病体亲自写文章为协和医院开脱。

梁启超无意中得《信州府志》等书，不胜狂喜，在天津家中扶病连续笔耕七日。死神开始嘭嘭地叩击梁府大门上那个怪兽状的铜环，梁启超的生命油干薪尽，回天乏术，只能听从死神的召唤。

1929年1月19日，梁启超与世长辞，享年56岁。噩耗传出，学界政坛天下同悲，清华同人抚棺恸哭。泰山崩塌，梁柱摧折，哲人已去，一代文化巨星陨落在东方大陆。梁启超的葬礼在北京举行，报纸上有比较详尽的记载："北平各界与广东旅平同乡会在老墙根广惠寺公祭梁任公先生，高扎蓝花白地素牌楼一座，门内奏哀乐，悬挂阎锡山一联。祭台缀以'天丧斯文'四字。到者甚众，除了尚志学会、时务学会、清华大学研究院、香山慈幼院、松坡图书馆、司法储才馆、广东旅平同乡会，有熊希龄、蔡锷、胡适、钱玄同等五百余人。"因为梁启超与革命派的一些旧日恩怨纠葛，南京国民政府反应冷淡，某君素来景仰梁启超，想拉国民党的一个忠实分子同去追悼，朋友的夫人板下脸，用严厉的口音说道："梁启超是研究系的人，腐化分子，你若能担保我丈夫的名誉，不发生危险，便同他参加追悼会！"某君实不敢以他人名誉为儿戏，独自前往。梁启超虽然以置身政界的关系，不能令各方面都满意，但他对于中国革命的间接鼓吹，新思潮的输入，功绩确乎不少，最后数年对于学术的贡献尤为伟大，人格健全。盖棺定论，梁启超可以算新中国的一个恩人，追悼会竟然引来诋毁，与法国大文豪雨果的葬礼相比，有些凄惨。西洋社会崇拜天才的光景，教人血脉偾张，泪流满面，人生果然能得到这样的光荣，牺牲生命也值得！他们天才的努力，大都由民众鼓励出来。西洋天才对于民众贡献的报酬，是感激，是颂扬，是社会上最高的地位；中国天才对于民众贡献的报酬，是攻击，是侮辱，是饥寒困苦。深厚的土壤，栽培出郁郁千丈的翠柏苍松，薄瘠的地皮，只能生几茎野草。忘恩负义的民族决不能产出伟大的天才！

七十

罗家伦任清华校长后，一心想聘请刘文典来清华任专职教授，但北大拒不放人，几经磋商，最后双方达成协议，刘文典到清华执教，仍兼任北大教授，两全其美。由此可见刘文典当年炙手可热的程度。

课堂上，有一位学生站起来说："先生能不能再大声点？后面的人听不见！"刘文典问："今天到了多少人？"答道："30多人。"刘文典说："我上课，教室里从来不许超过30人！今天不讲了。"刘文典拔腿起身，拂袖而去。

刘文典在长子病逝后，对幼子极为钟爱，带到教室讲课时，孩子坐在他身边，总是吵闹，学生们凑钱给孩子买糖吃。孩子坐不住，到教室外面抓蝴蝶，刘文典忙叫"快回来"，学生们正听得入神，把刘文典的话语一字不落地记下，突然穿插这三个字，实在无法理解，因为出现得太突兀。

刘文典深度接触佛教经典，专门到北京西山碧云寺读经，为日后校勘佛教典籍进行学术铺垫。碧云寺有严格规定，非佛教人士，不准借阅藏书。规定借阅者必须在寺内念经堂正襟危坐，也不得以手指蘸口水翻书页，必须用寺院特制的篾子翻阅，违者受罚。管理藏书的老和尚与刘文典认识，特准他借阅，并向他说明借阅的规则，刘文典当即允诺。老和尚离去后，刘文典静坐读经，觉得疲倦，趁机持书卧在室内的空床上，阅读片刻，困意袭来。睡梦中的他忽然听到骂声，头面受到扫帚扑打。老和尚斥责说："你言而无信，竟把佛经丢在地上！"刘文典一面道歉，一面在佛堂内"抱头鼠窜"。老和尚见刘文典甘心承受挨打，并没有教授架子，怒容一变，扑哧一声笑了。以后成为好朋友，刘文典在清华设素斋招待老和尚。

清华大学研究院成立中国文学部、历史学部，增设课程，刘文典的指导范围为"选学诸子"，陈寅恪的指导范围为"佛教文学"。随着接触的频繁与了解的深入，刘文典越发崇拜陈寅恪，清华园的学生、教授，凡有文史方面不能解决的疑难问题，都向陈寅恪请教，陈寅恪总是会给以满意的答复。刘文典与陈寅恪交往过程中最经典的故事，是"对对子"风波，本来极其简单的事情，却引发国内学术界的一场大论争。

陈寅恪在诗联上堪称一绝，曾送给清华国学研究院的学生一副奇妙对联，大家被搞得一头雾水，后经陈寅恪一解释，恍然大悟，笑成一片：国学研究院导师梁启超是康有为的学生，他现在的学生当然是"南海圣人再传弟子"；国学研究院导师王国维曾任清廷南书房行走，是溥仪的老师，他现在的学生算得上是"大清皇帝同学少年"。

　　陈寅恪确定赴北戴河度假，出发前的一天，刘文典突然来访，开门见山："我想请先生代拟一下国文试题。"

　　陈寅恪几乎每年都要参加清华大学入学考试国文试卷批阅工作，对于那些高深莫测的试题早已满腹牢骚，国文入学试题应该尽量"形式简单而含义丰富，又与华夏民族语言文学特性有密切关系"，而不是故作深沉，将学生直接绕进死胡同。经过认真而谨慎的考虑，陈寅恪决定将作文题命为"梦游清华园记"，专门出了两道"对对子"的题目："孙行者""少小离家老大回"。

　　中国的中小学教育，已经由政府明令，推行白话文达十年之久。尽管社会上坚持用文言文写作者依然不乏其人，但作为整体的教育体制而言，白话文牢牢占据统治地位。社会各界批评陈寅恪开倒车。中国学术界正在热捧畅销书《马氏文通》，作为国文考试的文法依据。陈寅恪不肯认同《马氏文通》所传达的核心理念，"认贼作父，自乱宗统"。陈寅恪指出，印欧语系的语法规律，有的确实可以作为中国文法的参考和借鉴，比如梵文中的"语根"。倘若将某种语言的特性放于四海而皆准，并视为天经地义、金科玉律，按条逐句，一一对应于中文，未免有些牵强附会。胡适是《马氏文通》和白话文运动的坚定支持者，因而陈寅恪的命题被认为是向五四精神发起挑战。尤其是上联"孙行者"，有几个学生以"祖冲之"相对，陈寅恪的标准答案是"胡适之"，暗含猢狲的意思，对于胡适是一种善意的调侃。外界辩难与攻击的观点纷纭，"对对子"是下流玩意儿，根本不应拿来用作录取大学新生的考试题目。刘文典将这些声音一一反馈给陈寅恪。陈寅恪在《清华暑期周刊》上发表《答记者问》一文，解释自己出题的初衷，在真正中国文法成立之前，学术界不应自欺欺人，需要寻求一个过渡时代的救济方法，作为暂时代用品。"对对子"至少有四大功能，可以测验应试者能否理解虚实字的应用、分别平仄声、掌握丰富词汇、思想条理。对于刘文典所担心的流俗讥笑，陈寅恪泰然对待，像"牛头不对马嘴"的较量，何必放在心上？

学生曾描述在清华任教时的刘文典："记得那日国文班快要上课的时候，喜洋洋地坐在三院七号教室里，满心想亲近学术界名流的风采，渴慕多年。可是铃声响后，走进来一位憔悴得可怕的人物。看啊！四角式的平头罩上寸把长的黑发，消瘦的脸孔上安着一对没有精神的眼睛，两颧高耸，双颊深陷；长头高举兮如望空之孤鹤；肌肤黄瘦兮似辟谷之老衲；中等的身材贫瘠，尚不至于骨子在身子里边打架，但背上两块高耸着的肩骨大有接触的可能。状貌如此，声音呢？天哪！不听时犹可，一听时真叫我连打几个冷噤。既尖锐兮又无力，初如饥鼠兮终类寒猿……"傅来苏回忆老师刘文典："先生日常均身穿青布长衫，脚蹬布面圆口鞋，飘逸自如，不失学者风度。上课时则用一块蓝布包着讲义或教材，夹在腋下，慢慢走入教室。入冬天寒，先生衣着没有大变化，在长布衫下增加一件棉袍或皮袍，从未见过华丽大衣之类的装束。外出应酬，服饰亦然，举手投足中，一派中国儒学传统大师神采。"随着王国维、梁启超相继谢世，陈寅恪苦苦支撑危楼，刘文典成为清华园一道不可缺少的风景。

七十一

民国时期，与清华北大比肩而立、遥相呼应的学术殿堂，是南方的中央研究院。上海是远东闻名的国际商埠，殖民地外来文化的聚散之地。纸醉金迷，十里洋场，处处可见冒险家和投机商一夜发迹的狂欢，也同样可见失意政客和流浪文人逃避苦难的逍遥。随着紫禁城皇权的旁落，一大批叱咤"五四"的风云人物纷纷相约南下。他们带着北方人固有的目光，在繁华租界四处观光，发现这里流行着完全陌生的消遣方式和价值观。每当周末降临时，富有的英国人携带妻子，乘坐敞篷马车，在林荫道上来回兜风。豪华别墅、宽阔花园以及网球场，是喝漫长的英式午茶的好地方。跑马场配有令人刺激的看台和俱乐部，占据静安寺路东头护城河沿岸的一大片土地。这里相对缺少政治中心的威严和恐怖。中外新闻出版和文化机构名目众多，给隐居亭子间的自由文人们，提供谋生和浪漫的庇护场所。虽然许多留洋归来的名流学者居住在上海，但是属于中华民族自己的科学研究事业，像苍白无力的贫血症患者，一筹莫展。一个瘦弱苍老的身影，来到上海亚尔培路205号，以他学术大师的情怀，披荆斩棘的勇气，为20世纪中国创建第一个科学研究机构，直至他生命的老成凋谢。

1930年元月的某个下午，蔡元培在中央研究院的驻沪办事处召开院务会议。窗外冰雪交加，凛冽的寒风像越来越糟的时局，让人难以忍受。亚尔培路上火炉温暖，蔡元培的笑容光彩熠熠，像巨大的精神磁场，吸引着学界各门类的顶尖人物聚集于麾下。中央研究院从无到有，发展到九个研究所和一个自然博物院，拥有100多位享誉国内外的研究学者，如李四光、竺可桢、丁燮林、梁思成、严济慈、茅以升、陈寅恪、赵元任、李济、翁文灏等，还请来一些国外的著名学者。海森伯教授是德国国际波动力学的创始人之一，但采尔博士系德国民族学教授，蔡元培的同窗好友。

院务会议每月都要召开一次，今天，各位所长神色严峻，听杨杏佛报告一个沉重的话题。由于戴季陶等人的提议，国民政府指令蔡元培，将准备在曹家渡兴建的物理、化学和工程三个研究所迁往南京。棘手难办，一帮大学者议论半天，把目光投向院长蔡元培。国民政府采取措施，冲着蔡元培避居沪上、远离南京的消极抵抗而来。

蔡元培威严地瞥了一眼杨杏佛，说："我绝对不会向强权低头，你给南京回一封公函，说明我们无地无款也无法集中建院于南京的情况。再反问他们一句，为何中央大学总部在南京，但下属医学院和商学院可以在上海？为何财政部在南京，但所辖中央银行可以在上海？你理直气壮地告诉他们，在南京建好本院新址前，上海原定的建设计划照旧进行。"

一份由蒋介石亲自主持的中央政治会议决议，送到蔡元培的案头，措辞严厉，毫无通融的余地，等于下达最后通牒。平时号称智多星的杨杏佛怔住。蔡元培毕竟见过大世面，在关键时刻的英雄姿态，使杨杏佛镇静下来。蔡元培说："不予理睬，我倒要看看姓蒋的如何善待老朽。南京的血腥气太重，蒋介石在党内排斥异己，对付汪精卫、胡汉民、邓演达，现在又和冯玉祥、阎锡山翻脸，中原大战即将爆发。"

经过杨杏佛多方疏通，总算摆平，蔡元培与南京诸位大员的过节，由此种下祸根。杨杏佛找了一个合适的理由，日本在上海搞文化事业局，内设自然科学研究所，为了对付日本的文化侵略，他们必须留在上海发展。

蔡元培接到北大文学院院长胡适的电报："营救陈独秀！"因托派活动被中共开除的陈独秀，在上海家中被捕。蔡元培会同杨杏佛、林语堂、柳亚子等文化界名流，致电南京政府要求宽释政治犯。蒋介石总算做了一次顺水人情，饶陈独秀一命，将此案交江宁地方法院审理。汪孟邹为了接济陈独秀一些稿费，想重印《独秀文存》，赶来请蔡元培写一篇序言。蔡元培欣然应允，很快交了稿子。蔡元培派刘海粟去狱中探望陈独秀，劝陈独秀要注意身体的锻炼。陈独秀说："我每次遇难，都受到蔡先生的照顾。在大节上，蔡先生能够坚持真理。"

30年代的中国内外交困，蔡元培的心境恶劣到极点。1932年1月29日，日本驻上海的侵略军向十九路军发起进攻。40多架飞机从停泊在黄浦江中的航空母舰上呼啸而起，炸毁上万家商店和工厂，包括矗立在闸口宝山路的商务印书馆。张元济集毕生精力建造中国最大的出版企业，印刷设备在远东无与匹敌。五层楼的东方图书馆里，收藏着几十万册珍贵图书、各种善本古籍以及古画。在商务印书馆被焚烧的日子里，蔡元培强忍悲痛，仰望天空，油墨燃烧时形成的强大气流，把纸片灰烬卷上天空，形成一层厚厚帷幕，冬天的阳光竟难以透过。纸片灰烬随风回旋，飘落到城郊四处和静安寺一带，飘落到两位老人的寓所。张元济和蔡元培几乎抱头痛哭，呜咽不语。蔡元培立即与国立大学校长王世杰等人致电国际联盟抗议，强烈要求迅速制止日本焚毁上海文化机关的暴行。

　　蔡元培知道势单力薄。在法西斯新军阀一党专制的白色恐怖下，在攘外必先安内的卖国政府面前，难道真有什么主权和尊严可言？蔡元培凭着一腔热血拼死呼号，迈出生命中最勇敢的步伐，和宋庆龄、杨杏佛、林语堂等人一起，组建中国民权保障同盟。蔡元培致电蒋介石，要求立即释放非法逮捕的教授许德珩等人。民权保障同盟简直成为眼皮底下的赤色组织，蒋介石恼羞成怒，戴笠的蓝衣社承担暗杀任务。他们毕竟对宋庆龄、蔡元培有所顾忌，决定先从杨杏佛开刀。上海的亚尔培路331号是一幢漂亮的花园小洋房，杨杏佛自从与夫人离异后独自住在这里，星期天早晨，他带上15岁的儿子杨小佛，乘坐敞篷汽车准备出游，遭到埋伏在马路两侧的四名杀手的袭击。他爱子心切，全身俯伏在杨小佛身上，结果连中三弹，当场气绝。杨小佛仅右腿中一弹，受一点轻伤。杨杏佛入殓那天，大雨滂沱，狂风大作，一路上杀机四伏，谣传特务将暗杀民权保障同盟的其他重要成员。蔡元培置生死于度外，毫不犹豫地前去万国殡仪馆主持吊唁祭奠，泣不成声，直到下午4时才返回寓所休息。鲁迅出门送葬时，干脆不带钥匙，以示不存侥幸归还的决心。杨杏佛远逝而去，以冲天的血光，走在20世纪中国知识精英为争取民权的泥泞道路上。

第七章
不为繁华易素心
——恩怨纠葛风云流散

七十二

国民党在获得政权以后，并没有忘记对政治话语权的控制。他们先是提倡三民主义文学，由于"四一二"政变使三民主义蒙羞，三民主义文学几乎没有产生社会影响。面对日盛的普罗文学的声浪，他们又喊出民族主义文学的口号，试图用民族意识、民族精神抵抗来自左翼联盟的阶级论调。所谓新生活运动，中心内容仍是传统的"四维""八德"。与此针锋相对，左翼联盟再次掀起大众话语的讨论。国民党以正统自居，思想、语言要复古；左翼联盟以劳动阶级、广大群众为旗帜，语言要大众化，其中隐含着争夺话语权的斗争。"大众"一词，在一段时期内成为最时髦、出现频率最高的语言，左翼联盟靠着群体的力量，引领整个时代。随着日军侵华、殖民主义势力的抬头，大东亚共荣圈建设、维护正统、颜色革命三大思潮激烈碰撞，搏斗较量，交织成一幅蔚为大观的时代图景，政治党化思维渗透到文学、教育、艺术、科技等各个领域。

　　20世纪三四十年代的中国知识分子群体发生巨大裂变，有的随波逐流，站到前台，参与轰轰烈烈的政权博弈；有的蜕变为金钱附庸；有的坚持自由主义立场，退守书斋，小心翼翼地呵护着一方心灵净土。百年烟云只过眼，不为繁华易素心，让我们向那些为民族解放事业贡献青春的斗士，或者固守节操、孜孜不倦于学问通达的高洁人士致以敬意！

　　30年代开端不利，首先是徐志摩坠机罹难，像一颗璀璨的流星划过中国文坛，真是天妒英才。徐志摩凭借诗集《翡冷翠的一夜》和散文集《巴黎的鳞爪》饮誉文林，善于用细腻的笔触表现丰富复杂的情感，语言自然、纯熟，独具清莹流丽的情致；又凭借妻子陆小曼的艳名，博得世人娇宠，郎才女貌竞风流，传为一段值得回味咀嚼的佳话。

　　1931年11月18日，徐志摩乘火车由上海抵南京；19日上午8时，乘中国航空公司"济南"号飞机由南京飞往北平。驾驶员王贯一、梁璧堂都是南苑航空学校毕业生，年龄均为36岁。飞机上运载40余磅邮件，乘客仅徐志摩一人，也是36岁。开始天气甚佳，不料在党家庄一带忽遇漫天大雾，驾驶员为寻觅航线，降低飞行高度，不慎误触山顶，机油四溢，机身轰然起火，坠落于山脚，待村民赶来时，两位驾驶员皆已烧成焦炭。徐志摩座位靠后，仅衣服着火，皮肤有一部分的伤痕，但他额头被撞开一个大洞，成为致命创伤，又因身体前倾，门牙脱落。细雨霏霏，似乎是在哀悼早逝的天才诗人。

　　徐志摩坠机的那天中午，悬挂在家中客厅的镶有徐志摩照片的一只镜框突然掉下来，相架跌坏，玻璃碎片散落在徐志摩的照片上。陆小曼预感这是不祥之兆，嘴上不说，心却跳得厉害。南京航空公司的保君健跑到徐家，真的给陆小曼带来噩耗。昏厥苏醒过来后，陆小曼号啕大哭。郁达夫的妻子王映霞换上素色的旗袍，去看望陆小曼，陆小曼穿一身黑色的丧服，头上包了一方黑纱，十分疲劳，万分悲伤地半躺在长沙发上。见到客人，陆小曼挥挥右手，算是招呼。一阵长时间的沉默。陆小曼蓬头散发，大概连脸都没有洗，似乎一下老了好几个年头。

"悄悄的我走了，正如我悄悄的来；我挥一挥衣袖，不带走一片云彩。"一代诗魂，悄然离去。徐志摩的灵柩暂厝于济南福缘庵，由友人沈从文、梁思成，亲戚张嘉铸，儿子徐如孙等主持，将遗体运往上海，由万国殡仪馆重殓，在静安寺设奠，最后安葬在故乡浙江海宁硖石镇东山万石窝，墓碑系书法家张宗祥所题。陆小曼写了挽联："多少前尘成噩梦，五载哀欢，匆匆永诀，天道复奚论，欲死未能因母老；万千别恨向谁言，一身愁病，渺渺离魂，人间应不久，遗文编就答君心。"噩耗传出后，在文艺界引起很大震动。胡适在日记中感慨地写道："朋友之中，如志摩天才之高，性情之厚。真无第二人！"周作人说："中国新诗已有十五六年的历史，可是大家都不大努力，更缺少锲而不舍地继续努力的人，志摩要算是唯一的忠实同志。"沈从文号召："纪念志摩的唯一方法，应当是扩大我们个人的人格，对世界多一分宽容，多一分爱。"蔡元培的挽联最为精妙："谈话是诗，举动是诗，毕生行径都是诗，诗的意味渗透了，随遇自有乐土；乘船可死，驱车可死，斗室坐卧也可死，死于飞机偶然者，不必视为畏途。"

梁思成从失事现场带回一块飞机上的残片，林徽因一直把它挂在卧室的墙上直至逝世。悲痛过后，林徽因写了《悼志摩》，在《北平晨报》学园副刊上登载。同时在她的提议下，拟出《徐志摩纪念奖金章程草案》并登载，可惜没有成功。她很快陷入一场旷日持久的纠纷，与凌叔华争夺一个小提箱里的文件的归属权，世称"八宝箱之谜"。因为有胡适帮忙，她是赢家，拿回不一定属于自己的东西。遗著里面可能记着徐志摩和她在伦敦时的一些活动。徐志摩的几本日记，应当全部归于陆小曼保存。若按徐志摩生前的安排，永远放在凌叔华那里也顺理成章。林徽因据为己有，实在有点牵强。

七十三

黄侃定居南京，先租赁大石桥民房，后在明故宫西侧九华村建造一座三层楼的寓所，楼盈书10万，其中一部以1600元巨款所购的《道藏》，全国仅有两部。黄侃取陶渊明"量力守故辙，岂不饥与寒"诗句中的"量守"，托同为南社社友、时任国民党中央党部秘书长的叶楚伧书写"量守庐"悬于门上。汪东绘制"量守庐图"，并题一联：此地宜有词仙，山鸟山花皆上客；何人重赋情景，一丘一壑也风流。"量守庐"与汪东寓所相近，游宴过从，无数晨夕。一日，黄侃对汪东说："倘若我羽化而去，你应当怎样写挽联哀悼我?"汪东略一思索，报以一联：我意独怜才，平生风义聚师友；谁能长寿考，九泉重路尽交期。

"量守庐"垒成不久，忽闻国民政府欲在"量守庐"一带建机场。黄侃急匆匆去找同在日本加入同盟会、时任行政院院长的汪精卫，见面直呼："你做大官，有官邸和小汽车，我黄某一个蜗居，你都不肯放过，我要你院长下台!"汪精卫笑着回答："季刚兄，事情好办，南京这么大，随便你选一个地方，我替你盖一栋满意的住宅。"黄侃坚决不答应，汪精卫无可奈何，命令主事者把"量守庐"撤开。

私立中华大学聘黄侃为教授，黄侃是个拿干薪的伙计，根本不到学校去上课。学生找校长陈时吵闹，说："学校课程表上列了黄侃先生的课，为什么一年时间，我们连他的人影都没有见到?如果学校没有把钱给他，那要退我们的学费，因为有鼎鼎大名的黄侃先生给我们授课，我们才交这么多的学费。"陈时说："我每个月把几百块现洋给他，从不拖欠。"没有办法，陈时多次到黄侃家中去做工作，翘首期盼。黄侃慢悠悠步入课堂，开口骂道："你们是何等动物?非要我来上课?你们出去只管甩我的牌子，说是我的学生，还怕没有饭吃吗?看哪个不派你事做?"这是黄侃在中华大学上的唯一一次课。

黄侃转到南京中央大学任教，栖息"量守庐"，怡然自乐。他和校方有下雨不来、降雪不来、刮风不来之约，因此人称他为"三不来教授"。每逢老天爷欲雨未雨、欲雪未雪时，学生便猜测黄侃会不会来上课，往往是戏言成真。在中央大学兼课的名流颇多,教授们大都西装革履,汽车进出,最起码也有黄包车,唯黄侃进出,穿着一件半新不旧的长衫或长袍,一块青布包几本常读之书。中央大学规定师生进出校门要佩戴校徽,黄侃偏偏擅自闯入。门卫见此公不戴校徽,要看他的名片,他说:"我本人就是名片,你把我拿去吧。"争执中,校长出来调解、道歉才算了事。

上课铃响,黄侃安坐在教员休息室,没有丝毫起身往教室走的意思。学生安静等待,见老师未到,赶紧报告教务处。教务处职员知道黄侃名士脾气发作,马上跑去请示,黄侃两眼望天,冷冷地说:"上课时间到了哦,钱还没有到呢。"原来,学校没有及时发放薪水,黄侃表示不满。教务处赶快代他领取薪水,他才答应回到岗位。黄侃午餐时总要饮酒,走进教室时,他清瘦的脸上微带红色,酒意并未全消,第一排女学生们避开酒气,都自动改坐到第三排的座位上。黄侃在中央大学开设"文学研究法"课程,用《文心雕龙》做课本。他平时只管讲课,一向不给学生布置作业。临到期末考试,他又不肯看考试卷子,也不打分数。教务处一再催促。最后,黄侃被逼急,给教务处写了一张字条,上书"每人八十分"五个大字。他的意思是学生总想得甲等,给九十分嫌多,七十分又非甲等,八十分正合适。教务处无可奈何,不再提起这事。

一个雨天,其他教授穿胶鞋赴校,黄侃却穿一钉鞋。"钉鞋"又称"木屐子",即以桐油反复浸润后的牛皮为鞋帮,厚木块为鞋底,再钉上铁钉防滑。钉鞋在乡下走烂泥路极佳,而在城里走水泥路不太合适。课后,天放晴,黄侃换上便鞋,将钉鞋用报纸包上挟着出校门。新来的门卫不认识黄侃,见此公土气,且携带一包东西,上前盘问,并要检查纸包。黄侃放下纸包而去。系主任见黄侃教授连续几天未到校,以为生病,登门探望。黄侃闭口不言,系主任不知所以然,赶快报告校长。校长亲自登门,再三询问,黄侃说:"学校贵在尊师,连教师的一双钉鞋也要检查,形同搜身,成何体统。是可忍,孰不可忍。"校长再三道歉,托众多名流去劝说,无济于事。

黄侃与中央大学脱离关系。

黄侃曾在金陵大学兼课，慕名来听课者甚众。孰料该校农学院院长某君，刚从美国获农学博士头衔回来，不可一世，忽发奇想，要在校本部礼堂公开表演"新法阉猪"。海报贴出，全校轰动。当日恰逢黄侃上课，学生因去观看"新法阉猪"者特多，故上课者寥寥无几。黄侃问明缘由，宣布："大家都去凑凑热闹。"在表演现场，院长某君得意扬扬地让学生捆出一头大肥猪，紧紧绑缚在手术架上，然后开肠破肚，折腾半天也未能找到猪卵巢在哪里。"阉猪"表演变成"宰猪"展示。

黄侃很快吟成一阕词："大好时光，莘莘学子，结伴来睹。佳讯竞传，海报贴出，明朝院长表演阉猪，农家二畜牵其一，捆缚按倒皆除。瞧院长，卷袖操刀，试试功夫。渺渺卵巢知何处？望左边不见，在右边乎？白刃再下，怎奈它一命呜呼，看起来，这博士，不如生屠。"

黄侃向弟子们朗诵这篇讽刺作品，忽然教室外面传来一声惊雷，黄侃吓得蜷缩在桌子底下，浑身哆嗦，弟子们戏言："国学大师也有小儿科的举动。"

一个娇滴滴的女生遭到黄侃训斥，用哈巴狗对付黄侃，果然奏效，哈巴狗从洋气的背包里露出毛茸茸的小头，汪汪叫几声，黄侃教授退避三舍。原来黄侃平生有三怕：一怕兵，二怕狗，三怕雷。黄侃自己交代，主要是受到《论衡·雷虚》和文学书的影响，因而落下心悸的病根。

南京国民政府执政时期，黄侃的同盟会故友多系国府显贵，他耻与往来。唯有居正当时受蒋介石软禁，形单影只，不胜苦楚，旁人躲之不及的时候，他却常至居正囚地，谈心解闷。居正东山再起，复登高位，他竟不复往见。居正念他的友情，亲赴量守庐诘问他为何不再来玩，他正色答道："君今非昔比，宾客盈门，权重位高，我岂能做攀附之徒！"居正任司法院长后，拜访者甚众，每日下班后，避不见客，由门房挡驾。一日，黄侃去拜访居正，门房见他的外表和衣着土气，不太像有身份的贵客，照例以"院长不在家"挡驾。黄侃旁若无人，长驱直入。门房赶紧上前紧拉黄侃的衣袖，吆喝："你是什么人？出去！"黄侃大怒，一边骂："你是什么东西，你管不着！"一边挣脱继续往里走，用力过猛，衣袖拉破一道大口子。两人的争执惊动居正，居正走出门，黄侃大发雷霆："你居然摆起官架子！"居正连声叫道："季刚！不要理他！"又回过头来斥责门房说："我早就关照过你，这位黄先生来访的时候，立即通报，你怎么忘了？"门房赶忙回道："怪我多喝了两杯酒，糊里糊涂。"居正大笑，牵着黄侃的手说："快进去坐，有两瓶茅台，请你尝尝。"黄侃一听，怒气全消，高高兴兴地随居正进门。

群贤雅集，联句作诗，黄侃一手持酒，一手持蟹，谈笑风生。黄侃晚年，饮食都由妻子亲自动手烹调，每餐必须有鱼肉鸡鸭山肴之类。如果黄侃觉得不适口，便要妻子重做，有时一盘菜肴竟改做三四次；改做适口后，也仅是吃三四口而已。黄侃豪饮而不知节制，对酒不挑剔，黄酒、茅台、白兰地、糟醴、麦酒、啤酒，来者不拒，他经常喝到"大醉""醉卧"。因贪恋杯中之物，黄侃与几任妻子都闹得不可开交。黄侃对自己别的嗜好常生悔意，进行反省，唯独对喝酒，从不自咎，反而将妻子的劝阻视为"附疣之痛"，夫妻感情一落千丈。他牢骚满腹，无从发泄，只能寄情于杯中物。他每日早晨要喝四两酒，才出来上课，冬季常患咳嗽，吐血症从来没断过根。

烟酒、浓茶、美色腐蚀黄侃的身体，藏书和治学则丰富其灵魂。他读书如有神助。他很早信步于国学的堂奥之中，清雅绮丽的风光尽收眼底。他治学主张"师古而不为所囿，趋新而不失其规"，文字、音韵、训诂等诸多方面的学问都深入前人所未能发现的幽暗之处，开创研究古典文论的新风气。黄侃一生最大的家私是书籍。妻子常常责备他拼命去买书，有时把钱汇到外埠，天天盼望包裹，等书真的寄来，打开包裹，匆匆看过一遍后，把书往书架上一放，甚至从此不再翻阅，实在是太浪费。黄侃回答道："要知我买书的快乐，在打开包一阅之时，比方我俩结婚吧，在新婚宴尔之时最乐。"黄侃珍视图书，胜过他物，整理书籍，发现《古书丛刊》第二函不见，怀疑是某人所取，当天写一张字条粘于书架之上："血汗换来，衣食减去。买此陈编，只供蟫蠹。昼夜于斯，妻孥怨怒。不借而偷，理不可恕。"第二天，《古书丛刊》第二函在别的书架上找到，黄侃怒气全消。黄侃辛辛苦苦收藏的书籍最终横遭他人糟蹋。"一·二八"事变的时候，黄侃举家搬迁，仓促中装载8卡车书，运到采石矶暂存，不料被当地居民盗出，成筐论斤地当作废纸卖掉。

黄侃才华横溢，文思敏捷过人，凡领教过的人都很佩服。有人请他代写一篇碑文，约好五六天以后来取。一连过了四天，他都没有动笔。直到第五天，取碑文的人来了，他才让弟子研墨铺纸，并吩咐把纸打好格，挥毫一蹴而就，连上下款带正文刚好写到最后一格，一字不差。

姜亮夫惊叹于陈寅恪的语言广博，对老师黄侃说："我自己的根底太差，跟寅恪先生无法比！"黄侃说："我们过去的古人，谁能够懂八九国的语言呢？他们难道没有成绩吗？王念孙虽然不懂一样外文，难道他不是一个大学者吗？要根据个人情况来钻研学问。"听了这番话，姜亮夫的心才渐渐地平静下来。

著名的古典文学学者程千帆回忆黄侃："老师晚年讲课，常常没有一定的教学方案，兴之所至，随意发挥，初学的人，往往苦于摸不着头脑。我当时已是四年级的学生，倒觉得所讲意义纷纭，深受教益……老师不是迂腐夫子，而是思想活泼、富于生活情趣的人。他喜欢游山玩水，喝酒打牌，吟诗作字，但是有一条，无论怎样玩，他自己规定每天应做的功课总要完成。"

黄侃治学，曾经进入一种痴迷的状态，留下许多至理的名言。"学问之道有五：不欺人，不知者不道，不背所本，为后世负责，不窃。凡古今名人学术之成，皆由辛苦，鲜由天才；其成就早者，不走错路而已。学问最高者，语言最简。""初学之病有四：急于求解，急于著书，不能阙疑，不能服善。"写文章是一种流芳千古的事业，不到水到渠成的成熟境界，不可妄自动笔。黄侃有一句经典名言：五十之前不著书。这句话半个世纪后还在武汉大学校园内广为流传，成为他治学严谨的证明。

　　黄侃在南京九华村筑建的爱巢"量守庐"中，种植有四时的花卉植物。起居习惯完全是率性而为，偶尔玩玩麻将，技巧与运气都不能说好，他仍然有与梁启超豪赌竟夜的纪录。他看书的时候，喜欢一支接一支地点燃淡青袅娜的香烟，夹在微黄的手指间。些微的红粉知己，时常是在春花之夜，看到黄侃手持香烟寡淡寥落的样子，暗暗地出神。秋季宁静、高远，空气中飘着一种温和与慈祥的气息，太阳的光线，有着一种进入成熟期女子的柔美与喜悦。黄侃喜欢这个季节的黄酒，黄花，肥蟹，以及风韵自成的女子。黄侃曾经用近乎梦呓般的语气叹息，把酒临风，醉眠轩窗，对世上妖娆的女子依恋不舍，他晓得人家骂他轻薄。黄侃经常在一些公开的场合劝解朋友们不要饮酒过量，酒是一把伤人的利斧。林公铎"自温州至，下火车时以过醉坠于地，伤胸，状似狼狈"。黄侃用事例来告诫他人。可是，在生活细节上，黄侃始终不能很好地控制自己。他因为烟酒过度，在生命的后期，溃疡病一再发作，不可收拾。他尝试为了爱侣戒酒戒烟，在循环往复的过程中，甚至黄侃自己都觉得有一点迷惘。中国传统的文人，不能跻身于庙堂，谁不曾崇尚过魏晋的三分傲骨呢？1935年3月，是黄侃的50岁生辰，章太炎精心准备一副对联，"韦编三绝今知命，黄绢初裁好著书"。"韦编三绝"取自孔子穷研《易》经，致使竹简的韦绳多次被磨断。以此赞赏黄侃五十余年的勤奋苦读，是贴切的。"黄绢初裁"源于蔡邕题词曹娥碑，"黄绢幼妇，外孙齑臼"。章太炎仍然寄厚望于年过半百的黄侃，潜心著述，写出"绝妙好辞"。章太炎苦心为弟子而作的对联暗藏玄机，联中无意间嵌着的"绝""命""黄"三字，即象征黄侃的寿命不永。黄侃一向迷信谶语，展开寿联，一眼看出其中的玄机，脸色骤然大变，很长一段时间内心忐忑不安。

　　1935年的重阳时节，满地黄花摇曳。黄侃与友人登高北极阁，持蟹赏菊。清风徐来，流水悠悠。黄侃一时兴起，数杯浊酒引动万丈的豪情，饮酒过量，回到家中不断吐血，医生为其注射安眠止血药剂，黄侃稍稍入睡，昏卧喃喃若梦呓，多涉学术语。黄侃弥留之时，说不得话，手却指向架上一书。学生们将书拿来，黄侃翻到一页，手一点，人已逝去。送走老师之后，学生们想起那书，大家翻开一看，顿时觉得雷电之光，激荡天地：前几日学生们争论的一个问题，老师没能作答，临终手指之处，正是答案所在。

七十四

黄侃继承老师章太炎的衣钵，为人处世上特立独行，傲视群雄。"五卅运动"爆发，章太炎发出通电，"欲使水深火热之民，早登衽席"。蒋介石制造"中山舰事件"，蓄意篡夺北伐军领导权，章太炎在上海组织"反赤救国大联合"，共同抵制蒋介石。章太炎应五省联军总司令孙传芳、江苏省长陈陶遗之请，到南京任"修订礼制会会长"，通电全国，再次反对蒋介石组织北伐。章太炎在楼外楼小酌，蒋介石偕夫人由周象贤陪同登楼，周象贤说，那个写字的人就是章太炎。蒋介石过来和章太炎打招呼："太炎先生，你好吗?"章太炎回答："很好很好。"蒋介石问他近况如何，章太炎说："靠一支笔骗饭吃。"蒋介石又说："你有什么事可以随时关照象贤。"章太炎说："用不到，用不到。"蒋介石为表示尊敬，要用车送他回去，章太炎坚持不肯，蒋介石无奈，将自用的手杖送给他，章太炎满意地收下手杖。章太炎常骂蒋介石假革命，中山陵竣工，由于章太炎平素斥责蒋介石，蒋介石心怀愤恨，拒绝使用章太炎撰写的墓志铭《祭孙公文》。因此，中山陵建成之后，只有"天下为公"碑代替墓志铭置于亭子中。章太炎耿耿于怀，蒋介石以个人好恶，宁愿使革命元勋的陵墓缺少碑铭，真是遗憾啊。

陈存仁曾记录章太炎戏弄刘半农的过程。刘半农到上海后，对记者说要去拜访章太炎，陈存仁将这个消息告诉章太炎。汤国梨听到后特地叮嘱章太炎，说："如果刘半农真的来访问你，你千万不要生气，更不要执杖敲击他。"章太炎点头微笑。

刘半农来访，本想与章太炎合影留念，但被章太炎以闻到镁光的气味会引发鼻病为由拒绝。刘半农问章太炎对白话文的见解，章太炎说："白话文不自今日始，我国的《毛诗》就是白话诗。历代以来，有白话的小说，《水浒》《老残游记》写得最好，甚至有用苏州话写的《海上花列传》。你们写的白话文，是以什么言语做标准？"

刘半农答："白话文是以国语为标准，国语即是北京话。"

章太炎哈哈大笑，问道："你知道北京话的来源吗？"

刘半农不假思索地说："它是中国明清以来京城人的语言交际工具。"

章太炎说："明朝的话你有什么考据？"刘半农不知如何应对。章太炎于是用明朝的音韵，背诵十几句文天祥的《正气歌》，发音与北京话完全不同。

"现在的国语，严格说来，含有十分之几满洲人的音韵，好多字音都不是汉人所有。"章太炎背诵两首汉代诗歌，许多字的音韵都与现代不同，"你知不知道现在还有人用汉代音韵或唐代音韵来讲话？"

刘半农马上反驳："恐怕已经绝迹。"

章太炎说："汉唐音韵加上朝鲜的土话和外来话，即是今日的高丽话。汉字连缀词，日本各地的土音，又加上近代各国外来语，成为现在的日本话。日本人的发音，各处不同，以东京为正宗，汉音最准。各道各县的发音，连东京人也听不懂，你刘半农先生不研究'小学'，不研究'音训'，所以你听了我的话，可能会觉得很奇怪。"

刘半农面有赧色，章太炎像老师训导小学生一般问道："中国历来有种种科学发明，都是用文言文来记述，我先问你天文知识，中国有些什么？"

刘半农想了半天，答不出一句话来，低声下气地请教章太炎。

章太炎说："中国的天文学大家祖冲之，是南北朝人，著《周髀算经》，精确地推算出地球的圆周率是3.1415926，与一千年后德国渥托发明地球圆径数字99%以上符合。"

刘半农在旁只能唯唯诺诺。章太炎又说："我再和你讲讲地理，美洲新大陆的发现者是谁?"

刘半农讷讷而言:"当然是哥伦布。"

章太炎击桌大笑说:"最先踏到新大陆的人,是一个中国和尚,叫作'法显',想来你是从未听到过的。"

刘半农说:"愿闻其详。"

章太炎说:"你有时间访问赛金花,记述她的胡言乱语,怎么不多看些文言文线装书,充实自己?请你查一查《章氏丛书》别录之三,有一篇《法显发现西半球说》。"

刘半农掩饰自己,说:"北方学术界,正在考据敦煌石窟及周口店'北京人',以及甲骨文、流沙坠简。"

章太炎勃然大怒:"中国政府为你们不知道花了多少钱,设立无数研究所研究院。敦煌石室的发现,第一个是西人斯坦因(在英国得爵士勋位),从莫高窟以及西北流沙中窃去几百箱文物。法国的伯希和又盗去几百箱文物,直到他们在英法两国发表之后,你们才知道,你们究竟在干些什么事情?"

刘半农面孔红到项间。章太炎说:"近年来还有一个瑞典人斯文赫廷,在西北发掘许多文物,中国科学家简直吃闲饭。所谓北京大学,只出一个张竞生,写一本《性史》,难道这是提倡白话文以来的世界名著吗?"

刘半农说:"我们正在考证甲骨文。"

章太炎说:"甲骨文没有多大的考证价值,我愿意同你各人做一部书,专门考据甲骨文,一言相约,两年之后,你在北方出版,我在上海出版,你用白话文,我用我的文言文,看谁写得鲜活。"

刘半农自然不敢答应,章太炎说:"你曾经在北方的报纸上,征求'国骂'的字句及各地方骂人的话,第二天早上,有人到你学校中,在课堂上讲出许多骂你老母的地方话。现在我来骂几句给你听。"章太炎历数汉代的骂人话,是×××出于何书,唐朝骂人的话,是×××出于何书,直说上海人宁波人，以及广东人的三字经，完全骂出来。看起来好像供给资料，事实上章太炎把刘半农的祖宗三代都骂到。

与刘半农同来的人见此状况，赶紧作揖："我们麻烦老师很久，将要告辞。"

章太炎说："如果刘半农要写访问章太炎的话，我就要叫我的学生，写一篇章太炎接见刘半农谈话记。"

"不敢，不敢。"刘半农深深地鞠躬而去。章太炎让陈存仁将他们送出门后，坐在藤椅上纵声大笑，很是得意。

在学问探讨上，章太炎一丝不苟；在生活细节上，章太炎往往糊涂得要命，洋相百出。一次，家人见章太炎的鞋子里脚背上隆起一块东西，让他脱下鞋一看，原来章太炎将袜子底背朝天地穿着。因为传统手工织出来的袜子与机器作坊有别，不分底面，章太炎穿惯传统手织袜，拿起新款，根本不去分辨哪面是上面。章太炎害怕洗脸和沐浴，手指甲留得很长，指甲内污垢斑斑。他出外旅游、讲学时，夫人嘱咐随从随时为他换洗衣服，他因此与随从吵架，认为这是干涉他的个人自由。随从有了夫人的旨意后，有恃无恐，采用强迫手段令他换下衣服。章太炎的书房四壁琳琅尽是书籍，了无陈设，一无隙地，章太炎半夜睡醒，忽然记起某书某事，起床到书架上翻阅，自中宵达旦，即使严冬，自己也不会加衣，仆人夜起，或者清早进室内洒水打扫，只看到他手持书卷呆立，形如木鸡。所以，章太炎经常感冒、鼻涕长流。

章太炎自己吸的香烟一般是廉价的"金鼠牌"，招待客人则用"大英牌"。他还欢喜抽水烟，每抽一筒水烟，地上必留有一个烟蒂，因此家中地板上留有成千上万个被烟蒂烧出的小黑点。章太炎讲课板书时，误拿着烟卷在黑板上写字；吸烟时，又误将粉笔当作香烟放进嘴里，引得大家哄堂大笑。章太炎烟不离手，一支接一支地抽，常常一支还没抽完，又点上一支，接连抽上三四小时，袅袅如缕。章太炎抽烟，不似别人那样把烟蒂放进嘴里，而是把一根烟的大半含入口中，有时候谈论高兴，烟烧到嘴唇，疼得他以手拍口，喷出余火，似乎表演魔术一般；有时候不注意，烟头落到裤子上，烧穿裤子并烫到腿，痛得他大叫，大骂"鬼烟"不止，而那条烧出洞的裤子，他仍然穿在身上。章太炎用餐时简直退化为笨拙可爱的婴儿，只吃自己身前的菜，家人把他爱吃的菜放在他面前，如果缺少帮衬，他不会自己去远处夹菜，只吃几碗白米饭。章太炎吃饭很快，"方口可容拳，一箪之食，三数口能尽之"（朱镜宙语）。因为有鼻息肉，呼吸不畅，章太炎只能用嘴呼吸，吃饭的时候也是如此。所以饭粒经常会进入气管，章太炎不管不顾，对着饭桌打喷嚏，饭粒四溅，他泰然自若。章太炎对吃饭极不讲究，南方人常吃鱼，章太炎生在江浙，却不知如何剔鱼骨，常连鱼骨一起吃下去。

　　章太炎不认路，出门即不能自归。有时出门几十步买包烟，一转身就回不了家，他沿途问路让人觉得啼笑皆非："我的家在哪里？"章太炎与汤国梨结婚后，常与孙中山、廖仲恺、苏曼殊等人往来，有时在章家叙谈，有时则由孙中山派人接章太炎去孙家。有一次，孙家的车有事出去，章太炎出门坐上一辆人力车。车夫问："拉往哪里？"章太炎向前一指说："家里！"拉了一程车夫又问："家住哪里？"章太炎说："马路上弄堂里，弄口有家纸店。"车夫没办法，只能拉着他走一程问一问，在马路上大兜圈子。孙家陪送章太炎的人，当时要找另一辆人力车同行，发现章太炎已不知去向，于是打电话到章家询问。得知章太炎并未回家，急得孙家和章家分别派人四处寻找，最后在大世界附近找到他，发现他坐车上顾盼自若，迎面而来，才拦住送回家中。章太炎独自去三马路的来青阁买书，叫了一辆人力车回家。车夫问他到哪里，他指向西边，始终说不出自己家的地址。车夫拉了半天，问道："先生，你究竟想到什么地方？"章太炎说："我是章太炎，人称章疯子，上海人个个都知道我的住处，你难道不知道吗？"车夫频频摇头，把他重新拉回青阁。章太炎与诗人摩西谈论一个通宵后，清晨回到家中。这次他倒是找到了回家的路，却错入邻居家的卧室，困乏至极，倒在床上蒙头大睡。邻家少妇早上外出购物，回来一看章太炎躺在自己床上，吓了一跳。幸好邻居都认识他，遂把他叫醒，送回家中。章太炎醒来一时不知缘由，极不高兴地说道："我正睡得很熟，你们何苦扰人清梦？"

章太炎没有金钱概念，让仆人去买包烟，给5元，儿子要做大衣，也给5元，甚至在苏州盖房子的时候，他照样掏出5元。对章太炎来说，一张钞票，便有一次用途。

在上海爱国学社讲学的时候，因为章太炎总不洗澡不理发，一位朋友实在看不过去，每月到点强拉他到理发店，他理完发兀自往外走，朋友只好替他付账，长久如此。几个朋友聚谈，章太炎向旁人问到此人是谁，旁人大噱怪叫："他经常给你付理发钱，你连他是谁都不知道吗？"

章太炎一家住在上海时，经济窘迫，捉襟见肘，家中事务全由夫人汤国梨料理。汤国梨因无米为炊，常让章太炎的弟子陈存仁出去借贷。一次，汤国梨让陈存仁去当铺当东西，陈存仁拒绝说，母亲有训，一生不上公堂，一世不到典当。汤国梨问怎么办，陈存仁推荐自己学医的同学章次公。从此，章次公也成为章门弟子，许多类似事情由章次公去办理。房东上门收租，说章家积欠房租20个月，并要他们迁出。汤国梨修书一封，让陈存仁向好友董康借钱；董康当即写了两张庄票让人带回，付清欠租，并迁居同孚路同福里25号。搬迁费用，由朵云轩主人为他们负担，章太炎的家具器物很少，但有木版书近8000册。

章太炎晚年寓居上海，一次有事到苏州，有人劝他定居此地，并且介绍他买一所房子。那房子前面一重是楼房，院子里栽植几棵树。章太炎背着手走过去一看，点头说："不错，有楼。"进到院子里一看："不错，还有树！"他不看后面，直接和人议价。此人见他满意，漫天要价15000元，高出市价许多。章太炎觉得过意不去，主动加价，最后竟以17000元成交！汤国梨闻讯赶来，阻止不及，章太炎已和人完成交易。汤国梨发现，院子旁边有一家纺织厂，每天清早机器轰隆隆响个不停，房子根本不能住，无论是卖还是租，都无人问津，闲置起来，还得花钱雇人看守。而他们只能买地再造新居。

　　章太炎一生不知道如何欣赏美。有人邀请他游山玩水，他提不起兴趣。杭州昭庆寺的方丈来拜访章太炎，客气地要求章太炎去该寺小住。方丈走后，他吵闹着要马上去杭州。他找出一只旧时读书人应考时用的考篮，里面放上两本书、一个水烟筒和一包皮烟丝，催促上路，并让陈存仁和章次公同行。汤国梨迫不得已，筹集20元随行，四人直奔昭庆寺。到寺中后，天天有人上门求字，设宴款待，章太炎吃东西往往不加咀嚼，囫囵吞下，致使身体不舒服，谢绝应酬。络绎不绝的来访者改为赠土特产，床边床下堆满食物，章太炎怡然自乐。沈氏带着家里的两个少年前来拜师，章太炎问过二人平时所学后，认为孺子可教。沈氏当即交"贽敬"（拜师费）200元。报纸随即报道章太炎在杭州广收门徒，引来大批学子前来拜师。章太炎此次在杭州收徒二十多人，收"贽敬"1000多元。汤国梨很是高兴，杭州之游，竟有意外收获。回上海后，汤国梨因受在杭州收徒的启发，准备开办章氏讲学会，广收弟子，并公开募集经费。张学良首先捐银3000元，孙传芳派人送来2000元，总计收到2万元左右，章太炎一概不管。

　　章太炎博览古今医学著作，自认为医术高明，与朋友见面时，听朋友偶尔说起近来牙痛或患胃病，他要替人诊视，开出药方，并且逼着朋友照方服药。他不计分量，药方中动不动开出一两八钱，谁也不敢大胆尝试。孩子生病，他不肯去请大夫，一定要自己为孩子诊治。夫人依着他，任他开方子，再等到他不注意时，偷偷另请医生前来诊治，并告诉家人隐瞒实情，假称孩子病愈完全靠章太炎赐予的药方。章太炎很高兴，逢人夸耀他治病如何灵验，某某先生太太经他开一副方子，药到病除。听的人明知并非事实，只有点头附和。曾有人问章太炎："先生的学问是经学第一，还是史学第一？"他笑答："我是医学第一。"章太炎学医很勤奋，不管《黄帝内经》、张仲景的《伤寒杂病论》、李时珍的《本草纲目》、孙思邈的《千金方》、华佗的麻沸散，统统拿来杂烩一处，猛拳爆料，一并砸来，别人不敢照药方服用。他还常向一个拿着铃铛、走街串巷的游方郎中请教，江湖医生的单方都是从经验得来，多少有些价值。

章太炎晚年在上海的主要收入，是靠卖字。因他不登广告，且性情古怪，平时来求字的人很少。有一家著名的笺扇庄叫作"朵云轩"，老板时常带来纸张求他写字，有小件大件百数十宗，每次总是留下"润笔费"50元。如是朋友求墨宝，向来不收费。每隔三两个月偶有人来请他写寿序或墓志铭，则由夫人汤国梨出面协商，每件收100元。有时收下钱，章太炎因不喜其人而不愿意写，把事情弄得很僵。章太炎的书件落款，往往只写"某某属"或"某某嘱书"，绝不称"仁兄"或"先生"。求字的人为此常不高兴，而且他喜欢写小篆，不受富商巨公欢迎，门庭冷落车马稀。后来因冯自由来访，求字的人增多起来。

章太炎的儿子章导七八岁时，常见人上门向父亲求字，贴出一张字条，上书："写一副对联，皮球一个；条幅一张，火车头（玩具）一个。"章太炎喜欢写古香古色的钟鼎文，汤国梨站在一旁，偶尔发表意见说某个字写得不佳，他回头笑笑："你不懂得写字啰！"章太炎喜欢用古字、假字。他曾写一张条子让仆人买肉做羹，仆人跑遍苏州城内各个肉铺也没有买到，回来后说："你写的字，他们看完之后都说没有。"原来章太炎将"肉"字写成类似于篆书的"月"字，卖肉者根本不认识。许多人慕名前来送润笔费，章太炎"口不言钱"，由夫人汤国梨或弟子应付。章太炎写到10件以上，恼怒，不肯动笔，汤国梨反复劝说，他默不作声，汤国梨想到一个办法。原来他平日吸食廉价的"金鼠牌"香烟，有人送来一罐茄力克香烟，他称它为"外国金鼠"，吵着要享用。汤国梨告诉他，每写一份，给他买一罐"外国金鼠"，章太炎高高兴兴地继续写下去。

章太炎最喜欢吃卤制品，特别爱好臭腐乳，全屋掩鼻，但是他的鼻子永远闻不到臭气，他只感觉到霉变食物的鲜味。上海画家钱化佛总能找到臭的食品投其所好，求得章太炎的不少真迹。钱化佛带来一包紫黑色的臭咸蛋，章太炎见后大喜，说："你要写什么，只管讲。"钱化佛立即拿出预备好的几张斗方白纸，让章太炎在每张都写上"五族共和"四个字，而且提出落款不要署章炳麟，只署章太炎，章太炎居然无不听从，一挥而就。以后每隔几日，钱化佛送来臭的食品，如臭苋菜梗、臭花生、臭冬瓜等，章太炎乐不可支，有求必应，前后为钱化佛写了一百余张"五族共和"。原来，上海一家香番菜馆新到一种"五色旗"酒，倒出来时十分浑浊，沉淀几分钟后，变成红黄蓝白黑五色，宛然民国国旗五色旗的颜色。钱化佛灵机一动，想出做一种"五族共和"的封条，请章太炎写完装裱，挂在番菜馆中，以每条10块大洋售出，竟然卖到脱销。钱化佛因此大赚一笔。

　　章太炎晚年为人开药方写金文，药店之人不识，章太炎愤愤然地说："不认识字，还开什么药店！"张小泉剪刀是几百年的老字号，故仿冒者甚多，杭州大井巷内悬"真正张小泉剪刀店"者有十家以上。某店老板为在竞争中脱颖而出，请章太炎题字。章太炎欣然答应，挥笔写下"张小泉前刀店"几个大字。店主一看傻了眼，要章太炎退还百元润笔费。章太炎说："月旁已有一刀，何须叠床架被，为人诟病。"老板高兴离去。此后，顾客皆认为"前刀店"为真正的"张小泉"，其他皆假。

　　杜月笙家祠落成时，找到一位曾与章太炎同狱甚久的游侠儿徐福生，索求墨宝，章太炎断然拒绝。杜月笙请章太炎的学生陈存仁出面。陈存仁说，太史公在《史记》上做过一篇《游侠列传》，老师应该对杜先生的祠堂落成做一篇文章。章太炎问杜月笙的故事，陈存仁一一道来，章太炎越听越高兴。陈存仁乘机拿出宣纸说："老师的文字应该写成一幅横批，作为杜氏家祠的镇宅之宝。"章太炎爽快答应。杜月笙得文后，送给章士钊看，章士钊赞叹："真是传世之作。"章太炎的侄子居住在上海法租界，与一个颇有势力的人发生房屋纠纷，相持不下，请章太炎帮忙。章太炎写亲笔信给杜月笙，杜月笙心中大喜，即刻竭尽全力排忧解难，借口向章太炎报告房屋纠纷的解决经过与结果，专程去苏州拜访章太炎，二人相见甚欢。杜月笙在临告辞前，悄悄将一张2000银圆的钱庄银票压于章宅茶几上的一只茶杯底下，却不说破。杜月笙走后，章太炎才发现这笔重礼，不好推谢，只能收下。章太炎既感激又敬佩，认为杜月笙讲义气，重礼节，有古豪侠之风，二人开始订交。杜月笙每月都派人送钱，接济章太炎的生活；章太炎另眼相看，甚至为杜月笙修订家谱。

章太炎将不满意的字纸置于废纸篓，仆役见后，拿去出售。章太炎知道后，每次把纸戳破再扔进纸篓，以为稳妥。谁料，仆役竟将破纸贴补整齐，仍旧拿去出售。

杭州楼外楼的主人宴请章太炎，他根据书上的菜名，只点三个菜，主人哑然失笑，说三个菜不够吃，自己做主为他添加一些菜。席后，章太炎写了一首张苍水的绝命诗，主人觉得极不吉利，有人献策说，张苍水的绝命诗字数极多，章太炎只写了起首一段，可以再准备纸张，邀请章太炎每天来写。楼外楼的主人照办，每日请章太炎去吃饭，连续10天左右，章太炎写完此诗，并在卷尾加了长长的跋语。章太炎的这件墨宝，主人以200元售出，15年后，价值升至20两黄金。

章太炎患有鼻病，自己常用辛荑末治疗，后来弟子陈存仁推荐芙蓉叶研末治疗的方法，他试用颇有效果，恰巧杭州虎跑僧人前来求字，他以辛荑、芙蓉叶治鼻炎之语入书。章太炎每次到北平，张伯驹必设家宴接风，章太炎以篆体书写杜诗两句成一联相赠："盘剥白雅谷口粟；饭煮青泥坊底芹。"张伯驹捧着墨宝大喜。

章太炎喜欢研究古字，十分入迷，三个千金全用古字命名，名字都是四叠字，分别是燊（音 lǐ）、叕（音 zhuó）、㞣（音 zhǎn）组成。章太炎觉得，能读出女儿名字的人，才算得上有才，才配娶他的女儿。女儿们渐渐长大，一个个出落得花骨朵似的，竟然没人上门求亲。夫人汤国梨急了："别人家女儿，一个个嫁得金龟婿，咱们该考虑女儿的婚事啦。"章太炎挠挠脑袋，钻出书堆，说："凭我家姑娘，凭我家门风，凭我家文化气息，还愁女儿出嫁吗？"可是，条件再好，无人攀附门庭。几次参加老朋友女儿的婚礼，看人家女儿女婿出双入对，章太炎非常羡慕，终于坐不住，走出书斋打听原因。一个老朋友告诉他其中的隐情："你老人家的姑娘，那名字谁能认识啊？大家都怕提亲时读错，出丑啊。"章太炎恍然大悟，广发请柬，邀请宾客。宴会进入高潮后，章太炎叫出自己的三个女儿，喊着她们的名字，让她们给客人敬酒。章太炎让女儿们把自己的名字写出来，以免大家误记。女儿们的闺名流传出去，大家不用担心念错名字丢人现眼，纷纷上门提亲。很快，章太炎的三个女儿各自选中如意郎君。

家中访客极多，章太炎不胜其烦，在墙上贴字条一张，上书："来客谈话以十分钟为限。"章太炎论及学问兴致勃勃，忘了自己定的规矩，聊上一两小时，他拉住不让客人走，客人指了指墙上的字条，他忙说："下次以十分钟为限吧。"

章太炎68岁生日之际，冯自由等人前往祝寿，酒后，章太炎忽然在礼堂昏厥，众人忙从后面抱住他，一会儿他清醒过来，回头看着众人说："我非孙凤鸣，尔非张溥泉，又无汪精卫在前，何故抱我弗释耶？"众人闻言大笑。

上海《时报》曾有文章仿效《水浒传》108将，为东南文坛的名士依次排座次，第一名天魁星为章太炎，第二名天罡星为陈三立。章太炎将民国的历届元首分为三类，一类枭鸷，如袁世凯，于国于民有"威福自专之患"；一类仁柔，如黎元洪，一旦"将相上逼"，无法安于其位；一类狂妄，代表人物是孙中山，"势稍强则与枭鸷者同，势稍弱又与仁柔者同"。章太炎认为中国人患有六种精神痼疾：诈伪无耻，缩朒畏死，贪叨图利，偷惰废学，浮华相竞，猜疑相贼。章太炎批评欧化主义风潮，坚持要弘扬国学，国学是面对西方挑战之际精神动力。

1936年6月7日傍晚，章太炎遵照医嘱，在夫人汤国梨的搀扶下，外出散步，不料昏倒。在医生的抢救下，章太炎脱离危险，从此卧床不起。六天后，章太炎突发高烧达40℃，次日凌晨，从口中吐出鼻菌烂肉两块，病情再次恶化。汤国梨、李根源、美国医生苏迈尔等人不离左右,章氏国学讲习会的学员们手捧点燃的香烛,跪在卧室门外的空地上,为老师祈福。学员们的低声啜泣响成一片。7点45分,章太炎病逝,汤国梨哭得撕心裂肺,伤心欲绝。门外,学员们号啕大哭,悲声震天。章太炎弥留之际,相传在旁亲友多目击有一团祥光自章太炎的头顶向窗间飞出。章太炎的遗言为:"假设有异族入主中夏,世世子孙不食官禄。"

朝野人士表示哀悼,国民政府拨专款3000元作为章太炎的治丧费,生前友好纷至吊唁,在张继、居正、冯玉祥等人的努力下,南京国民政府决定为章太炎举行国葬。按照余杭的风俗,要在棺材内用绸覆盖,并将绸子打成结,叫作结爻。夫人汤国梨用红、黄、蓝、白、黑五色丝绸,按五色旗的顺序排列在棺内,为章太炎结爻。众人皆认为不妥,怕触怒当局,因为国民政府已经下国葬令,应用青天白日旗。汤国梨说:"太炎先生为辛亥革命胜利,为五色旗的诞生,出过力,坐过牢,而没有为国民党旗效劳,因而用五色绸为他结爻,最为恰当。你们怕事,由我来负责任。"章太炎的墓地选在抗清民族英雄张苍水墓侧,因抗战爆发,国葬暂且搁置。1937年11月,苏州沦陷,日军闯入章家后花园,以为墓内埋了财宝,一定要挖开看个究竟。守门的老家人苦苦劝止,遭到毒打。日本一位军佐得知真相,制止日军,特来拜祭,并在墓旁立了一根木柱,上书"章太炎之墓"。从此,才没有日军前来骚扰。

章太炎赚得名号无数,近代民族主义伟人、国学界之泰斗、民国伟人、鼓吹革命之大文豪、革命家之巨子、新中国之卢梭、学术宗师、狂生、名士、异端、在野党领袖、学阀、反动分子,伴随他一生最久的两个大号是"神经病"和"章疯子"!

七十五

　　鲁迅在30年代开始频繁地谈论苏俄："一个簇新的真正空前的社会制度从地狱底里涌现而出，几百万的群众自己做了支配命运的人。"他将苏俄描述成理想社会的标本，断言中国未来必是工农百姓的天下，并且写下大量文艺作品谴责国民党统治的黑暗现实，愚民专制的暴行。以参加左翼联盟为起点，他公开和上海文化界中的共产党人站在一起，将自己的寓所提供给瞿秋白避难。他常常充当共产党的"联络人"，北方局失掉和共产党中央的联系，派人将汇报信送至他手上转交。后来新中国的教材将鲁迅作品广泛推崇、偶像化，和此不无关系。

　　鲁迅在上海的生活范围很狭窄，除了光顾内山书店，平常很少出门游玩，他家附近有虹口公园，却一次没有去过。闲暇之余看一场露天电影，便是重大的消遣。每天的大部分时间，坐在写字台边笔耕不辍或者躺在藤椅上阅读，文字几乎成为他朝夕相处的唯一伴侣。婚后生活很琐碎，客人来访，全职主妇许广平亲自下厨，精心准备各种款待的菜肴。鲁迅单独就餐，许广平把摆着三四样小菜的方木盘端到楼上，碟子直径不过两寸，有时是一碟豌豆苗，有时是菠菜或苋菜，如果是鸡或者鱼，必定是肉身上最好的一块。许广平用筷子来回地翻菜碗里的东西，几番精挑细选，才后脚板触着楼梯小心翼翼地端着盘子上楼。许广平带着孩子，帮鲁迅抄着稿子，打着毛线衣，鲁迅深夜写作时，她则在一边躺下先睡，因为第二天还要早起忙家务。儿子周海婴的床是非常讲究的雕花木器一类，拖着长长的帐子，而许广平自己穿旧衣裳，洗的次数太多，纽扣脱落磨破。许广平总是到便宜减价的店铺去买日用品，省下的钱都印刷书画。常客萧红，从法租界到住处虹口，搭电车要差不多一个钟头，依旧照去不误。有时候坐到半夜12点，鲁迅让许广平送萧红，叮嘱要坐小汽车，还让许广平代付车钱。时光悄悄地流失，鲁迅著作里凝聚许广平多少的绵密情谊，风险担当："惯于长夜过春时，挈妇将雏鬓有丝；梦里依稀慈母泪，城头变幻大王旗。"鲁迅送给许广平一份生日礼物《芥子园画谱》，题诗："十年携手共艰危，以沫相濡亦可哀；聊寄画图娱倦眼，此中甘苦两心知。"

鲁迅的身体越来越差。自从1928年5月那场大病以后，肺结核与肋膜炎一直纠缠着他。他经常发烧、咳嗽，靠服药抑制。人日渐消瘦，颧骨凸起，甚至牙龈变形，和原先安装的假牙配不拢，请医生再次矫正。他的体重降到38公斤，穿着棉袍子在街上走，仿佛一阵风就能将他吹倒。有一次朋友聚会，美国记者史沫特莱凭直觉发现他的健康状况非常糟糕，请来上海最好的一位肺病专家诊断，美国医生说，鲁迅的肺病非常严重，倘是欧洲人，5年前就会死掉，史沫特莱当场流下眼泪。1936年10月18日，鲁迅备受哮喘病的折磨，挨到天明，仍支撑着写下一封短信，由许广平带去内山书店，打电话请来医生。医生和看护的人们用尽各种办法，都不能缓解病情。晚上，许广平每次给他揩手汗，他都紧握她的手，仿佛是要握住自己的生命。到第二天凌晨6时，他未能挺过去，与世长辞。

鲁迅晚年的怨敌实在太多，当局和对手没有对他停止过一天的攻击。蔡元培顶着压力，与宋庆龄一起组织治丧委员会，去万国殡仪馆吊唁，在鲁迅出殡时亲自执绋，写下"著述最谨严，非徒中国小说史；遗言太沉痛，莫作空头文学家"的挽联。蔡元培在葬礼上庄严地号召大家："我们必须担负继续发扬鲁迅精神的责任，踏着前驱的血迹，建造历史的塔尖。"

七十六

伟大的教育家、爱国者蔡元培，一直为民族振兴忘我工作，心力交瘁。蔡元培平时最讨厌官场应酬，但是为了推动抗战国策，专程从上海赶到南京，当汪精卫宴请时，他语重心长，在酒席上劝说汪精卫尽快改变亲日的立场。他说："我们应该坚定立场，以大无畏的精神抵抗日本侵略。这是中国的唯一出路。"他实在太激动了，老泪纵横。泪水滴在西餐汤盘里，他浑然不觉，连同汤汁一起咽下去。举座感动，汪精卫如坐针毡，尴尬不堪。红军发表通电，放弃"反蒋"口号，要求南京政府停战议和，蔡元培在邹韬奋的《生活星期刊》上发表《墨子的非攻与善守》，赞扬墨子的反侵略精神。毛泽东在延安窑洞里挥笔寄来一封热情洋溢的长信，表达与爱国民主人士共同抗日的真诚愿望。

蔡元培是中国现代教育和科学事业的奠基者，随着梁启超、章太炎的相继过世，他成为文化界唯一能领袖群伦的精神导师。他毕竟垂垂暮年，在凄风苦雨的乱世里，找他帮忙和关心的人和事，实在太多，为了集中精力办好中央研究院，他在七十寿辰前发表一份启事，宣布辞去一切社会兼职，停止介绍职业。当70岁生日即将来临时，他的学生和朋友突然惶恐起来，先生为国家和民族奉献一生，至今连一所自己的房屋都没有。蒋梦麟和胡适等人发出集款建屋祝寿的倡议，得到各地几百位名流的响应。蔡元培从来只知道付出，没有接受馈赠的习惯，经过朋友们再三劝说，当成一种精神的奖励，他勉强答应。因为抗战爆发，淞沪沦陷，建屋之举未能实现。在祝寿晚会上，马君武代表大家致辞，以普法战争时德国的一些大英雄都是在70岁以上建功立业为例，希望先生要不以为老，领导同人努力救国，蔡元培以孔子"五十志学"为例勉励自己。马相伯老人书写寿字立轴相赠，中央研究院的同人献上热情洋溢的长篇祝词，上海音乐专科学校的学生们，用一曲《敬祝蔡院长孑民先生千秋》的诗朗诵，把晚会气氛推向高潮。

蔡元培不愿意随蒋介石去重庆，考虑再三，去了香港养病和栖身。风烛残年，经济拮据，生活开支需要用港币，而中央研究院每月所寄月薪为法币，按牌价兑换所剩无几。抗战时期的香港房租既贵，物价又高，加上子女教育医药等费用均需开支，入不敷出。熟悉内情的朋友说，连当地一般肩挑背负卖苦力的人都比蔡先生有钱啊！他总是教育家人要安贫乐道，绝不肯屈节于豪门贵族和富商大贾。深居简出，他始终痛心山河的破碎，关心着人类反侵略战争的正义事业。

1940年3月3日早晨，蔡元培起床后走到浴室，忽然口吐鲜血跌倒在地，昏厥过去。两天后，溘然长逝，死在妻子周养浩的身边，死在女儿蔡盎和两位幼子的身边。周养浩悲痛欲绝，眼帘前，总是闪现去年她50岁生日时先生赋诗吟诵的表情："我相迁流每刹那，随人写照各殊科；唯卿第一能知我，留取心痕永不磨。"她激动地提起笔，写下"天荒地老总不磨"的诗句。他和孩子们度过最后一次愉快的儿童节，还说明年的儿童节请更多小朋友一起来家里热闹。蔡元培死后无一间屋、一寸土，且欠下医院千余元医疗费，连入殓时的衣衾棺木，都是商务印书馆的王云五代为筹办，清贫一生，叫人落泪。

蔡元培在香港去世的消息传到昆明，中央研究院各所、中央博物院筹备处与西南联大同人同声悲泣。在昆明郊外龙头村旁边山中租住的弥陀殿大殿前，傅斯年专门组织召开追悼会，梁思成、林徽因夫妇前往参加。傅斯年在讲述已故校长院长兼恩师蔡元培的生平，特别是上海沦陷前后一段经历时，泪如雨下，几度哽咽而不能语。

七十七

傅斯年、竺可桢、李四光、蒋梦麟、陈寅恪等学者名流接到通知，纷纷向国民政府陪都重庆云集而来，每个评议员都渴望自己看好的对象能够当选。鉴于复杂的政治人事关系，由谁来坐中央研究院第一把交椅，评议员们皆心中无数，雾中看花，不甚明了。学界重量级大腕儿陈寅恪公开放言："本人不远千里来重庆，只为了投胡适先生一票。"按照众评议员的私下议论，驻美大使胡适拔得头彩，属于担任院长的最佳人选。同中国所有地方的官场一样，由于各方面的明争暗斗，导致选举事项横生枝节，顿起波澜。推选程序尚未开始，整个氛围已如浓雾弥漫的山城重庆，令初来乍到者晕头转向，拿捏不稳。大幕遮掩下的评议行动，首先是翁文灏、朱家骅、王世杰、任鸿隽暗中较劲，他们四只庞大"海龟"，在民国政坛儒林的星河中最明亮。在普通百姓或部分学者看来，翁文灏、王世杰、朱家骅三人均是位高权重的党国大员，可谓高官厚禄，前程似锦，实在没必要再来争抢清水衙门的总管。三人另有算盘可打。国民党部长大员的高位并不被天下儒林所倚重，相反地中研院院长不能大肆捞钱弄权，却可以赚取清廉高雅的名声。特别是作为学者从政的一族，骨子里或多或少残存着读书人情结，渴望天下人把自己看作一位大贤者、大儒式的高官，而不是以土鳖、老粗或满腿泥水兼烟袋油子味的军阀面目出现。面对学术最高研究机关的掌门人职位，几位儒生出身的高官自然心动，只要能坐上盟主之位，便可威震儒林，名动朝野，达到鱼肉与熊掌兼得、名利双收的奇效。于是，一场大角逐在警报声声的雾都重庆拉开序幕。

翁文灏接到一封蒋介石侍从室二处主任陈布雷的信函，称蒋委员长"盼以顾孟余为中研院院长"。众人一听，表示愤慨。以傅斯年为代表的受过五四运动洗礼的自由知识分子，看重老师胡适等几个北大出身的前辈人物，顾孟余做过北大教务长，后来转向国民党中枢，从事政治活动，并与高官大员眉来眼去，仕途一路攀升，与学术界人士的关系早已疏远冷淡。心高气傲的后生们针对顾孟余来个以牙还牙，视而不见。这个插曲只是小范围内的商议，"蒋介石下条子内定院长"一事被捅了出去，辗转传闻，立即引起众评议员的盛怒。此种做法违反中央研究院的选举条例，同时是对学者们自由思想和独立精神的侮辱。聚会在各怀心事的沉闷与吵嚷气氛中不欢而散。回到住处，陈寅恪把手杖往墙角重重地一扔，对傅斯年说道："我们总不能单单举荐几个蒋先生的秘书吧。"蒋介石参加评议员的集体宴席，说一些冠冕堂皇的官话，并未言及人选，陈寅恪首次与蒋介石谋面，心存不满，赋诗一首："自笑平生畏蜀游，无端乘兴到渝州。千年故垒英雄尽，万里长江日夜流。食蛤那知天下事,看花愁近最高楼。行都灯火春寒夕,一梦迷离更白头。"

1940年3月23日,中央研究院评议会在重庆的蒙蒙细雨中开幕,进行无记名方式投票,选出三名候选人,翁文灏、朱家骅旗鼓相当,各得24票,胡适20票,李四光6票,王世杰与任鸿隽各4票。蒋介石举荐的顾孟余仅得1票。按照选举条例,评议会将得票最多的翁文灏、朱家骅、胡适三人名单呈报国民政府审批。选举结果令陈寅恪等众评议员还算满意,感觉自有公道。蒋介石经过再三权衡,作出决定:胡适继续任驻美大使不变,外交部公开否认外电所传胡适辞职谣言,朱家骅暂时代理中央研究院院长。

七十八

1937年8月9日,北平沦陷前后学术文化界人士纷纷南下,北京大学文学院院长胡适及教授叶公超、梁实秋等一起撤离北平,南下队伍中始终未见周作人。关心周作人的朋友们,关心中国文化前途的有识之士,为得不到周作人的消息忧心如焚。周作人渴望做一个平凡的人,早已声明,自动放弃对于时代、社会的责任,然而,由于周作人作为五四开创者之一和中国一流作家的地位,以及周作人与日本文化的特殊关系,中国的各种力量不肯忘记周作人。在中日正式交战的历史关键时刻,他们更是将周作人视为中国知识分子的代表,从各自不同的立场,寄予不同的期待。鲁迅在生前曾被不堪承受的代表重任,弄得心力交瘁;鲁迅逝世后,重担似乎又落到周作人的身上。周作人方始明白,大哥曾为他挡住多少痛苦与烦恼。周作人一直在鲁迅的庇护下得到宁静与自由,现在,大树已倒,周作人只能独立地面对宿命。在历史的大动荡中,周作人本打算躲在苦雨斋里做一个普通顺民,现实严峻,面临抉择。此刻,全体知识分子、全国人民以至世界舆论都注视着周作人:他将向何处去?

　　刚刚出版的《宇宙风》以"知堂在北平"的醒目标题，公布周作人写给编辑陶亢德的信："旬日不通讯，时势已大变。舍间人多，又实无地可避，故只苦住，幸得无事，可以告慰。回南留北皆有困难，只好且看将来情形再说。"谨慎的人们仍然从周作人欲言又止的迟疑中，感到某种危机，拭目以待。日本宪兵队想要北大第二院做本部，下令三天内搬家。留守事务员找到周作人与冯汉叔，经研究，由周作人起草一封公函，交伪华北临时政府议政委员长兼教育总署督办汤尔和，由于汤尔和的"挡驾"，才将北大第二院的仪器设备保留下来。周作人闭门读书，翻译希腊神话。在国难鼎沸声中，在北平各大学校屡遭日军搜查骚扰的情况下，周作人继续追求"温柔敦厚或淡泊宁静之趣"。大阪每日新闻社出面召开"更生中国文化建设座谈会"，出席人员有日本陆军特务部的代表、教育总署督办汤尔和。周作人没有发表特别言论，声称自己"长期从事于东洋文学及日本文学系的工作"，但出席会议本身即表示与日本军方合作的姿态。上海出版的《文摘·战时旬刊》，全文译载大阪《每日新闻》上的消息，并转发照片：周作人长袍马褂，跻身戎装的日本特务头子与华服西装的汉奸文人中间。全国舆论哗然。周作人投敌的消息在人们，特别是青少年中引起一种"被原来信任过的人欺骗侮辱似的心情"，产生深刻的痛苦。武汉文化界抗敌协会通电全国，严厉谴责周作人不惜葬送过去清名，公然附和倭寇，出卖人格。诗人艾青以"忏悔吧，周作人"为题，表达年青一代的情绪。全中国知识分子争执不休时，周作人在干什么呢？周作人在与儿辈们打牌中度日，韬光养晦。

　　北平的局势很不安稳，一遇风吹草动，羽太信子就叫用人把八道湾住宅大门上挂的"周宅"摘下，换上"羽太寓"的牌子，还挂上日本旗，表示这是日本人的住宅。周作人听之任之，不加制止。

　　1938年8月，一封热情的信笺由伦敦寄给北京苦雨斋主人，署名是胡适。诗中写道："臧晖先生昨夜做一个梦，梦见苦雨斋中喝茶的老僧，忽然放下茶盅出门去，飘然一杖天南行。天南万里岂不太辛苦？只为智者识得重与轻。梦醒我自披衣开窗坐，有谁知我此时一点相思情。"这是真正的朋友的劝说，智者的忠告，而且几乎是在走向深渊前的最后时刻寄来，周作人应该懂得它的分量。

周作人回诗一首："老僧假装好吃苦茶，实在的情形还是苦雨。近来屋漏地上又浸水，结果只好改名苦住。晚间拼好蒲团想睡觉，忽然接到一封远方的信。海天万里八行诗，多谢臧晖居士的问讯。我谢谢你很厚的情意，可惜我行脚却不能做到，并不是出了家特别忙，因为庵里住的好些老小。我还只能关门敲木鱼念经，出门托钵募化些米面——老僧始终是老僧，希望将来见得居士的面。"

周作人在风雨如晦中重录的心情复杂的诗作，寄往中国驻华盛顿大使馆，收信人一款写着胡适临时的别号"胡安定"，因此，信没有及时送到胡适手中。1939年年底胡适看到这首诗时，周作人已脱下老僧的袈裟，变成日本侵略军麾下的"督办"。

胡适题诗云："两张照片诗三首，今日开封一惘然。无人认得胡安定，扔在空箱过一年。"

据周作人自己回忆："那天上午大约9点钟，燕大的旧学生沈启无来贺年，我刚在西屋客室中同沈启无谈话，工役徐田说有天津中日学院的李姓客人求见，我一向对于来访者无不接见，叫请进来。我没有看清他的面貌，他说一声：'你是周先生吗？'拿着手枪射击。我觉得左腹有点疼痛，并未跌倒。沈启无站起来说道：'我是客人。'那人却不理睬，当面一枪，沈启无应声扑地。那人从容出门，我赶紧从北门退归内室，听见外面枪声三四响，与放鞭炮相似。原来徐田以前当过侦缉队的差使，懂得一点方法，在门背后等那人出来跟在后面，拦腰抱住，捏枪的手兜在衣袋里，一面叫人来帮助拿下那人的武器。因为是阳历新年，门房里的人很多，有近地的车夫也来闲谈。大家正在忙乱不知所措。不料刺客有一个助手，知道事情不妙，进来协助，开枪数响，刺客遂得脱逃。"经日华同仁医院检查，周作人左腹中枪而未入，盖为毛衣扣所阻，沈启无左肩中弹，在医院疗养一日半出院，真正牺牲者，仅车夫老张一人。这又是一条轰动国内外的新闻，暗杀者究竟何人？周作人一口咬定是日本军方所为。日本军警方面则认为刺客是国民党特务，传周作人至宪兵队，盘问两小时。周作人被刺公案，至今仍无确论，它至少说明一点，中国的各种政治势力都在关注着周作人，并且试图通过各种手段（包括暗杀）施加影响。客观形势已不允许周作人继续敷衍延宕，连隐居也不可能，他只能在"杀身成仁"与"出山下水"二者之间作出选择。

被周作人称为"畏友"的钱玄同遽然去世。周作人元旦被刺后，钱玄同曾派长子送来一信表示慰问。钱玄同平时言谈激烈，遇事容易紧张，患脑溢血而离世，与受了惊恐不无关系。周作人辞去燕大教书的职务，接受北京大学教授兼北大文学院院长的任命，成为日本军方控制的东亚文化协会的成员。周作人抛头露面地应酬公事，出卖名字，自然都是有偿的，周家结束靠借贷过日子的窘况，大兴土木：翻修左右偏门，凿井，改造厕所，裱糊内屋。生活日益阔绰，设宴招待渐成常事，并且购置狐皮衣裘。周作人愈加离不开侦缉队的保护，枪击事件后派来的三人调离周家时，周作人竟然依依不舍。

汤尔和逝世在日军卵翼下的华北伪政权，教育总督成为大空缺。汤尔和的后继人选成为各派政治势力斗争的焦点，汤尔和临终前，明确属意于周作人。在汪伪中央政治委员会第31次会议上，正式通过"特派周作人为华北政务委员会委员兼教育总署督办"一案。北京《实报》披露这一消息，周作人接待《东亚新报》与伪满洲、伪蒙疆等各报记者络绎不绝的采访。1941年元旦，周作人正式接到汪精卫签署的伪南京政府委任状，赴教育总署举行就职典礼，完成从学者文人到政治官僚的角色转变，实现他"老而为吏"的夙愿与追求。

伪新民会通知北平各校学生到天安门参加庆祝皇军占领宜昌大会，教育总署请示督办，周作人以为学生总应离开政治，参加与否，无关宏旨，晓谕转告市政府教育局和直辖各大学。次日，各校照例放假，无一学生参加游行。伪新民会顾问、日军安藤少将大怒，要亲自去逮捕周作人，经日本大使馆一等参赞力劝而止。周作人噤若寒蝉，不敢再去多管闲事。经过这一次教训，周作人的书生气果然收敛不少。周作人逐渐熟练地扮演教育督办的角色，匆忙出入于各种教育会议及各类讲习班，必致训词："现在所施行的教育方针，是以亲仁善邻为主旨，更要对国民随时晓谕共产制度的绝对不适宜于中国，借以肃正民众的思想，完成民众的心理建设。"周作人在一本正经地宣读如此陈腐的训词时，大概已经忘记，自己当年怎样热烈地鼓吹教育的独立与自由，反对将政治教条强加于教育对象。1941年7月17日，北平伪中央广播电台里突然播放周作人的广播讲话。声音依然低沉和缓，却不再谈童话谜语妖精打架，而是"治安强化运动"。"治安强化"意味着烧杀抢掠，无人区，三光政策，它在沦陷区人民中留下最恐怖的记忆。周作人一向批判中国民族的嗜杀性，现在竟然在电台里公开鼓吹绝灭人性的杀戮，玩弄血的游戏，口口声声说："治安强化运动是和平建国的基础，民众安居乐业唯一的途径。"

从"满洲帝国"归来、谒见傀儡皇帝溥仪，周作人又匆匆赶往南京，为汪精卫祝寿。立法院院长陈公博、考试院院长江亢虎、监察院院长梁鸿志亲自接见，汪精卫还特设家宴招待，周作人算是备受青睐与礼遇。周作人在卖国求荣的渊薮里沉溺更深。

七十九

西南联合大学是中国教育史的一个奇迹。它在战事频繁的情况下艰难生存八年，涌现一批具有较高学术声望的知名教授，培养一批在日后的中国起到顶天立地作用的栋梁贤能。西南联大至今仍是无数知识分子内心深处最为温暖的向往与记忆。如果将西南联大紧急南迁的场景摄入镜头，简直是一幅波澜壮阔、空前绝后的历史画卷。近千名师生分批从长沙出发，经海、陆两线向昆明行进，200多名师生组成湘黔滇旅行团，步行1300公里，随身携带着干粮袋、水壶、雨伞。参加步行的同学全部安全抵达昆明，团长黄师岳按照旅行团花名册逐一点名，确认无误后将花名册郑重移交已经先期到达的清华大学校长、西南联大常委梅贻琦。此情此景，令现场的人潸然泪下。

身在北平的刘文典一直通过报纸或其他渠道掌握着清华师生的动向，连做梦都感觉似乎仍和他们在一起。其实他原本完全可以选择一种更为安逸、更为平稳的生活，却始终放不下他的职业、他的学生。听说清华师生经历千难万险逐渐会合于昆明，他内心追寻同道的愿望越来越强烈，在北平城里，真是一刻也待不下去。日军得知刘文典曾留学日本多年，精通日语，多次利诱，劝他继续到北大任教。日本人还请了刘文典的好友知交来当说客，其中就有周作人。刘文典坚决辞退，说："读书人要爱惜自己的羽毛，气节不可污。"日本人采取强硬手段，两次派宪兵抄家，拿走于右任、胡适、陈独秀、邵力子等人写给刘文典的信函。刘文典与夫人张秋华安坐在椅子上，身穿袈裟，昂首抽烟，怒目而视，以示抗议。翻译官责问刘文典为什么对太君的问话一言不答，刘文典怒道："我以发夷声为耻！"

刘文典悄然辞别家人，挎上一个小包袱，简单装了一点干粮，踏上南下的路途。当时国内很多地方都在日本人的掌控之下，行踪稍有暴露，可能会有性命之忧。幸得著名物理学家、清华大学教授叶企孙先生的妥善安排，刘文典选择一条相对安全的"曲线救国路线"，经过天津、香港、越南，最后抵达昆明，历经两个月。一路上，眼见山河破碎、草木荒凉，刘文典心里百般不是滋味，风餐露宿，冷月寒星，刘文典轻轻吟读诗句，眼睛有点湿润。夫人张秋华和年幼的儿子刘平章尚在北平，情势难料，时刻都可能会有生命危险。夫人干练独立，在遇到危急困难时往往比刘文典还冷静果断，倒让他稍感宽心。他最担心独身留在安庆故里的母亲，时局动荡不安，老人年事渐高，作为儿子原本应该陪侍左右尽孝道，如今奔波在追逐个人梦想的路途上，只能遥远惦念，真是愧疚难当。刘文典跋涉千里，忍受着饥饿和劳累的双重煎熬，终于到达西南联大。

1938年5月22日，满面尘灰的刘文典出现在梅贻琦的面前。梅贻琦刚刚吃过晚饭，想到学校校舍紧张，一时又没有妥善的安置，觉得烦闷，走出房间，随意溜达，突然听到一个几乎有些哽咽的声音："月涵兄，我来了。"

梅贻琦定睛一看，惊喜万分，自从清华大学紧急南迁以后，尚有不少教授出于各种原因未及时到校，他们的状况最令梅贻琦担心。远离学校大集体，成为"孤家寡人"，在支离破碎的时代，危险重重，而他们都是国家的真正栋梁啊！刘文典独身来到昆明，梅贻琦没法不激动，再仔细一瞧时，泪水差点夺眶而出。刘文典头发已有点花白，穿着一件破旧的蓝布长衫，袖口和领口上沾满油渍，黑得发亮，肩上挎着一个小包袱，它是刘文典的全部行李。刘文典更像是一个在外流浪多年的游子，历尽艰难，回到父母身边。

刘文典安慰着梅贻琦："月涵兄，我没事，请给我安排课程吧！虽然缺少书籍资料，但真正有价值的东西都在我这里呢！"刘文典指指自己的脑袋。

梅贻琦看到一向恃才自傲的"狂人"如此乐观，欣然一笑："你呀你，先好好休息一下吧。开课的事情，回头再说，如今教授稀缺，肯定少不了你的辛苦！"

西南联大刚刚成立的时候，校舍紧张，教员们大都拥挤住在一起，经常是一个屋子拉上帘布遮挡，住上两家人。非常时期，有个地方安睡一宿，已是莫大的幸福，谁还在乎睡在哪里、环境如何？这一夜，刘文典睡得特别香。早晨，刘文典被窗外"叽叽喳喳"的鸟叫声吵醒，赶忙起身，走到窗前，放眼一望，校园里正是百花盛放的季节，白色的茶花、红色的月季、紫色的蔷薇，争奇斗艳，将仓促建成的西南联大打扮得千姿百态，成为一种别样美丽的风景。顺着鸟儿高歌的方向，刘文典突然看到远处隐约有面旗帜，无法抑制内心的激动，连忙恭恭敬敬站好，面朝国旗的方向深深鞠了三躬。

西南联大的文法学院设在滇南重镇蒙自。光绪十三年（1887）被辟为商埠，设有蒙自海关、法国银行、法国领事馆。清末时，法国人修滇越铁路，途经碧色寨而绕过蒙自，经济大受影响，商业一蹶不振。由昆明至蒙自需用一天时间，如车慢或行晚，甚至须在开远歇一夜，次日始到。这些毕竟只是暂时的困难，与刘文典迫切回到课堂的心情相比，都是小儿科。在昆明稍稍休息几天后，他赶到蒙自，重新开始黄卷青灯的生活。根据学校的安排，他住进歌胪士洋行里。歌胪士是希腊人，在蒙自开有旅馆和洋行，中道衰落，已经一二十年没有营业，里面尚存有大量洋酒，让许多好酒的教授喜出望外。抽签决定住房，刘文典、闻一多、陈寅恪等十几个人毗邻。蒙自城内集市很多，三天一小集，六天一大集，四乡八里的人都背着自家种植的蔬菜或自家纺织的布品前来交易。西南联大的教授们虽然收入不高，但偶尔上街买些新鲜蔬菜，打打牙祭还是不成问题的。刘文典素来不喜欢柴米油盐的妇人活计，找了一位本地的男佣，一个月给点钱，帮助买买菜、做做饭、洗洗衣服。刘文典不太会日常算计，生活方面的事情基本都交给男佣去打理，经常搞得需要举债度日。李鸿章的曾孙李广平在云南省府供职，由于同乡的缘故，刘文典与李广平素有往来，相交投契。有一次，刘文典实在拿不出钱买米买菜，写了一张字条，托人捎给李广平，上书四个大字："刷锅以待。"李广平呵呵一笑，心知其意，很快送上钱财救急。

蒙自地处西南边陲，风景极佳，物价极低，百姓生活安闲，很少与外省往来。民俗淳朴，男女多穿土布衣裤，式样较单一。而西南联大学生的衣着各有特色：北大喜穿长衫，清华不乏西装革履者，南开则多穿夹克。联大学生初到蒙自时，由于环境闭塞，一些男生西装革履，手挂一根蒙自特产的藤木手杖，一些女生还穿丝绸旗袍、足蹬一双高跟鞋。当地士兵认为是省府的要员，常向他们立正行礼表示尊敬，称呼长官、太太、小姐，弄得他们啼笑皆非。一天傍晚，刘文典沿着蒙自的南湖湖堤散步，不知不觉来到一个村庄里，正巧碰见一个男子揪着一个妇人的头发狠劲地殴打。妇人除了号啕大哭之外，从未还手。刘文典实在看不过去，立即走过去劝架，对方说："我打我婆娘，与你何干！"刘文典被惹恼，顺手甩给男子一个耳光。男子猛遭突袭，愣了一下神，摸着被打痛的脸，抬头望了望眼前的不速之客：他虽然衣衫不整，但骨子里却透露出一种豪气，不知道是什么来头，说不定是个大官呢！男子越想越怕，拔腿跑掉。妇人冲过来，一把揪住刘文典的衣领，大声质问："谁让你打我老公！"弄得刘文典脸红到脖子，幸亏村里一些明理的人迅疾走过来，上前解围。刘文典想起往事时忍俊不禁，"没想到拍马屁拍到马腿上"。当地民众几乎与外面的炮火世界相隔绝，过着苦乐自知的生活，幸福无比。正是在这样的环境下，西南联大的师生们拥有一个比较宁静的学习、生活平台，为西南联大创造后来的学术辉煌奠定了稳固基石。

等稍稍安定下来以后，刘文典给滞留北平的夫人张秋华写信，让她尽快将家里的事情处理妥当，带着珍贵藏书、手稿和儿子刘平章启程南下。张秋华火速行动，在很短的时间内做好各种安排。刘文典到清华大学任教以后，同时在北大兼职文科讲师，薪水比上不足比下有余，再加上刘文典出版几部著作，略改过去困窘清贫的局面，家里还购买一部英国奥斯汀牌小轿车，雇用一个司机。如今，连小轿车都售卖出去，司机当然更是养不起。来自安庆的乳母一家人，没有别的安顿途径，张秋华送一些盘缠，让他们回乡下老家避难。张秋华又将家里的珍藏稍稍盘算一下。刘文典穿梭古籍书铺、市场，难免偶尔购买一些玩物，如唐寅的画、董其昌的字。另外，平常师友往来频繁，自然收获不少具有特别纪念价值的字画，如孙中山在《民立报》的题字原稿、章太炎赠送的对联。云南距离北平遥遥千里，行程充满未测的艰难，张秋华决定将一部分古董、字画存进北平新华银行。最后剩下刘文典在来信中左叮咛右嘱咐的近千册中西珍贵藏书，以及他的手稿。刘文典深受刘师培、章太炎等老师的熏陶，对于各种善本、珍本往往是一见钟情，花再大的代价都要买下来。做《淮南子》校勘的时候，他家里无米下锅，却找到学校借了一笔钱，跑到书店里一下子购买将近500元的参考资料。这些宝贝是刘文典大半辈子的心血、命根子，无论如何都要想办法运到云南！一个妇人带着孩子，还要带上整整四大板箱的书籍、手稿，千里迢迢赶路，辛苦可想而知。张秋华咬咬牙，踏上征途。

按照刘文典事先设计好的路线，张秋华依然是先到香港。刘文典有个姓马的学生在香港中文大学教书，给师母出主意："日军的战火一时烧不到香港来，不如将书籍手稿暂时放在香港，等你们到云南稍微安顿一下，再来领取它们也不迟啊！"张秋华思虑再三，最终决定接受这个学生的建议，并委托他全权安置书籍手稿。

辗转奔波，张秋华母子平安抵达云南。西南联大文法学院在蒙自办学一学期后，因校舍被航空学校征用，迁回昆明。1938年的秋天，刘文典一家终得重聚。"我的书籍手稿呢？"看到张秋华只带着儿子，挎着一个小包袱出现在自己的面前，刘文典脱口问道。听说自己的珍贵藏书和手稿被夫人暂时安置在香港，刘文典满脸失望，长长叹一口气："你即使什么都不带，也不能把我半辈子的心血留在人生地不熟的处所啊！"

张秋华赶一趟集市，回家烧菜。刘文典挑起筷子一尝，十分惊讶，忙问："这菜是从哪里搞来的？"张秋华回答："集市上买来的当地蔬菜。"他连声感慨："没想到云南竟有这么好吃的菜！"原来，在夫人未到之前，一般都是男佣买什么、做什么，他随遇而安地吃什么，从来没有感觉异样。男佣图方便，懒得搞太多的花样，几乎每天都粗制滥造地煮咸鸭蛋、蒸鸡蛋，吃了一年多。

刘文典唯一感到庆幸的是，虽然日本觊觎香港宝地，但香港尚在英国的统治下，日军没敢贸然动手，那里暂时还算安全。四箱书籍手稿后来竟真的成为刘文典"永远的痛"，一别而再未有重逢之日。直到去世之前，刘文典仍在苦苦打听书籍手稿的下落，音信杳然。1941年12月8日凌晨，日军主力在炮兵、空军、海军的配合下，猛攻香港，迫使驻守的英军无条件投降。日军举行占领香港的入城仪式，疯狂掠夺。仅以图书损失为例，香港遭劫夺的文献中，有28种可谓国宝、稀世珍品，如宋刊本《五臣注文选》《后汉书》

《礼记》、明写本《永乐大典》数卷。刘文典忧心如焚，迅速给姓马的学生写信，询问书籍手稿的下落。回信让他如同一跤跌进冰窖里，学生万分愧疚地告诉他，全部书籍手稿已经落到日本人手里。刘文典蒙了，一语成谶，现在果然成为"孤家寡人"，没有任何参考资料，只能凭脑海里储存的知识去进行学术研究和课堂教学。刘文典想到国难当头，战局纵横，不知道什么时候才能看到和平的局面，重新找回自己的珍藏，内心一种悲情悄然涌动。

八十

华北、华南、华东大片国土迅速沦陷，中央机关、重要企业、教育机构纷纷迁往云南，云南一时间高官、名人云集，相对尚算安全，成为抗战的大后方。日本侵略者在中国鲸吞的地盘逐渐扩大和稳定后，开始将魔掌伸向西南边陲，投弹空袭。"跑警报"成为昆明人的家常便饭。很多人甚至早晨起来带好干粮、水、书报，找个安全的防空洞优哉游哉地过上一天，等天色将晚时再回到住处。日军敌机频频侵扰昆明，警报一响，天下大乱，大家自顾抱头鼠窜，争相奔往可以隐蔽的地方。

有一次，又遇警报声起，正在上课的刘文典收起教具，带着学生冲出教室。跑着跑着，他突然想起什么似的，原来他最为钦佩的陈寅恪教授因为营养不良，视力严重下降。刘文典生怕陈寅恪忙乱中有个三长两短，赶紧带着几个学生，在人群中找到正茫然不知去处的陈寅恪，架起陈寅恪往安全的地方跑去，喊道："保存国粹要紧！保存国粹要紧！"快到学校后山的时候，刘文典看到沈从文夹杂在拥挤的人流中惊慌失措，顿时怒上心头。刘文典顾不得自己气喘吁吁，大声呵斥："陈先生跑是为了保存国粹，我跑是为了保存《庄子》，学生跑是为了保留下一代的希望。可是该死的，你一无用途，跑什么啊！"沈从文比较了解刘文典的为人，懒得争辩，独自走开。刘文典素来看不起新文学作家，认为文学创作的能力不能代替真正的学问。刘文典公开在课堂上说："陈寅恪才是真正的教授，他该拿400块钱，我该拿40块钱，朱自清该拿4块钱。我不给沈从文4毛钱！"西南联大开会讨论将沈从文提升为正教授，众人都举手同意，唯刘文典表示异议，说："沈从文是我的学生。如果他都要做教授，我岂不是要做太上教授吗？西南联大只有三个教授，陈寅恪先生是一个，冯友兰先生是一个，唐兰先生算半个，我算半个。"刘文典经常拿"大拇指"和"小拇指"喻指陈寅恪和自己，充满敬意。

日本飞机对昆明轰炸正酣，为了躲避轰炸，傅斯年命人在楼前挖了一个大土坑，盖上木板充当防空洞。陈寅恪为此专门写过一副带有调侃意味的对联："见机而作，入土为安。"每次警报一鸣，众人皆争先恐后向防空洞奔跑，以尽快"入土为安"。身体虚弱的陈寅恪患有眼疾，视力模糊，行动极其不便。陈寅恪本人有睡早觉和午觉的习惯，每当警报响起，众人大呼小叫地纷纷向楼下冲去，傅斯年却逆流而上，摇晃着肥胖的身躯，不顾自己严重的高血压和心脏病，喘着粗气，大汗淋漓地向三楼急奔，把陈寅恪小心翼翼地搀扶下来，送进防空洞。号称"大炮"、不把任何人放在眼里的傅斯年，竟对陈寅恪如此敬重呵护，一时在昆明学界传为佳话。

刘文典与陈寅恪所经历的磨难几乎一模一样：辞别亲人，独身前往，一腔热血，心忧家国。还有一个巧合，刘文典精心收藏的四大箱书籍在香港被日本乱兵劫走；而陈寅恪寄托在长沙亲友家的一批正规图书，不幸遭遇大火，随身携带的两木箱珍贵典籍在半途中被人用砖头换走，其中不乏若干陈寅恪写了一半的著作。两个人同病相怜，平日里的来往与交谈自然增加许多。蒙自有着美丽的自然风光与人文底蕴，特别是歌胪士洋行旁边的南湖。南湖一开始是个取水坑，后经修缮成为碧波荡漾的大小两个湖泊，一年四季碧波万顷、岸柳成荫，沿湖内外古迹景点众多，风光旖旎，蜚声遐迩。西南联大的教授们在教书之余，经常溜达到南湖岸边，聊聊天、发发呆。在吴宓看来，南湖颇似杭州的西湖，可到了陈寅恪的眼中，南湖有几分北平什刹海的风味。一天傍晚，陈寅恪和吴宓散步到南湖附近，站在桥头望着湖面上肆意绽放的荷花，远处传来酒楼里划拳、喝酒的吵闹声，一时间百般感触，随口吟成一首七律："风物居然似旧京，荷花海子忆升平。桥边鬓影犹明灭，楼上歌声杂醉醒。南渡自应思往事，北归端恐待来生。黄河难塞黄金尽，日莫关山几万程。"刘文典很快读到陈寅恪这首悲怆激越的七律，联想到自己奔波千里、千转百折的类似经历，一种知音难得的悲情瞬间涌上心头。刘文典挥毫泼墨，将陈寅恪的作品抄录下来，赠给一向帮助西南联大的当地学者马竹斋。马竹斋视为珍宝，精心收藏，如今原件存于蒙自档案馆。

由于生了疟疾，陈寅恪的身体每况愈下。在此之前，陈寅恪患有眼疾，视力大不如前，并有逐步衰竭的趋向。战时经济紧张，蒙自的生活虽然还算过得去，但几乎只能是保证每天不至于饿肚子，谈不上更多的营养，从而加剧陈寅恪的病情。陈寅恪的学问和授课，都是当之无愧的西南联大翘楚。在清华大学任教的12年，是陈寅恪学术功力全面爆发的"黄金时代"，他一生著文约百篇，其中一半以上在这一阶段完成。迁往云南以后，由于藏书被焚毁或盗窃，陈寅恪只能以手边残存的眉注本《通典》为蓝本，凭借过人的记忆力与理解力，完成《隋唐制度渊源略论稿》一书。陈寅恪上课自成风格。假如你在西南联大的校园里见到他行色匆匆去上课，不用开口问他今天讲什么，只需要看他肩上挎包的颜色。黄色的代表要讲佛经文学、禅宗文学，蓝色的则代表要讲其他课程，从不混淆。陈寅恪上课声音并不大，习惯于平铺直叙，引经据典，但精彩往往闪现在有意无意之间。陈寅恪讲白居易的《长恨歌》，考证第一句"汉皇重色思倾国"中的"汉"字，足足讲了四节课，吓得一些学术功底不扎实的学生不敢随意走进陈寅恪的课堂。

刘文典住在昆明龙翔街七十二楼新宅的时候，突然防空警报大作，一家人赶紧跑出屋外，寓所遭遇敌机轰炸，屋顶露出大窟窿，衣物、书籍、手稿到处乱飞。夫人张秋华看了，心疼得眼泪直掉。情势逼迫之下，平时不怎么喜欢活动筋骨的刘文典挈妇将雏，加入阵容浩大的"跑警报大军"。西南联大师生跑警报，最近到达铁路后面的白泥山，位于驿道东侧，即今天昆明理工大学的教工宿舍区，保留着一片小森林。稍远一点，沿着驿道上坡，下苏家塘朝左上小虹山。防空洞里面，有的继续上课，有的或闭上眼睛休息休息，或找些熟人聊聊天，或打开书本做做研究，跟平时状况没太大的区别。刘文典很是豁达，在给胡适的信中风趣地汇报："所堪告慰于老友者唯有一点，即贱躯顽健远过于从前，因为敌人飞机时常来昆明扰乱扫射，黎明即起，飞跑到郊外山上，直到下午警报解除才回寓所。早起多见日光空气，天天相当运动，精力充沛。敌机空袭颇有益于昆明人健康，并非故作豪语，真是实在情形。"

在动辄炮火连天的状况下，为了保证家人的安全，刘文典经常变换住所，四处搬家，从早期的一丘田五号到龙翔街七十二楼，又搬到位于滇池之滨的官渡西庄。官渡是个古镇，原是滇池边的一个渔村，后来经人整治，逐渐成为风景名胜宝地，拥有大量带有浓郁佛教、儒家文化色彩的建筑。"风乍起，吹皱一池春水"，湖面上鸥鹭相争，湖边上芦苇成群，夕阳下湖天一色，蔚为大观。避难云南期间，刘文典一度住在官渡的孔子楼里，后来又租住在一位李姓农民的家中。每日里走出房屋，南边郁郁林木，淙淙流水，声声鸟鸣，刘文典似乎暂时忘却尘世间的战乱与忧伤。独坐林下，捧一卷古籍在手，读一段文字，呷一口清茶，再极目眺望远方，真是一种难得的桃源意境。只可惜，惬意与放松永远是短暂的。作为一位自始至终牵挂家国命运的传统文人，刘文典根本无法做到"躲进小楼成一统"，时刻惦念着天下苍生的疾苦。

官渡距离昆明城十几公里，一般要坐火车去，花费半小时，下火车后到学校还有五公里的路程，有时候，突然遇到防空警报，赶紧先找个地方躲一躲，等安稳一些后再继续赶路。在西南联大任教的几年间，刘文典没有因为日军侵袭而落下一节课："国难当头，我宁愿被日本飞机炸死，也不能缺课！"与在北平时期一样，刘文典战斗热情不减，依然保持着大工作量，独开各类课程近十门，包括《庄子》选读，《文选》选读，温飞卿、李商隐诗歌，中国文学批评研究，元遗山研究，吴梅村研究。

刘文典与时任系主任罗常培闲聊时，半开玩笑应承下来两门新课。抗战期间，资料很不好找，连《梅村家藏稿》等必备书籍都没有，刘文典满不在乎，笑着说："两位诗人的诗，尤其是吴梅村的诗，比我高不了几分。"言下之意，开这样的课程，小菜一碟。

有一天晚上，由于上课通知过于仓促，到课的人并不多，稀稀拉拉坐着十几个人，偌大的教室显得空空荡荡。刘文典毫不在意，在教室桌旁的一把"火腿椅"（木椅，右侧有状若整只火腿的扶手，供笔记书写之用）上坐下来，照例点燃一支卷烟，深深吸上一口，然后操着并不标准的安徽普通话开腔："今天我们只讲梅诗中的两句：攒青叠翠几何般，玉镜修眉十二环。"刘文典娓娓而谈，香烟袅袅，把学生们引进诗情画意中。下课的时候，月亮已经升得很高，门外的公路上杳无人迹，没有汽车鸣笛，没有缓缓驶过的木轮牛车的吱吱嘎嘎声。四周一片寂静，路旁的蓝桉树孤寂地站着，微风过处，欠伸着腰肢，树叶沙沙发响。月光清亮，照得公路的碎石路面仿佛用水洗过一般。王彦铭等同学热情地护送刘文典回到住处，刘文典显得很感动，兴致勃勃地吟诵道："李白乘舟将欲行，忽闻岸上踏歌声。桃花潭水深千尺，不及汪伦送我情。"安徽腔普通话，微微摇曳，有时带点颤音。

刘文典皓月之下讲《月赋》，经常被西南联大的师生们当作传奇故事争相流传，津津乐道。西南联大的教授授课方式非常自由，一般来说，教授们喜欢怎么教、教什么，从来没有人会过问。刘文典一向狂放不羁，上起课来更是与众不同，假设一堂课是45分钟，他顶多正课讲30多分钟，余下的时间天马行空，无所不谈，臧否人物占据大半。有一次，刘文典给学生上《文选》课，突然宣布："今天的课到此为止。"学生们都以为他受到刺激，要将哪位名人大肆评价一番呢。他说："余下的课改到下星期三的晚上再上。"学生们更搞不懂刘文典的葫芦里卖的什么药，他并不急于解释，收拾收拾教具，在学生们疑惑眼神的注视下，扬长而去。下星期三的晚上，刘文典通知选修《文选》课的学生都到校园一块空地上集中。大家坐定后，刘文典夹着教具出现，说："今天晚上我们上《月赋》。"学生们豁然开朗，农历五月十五，正值月满之期，确实是上《月赋》的最佳时间！一轮皓月当空，学生们在校园里摆下一圈座位，静听刘文典坐在中间大讲《月赋》，时而仰头问月，时而高声吟诵；旁征博引，妙语连珠，将充满新奇感与求知欲的学生带进一个人生与自然交融的化境。

刘文典千里颠簸，到达西南联大，有一些厌倦战乱与波折的情绪，躲在小屋里，读读诗词以消磨时日，甚至吸阿芙蓉以求精神上的麻醉，但他并未放弃抱负，有步骤、有重点地实施内心酝酿已久的学术研究计划。"始则整理旧稿，就《庄子》一书与日本之武内义雄、狩野直喜交战，幸胜过之；继则在《大唐西域记》《大慈恩寺三藏法师传》与前人竞争，尝以战绩示寅恪先生，极承嘉许，为拙作作序，以为可匡当世之学风。近来拟治《佛国记》，惜日本东京帝国大学所刊善本无法购求，乃未动手，计算四年的成绩不过此区区耳。"这分明是一份雄心勃勃、豪气干云的学术研究蓝图，甚至依然保持着要与国内外学人一较高下的豪情。

刘文典堪称昆明学术界的明星，经常出现在文林街头的演讲台上。文林街只是昆明的一条很普通的小路，东边是云南大学，西边通往西南联大校园，小面馆和甜食店比较繁盛，因而成为联大教授经常出入的地方。刘文典讲《红楼梦》最为轰动。演讲地点原定在西南联大的一间小教室中，后因前来的听众太多，容纳不下，改为教室前的广场。届时早有一批学生席地而坐，等待开讲。天尚未黑，讲台上已燃起烛光，摆着临时搬去的一副桌椅。刘文典穿着长衫登上讲台，在桌子后面坐下。一位女生站在桌边，从热水瓶里为他斟茶。刘文典从容饮尽一盏茶，霍然起立，有板有眼地念出他的开场白："只吃仙桃——一口，不吃烂杏——一筐！我讲《红楼梦》嘛，凡是别人说过的，我都不讲！凡是我讲的，别人都没有说过！今天给你们讲四个字足够！"他拿起粉笔，转身在旁边架着的小黑板上，写下"蓼汀花溆"四个大字。另一位学生记下刘文典对此四字的解释："元春省亲大观园时，看到这幅题字，笑道：'花溆'二字便好，何必蓼汀？花溆反切为薛，蓼汀反切为林，可见当时元春已然属意薛宝钗。"刘文典发现学生用参考书后，诙谐地说："去神庙烧香拜佛，烛光闪闪，烟雾袅袅，神佛真容常常模模糊糊、影影绰绰，只有拨开云雾，才能看清庐山真面目。"西南联大曾经兴起过一阵《红楼梦》热，教授们纷纷揭秘《红楼梦》，刘文典成为许多文学青年崇拜的偶像。

刘文典生活作风上存在些微瑕疵。刘文典染上鸦片，长子刘成章死后，刘文典为打发排遣内心伤痛，麻醉自己，开始吸食大烟。云南盛产鸦片，刘文典到昆明后如鱼得水，越发不可自拔。由于物价飞涨，生活十分困难，为了赚钱，刘文典答应大盐商张孟希的邀请。从昆明到磨黑路途遥远，风险极大，张孟希派人用滑竿将刘文典接到磨黑，妥善安排，甚至派专人保护。刘文典替张母撰写墓志铭，偶尔为当地教师讲讲庄子和"文选"，其他大部分时间躺在鸦片床上吞云吐雾，过足烟瘾。四个月后，刘文典回到昆明。刘文典此行，立即受到联大同人的诟病。刘文典私自离校，使正常的课程受到影响。西南联大中文系教授仅有七人，其中陈寅恪被困香港，刘文典一走，只剩下罗常培、朱自清、闻一多、浦江清、王力五人，课程压力极大，所以大家对刘文典极为恼怒。闻一多坚持不给刘文典发聘书，刘文典知道自己被解聘的事后，非常生气，到司家营清华文科研究所找闻一多论理。两人都很冲动，闻一多正和家人吃饭，他们在饭桌上吵起来，朱自清极力劝解。刘文典的学生王力在中文系任教，去见闻一多，替刘文典讲情："老教授于北平沦陷后随校南迁，还是爱国的。"闻一多发怒说："难道不当汉奸就可以擅离职守，不负教学责任吗？"刘文典黯然神伤地离开清华后，到云南大学任教。

八十一

　　陈寅恪被英国皇家学会授予研究员职称，牛津大学创办 300 余年来，首次聘请一位中国学者为专职教授。陈寅恪曾两度辞谢，考虑到英国可治疗眼疾，遂答应下来。整个欧洲的汉学家风闻陈寅恪即将赴英，皆云集奥格司佛城，等待陈寅恪。战火烧到欧洲，地中海不能通航，陈寅恪再一次耽误治疗眼疾，最终导致双目失明。珍珠港战争爆发后，陈寅恪的夫人唐篔因旅途劳累过度，心脏病突发，三女儿美延又患上百日咳，高烧发热，咳嗽不止，全家不能再行，滞留香港，他们在许地山的帮助下，租赁一间房屋暂住下来。大年之夜，幽暗灯光映照下的餐桌上，唐篔悄悄叮嘱女儿："王妈妈（陈家的保姆）和我们奔波半年，过旧历年总要让她多吃几块肉。"王妈妈从旁侧闻听，感动得泪流满面。

　　重庆国民政府派出飞机抵达香港，抢运政府要员与著名文化教育界人士。英国港督杨慕琦向日本投降，香港沦陷，陈寅恪匆忙赶到机场，被孔祥熙的夫人宋霭龄、女儿、随从和豢养的一大批保镖挡在圈外。国民党中央常委、一级陆军上将陈济棠，抢先一步登上飞机，孔二小姐竟把自己的一条宠物狗放在座位上，阻止陈济棠入座。陈济棠怒不可遏，当场痛斥孔二小姐。孔二小姐仗着人多势众，从腰间嗖地拔出精制的左轮手枪，敲点着陈济棠的额头，喝令陈济棠立即滚下机舱。陈济棠的夫人怕丈夫遭到不测，流着眼泪示意保镖服软认输。陈济棠的卫兵被孔二小姐强行缴械，轰下飞机。孔二小姐指挥随从保镖把大大小小的家私、18 条黑贝，甚至自用的马桶全部装入机舱，然后命令飞机起飞。两小时后，日军进驻这座机场。

　　重庆党国要员纷纷赶往机场迎接，目瞪口呆，孔祥熙的家人走下飞机，携带着仆佣、洋狗、马桶和香料床板。重庆《大公报》揭露孔祥熙一家霸占飞机的恶行劣迹，昆明《朝报》给予尖锐抨击。

　　消息见报后，西南联大许多师生都以为陈寅恪已经在战乱中去世，历史系学生发表一篇悼念文章，以悲怆的语气说道："著名的史学教授陈寅恪导师，不能乘政府派去香港的飞机离港，命运似不如一条洋狗……"

西南联大的吴晗在课堂上说："南宋亡国前有个蟋蟀宰相（指贾似道），今天又出现一个飞狗院长，真是无独有偶啊！"

西南联大学生联名起草宣言，高呼"打倒孔祥熙，铲除贪官污吏"的口号，示威抗议。游行队伍的前锋是一幅用床单制成、上画脖颈上套一巨大铜钱作为枷锁的孔祥熙头像。沿途有云南大学、昆华师范学院、南菁中学等十多所大中学校师生陆续加入，会合成数千人的游行队伍。蒋梦麟与梅贻琦乘车尾随游行队伍，对师生加以保护。西南联大举行悼念活动。傅斯年听到陈寅恪"去世"的消息，立即急电重庆中央研究院总办事处，重庆方面的回电声称，无法确定消息真伪。傅斯年暴跳如雷，直呼要杀"飞狗院长"孔祥熙以谢天下。

交通、通信全部断绝，整个香港成为一座孤城。陈寅恪一家困境重重，为节省口粮，唐筼强行控制家人进食，孩子们吃到红薯根、皮也觉得味美无穷。日军要征用陈寅恪家租住的楼房作为军营，勒令所有住户限期搬出。闻知将遭驱逐的消息，全楼人惊惶失措，街上交通封闭，日军在路口架设铁丝网，动辄开枪杀人，常有过路者无故中弹倒地而亡，全楼住户根本无处可去。陈寅恪长女流求回忆："那天早晨母亲含着眼泪，拿出一块淡色布，用毛笔写上家长及孩子的姓名，出生年月日及亲友住址，缝在4岁的小妹美延的罩衫大襟上，怕万一被迫出走后失散，盼望有好心人把她收留。如此情景，不仅全家人眼眶湿润，连正要告辞返乡的保姆也哭了。"危难之中，陈寅恪毅然下楼与日军交涉，对方同意延长时日，留出居民搬迁的空隙。邻居五个女孩全部遭到日本大兵的强奸污辱。陈寅恪的长女流求已上初中，唐筼拿过剪刀，一把拉过流求，把她头上的长发剪掉，找出陈寅恪的旧衣让她穿上，女扮男装，以防不测。此刻又传来蔡元培夫人家中遭劫的消息，陈寅恪急忙跑去一看，蔡家钱物被洗劫一空，蔡夫人悲恸不已，几次昏厥。

傅斯年一直对孔祥熙深恶痛绝，曾上书蒋介石，抨击孔祥熙的才能、用人，揭露孔祥熙纵容夫人、儿子与不法商人勾结发国难财的恶行。蒋介石却不予理睬。傅斯年千方百计搜集孔氏贪赃枉法、以权谋私的材料，准备在参政会上弹劾孔祥熙。胡适在美国，写信劝傅斯年不要贸然行事，免得惹火烧身。傅斯年并不理会，着手调查孔祥熙的美元公债一案。中央银行国库局正直人士或与孔祥熙有隙者，趁机将掌握的内部重量级材料提供给傅斯年。傅斯年迅速拟成提案，交大会秘书处宣读。大会主席团成员、外交部长王世杰见后大骇，怕被人作为借口"攻击政府，影响抗日"，力劝傅斯年歇手闭嘴，否则后果无法预料。傅斯年坚持己见，并要上诉法院，与孔祥熙对簿公堂，如果揭发罪状失实，甘愿反坐。面对傅斯年不达目的决不罢休的执着，陈布雷向蒋介石进言，让他暗地里处理掉孔祥熙，省得事情闹大，并建议蒋介石争取世界各国对抗战的支持，以国家利益为重等说辞，请傅斯年改变解决问题的方式。蒋介石依计而行，果然一提"国事为重"，傅斯年就答应退让，决定将提案改为质询案公布于众，蒋介石表示同意，委派财政部长俞鸿钧出面调查孔祥熙财源的来路问题。众人纷纷借着傅斯年的"炮轰"，棒打落水狗。傅斯年一炮轰走孔祥熙，从此"傅大炮"名动天下。

八十二

史语所的人私下里称傅斯年为"傅老虎"。有一天，陶孟和到史语所办事，感到气氛与前些时候大不相同，说："胖猫（指傅斯年）回来，山上淘气的小耗子，这几天敛迹。"董作宾说："这话是讽刺也是好评。傅斯年偶然回到史语所，工作效率果然提高。其实，傅斯年对朋友、对同人，原是一片赤子之心。"

　　傅斯年性格霸道，树敌很多，一生誉满天下，诽谤难免。有人在重庆召开的学术会议上曾公开向傅斯年叫板："中央研究院各所所长都是大学问家，傅斯年资历浅薄，怎么当上历史语言研究所所长的？傅斯年总要给新进史语所工作的人来一个下马威，如不得乱写文章，强迫他们校书，不一而足，史语所畸形发展的现象，和领导人物很有关系，傅斯年没有容人雅量，喜欢唯唯诺诺的庸才，制定一些像招收徒弟一般的陋规家法。学阀作风结胎于傅斯年，傅斯年创办中央研究院史语所，一切大独裁，乃至看见小研究员在阳光下散步稍久，第二天就禁止散步一天的程度。"傅斯年对部属管理甚严，大学毕业生到史语所工作，先关门读三年书，第四年才准许发表文章。傅斯年发现一位年轻助理研究员冬天好晒太阳，不刻苦，有意堵在门口，不让研究员出门，说："你昨日已晒够了。"小辈们晚饭后在田边散步，远远看到傅斯年迎面走来，都转身急急奔逃，害怕傅斯年借下棋时机测试小辈们的智能和学术造诣。板栗坳牌坊头是史语所同人茶余饭后聊天下棋的地方，青年们狂放自在。住在桂花坳的傅斯年吃罢饭，从家中过来凑个热闹，青年们如同老鼠见猫一样，过不多长时间，全部溜得无踪无影。剩余人员硬着头皮继续下棋，傅斯年蹲在一边观阵，攻卒跑马地大喊大叫，兴致上来，挽起袖子亲自上阵厮杀。谁和傅斯年对弈算是倒了大霉，因为傅斯年经常思考其他问题，一枚棋子停在半空不肯放下。对方强忍着性子等待，大着胆子催一句，傅斯年如梦初醒，嘴里不住地"噢噢"叫着，开始走车飞象地大杀大砍。可惜好景不长，没几个回合，又按兵不动，此举如同钝刀架在脖子上不断地搓动又总不见血，令对方难受至极。有了这样的教训，后来的日子，不管闲聊者还是下棋者，看到傅斯年出家门向牌坊头走来，皆以最快的速度溜走。

　　面对反常的举动，傅斯年感到大不对劲，向董作宾讨教道："他们立在院内或大门口，一群人有说有笑，你去了，加入摆一套龙门阵。我去了，他们便一个一个溜了，这是为什么？"

董作宾哈哈一笑："这正是我无威可畏，不如老兄之处啊。"

傅斯年不好意思地摇摇头："糟糕，我这么不受欢迎，看来得向你学习呀！"

傅斯年脾气来了，是炮，温柔起来，像猫。史语所的工友老裴最希望傅斯年发脾气，因为傅斯年上午刚发脾气，下午某杂志社便送来一笔稿费，傅斯年一股脑儿送给老裴买酒，人情味很浓。傅斯年对下属生活十分关心，事必躬亲。抗战时期，史语所迁在四川李庄山坳里，供给困难，傅斯年给专员写信："请您不要忘记我们在李庄山坳里尚有一批以研究为职业的朋友，期待着粮食。""一二·一"惨案发生后，当局要求复课，而学生要求满足条件，严惩屠杀无辜教师和学生的党政负责人。傅斯年奉命到昆明处理学潮，在教授会议上，和闻一多发生冲突。闻一多说："你怎么不到老蒋面前去三呼万岁？"这是揭傅斯年的旧疤，傅斯年气得大骂："有特殊党派的给我滚出去！"

抗战胜利后，历史语言研究所与中央博物院大部分人员自李庄迁回南京，傅斯年在中央研究院大楼的演讲厅设宴款待。席间，傅斯年追忆史语所历次搬迁，讲到抗战岁月八年颠沛流离、艰苦卓绝的生活，哽咽泪下，在场的人深深感染而同声悲泣。傅斯年端起酒杯，打起精神，满怀激情地说："庆祝大家幸运归来，同时过去的种种辛苦都已经结束，我们可以安心工作。"蒋介石曾任命傅斯年为国府委员，傅斯年坚辞不就，自己乃一介书生，世务非其所能，并说："如在政府，于政府一无裨益，若在社会，或可以为一介之用。"

八十三

傅斯年向来最痛恨不讲民族气节的儒生，对聊城先祖傅以渐不参加抗清复明运动，反而参加清朝入关后首次乡试，殿试得中顺治朝状元，一直耿耿于怀。300 年后的今日，傅斯年对甘愿为日本人驱使的知识分子更是深恶痛绝。傅斯年任北大代理校长后，在重庆报刊上发表声明："为保持北京大学的纯洁，坚决不录用伪北京大学的教职员，但学生经过甄别和补习，可以接受。"1945 年 11 月中旬，傅斯年到达北平，陈雪屏等人到机场迎接。傅斯年走下飞机的第一句话，便问陈雪屏与伪北大的教员有无交往，陈雪屏回答说仅限一些必要的场合。傅斯年闻听，大怒道："汉贼不两立，连握手都不应该。"傅斯年当场表示要请司法部门将罪大恶极的儒林败类捉拿归案，严加惩处，否则愧对那些跋山涉水到重庆和昆明的教授和学生，他们为了民族大义而抛家别子去大后方，吃不上喝不上，容易吗？北平的伪教员们私下联合起来以罢课相要挟，不承认"征调"，并向北平行营主任李宗仁请愿，强烈要求入主复员后的北大。伪北大教授、古器物学家容庚发表致傅斯年的"万言书"，以示抗议和辩护。傅斯年毫不妥协，以答记者问的形式再次声明，对纠缠与诡辩者予以坚决的回击。

　　周作人写了一篇《石板路》的散文小品，极具感情色彩地回忆故乡绍兴石板路与石桥的优美，文章结尾的日期处写道：民国三十四年十二月二日记，时正闻驴鸣。文末所谓的"驴鸣"，是对傅斯年发表声明的回应，周作人写罢此文的第四天，因汉奸罪被捕入狱。

　　与周作人的嘲讽与谩骂不同，容庚见傅斯年一意孤行，毫无通融的余地，以中央研究院通信研究员的身份，尾随傅斯年从北平到重庆继续纠缠。容庚来到中央研究院总办事处找到傅斯年欲当面理论，傅斯年拍案而起，指着容庚的鼻子大骂："你这个民族败类，无耻汉奸，快滚，快滚，不用见我！"当场命人将容庚架出去，扔到泥泞遍布的马路上。《新民报》登载此事，标题为"傅孟真拍案大骂文化汉奸，声震屋瓦"。容庚再度拜访，表示要谢罪改过，重新做人，傅斯年勉强接见，仍不允许容庚到北大任教。灰头土脸的容庚只好托李宗仁的关系准备到广西大学任教，后未成行，转聘于岭南大学，终其一生，再也没能迈进北京大学的门槛。

周作人被捕后，先关在北平炮局胡同的陆军监狱。炮局归中统的特务管理，诸事要严格一点，各人编一个号码，晚上要分房按号点呼，年过六十的犯人给予优待，聚居东西大监，特许用火炉取暖，吃饭六人一桌。狱中规定每月允许接见家人一次，送钱最多高达20万，周作人最少，每次仅5000元。可见周作人在狱中的生活相对清贫。周作人被押解到南京受审，南京高等法院检察官提出起诉，列举周作人的主要罪状。周作人受命写出自白书，辩解："初拟卖文为主，嗣因环境恶劣，于1928年1月1日在家遇刺，幸未致命，从此大受威胁。以汤尔和再三怂恿，始出任伪北京大学教授兼文学院院长，参加伪组织之动机完全在于维持教育，抵抗奴化。头二等的教育家都走了，像我这样三四等的人，不出来勉为其难，不致让五六等的坏人，愈弄愈糟。"法庭宽限三星期再行公审，周作人汗流浃背、狼狈还押。

由于周作人在中国现代思想文化史上的特殊影响，个人选择总要引起社会的关注，当作一种社会文化现象予以讨论。何其芳认为周作人所追求的个人情思，在过去似乎诗意盎然，目前情况下则是应该批判的陈腐事物。何其芳同时提出一个颇有意思的现象：周作人的主张适合某些小资产阶级的知识分子，是不是会有人一方面能够从理智上批判周作人，一方面在感情被牵引呢？何其芳对"周作人现象"的观察评价，大体上代表《在延安文艺座谈会上的讲话》以后成为主流派的文艺思潮。

在最终宣判之前，著名记者黄裳曾到老虎桥模范监狱访问周作人，并且留下《老虎桥边看"知堂"》的报道。一位狱吏带来一个老头儿。黄裳第一次瞧见周作人，印象中早已有了一个影子，现在隔着窗户看看"正身"，大抵差不多。他穿着府绸短衫裤，浅蓝袜子，青布鞋，光头，瘦削，右边脸庞上有老年人的瘢痕，寸许的短髭灰白间杂，戴金丝眼镜。他坐下搓着手，满脸不安，等候黄裳发问。他提到最近没有再审的消息，大约是在收集证据吧，有一位律师愿意为他辩护。国民政府的起诉书中说他"通谋敌国"，而日本人也说他是"大东亚思想的敌人"，两边不讨好，这大概是堕落文人的宿命。他其实可以上前线去一刀一枪比试，本来是海军出身，还是武人哩。黄裳问苦雨斋的藏书是否都已封掉，他答不知。时间拖得太长，黄裳请周作人回去休息。黄裳向所长说希望看一下他们的狱中生活，一个狱吏陪着黄裳走进"忠"字监。小院子里边有孤零零的一所红砖房，从门板上面的一小块铁丝网窗中可以望进去，老汉奸汪时、刘玉书、唐仰杜都赤膊席地而卧，在一沓饼干匣上面写信。殷汝耕在看《聊斋》，王荫泰藏在墙角看不见。走到第四间，周作人刚刚回来，脱下他的小褂挂在墙上，赤脚躺在苇席上，旁边放着一个花露水瓶子。谁曾料到，周作人会有这样一副狼狈相呢？历史真是太无情。

八十四

抗战胜利前后，胡适博士在干什么呢？胡适是民国学林中贯穿始终的人物，雅好实在不少。胡适喜欢做媒，乐于成人之美，愿天下有情人终成眷属。他有一本充当媒妁中介、主婚人、证婚人的"鸳鸯谱"，记录着许多文坛名人美满婚姻的佳话，赵元任夫妇、沈从文夫妇、徐志摩夫妇都在"鸳鸯谱"上签名。

沈从文喜欢一个叫张兆和的学生，天天给张兆和写情书，张兆和从来不看，后来烦了，向校长胡适告状，胡适一笑，叫张兆和先看看情书以后再说。张兆和读完那些信后，渐渐被沈从文打动，终于成就一段姻缘。

经济学家千家驹与杨梨音女士结婚喜日，约请胡适证婚。千家驹说，胡适先生名满天下，一点不摆架子，是很有人情味的。举行婚礼时，胡适致辞："千家驹在北大时，担任学生会会长，是著名的捣蛋头儿，在今天的婚礼上，却没有一点捣蛋气息，大概从今天起，千家驹已变成杨家驹！"一席话，逗得大家哄堂大笑。

蒋梦麟在北大时期，休弃农村第一位夫人另娶好友高仁山的遗孀陶曾谷，约请胡适做证婚人，胡适的妻子江冬秀死活不让胡适出门，说蒋梦麟不道德，抛弃原配另觅新欢。胡适翻窗潜逃，成全朋友美事。

记者写了一篇关于驻美大使胡适的报道，胡适是个收藏家，一是收藏洋火盒，二是收藏荣誉学位。胡适喜欢研究奇怪的东西，从 1942 年开始收集世界各国怕老婆的故事，从中可以找到了解国际问题的钥匙。胡适发现，来自中国、美国、英国、北欧的怕老婆故事有几百个，唯独日本和德国匮乏，因此得出结论："人类中间这一种怕老婆的低级种子，只能在民主国家繁殖，不会产生在极权国家的土壤上。"次年，胡适收集到不少意大利的怕老婆故事，由此推断意大利在轴心国不会感到愉快，果然，意大利向盟军投降。

有一段时间，蒋介石提议让胡适当总统，自己任行政院长。胡适跟朋友开玩笑说："反正国家大事有蒋介石管理，与我有什么关系。我到南京，把总统府大门一关，考证《水经注》，总统府门禁森严，我可以安心搞学问。"国民党内要求胡适任驻美大使、外长的呼声很高，蒋介石请胡适吃晚餐，说："我不要你做大使，也不要你肩负使命，例如争取美国援助。我只要你出去看看。"胡适收到"总统府资政"的聘书，婉言拒绝，又给阎锡山、杭立武、蒋介石连发三封电报，都是坚辞外长一事。南京政治大学邀请胡适讲演，出现在讲台上的胡适，50 多岁，留西式发型，鼻梁上架着近视眼镜，五官端正，容光焕发，文雅中兼有几分英俊，穿着浅蓝色的长袍，确有大学者的气派。会场上有人在窃窃私语："胡先生胖了，胡先生胖了。"胡适说："我最近到南京开会，住了一些时日，南方的大米蒸饭比北方的小麦面粉好吃，营养丰富，所以不觉胖了点。"胡适幽默的开场白把大家都逗笑。

陈寅恪回到清华大学，休养一段时间，要求开设课程，雷海宗的助手王永兴劝道："一门课已经够辛苦，是否不要在中文系上课？"

陈寅恪严肃地说："我拿国家的薪水，怎能不干活？"

陈寅恪吩咐弟子王永兴，通知在历史系、中文系各开一门课，立即行动，不得有误。雷海宗不忍见到一位双目失明的老人来回奔波，想出一个折中的办法，让学生到陈宅上课，陈寅恪应允。王永兴曾回忆道："当时上课是在寅恪先生家里，一般有二三十个学生，他指定我在黑板上写史料，然后，坐在一把藤椅上讲课，问学生能接受吗？他要我征求学生们的意见，然后修改讲课稿。陈先生讲课精湛，深入浅出，引人入胜，背后是他备课的辛勤。"

中华人民共和国成立前夕，国内物价疯涨，陈寅恪家穷得买煤取暖的钱也没有。季羡林将此事告诉胡适。胡适马上决定拟赠一笔数目可观的美元。陈寅恪不愿无功受禄，又迫于燃"煤"之急，决定以自己的藏书来换取。胡适责成季羡林承办，季羡林用胡适的小汽车从陈寅恪家拖走一车藏书，多为西文、佛教、中亚古代语言珍藏版书。陈寅恪只收2000美元，根据市价，一部《圣彼得堡梵德大辞典》的价值超过此数。

1948年12月，北平解放战争打响的时候，南京国民政府开始实施"抢救学人"的计划。胡适找到北大校长办公室不挂名的秘书邓广铭，急切地询问能否找到陈寅恪，南京国民政府已经派专机抵达南苑机场，"抢救"胡适与陈寅恪等著名教授离开北平。邓广铭在陈寅恪大嫂的家中找到陈寅恪，把胡适的嘱托复述一遍。陈寅恪颇为干脆地回答："前些天，陈雪屏曾派专机来接我。他是国民党的官僚，坐着国民党的飞机，我绝不跟他走！现在跟胡先生一起走，我心安理得。"当晚，邓广铭到东厂胡同与陈寅恪话别，陈寅恪意味深长地说出下面一段话："其实，胡先生因政治上的关系非走不可，我原本可以不走。但是，听说在共产党统治区大家一律吃小米，我胃口难以承受。而且，我身体多病，离开美国药不行。所以我也得走。"

胡适告别大军合围中的古城北平，不无自责地对司徒雷登说，自己痛悔抗战胜利之后没有把精力、才能用在思想方面，而是自私地埋头于学术活动中。司徒雷登看到胡适的眼中噙着泪水。胡适临别时留给北大同人三句话："在苏俄，有面包，没有自由；在美国，又有面包又有自由；他们（指中国共产党）来了，没有面包，也没有自由。"胡适急匆匆拉着夫人出了住宅，已经打捆好的一百多木箱书籍无法带走，甚至连小儿子也来不及通知，包中只装着正在校勘的《水经注》稿本和视若生命的十六回残本《甲戌本脂砚斋重评石头记》。胡适、陈寅恪两家赶至中南海，下午从勤政殿门前换乘傅作义的座驾，顺利穿过宣武门抵达南苑机场，乘飞机抵达南京明故宫机场，王世杰、朱家骅、傅斯年、杭立武、蒋经国前往机场迎接。乱世纷纭中，陈寅恪在南京借住一个晚上，携家眷悄然赴上海，寄居在亲戚家中。一个月后，陈寅恪没有踏上赴台湾的船板，而是转移广州岭南大学任教，自此，终生留在岭南这块潮湿温热的土地上。胡适在考虑自己去向的同时，没有忘记好友刘文典，准备安排刘文典一家去美国，办理入境签证，刘文典拒绝胡适的邀请，说："我是中国人，为什么要离开祖国？"国民党在大陆的颓势一发不可收拾，胡适、雷震创办一份杂志，希望借文字之功，鼓舞灰心丧气的军民，挽大厦于将倾。胡适提议，戴高乐在国难中办有一份《自由法国》，当前杂志不妨叫《自由中国》。雷震即向蒋介石转述这层意义，蒋介石大加嘉许。胡适从上海搭乘客轮赴美国，在国民政府风雨飘摇之际，尽最后努力，盼望挽救中共席卷中国的命运。胡适抵达三藩市，迎接他的是共军已渡长江、国府偏安局面破灭的政治现实，胡适仅能强振精神地说："不管局势如何艰难，我始终坚定地用道义支持蒋总统。"

随着共产党执掌危局，中国大陆乾坤扭转开辟新纪元，一代名流学者找到各自的归宿，风云流散，相隔天涯，梁启超、章太炎、蔡元培、陈独秀、辜鸿铭、王国维、刘师培、黄侃、鲁迅、徐志摩相继亡故，长眠地下，孤魂一缕飘荡于碧落黄泉；陈寅恪、刘文典留在国内，受到优待；胡适、傅斯年、赵元任、钱穆则远赴美国和中国台湾。无论政治背景如何，他们都共同守护着华夏民族的文化内核、绮丽梦想，他们的绝世风采、学术品格、呐喊抗争与叹息哀婉，永远徘徊在故国的土地上，薪火相传，激励后人。